실전! 텐서플로 2를 활용한

딥러닝 컴퓨터 비전

텐서플로 2.0과 케라스를 활용한
강력한 이미지 처리 애플리케이션 만들기

실전! 텐서플로 2를 활용한

딥러닝 컴퓨터 비전

텐서플로 2.0과 케라스를 활용한
강력한 이미지 처리 애플리케이션 만들기

지은이 벤자민 플랜치, 엘리엇 안드레스

옮긴이 김정인

펴낸이 박찬규   엮은이 전이주   디자인 북누리   표지디자인 Arowa & Arowana

펴낸곳 위키북스   전화 031-955-3658, 3659   팩스 031-955-3660

주소 경기도 파주시 문발로 115 세종출판벤처타운 311호

가격 28,000   페이지 352   책규격 188 x 240mm

1쇄 발행 2020년 06월 05일
2쇄 발행 2021년 01월 03일
ISBN 979-11-5839-212-3 (93000)

등록번호 제406-2006-000036호   등록일자 2006년 05월 19일
홈페이지 wikibook.co.kr   전자우편 wikibook@wikibook.co.kr

이 도서의 국립중앙도서관 출판시도서목록 CIP는
서지정보유통지원시스템 홈페이지(http://seoji.nl.go.kr)와
국가자료공동목록시스템(http://www.nl.go.kr/kolisnet)에서 이용하실 수 있습니다.
CIP제어번호 CIP2020020846

실전!
텐서플로 2를 활용한
딥러닝
컴퓨터 비전

텐서플로 2.0과
케라스를 활용한
강력한 이미지 처리
애플리케이션 만들기

벤자민 플랜치,
엘리엇 안드레스 지음
/
김정인 옮김

위키북스

배리아에게, 나의 뒤엉킨 뉴런에게 당신의 비전에 충실함이 무엇을 뜻하는지 가르쳐 준 당신께 늘 감사합니다.

−벤자민 플랜치(*Benjamin Planche*)

나의 어머니, 마리에게 감사함을 전합니다.

−엘리엇 안드레스(*Eliot Andres*)

벤자민 플랜치(Benjamin Planche)는 파사우 대학교(University of Passau)와 지멘스(Siemens Corporate Technology)에 몸 담고 있는 박사 과정 학생이다. 그는 컴퓨터 비전과 딥러닝 분야에서 5년 넘게 전 세계 다양한 연구소(프랑스 LIRIS, 일본 미쓰비시 전기, 독일 지멘스)에서 일해 왔다. 벤자민은 프랑스 리옹에 위치한 INSA-Lyon과 독일 파사우 대학교에서 두 개의 석사 학위를 우수한 성적으로 취득했다.

그는 산업 응용 분야에서 적은 데이터로 더 스마트한 시각 시스템을 개발하는 데 중점적으로 노력을 기울이고 있다. 또한 자신의 지식과 경험을 StackOverflow와 같은 온라인 플랫폼에서 공유하거나 이 지식을 적용해 아름다운 작품을 만들어 보여주기도 한다.

"인생에서 이 장을 함께 하고 있는 수많은 사람에게 감사한다. 수 개월 동안 집필한 뒤에도 여전히 나를 인정해줄 친구와 가족들에게. 인내심을 가지고 이 책을 다듬고 또 다듬어 준 편집자와 검토자에게. 기술력과 라이프스타일로 영감을 준 나의 공동 저자에게. 마지막으로 이 모험에 함께 참여해 준 독자 여러분께 고마움을 전한다."

엘리엇 안드레스(Eliot Andres)는 프리랜서로 일하고 있는 딥러닝, 컴퓨터 비전 엔지니어다. 이 분야에서 3년 이상의 경력을 쌓았으며 은행, 의료, 소셜 미디어, 동영상 스트리밍 같은 다양한 산업에 자신의 기술을 적용했다. 엘리엇은 파리 기술 대학 École des Ponts와 Télécom에서 이중 석사 학위를 받았다.

그는 비즈니스 문제에 새로운 기술을 적용함으로써 가치를 제공하는 산업화에 관심을 갖고 있다. 엘리엇은 블로그에 글을 게시하고 최신 기술을 사용해 프로토타입을 제작하면서 최신의 기술을 지속적으로 받아들이고 있다.

"나에게 무조건적 지원을 해준 나의 친구와 가족에게, 특히 모든 장을 시간 들여 꼼꼼히 검토해준 에밀리앙 쇼베(Emilien Chauvet)에게 감사의 말씀을 전한다. 이 책이 나오기까지 노력을 아끼지 않은 Packt 팀에 감사드린다. 마지막으로 나의 공동 저자에게 매우 감사드린다. 그는 지칠 줄 모르고 교정을 보았고 집필 방식과 내용에 대해 놀라운 조언을 아끼지 않았다."

비제이아찬드란 머라이어팬(Vijayachandran Mariappan)은 임베디드, 모바일, 클라우드 플랫폼상의 동영상/오디오/멀티미디어 기술과 관련된 머신러닝/컴퓨터 비전 분야에서 약 20년의 경력을 보유하고 있다. 사이언트(Cyient)에서 컴퓨터 비전 설계자로 재직 중이며 알고리즘 개발부터 임베디드 플랫폼상에 구현에 이르기까지 다양한 머신러닝/딥러닝 프로젝트를 이끌고 있다. 그는 스택오버플로(StackOverflow)에서 딥러닝 프레임워크인 텐서플로와 관련한 질문에 답할 수 있는 상위 10명의 전문가 중 한 명이다. 또한 에미 상을 수상한 슬링 미디어의 슬링박스 퍼스널 브로드캐스터(Slingbox Personal Broadcaster)의 공동 창업자(주 특허 보유자)이며 CES에서 최고 혁신상을 수상했다. 그는 구글 인용 점수가 240(h−지수: 6)으로 수많은 논문과 특허를 저술했다.

나로탐 싱(Narotam Singh)은 정보기술 및 통신 분야의 다양한 기술 프로그램과 GOI 임원 교육에 활발하게 참여했다. 그는 물리학 학위를 받았으며(Hons) 전자공학에서 석사 학위를 받았다. 또한 컴퓨터 공학 학위와 컴퓨터 응용 분야에서 대학원 학위를 취득했다. 현재는 프리랜서로 일하고 있다. 그는 자신의 이름으로 수많은 연구 결과를 출판했으며 다양한 책의 기술 감수를 하고 있다. 현재 그는 AI, 머신러닝, 딥러닝, 로봇 공학, 영성에 관심을 가지고 연구하고 있다.

데이브 윈터스(Dave Winters)는 비즈니스 및 기술 컨설턴트다. AI/ML, 분석, 데이터 품질, NoSQL, 실시간 IoT, 그래프 데이터베이스 분야에 관심을 가지고 있다. 그는 코그니전트(Cognizant) 사의 기술 책임자겸 수석 설계자다. 그는 애플리케이션 최신화 엔지니어링 부문에서 혁신 그룹을 운영하고 있다. 코그니전트 사 이전에는 캘리포니아 VC에서 파트너로 근무했으며 VP 전문 서비스, 데이터베이스 설계자, VP 프리세일즈, 제품 관리자, 데이터 웨어하우스 설계자, 성능 전문가로 일했다. 그리고 미 공군(USAF)에서 은퇴했다. 그는 미 공군 시험 조종사 학교의 조종 교관이었다. 그는 현재 많은 미국과 해외 군용기를 탔다. 그는 트로이 대학(Troy)에서 컴퓨터 과학 학위를 취득했고 USAF SOS 관리 학교를 졸업했다.

김정인

현재 기업 빅데이터 전략팀에서 근무하고 있다. 옮긴 책으로는 《케라스로 구현하는 고급 딥러닝 알고리즘》 《실전! Core ML을 활용한 머신러닝 iOS 앱 개발》 《실전활용! 텐서플로 딥러닝 프로젝트》 《마이크로소프트 봇 프레임워크 프로그래밍》 《애자일 데이터 과학 2.0》 《구글 애널리틱스 완벽 가이드》 《파이썬 데이터 사이언스 핸드북》 《러닝 스칼라》가 있다.

번역이 끝날 때면 늘 조마조마하다. 최소한 독자들이 자신의 모국어를 낯선 느낌으로 읽지 않게, 이 책이 전하고자 하는 지식과 메시지에 온전히 집중할 수 있게 번역하도록 노력했다. 전문 용어는 신뢰도가 높은 커뮤니티나 사이트에서 통용되는 용어를 참고하여 작성했다. 그럼에도 어색한 부분이 있다면 너른 양해를 바랄 따름이다.

이 책이 나오기까지 수고를 아끼지 않은 위키북스 식구들에게 감사의 말씀을 전한다. 특히 꼼꼼히 매의 눈으로 교정해주시는 전이주님께 고마운 마음을 전한다.

각자의 일을 묵묵히 해내는 것이 얼마나 아름다운 일인지 새삼 깨닫게 해주는 시기를 지나고 있다. 아마 이 책을 읽는 독자들도 그런 분들이라 기대한다. 모쪼록 이 책이 여러분의 역량을 한 단계 발전시키는 데 도움이 되기를 바란다.

늘 기도로 나를 지지해주는 가족과 일로 만난 소중한 인연들에 감사드린다. 특히 이미지님께 고마움을 전하고 싶다. 덕분에 이 책을 잘 마무리할 수 있었다.

03부

컴퓨터 비전의
고급 개념 및
새 지평

부록

연습문제 평가

CNN(합성곱 신경망) 같은 딥러닝 기법을 활용하면서 컴퓨터 비전은 의료, 자동차, 소셜 미디어, 로봇공학 같은 분야에서 새로운 차원에 접어들었다. 복잡한 작업을 자동화하거나 전문가에게 작업을 설명하거나 아티스트의 창작 과정을 돕기 위해 점점 더 많은 회사에서 컴퓨터 비전 솔루션을 통합하고 있다.

이 책에서는 머신러닝을 위해 구글에서 선보인 새로운 오픈소스 프레임워크인 텐서플로 2를 살펴본다. 주요 기능과 최신 솔루션을 다루면서 다양한 실제 작업을 위해 CNN을 효율적으로 구축, 훈련, 배포하는 방법을 보여준다.

대상 독자

이 책은 파이썬 프로그래밍과 이미지 처리에 대한 배경지식(이미지 파일을 읽고 쓰는 방법, 픽셀값을 편집하는 방법 등)이 있는 사람을 대상으로 한다. 학습 내용의 난도를 완만하게 높여 가기 때문에 딥러닝을 처음 배우는 사람도 쉽게 따라갈 수 있을 뿐만 아니라 텐서플로 2의 새로운 기능이 궁금한 전문가들도 이 책에서 원하는 내용을 확인할 수 있을 것이다.

일부 이론 설명에는 대수와 미적분학 지식이 필요하지만, 실제 적용에 관심 있는 독자를 위해 구체적인 예제를 제공한다. 이 책을 통해 단계별로 자율주행차와 스마트폰 애플리케이션 같은 실제 작업을 처리하게 될 것이다.

이 책에서 다루는 내용

1장 '컴퓨터 비전과 신경망'에서는 컴퓨터 비전과 딥러닝을 소개하고 이론적 배경과 함께 시각적 인식을 위한 신경망을 처음부터 구현하고 훈련하는 방법을 알려준다.

2장 '텐서플로 기초와 모델 훈련'에서는 컴퓨터 비전과 관련한 텐서플로 2의 개념을 몇 가지 고급 개념과 함께 알아본다. 이제는 텐서플로의 서브 모듈이 된 케라스를 소개하고 이 프레임워크로 구현한 간단한 인식 기법 훈련 방법을 설명한다.

3장 '현대 신경망'에서는 CNN을 소개하고 CNN이 컴퓨터 비전을 어떻게 혁신했는지 설명한다. 또한 이 장에서는 보다 견고한 인식 시스템을 훈련시키기 위해 사용할 수 있는 정규화 기법과 최신 최적화 알고리즘을 소개한다.

4장 '유력한 분류 도구'에서는 이미지 분류에 Inception과 ResNet처럼 최신 솔루션을 전문적으로 적용할 수 있게 이론을 자세히 설명하고 실제 코드를 제공한다. 이 장에서는 또한 전이학습이 머신러닝 분야의 핵심 개념인 이유와 텐서플로 2를 통해 전이학습을 수행하는 방법을 설명한다.

5장 '객체 탐지 모델'에서는 이미지에서 특정 객체를 탐지하는 기법으로, 속도가 뛰어난 YOLO와 정확도가 탁월한 Faster R-CNN의 아키텍처를 다룬다.

6장 '이미지 보강 및 분할'에서는 오토인코더를 소개하고 U-Net과 FCN 같은 네트워크가 이미지에서 노이즈를 제거하거나 의미론적 분할 등에 어떻게 적용되는지 설명한다.

7장 '복합적이고 불충분한 데이터셋에서 훈련시키기'에서는 딥러닝 애플리케이션을 위한 데이터셋을 효율적으로 수집하고 전처리하는 솔루션을 집중적으로 살펴본다. 텐서플로에서 제공하는 최적화된 데이터 파이프라인을 구성하는 도구와 부족한 데이터를 보완하는 다양한 기법(이미지 렌더링, 도메인 적응, VAE와 GAN 같은 생성 네트워크)을 소개한다.

8장 '동영상과 순환 신경망'에서는 순환 신경망을 다루고 장단기 메모리(long short-term memory, LSTM)로 알려진 더 진화된 신경망을 설명한다. 동영상에서 동작을 인식하기 위해 LSTM을 적용하는 실제 코드도 제공한다.

9장 '모델 최적화 및 모바일 기기 배포'에서는 속도, 디스크 공간, 계산 성능 측면에서 모델을 최적화하는 방법을 자세히 설명한다. 또한 실제 예제를 통해 모바일 기기와 브라우저에 텐서플로 솔루션을 배포해 볼 것이다.

부록에서는 텐서플로 1을 간단히 살펴보고 텐서플로 2에 도입된 핵심 변경 사항을 알아본다. 텐서플로 1으로 구현된 프로젝트를 최신 버전으로 마이그레이션하는 방법도 다룬다. 마지막으로 더 깊이 있는 학습을 원하는 사람을 위해 장별 참고 문헌 정보를 제공한다.

이 책을 최대한 활용하려면

다음 절에는 이 책을 읽고 이 책에 포함된 보조 자료를 잘 활용하는 데 도움이 될 만한 정보와 조언이 있다.

예제 코드 다운로드 및 실행

모든 일은 연습을 통해 완벽해진다. 따라서 이 책은 텐서플로 2와 최신 컴퓨터 비전을 깊이 있게 설명할 뿐 아니라 각 장마다 다양한 실제 예제와 완전한 구현을 함께 제공한다.

코드 파일 다운로드

이 책의 예제 코드 파일은 아래 사이트에서 내려받을 수 있다.

원서 출판사 깃허브

https://github.com/PacktPublishing/Hands-On-Computer-Vision-with-TensorFlow-2

위키북스 깃허브

https://github.com/wikibook/dl-vision

위키북스 홈페이지

https://wikibook.co.kr/dl-vision/

파일을 내려받았으면 다음 프로그램의 최신 버전을 사용해 압축 파일을 푼다.

- 윈도우용: WinRAR/7-Zip

- 맥용: Zipeg/iZip/UnRarX

- 리눅스용: 7-Zip/PeaZip

학습 및 실험

주피터 노트북(https://jupyter.org)은 텍스트 정보, 시각적 결과, 방정식 등과 함께 파이썬 스크립트를 작성하고 공유하기 위한 오픈 소스 웹 애플리케이션이다. 책과 함께 제공되는 자세한 코드, 예상 결과, 추가 설명이 포함된 문서를 주피터 노트북이라 한다. 각 주피터 노트북은 구체적인 컴퓨터 비전 작업을 포함한다. 예를 들어 어떤 노트북은 이미지에서 동물을 탐지하기 위한 CNN을 훈련시키는 방법을 설명하고 어떤 노트북은 자율 주행차를 위한 인식 시스템을 구축하는 모든 단계를 자세히 다룬다.

이 절에서 보듯이 책과 상관없이 바로 이 문서를 학습할 수도 있고 이 책에서 설명한 실험을 실행하고 재현하기 위한 코드 레시피로 사용할 수도 있다.

온라인에서 주피터 노트북 학습하기

제공된 코드와 결과를 간단히 확인하고 싶다면 온라인으로 이 책의 깃허브 저장소에서 직접 확인할 수 있다. 실제로 깃허브는 주피터 노트북을 보여주고 정적 웹 페이지로 표시할 수 있다.

하지만 깃허브 뷰어는 일부 스타일 형식과 대화식 콘텐츠를 무시한다. 주피터 노트북을 완전하게 확인하려면 온라인으로 업로드된 주피터 노트북을 읽는 데 사용할 수 있는 공식 웹 플랫폼인 주피터 nbviewer(https://nbviewer.jupyter.org)를 사용하기를 추천한다. 이 웹사이트는 깃허브 저장소에 저장된 노트북을 렌더링할 수 있다. 따라서 이 책에서 제공하는 주피터 노트북은 https://nbviewer.jupyter.org/github/PacktPublishing/Hands-On-Computer-Vision-with-TensorFlow-2에서도 읽을 수 있다.

로컬 컴퓨터에서 주피터 노트북 실행하기

로컬 컴퓨터에서 이 문서를 읽고 실행하려면 먼저 주피터 노트북을 설치해야 한다. 이 책에서 권장하는 것처럼 이미 파이썬 환경을 관리하고 배포하기 위해 아나콘다(https://www.anaconda.com)를 사용하고 있다면 주피터 노트북이 설치돼 있어 바로 사용할 수 있다. 다른 파이썬 배포판을 사용하고 있거나 주피터 노트북에 익숙하지 않다면 설치 안내와 튜토리얼을 제공하는 설명서(https://jupyter.org/documentation)를 찾아보는 것이 좋다.

주피터 노트북이 컴퓨터에 설치되면 이 책의 코드 파일이 들어 있는 디렉터리로 이동하여 터미널을 열고 다음 명령어를 실행하라.

```
$ jupyter notebook
```

주피터 노트북의 웹 인터페이스는 기본 브라우저에서 열린다. 거기서 디렉터리를 탐색하고 제공하는 주피터 노트북을 열어, 읽고 실행하고 편집할 수 있다.

 일부 문서에는 상당히 계산 집약적인 고급 실험(대규모 데이터셋에서 인식 알고리즘을 훈련시키는 등)이 포함돼 있다. 적절한 가속 하드웨어가 없다면(즉, 2장 '텐서플로 기초와 모델 훈련'에서 설명했듯이 호환되는 NVIDIA GPU가 없는 경우) 이 스크립트를 실행하는 데 여러 시간, 때에 따라서는 여러 날이 걸릴 수 있다(호환되는 GPU를 사용하더라도 가장 진화된 예제는 꽤 시간이 걸릴 수 있다).

구글 Colab에서 주피터 노트북 실행하기

주피터 노트북을 직접 실행하거나 새로운 실험을 하고 싶지만 충분히 강력한 컴퓨터를 사용할 수 없다면 구글 Colab(Colaboratory라고도 함. https://colab.research.google.com)을 사용할 것을 추천한다. 이것은 강력한 시스템에서 계산 집약적인 스크립트를 실행할 수 있게 구글에서 제공하는 클라우드 기반의 주피터 환경이다. 이 서비스에 대한 자세한 내용은 깃허브 저장소에서 확인할 수 있다.

컬러 이미지 다운로드

이 책에서 사용된 화면과 도형의 컬러 이미지가 있는 PDF 파일을 제공한다. 컬러 이미지는 아래 사이트에서 내려받을 수 있다.

원서 출판사 사이트

https://www.packtpub.com/sites/default/files/downloads/9781788830645_ColorImages.pdf

위키북스 홈페이지

https://wikibook.co.kr/dl-vision/

표기법

이 책에는 여러 표기법을 사용한다.

CodeInText: 코드, 파일명, 파일 확장자, 경로명, 더미 URL, 사용자 입력을 나타낸다. 예: "Model 객체의 .fit() 메서드는 훈련 절차를 시작한다."

코드 블록은 다음과 같이 표현한다.

```
import tensorflow as tf

x1 = tf.constant([[0, 1], [2, 3]])
x2 = tf.constant(10)
x = x1 * x2
```

코드 블록에서 특정 부분을 강조하고 싶을 때는 해당 줄 또는 해당 항목을 굵게 표시한다.

```
neural_network = tf.keras.Sequential(
[tf.keras.layers.Dense(64),
tf.keras.layers.Dense(10, activation="softmax")])
```

명령줄 입력이나 출력은 다음과 같이 작성했다.

```
$ tensorboard --logdir ./logs
```

굵은 글씨체: 새로운 용어나 중요한 용어, 또는 화면에서 보게 될 단어를 나타낸다. 예를 들어 메뉴나 대화 상자의 단어가 다음과 같은 문장에서 등장한다.

"텐서보드의 **Scalars** 탭에서 솔루션의 성능을 관측할 수 있다."

 주의사항이나 중요한 정보는 이렇게 표시한다.

 팁이나 요령은 이렇게 표시한다.

컴퓨터 비전에 적용한
텐서플로 2와 딥러닝

1부에서는 구체적인 텐서플로 예제와 함께 컴퓨터 비전과 딥러닝의 기본 사항을 다룬다. 이러한 기술 영역의 설명으로 시작해 첫 번째 장에서는 신경망의 내부 작동 원리를 알아본다. 계속해서 텐서플로 2와 케라스의 주요 기능과 핵심 개념 및 생태계에 대해 소개한다. 마지막으로 컴퓨터 비전 분야의 전문가가 선택한 머신러닝 기술을 설명한다.

1부에서 다루는 장은 다음과 같다.

- 1장 컴퓨터 비전과 신경망
- 2장 텐서플로 기초와 모델 훈련
- 3장 현대 신경망

01

컴퓨터 비전과
신경망

최근 비즈니스 방식에서나 생활 방식에 변화를 일으키는 애플리케이션들이 많아지면서 컴퓨터 비전이 혁신의 핵심 영역으로 성장했다. 이 책에서는 이 분야와 역사에 대한 간략한 소개를 통해 몇 가지 배경 지식을 제공한다. 그런 다음 인공신경망을 소개하고 그 인공신경망이 컴퓨터 비전을 어떻게 혁신적으로 발전시키는지 설명할 것이다. 실습을 통한 학습이 효과적이라 믿기 때문에 이 장 마지막에서는 독자적인 신경망을 처음부터 구현해 볼 것이다. 이 장에서는 다룰 주제는 다음과 같다.

- 컴퓨터 비전과 그것이 현재 매력적인 분야가 된 이유

- 로컬에서 수작업으로 생성하는 설명자(descriptor)에서 심층 신경망까지 어떻게 발전했을까?

- 신경망이 실제로 무엇인지와 기본 인식 작업을 수행하는 독자적인 신경망을 구현하는 방법

기술적 요구사항

이 책에서는 파이썬 3.5(혹은 그 이상)를 사용할 것이다. 파이썬은 범용 프로그래밍 언어로서 유용한 기능이 내장돼 있고 유명한 라이브러리들을 많이 제공하고 있어 데이터 과학자들 사이에서 주로 사용되는 도구로 자리잡았다.

이 장에서는 두 개의 기초 라이브러리인 numpy와 matplotlib을 사용할 것이다. 두 라이브러리는 각각 www.numpy.org와 matplotlib.org에서 찾아 설치할 수 있다. 그렇지만 이 책에서는 패키지를 관리하고 배포하기 쉽게 무료 파이썬 배포 버전인 'Anaconda'(www.anaconda.com)를 사용할 것을 권장한다.

전체 설치 방법과 이 장에 나오는 전체 코드는 깃허브 저장소에서 찾을 수 있다(github.com/Packt Publishing/Hands-On-Computer-Vision-with-TensorFlow2/tree/master/Chapter01).

 여기서는 독자들이 이미 파이썬에 대한 지식과 이미지 표현(픽셀, 채널 등)과 행렬 처리(형상, 행렬곱 등)에 대한 기본적인 이해를 갖추고 있다고 가정한다.

컴퓨터 비전

컴퓨터 비전은 오늘날 어디에나 있으며, 그 정의는 전문가마다 크게 다를 수 있다. 여기 서두에서 컴퓨터 비전을 전체적으로 조망하고 그 적용 분야와 해결해야 할 도전 과제는 무엇이 있는지 알아보겠다.

컴퓨터 비전 소개

컴퓨터 비전은 '컴퓨터 과학'(알고리즘, 데이터 처리, 그래픽), '물리학'(광학과 센서), '수학'(미적분학, 정보 이론), '생물학'(시각 자극, 신경 처리) 같은 여러 연구 개발 분야의 교차점에 위치하고 있어 정의하기 어려울 수 있다. 그 핵심을 꼽자면, 컴퓨터 비전은 '디지털 이미지에서 정보를 자동으로 추출하는 것'으로 요약할 수 있다.

우리 뇌는 시력과 관련해서 놀라운 일을 한다. 눈이 끊임없이 포착하는 시각 자극을 판독하고, 즉시 객체를 서로 구분하고, 단 한 번 만났던 사람의 얼굴을 인식하는 등의 능력은 그저 놀라울 따름이다. 컴퓨터에서는 이미지가 RGB 값 행렬인 픽셀 덩어리로, 그 이상의 의미를 갖지 않는다.

컴퓨터 비전의 목표는 컴퓨터에게 인간(혹은 다른 생물)이 이해하는 방식 혹은 그보다 더 나은 방식으로 '이 픽셀을 이해하는 방법'을 가르치는 것이다. 실제로 컴퓨터 비전은 딥러닝이 부상한 이래로 긴 여정을 지나왔으며 얼굴 확인이나 손글씨 텍스트 인식과 같은 일부 작업에서는 '사람을 뛰어넘는' 성능을 보여주기 시작했다.

세계 최대 IT 기업들에 힘입어 가장 왕성하게 활동하고 있는 커뮤니티와 지속해서 발전하는 데이터와 시각 센서의 능력을 활용해 자율 주행을 위한 비전 기반 네비게이션, 콘텐츠 기반 이미지/동영상 검색, 자동 주석 및 화질 개선 같은 까다로운 문제를 점점 더 많이 해결해 나가고 있다. 지금은 그야말로 전문가나 초보자 모두에게 흥미로운 시기다.

주요 작업 및 애플리케이션

광범위한 작업을 다루는 새로운 컴퓨터 비전 기반의 제품(예를 들어, 산업 제어 시스템, 대화형 스마트폰 앱, 감시 시스템)이 매일 등장한다. 이 절에서는 그 주요 제품을 알아보고 그것이 현실 문제와 관련해 어떻게 적용되는지 자세히 살펴볼 것이다.

콘텐츠 인식

컴퓨터 비전의 주요 목적은 이미지를 '이해하는' 것, 즉 픽셀로부터 유의미한, 의미론적 정보(이미지에 나타난 객체, 위치, 개수 등)를 추출하는 것이다. 이 일반적인 문제는 몇 가지 하위 영역으로 나눌 수 있다. 전체는 아니지만 그 하위 영역을 다음처럼 정리할 수 있다.

객체 분류

객체 분류(혹은 **이미지 분류**)는 다음 그림에서 보듯이 '사전 정의된 집합의 이미지에 적절한 레이블(혹은 클래스)을 할당하는' 작업이다.

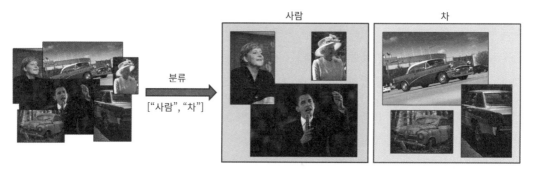

그림 1-1 이미지 집합에 적용된 사람 및 차 레이블 분류기 예시

이 분야는 지난 2012년 컴퓨터 비전에 심층 합성곱 신경망을 적용해 성공한 첫 번째 사례로 유명하다 (이에 대해서는 후반부에 설명하겠다). 그 이후로 이 분야는 빠르게 발전해 이제는 다양한 특수 사례에서 인간을 뛰어넘는 성능을 보여주고 있다(가장 잘 알려진 예는 개의 품종을 분류하는 것이다. 딥러닝 기법은 인간의 가장 친한 친구의 차별점을 찾기에 상당히 효율적이다).

이 분야는 공통적으로 텍스트를 디지털화하는 것(문자 인식을 사용해)과 이미지 데이터베이스에 주석을 자동으로 다는 작업에 적용할 수 있다.

4장 '유력한 분류 도구'에서 발전된 형태의 분류 기법과 그 기법들이 일반적으로 컴퓨터 비전에 미치는 영향을 설명할 것이다.

객체 식별

'객체 분류' 기법이 사전 정의된 집합에서 레이블을 할당한다면 '객체 식별'(혹은 '인스턴스 분류') 기법은 '클래스의 특정 인스턴스를 인식'하는 법을 학습한다.

예를 들어 '객체 분류' 도구는 얼굴을 포함한 이미지를 반환하도록 설정될 수 있다면 객체 '식별' 기법은 사람을 식별하는 얼굴 특징에 중점을 두고 다른 이미지들 사이에서 (다음 그림에서 보듯이 이미지 전체에 포함된 각 얼굴을 '식별'해) 그 얼굴을 식별한다.

그림 1-2 인물 사진에 적용된 식별기의 예

따라서 객체 식별은 데이터셋을 클러스터링하는 절차로 볼 수 있으며, 종종 데이터셋 분석 개념(이에 대해서는 6장 '이미지 보강 및 분할'에서 설명한다)에 적용한다.

객체 탐지와 위치 측정

또 다른 작업으로 이미지 내의 특정 요소를 탐지하는 것을 들 수 있다. 이것은 보통 감시 애플리케이션이나 고급 카메라 앱, 의료 분야에서의 암세포 탐지, 공장에서 하자가 생긴 부품을 탐지하는 등의 작업에 적용된다.

다음 그림에서 보듯이 탐지는 대체로 이후 계산을 위한 사전 준비 단계로, 이미지를 분리해 분석할 수 있게 작은 크기의 이미지 패치를 제공한다(예를 들어, 얼굴 인식을 위해 사람의 얼굴을 잘라내거나 증강 현실 애플리케이션을 위해 객체의 자세를 평가할 수 있게 객체 주변에 경계 상자를 제공).

그림 1-3 후보군을 위한 경계 상자를 반환하는 차량 탐지기 예제

최신 방법은 5장 '객체 탐지 모델'에서 자세히 설명한다.

객체 및 인스턴스 분할

분할은 좀 더 발전된 형태의 탐지 기법으로 볼 수 있다. 분할 기법은 단순히 인식된 요소의 경계 상자를 제공하는 것이 아니라 특정 클래스 혹은 특정 클래스의 인스턴스에 속한 '모든 픽셀에 레이블을 단 마스크를 반환'한다(그림 1-4 참조). 이 기법은 작업을 훨씬 더 복잡하게 만들어 실제로 컴퓨터 비전 분야에서 심층 신경망이 사람의 성능(역시 우리 뇌는 시각 요소의 경계/윤곽을 정확하게 그리기에 놀라울 정도로 효율적이다)을 따라잡지 못한 몇 안 되는 영역 중 하나이기도 하다. 다음 그림은 객체 분할과 인스턴스 분할을 보여준다.

객체 분할   인스턴스 분할

그림 1-4 차에 대한 객체 분할 기법과 인스턴스 분할 기법 결과 비교

그림 1-4를 보면 객체 분할 알고리즘은 '차량' 클래스에 속한 픽셀 전체에 동일한 마스크를 반환하지만, 인스턴스 분할 알고리즘은 식별된 차량 인스턴스별로 다른 마스크를 반환한다. 이것은 로봇이나 스마트 자동차의 핵심 작업으로, 자신을 둘러싼 주변을 이해할 수 있으며(예를 들어, 차량 앞의 모든 요소를 식별) 이외에도 의료 이미지에 사용될 수 있다. 의료 분야의 정밀 검사에서 다른 조직을 정확히 분할한다면 빨리 진단할 수 있고 쉽게 시각화할 수 있다(인체 장기마다 다른 색으로 표시하거나 영상에서 불필요한 부분을 제거하는 등). 이에 대해서는 6장 '이미지 보강 및 분할'에서 자율 주행 애플리케이션을 위한 구체적인 실험과 함께 보여주겠다.

자세 추정

'자세 추정(Pose estimation)'은 어떤 작업을 목표로 하느냐에 따라 다양한 의미를 갖는다. 고정된 객체의 경우, 일반적으로 '3차원 공간에서 카메라를 기준으로 객체의 위치와 방향을 추정'하는 것을 뜻한다. 특히 이 작업은 로봇을 구현하는 데 유용한데, 로봇이 주변 환경과 상호작용(객체 들어 올리기, 충돌 회피 등)할 수 있게 해주기 때문이다. 또한 그것은 증강 현실에서 객체 위에 3차원 정보를 겹쳐 표현하는 데도 종종 사용된다.

고정되지 않은 요소의 경우, 자세 추정은 '하부 요소들의 상대적인 위치를 추정'하는 것을 뜻한다. 구체적으로, 고정되지 않은 타깃이 사람이라고 하면 일반적으로 사람의 자세(서 있기, 앉아 있기, 달리기 등)를 인식하거나 수화를 이해하는 데 적용할 수 있다. 다음 그림은 이 두 가지 경우를 보여준다.

고정된 객체 자세 추정

사람의 자세 추정

그림 1-5 고정 자세 추정과 고정되지 않은 자세 추정 예시

두 경우 모두(즉, 전체 요소 혹은 일부 요소) 알고리즘은 2D 이미지 표현에 기반해 3D 환경에서 카메라 기준으로 그 요소의 실제 위치와 방향을 평가하는 작업을 한다.

동영상 분석

컴퓨터 비전은 단일 이미지에만 적용되는 것이 아니라 동영상에도 적용될 수 있다. 동영상 스트림을 프레임 단위로 분석해야 하는 경우 어떤 작업에서는 시간적 일관성을 고려하기 위해 이미지 시퀀스를 전체로 고려해야 한다(이것은 8장 '동영상과 순환 신경망'에서 다룰 주제 중 하나다).

인스턴스 추적

동영상 스트림의 일부 작업은 순수하게 각 프레임을 분리해 연구하면 되지만(망각성), 앞의 이미지에서 연역해서 새로운 프레임을 어떻게 처리할지 알려주거나 전체 이미지 시퀀스를 예측의 입력으로 취하는 것이 더 효율적이다. '추적' 즉, '동영상 스트림에서 특정 요소의 위치를 추정'하는 것이 이러한 작업의 좋은 예다.

추적은 프레임마다 탐지와 식별 기법을 적용함으로써 이루어질 수 있다. 그렇지만 앞으로 올 프레임에서 인스턴스의 위치를 부분적으로 예측하기 위해 이전 결과를 사용해 인스턴스의 움직임을 모델링하는 것이 훨씬 효율적이다. 따라서 여기서는 **움직임 연속성(Motion Continuity)**이 핵심 속성이지만, 늘 그렇지는 않다(빠르게 움직이는 객체의 경우처럼).

행동 인식

반면 **행동 인식**은 이미지 시퀀스를 놓고 봐야만 하는 작업의 하나다. 단어가 개별로 두서없이 주어지면 문장을 이해할 수 없는 것과 마찬가지로, 연속된 이미지 시퀀스를 연구하지 않고는 행동을 인식할 수 없다(그림 1-6 참조).

행동 인식이란 '사전 정의된 집합 중에 특정 행동을 인식하는 것'을 뜻한다(사람 행동을 예로 들면, '춤추기', '수영하기', '네모 그리기', '원 그리기'). 이 기법은 감시(비정상적인 혹은 의심스러운 행동 탐지 등)부터 인간-기계 상호작용(동작에 의해 제어되는 기기 등)까지 광범위한 분야에 적용된다.

그림 1-6 버락 오바마가 손을 흔들거나 누군가를 가리키거나 모기 같은 것을 쫓아내는 것 같은가? 프레임의 전체 시퀀스를 봐야만 이 행동에 레이블을 지정할 수 있다.

 객체 인식을 객체 분류, 탐지, 분할 등으로 나눌 수 있는 것과 마찬가지로 행동 인식 또한 행동 분류, 탐지 등으로 나눌 수 있다.

움직임 추정

움직이는 요소를 인식하려는 대신, 일부 기법은 동영상에서 포착된 '실제 속도/궤도를 추정'하는 데 집중한다. 이 또한 표시된 장면과 관련해 카메라 자체의 움직임('자체 운동')을 평가하는 것이 일반적이다. 이는 특히 엔터테인먼트 산업에 유용하다(예를 들어, 시각 효과를 적용하기 위해 움직임을 포착하거나 스포츠 방송 같은 TV 스트림에 3차원 정보를 덧입히는 것).

콘텐츠-인식 이미지본

컴퓨터 비전 기법은 콘텐츠 분석 외 '이미지 자체를 개선'하기 위해 적용될 수 있다. 갈수록 기본 이미지 처리 도구(이미지 잡음 제거를 위한 저주파 통과 필터 등)는 이미지 콘텐츠에서 사전에 획득한 지식을 사용해 시각 품질을 개선할 수 있는 '더 똑똑한' 기법으로 대체되고 있다. 예를 들어, 어떤 기법이 일반적으로 새가 어떻게 생겼는지 학습했다면 이 기법은 새가 찍힌 사진에서 자신이 얻은 지식을 적용해 잡음 픽셀을 인접 픽셀로 대체할 수 있다. 이 개념은 잡음 제거(denoising), 흐릿한 부분 제거(deblurring), 고해상도로 변환(resolution enhancing)(다음 그림에서 보듯이 '해상도 개선'[super-resolution]) 등 모든 유형의 이미지 복원에 적용된다.

그림 1-7 이미지 해상도 개선을 위한 전형적 기법과 딥러닝 기법 비교. 두 번째 이미지에서 세부적인 부분이 선명해졌음을 볼 수 있다.

콘텐츠-인식 알고리즘은 모델의 일부 특징을 강화하는 스마트폰의 '스마트 인물 사진'이나 '뷰티' 모드, 또는 원하지 않는 요소를 삭제하고 삭제된 부분을 인접한 배경으로 대체하는 '스마트 제거/편집' 도구 등의 사진/그림 애플리케이션에도 사용된다.

6장 '이미지 보강 및 분할'과 7장 '복합적이고 불충분한 데이터셋에서 훈련시키기'에서 이러한 생성 기법을 구성하고 제공하는 방법을 설명한다.

장면 복원

마지막으로 이 책에서 다루지는 않겠지만, '장면 복원'은 하나 이상의 이미지가 주어졌을 때 '장면의 3차원 기하학적 구조를 복원'하는 작업이다. 사람 시력을 기반으로 한 간단한 예로는 스테레오 정합(stereo matching)이 있다. 이것은 시각화된 두 요소 사이의 거리를 구하기 위해 한 장면을 다른 시점에서 본 두 이미지의 대응점을 찾는 절차다. 더 진보된 기법은 여러 이미지를 가져와서 콘텐츠를 일치시켜 타깃 장면의 3차원 모델을 구하는 것이다. 이 기법은 객체, 사람, 건물 등의 3D 스캐닝에 적용될 수 있다.

컴퓨터 비전의 약력

"미래를 결정짓고 싶다면 과거를 공부하라"

– 공자

컴퓨터 비전의 현재 위치와 당면한 도전 과제들을 더 잘 이해하기 위해 컴퓨터 비전이 어디에서 비롯됐고 과거 수십 년 동안 어떻게 발전돼 왔는지 간단히 살펴보기로 하자.

최초 성공을 위한 첫 걸음

과학자들은 오랫동안 '시각 지능(visual intelligence)'을 포함해 인공 지능 개발을 꿈꿨다. 컴퓨터 비전의 첫 걸음은 이 생각에서 비롯됐다.

지각 작업의 과소평가

컴퓨터 비전은 60년대에 **인공지능(AI)** 연구 학회의 한 영역으로 시작됐다. 이 연구자들은 여전히 체스를 두는 등의 순수 지능적 행위를 인간 지능의 전형으로 여기는 '상징주의' 철학에 강하게 영향을 받아, **지각**처럼 '하등한 동물적 기능'의 복잡도를 과소평가했다. 이 연구자들이 1966년 여름 프로젝트 한 번으로 인간의 지각능력을 재현할 수 있을 거라 믿었다는 사실은 컴퓨터 비전 커뮤니티에서는 유명한 일화다.

마빈 민스키(Marvin Minsky)는 지각에 기반한 AI 시스템을 구축하기 위한 접근 방식의 윤곽을 그린 개척자 중 한 사람이다(「Steps toward artificial intelligence」, Proceedings of the IRE, 1961). 그는 패턴 인식, 학습, 계획, 귀납 같은 하등 기능을 사용하면 광범위한 문제를 해결할 수 있는 기계를 구성할 수 있다고 주장했다. 그렇지만 이 이론은 80년대가 돼서야 제대로 연구되기 시작했다. 1984년 「Locomotion, Vision, and Intelligence」에서 한스 모라벡(Hans Moravec)은 우리 신경계가 진화 과정을 통해 지각 과제를 해결하도록 발달했다고 주장했다(우리 뇌의 30% 이상이 시각에만 사용된다!).

그의 주장대로, 컴퓨터가 연산에 능하더라도 사람의 지각 능력과 견줄 수는 없다. 이렇게 보면 순수한 지능적 과제를 해결하기 위해 컴퓨터를 프로그래밍한다고 해서(예: 체스 두기) 일반적 의미에서 지능적인 혹은 인간 지능에 비례하는 시스템을 개발하는 데 반드시 기여하는 것은 아니다.

손으로 만든 지역 특징

초기 컴퓨터 비전의 기본 방식은 인간 지각에 착안한 방식으로 단순하고 그리 발달되지 않았다. 그 개념은 '우선 원시 픽셀로부터 유의미한 특징을 추출'한 다음 '이미 알고 있고 레이블이 달린 특징과 이 특징을 일치시켜' 인식하는 방식이다.

 컴퓨터 비전에서 특징(feature)이란 데이터에서 추출된 당면 과제와 관련된 정보(대체로 1차원 혹은 2차원 벡터로 수학적으로 표현)다. 특징은 이미지, 특정 테두리, 특성을 나타내는 이미지 패치 등에서 일부 핵심 포인트일 수 있다. 이러한 특징은 새로운 이미지에서 쉽게 얻을 수 있어야 하고 인식 과정을 더 진행하기 위해 필요한 정보를 포함해야 한다.

연구원들은 점점 더 복잡한 특징을 생산하고는 했다. 우선 기본적으로 장면에 대한 기하학적 구조를 이해하거나 문자를 인식하기 위해 테두리와 선을 추출하는 것을 들 수 있다. 그다음으로 질감과 조명 정보를 고려하면서 초기 형태의 객체 분류기가 탄생했다.

90년대에 **주성분 분석(PCA, principal component analysis)** 같은 통계 분석 기반의 특징은 얼굴 분류 같이 복잡한 인식 문제에 최초로 성공적으로 적용됐다. 전통적인 예제는 매튜 터크(Matthew Turk)와 알렉스 펜틀랜드(Alex Pentland)가 소개한 '고유면(Eigenface)' 기법이다(「Eigenfaces for Recognition」, MIT Press, 1991). 얼굴 이미지의 데이터베이스가 주어졌을 때 평균 이미지와 '고유-벡터/고유-이미지'(**특성 벡터/특성 이미지**라고도 함)가 PCA를 통해 계산된다. 이론적으로 이 작은 '고유-이미지' 집합은 선형으로 결합되어 원본 데이터셋의 어떤 얼굴이나 그 이상의 것도 재구성할 수 있다. 즉, 각 얼굴 그림은 '고유-이미지'의 가중합을 통해 가까워질 수 있다(그림 1-8 참조). 이는 특정 얼굴이 단순히 각 '고유-이미지'의 재구성 가중치 리스트에 의해 정의될 수 있다는 뜻이다. 결과적으로 새로운 얼굴을 분류하는 것은 그 얼굴을 '고유-이미지'로 분해하고 알고 있는 얼굴의 벡터와 비교해 가중치 벡터를 구하는 문제에 불과하다.

데이베이스의 평균 이미지   데이터베이스의 고유 벡터의 가중합

그림 1-8 인물 사진 이미지를 평균 이미지와 고유 이미지의 가중합으로 분해. 이러한 평균 이미지와 고유 이미지는 더 큰 얼굴 데이터셋에서 계산됐다.

90년대 후반에 등장해 이 분야에 혁신을 불러일으킨 또 다른 기법은 **SIFT(Scale Invariant Feature Transform)**라고 한다. 데이비드 로우(David Lowe)가 소개한(「Distinctive Image Features from Scale-Invariant Keypoints」, Elsevier) 이 기법은 그 이름에서 알 수 있듯이 시각 객체를 크기와 방향이 바뀌어도 문제가 없는 특징 집합으로 표현한다. 가장 간단하게 말하면 이 기법은 이미지의 일부 **핵심 지점**을 구하고(핵심 지점의 경사의 불연속점을 구하고), 각 핵심 지점을 둘러싼 패치를 추출해 각각에 대한 특징 벡터(예를 들어, 해당 패치 또는 경사에서 값의 히스토그램)를 계산한다. 그런 다음 이미지의 **지역 특징**은 그에 대응하는 핵심 지점과 함께 다른 이미지에서 유사한 시각 요소를 찾기 위해 사용될 수 있다. 다음 그림에서는 OpenCV(https://docs.opencv.org/3.1.0/da/df5/tutorial_py_sift_intro.html)를 사용해 SIFT 기법을 사진에 적용했다. 핵심이 되는 지역 지점마다 표시된 원의 반경은 특징 계산을 위해 고려된 패치의 크기를 표현하고 선은 특징의 방향(즉, 이웃한 경사의 주 방향)을 나타낸다.

그림 1-9 주어진 이미지에서 추출된 SIFT 핵심 지점 표현(OpenCV 사용).

수년간 더 진화된 기법들이 개발됐지만 (핵심 지점을 추출하고 차별적인 특징을 결합하는 더 견고한 방식을 사용해) 하나의 이미지에서 특징을 추출하고 다른 특징과 비교하는 전체 절차는 동일하다.

그 위에 머신러닝 추가하기

그렇지만 견고하고 차별적인 특징을 추출하는 것은 인식 작업의 절반밖에 되지 않는다는 사실을 곧 알게 됐다. 예를 들면, 동일한 클래스에서 추출된 다양한 요소들은 상당히 다르게 보일 수 있고(예: 다양하게 생긴 개), 결과적으로 공유할 수 있는 공통 특징은 적다. 따라서 이미지 매칭 작업과 달리 의미론적 분류 같은 더 높은 수준의 문제는 단순히 쿼리 이미지의 픽셀 특징과 레이블이 지정된 그림의 픽셀 특징을 비교함으로써 해결될 수 있다(레이블이 지정된 데이터셋이 커서 그 안에 포함된 모든 이미지와 비교해야 한다면 이 과정이 처리 시간 관점에서 차선이 될 수도 있다).

여기에서 '머신러닝'이 등장한다. 90년대에 이미지 분류를 해결하기 위한 연구원 수가 증가하면서 이미지 특징을 기반으로 이미지를 분류하는 좀 더 통계적인 방법이 등장하기 시작했다. 블라디미르 베프닉(Vladimir Vapnik)과 코리나 코르테스(Corinna Cortes)가 표준화한(「Support-vector networks」, Springer, 1995) **서포트 벡터 머신(SVM, Support vector machine)**은 오랜 시간 동안 복잡한 구조(이미지처럼)에서 더 단순한 레이블(클래스처럼)로 매핑하는 것을 학습하는 기본적인 방법이었다.

이미지 특징과 그에 대한 이진 레이블(예를 들어, 그림 1-10의 cat/not cat)의 집합이 주어지면 SVM은 추출된 특징을 기반으로 한 클래스를 다른 클래스에서 구분하기 위한 함수를 학습하는 데 최적화될 수 있다. 한번 이 함수를 얻으면 알려지지 않은 이미지의 특징맵에 이 함수를 적용해서 그 이미지를 두 클래스 중 하나로 매핑할 수 있다(더 큰 수의 클래스로 확장할 수 있는 SVM은 나중에 개발됐다). 다음 그림에서 SVM은 그 이미지에서 추출된 특징(이 예제에서 두 값만 구분하는 벡터로서의 특징) 기반으로 두 클래스를 분리하는 선형 함수를 회귀하도록 학습됐다.

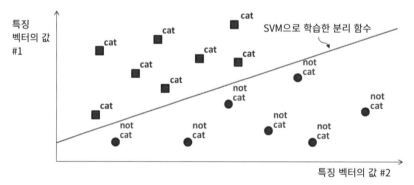

그림 1-10 SVM으로 회귀된 선형 함수. 커널 기법으로 알려진 개념을 사용하면 SVM 역시 클래스를 분리하는 비선형 해법을 찾을 수도 있다.

'랜덤 포레스트', '단어 주머니', '베이즈 모델', 물론 '신경망'까지 다른 머신러닝 알고리즘은 수년간 컴퓨터 비전 커뮤니티에 의해 조정, 발전되어 왔다.

딥러닝의 출현

그렇다면 어떻게 신경망이 컴퓨터 비전을 인계 받아 오늘날 **딥러닝**으로 알려지게 됐을까? 이 절에서는 이 강력한 도구의 기술적 개발을 자세히 설명함으로써 몇 가지 답을 제공한다.

초기 시도와 실패

현대 컴퓨터 비전보다도 먼저 인공 신경망이 등장했다는 사실을 알면 놀랄 수도 있다. 인공 신경망의 개발은 혁신에 대한 전형적인 이야기들과 마찬가지로 시기적으로 너무 일렀다.

퍼셉트론의 흥망

50년대에 프랭크 로젠블랫(Frank Rosenblatt)이 최초로 신경망의 기반을 이루는 블록인 뉴런에서 착안한 **퍼셉트론**이라는 개념을 제시했다(「The Perceptron: A Probabilistic Model for Information Storage and Organization in the Brain」, American Psychological Association, 1958). 이 기법은 당시에 이미 적절한 학습 절차를 사용해 글자를 인식할 수 있었다. 그렇지만 이러한 선전이 오래 가지는 못했다. 마빈 민스키(Marvin Minsky, AI 창시자 중 한 사람)와 시모어 페퍼트(Seymor Papert)가 곧바로 퍼셉트론이 XOR(배타적 논리합, 두 이진값을 비교해서 둘 중 하나만 1일 때 1을 반환하고, 그 외에는 0을 반환하는 함수)만큼 단순한 함수조차도 학습할 수 없음을 보여줬다. 퍼셉트론이 선형 함수로 모델링돼 있는 반면, XOR는 비선형 함수라는 점을 생각하면 당연한 일인데, 당시에는 이 때문에 수년간 연구가 더 진행되지 못했다.

확장성을 갖기에는 너무 무거움

70년대 후반에서 80년대 초반에 이르러서야 신경망이 다시 관심을 끌게 되었다. 이 때 몇 편의 논문에서 여러 퍼셉트론 '계층'이 차례로 배치된 신경망을 다소 단순한 '역전파(back-propagation)' 기법을 사용해 훈련시킬 수 있는 방법을 소개했다. 다음 절에서 자세히 설명하겠지만, 이 훈련 과정은 네트워크의 오차를 계산하고 그 오차를 퍼셉트론 계층을 통해 역전파하여 '도함수'를 사용해 그 계층의 매개변수를 업데이트함으로써 이루어진다. 곧 현대 인식 기법의 조상격인 최초의 **합성곱 신경망(CNN, Convolutional neural network)**이 개발되고 손으로 쓴 글씨 인식에 적용해 일부 성공을 거뒀다.

그렇지만 이 기법은 계산적으로 무거워서 더 큰 문제로 확장될 수 없었다. 대신 연구가들은 SVM 같은 더 가벼운 머신러닝 기법을 채택했고, 신경망 사용은 그 후 10년간 정체됐다. 그렇다면 무엇이 다시 CNN을 불러와 지금 우리가 알고 있는 딥러닝 시대를 이끌었을까?

복귀 이유

이러한 복귀가 가능했던 이유는 두 가지로, 인터넷의 폭발적인 발전과 하드웨어 효율성을 들 수 있다.

인터넷 - 데이터 사이언스의 새로운 엘도라도

인터넷은 통신 분야에 혁명을 불러왔을 뿐 아니라 데이터 사이언스 분야도 완전히 바꿔 놓았다. 데이터 사이언티스트가 온라인으로 이미지와 콘텐츠를 업로드함으로써 공유가 쉬워져 실험과 벤치마크를 위한 공공 데이터셋이 만들어지기 시작했다. 게다가 연구원뿐만 아니라 곧 세상 모든 사람이 이미지와 동영상을 온라인으로 공유하면서 새로운 콘텐츠가 추가되기 시작했고 그 속도는 가히 기하급수적이라 할 만했다. 인터넷은 새로운 엘도라도로서, '빅데이터'와 '데이터 사이언스의 황금시대'를 열었다.

온라인으로 꾸준히 게시되는 콘텐츠를 인덱싱하기만 해도 이미지와 동영상 데이터셋이 이전에는 상상도 못했을 규모에 도달했다. 예를 들면 'Caltech-101'(2003년 엘스비어의 리 페이페이[Li Fei-Fei] 팀이 게시한 10,000개의 이미지)부터 'ImageNet'(2009년 IEEE에서 지아 덩[Jia Deng] 팀이 게시한 1,400만 개 이상의 이미지)이나 'Youtube-8M'(2016년 구글의 사미 아부-엘-하이자[Sami Abu-El-Haija] 팀이 게시한 8백만 동영상)이 있다. 곧 기업이나 정부도 각자의 전문 영역(예를 들어, 영국 정부에서 공개한 동영상 감시용 데이터셋인 i-LIDS와 페이스북과 마이크로소프트에서 지원하는 이미지에 캡션을 지정하기 위한 COCO 데이터셋)에서 혁신을 촉진하기 위해 데이터셋을 수집하고 공개하면 얻을 수 있는 수많은 이점을 이해하게 됐다.

다양한 사례를 포괄하는 수많은 데이터가 제공되면서 새로운 문이 열렸고('데이터를 아주 많이 필요로 하는' 알고리즘, 즉 알고리즘이 수렴하기 위해 수많은 훈련 샘플이 필요한 기법이 드디어 성공적으로 적용될 수 있었다) 새로운 도전 과제들이(예를 들어 이 모든 정보를 어떻게 하면 효율적으로 처리할지와 같은) 등장했다.

그 어느 때보다 강력한 성능

다행히 인터넷이 호황을 누린 덕분에 컴퓨팅 파워도 전성기를 누렸다. 하드웨어는 계속해서 빨라지고 가격이 낮아졌으며 겉보기로는 그 유명한 무어의 법칙(프로세서 성능은 2년마다 두 배로 증가한다 - 이 법칙은 거의 40년동안 사실이었지만 최근에는 그 발전 속도가 더뎌지고 있다)을 따르는 듯했다. 컴퓨터가 빨라질수록 그것들은 컴퓨터 비전을 위해 더 적합하게 설계됐다. 이는 모두 비디오 게임 덕분이다.

그래픽 처리 장치(GPU, Graphics Processing Unit)는 컴퓨터 구성요소로 3D 게임을 실행하기 위해 필요한 종류의 연산을 처리하기 위해 설계된 칩이다. GPU는 무거운 행렬 연산을 병렬로 처리해 이미지를 생성하거나 조작하기에 최적화돼 있다. 최초의 GPU는 80년대에 고안됐지만, 21세기에 들어서야 적당한 가격대에 구할 수 있게 되고 인기를 얻게 됐다.

2007년에 GPU를 설계하는 주요 기업 중 하나인 NVIDIA에서 호환성 있는 GPU를 만들기 위해 개발자가 직접 프로그래밍할 수 있게 해주는 프로그래밍 언어인 CUDA 초기 버전을 출시했다. 그리고 곧이어 이와 유사한 언어인 OpenCL이 등장했다. 이 새로운 도구 덕분에 사람들은 머신러닝과 컴퓨터 비전 같이 새로운 작업에 GPU의 능력을 활용하기 시작했다.

딥러닝? 아니면 인공 신경망의 이미지 변신?

드디어 데이터가 많이 필요하고 계산 집약적인 알고리즘이 빛을 발할 조건이 갖춰졌다. '빅데이터', '클라우드 컴퓨팅'과 함께 '딥러닝'이 갑자기 어디에나 존재하게 됐다.

왜 깊이 학습해야 하는가?

실제로 **딥러닝**이라는 용어는 처음으로 2~3개의 뉴런 계층을 쌓아 올려 신경망을 구성했던 80년대에 이미 만들어졌다. 초기 단순한 솔루션과는 반대로 '딥러닝'은 '더 깊은' 신경망, 즉 여러 개의 '은닉 계층'(입력과 출력 사이에 추가된 계층)이 있는 신경망을 다시 그룹으로 묶는다. 각 계층은 입력을 처리하고 그 결과를 다음 계층으로 전달하여 점점 더 추상적인 정보만 추출하도록 훈련된다. 예를 들어, 신경망의 첫 번째 계층은 모서리, 선, 색의 변화 같은 이미지의 기본 특징에 반응하도록 학습하고, 그다음 계층이 이 신호를 사용해 더 발전된 특징을 추출하는 식으로 마지막 계층까지 계속 이어져 원하는 출력(클래스 예측 혹은 탐지 결과)을 추론한다.

그렇지만 '딥러닝'은 제프리 힌튼(Geoffrey Hinton) 팀이 이 깊어진 모델을 훈련시킬 수 있는 효과적인 솔루션, 즉 원하는 깊이에 도달할 때까지 한 번에 한 계층씩 훈련시키는 방법을 제안했던(「A Fast Learning Algorithm for Deep Belief Nets」, MIT Press, 2006) 2006년이 돼서야 실제로 사용되기 시작했다.

딥러닝 시대

신경망에 대한 연구가 다시 궤도에 오르면서 딥러닝은 발전하기 시작했고 2012년에 실제 명성을 가져다준 중요한 전환점을 맞이하게 됐다. ImageNet이 공개된 이래, 연구원들이 자신의 최신 분류 알고리즘을 제출하고 ImageNet을 사용해 다른 알고리즘과 성능을 비교하는 대회(**ImageNet Large Scale Visual Recognition Challenge(ILSVRC)**: image-net.org/challenges/LSVRC)가 매해 열리고 있다. 2010년과 2011년에 우승한 기법은 각각 분류 오차가 28%, 26%에 해당했고 SIFT와 SVM 같은 전통적인 개념을 적용했다. 이듬해 2012년이 돼서야 새로운 연구팀이 인식 오차를 16%까지 줄여서 다른 경쟁 팀들을 멀리 따돌렸다.

이 업적을 설명하는 논문(「Imagenet Classification with Deep Convolutional Neural Networks」, NIPS, 2012)에서 알렉스 크리체브스키(Alex Krizhevsky), 일리야 수츠케버(Ilya Sutskever), 제프리 힌튼(Geoffrey Hinton) 팀은 최근 인식 기법의 기초가 된 방법을 설명했다. 이 팀은 몇 개의 '합성곱 계층'과 **드롭아웃(dropout)**, **정류 선형 유닛(ReLU, Rectified linear activation units)** 같은 다른 최신 구성요소를 갖춘 8개 계층의 신경망(이후 **AlexNet**이라고 함)을 고안했다. 각 구성요소가 컴퓨터 비전의 핵심이 됐기 때문에 이에 관해서 3장 '현대 신경망'에서 자세히 설명하겠다. 더 중요한 것은 이 연구팀은 자신의 기법을 CUDA로 구현해 GPU에서 실행할 수 있게 만들어서 결국 합리적인 시간 내에 심층 신경망을 훈련시키고 ImageNet 같이 큰 데이터셋에서 반복 훈련시킬 수 있었다는 점이다.

같은 해에 구글에서는 **클라우드 컴퓨팅** 분야에서의 발전이 어떻게 컴퓨터 비전에도 적용될 수 있는지 보여줬다. 유튜브 동영상에서 추출한 천만 개 랜덤 이미지 데이터셋을 사용해 신경망이 고양이를 포함한 이미지를 식별하게 가르치고 '16,000개의 머신'으로 훈련 절차를 병렬로 처리해서 이전 기법에 비해 정확도를 두 배 향상시켰다.

그렇게 현재의 딥러닝 시대가 시작됐다. 모두가 참여해 더 깊이 있는 모델, 더 고도화된 훈련 기법, 그리고 휴대용 기기에 적용할 만한 더 가벼운 솔루션을 만들어냈다. 딥러닝 솔루션이 효율적으로 발전할수록 이를 새로운 애플리케이션과 영역에 적용하려는 사람들이 많아지는 흥미로운 단계. 이 책을 통해 이러한 현재의 열정의 일부라도 전달되기를 바라는 마음으로 현대 기법을 개괄적으로 설명하고 솔루션 개발 방법을 자세히 설명하고자 한다.

신경망 시작하기

이제 신경망이 딥러닝의 핵심을 구성하고 최신 컴퓨터 비전을 위한 막강한 도구라는 점을 알았다. 그렇다면 신경망이란 정확히 무엇인가? 그리고 어떻게 동작할까? 다음 절에서는 이 신경망의 효율성을 뒷받침하는 이론적 배경을 설명하고 이를 직접 적용해 간단한 신경망을 구현해 인식 작업에 적용해볼 것이다.

신경망 구성하기

인공 신경망(ANN, artificial neural network) 또는 간단히 **신경망(NN, neural network)**은 정보를 처리하는 일, 일반적인 패턴을 인식하거나 새로운 패턴을 탐지하는 일, 복잡한 절차를 근접시키는 일에 탁월한 강력한 머신러닝 도구다. 이것이 가능한 이유는 그 구조 덕분이며 지금부터 이에 대해 살펴보겠다.

뉴런 복제하기

뉴런이 우리의 생각과 반응을 지원하는 기본 요소라는 것은 잘 알려져 있다. 그에 비해 이 뉴런이 실제로 어떻게 동작하고 어떻게 시뮬레이션할 수 있는지는 명백하지 않다.

생물학에서 영감을 얻다

실제로 ANN은 동물의 뇌가 어떻게 동작하는지에서 영감을 받았다. 우리의 뇌는 뉴런이 복잡하게 얽힌 네트워크 구조로 각 뉴런은 서로 정보를 제공하고 감각 정보를(전기, 화학 신호처럼) 처리해 생각과 행동을 만들어낸다. 각 뉴런은 전기 신호를 '시냅스'(앞의 뉴런과의 접합부)에서 '체세포'(뉴런의 본체)로 전파하는 섬유세포인 '수상돌기'로부터 전기 신호를 받는다. 이 누적된 전기 자극이 특정 임곗값을 넘어서면 세포가 '활성화'되고 그 세포의 '축색돌기'(뉴런의 '출력 케이블'로 마지막에 다른 뉴런과 연결하는 여러 시냅스로 끝남)를 통해 전기 자극이 다음에 오는 뉴런에 '전파된다'. 따라서 각 뉴런은 '단순한 신호 처리 장치'로 볼 수 있으며, 이 뉴런을 겹겹이 쌓아 올리면 예를 들어 지금 우리가 가지고 있는 생각을 만들어낼 수 있다.

수학 모델

인공 뉴런은 생물학적 구조(그림 1-11)에 영감을 받아 몇 개의 '입력'(각 입력은 숫자다)을 취해서 합계를 내고 마지막으로 '활성화 함수'를 적용해 네트워크의 다음 뉴런에 전달될 '출력' 신호를 얻는다(이것을 유향 그래프로 표현할 수 있다).

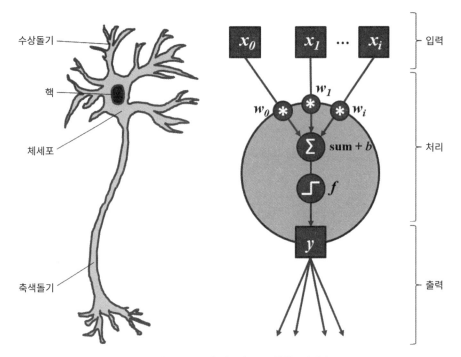

그림 1-11 왼쪽은 단순하게 표현한 생물학적 뉴런이고 오른쪽은 인공적으로 구현한 뉴런이다.

입력은 일반적으로 가중합으로 더해진다. 각 **입력**은 이 특정 **입력**에 주어진 가중치에 따라 커지거나 작아진다. 이 '가중치'는 네트워크의 훈련 단계에서 뉴런이 적절한 특징에 반응하게 하기 위해 조정되는 매개변수다. 보통 다른 매개변수도 훈련되고 합을 구하는 절차에 사용되는데, 이것을 뉴런의 '편향값'이라고 한다. 이 값은 단순히 '오프셋'으로 가중합에 더해진다.

그러면 간단하게 이 절차를 수학 공식으로 만들어보자. 두 개의 입력 x_0와 x_1을 취하는 뉴런이 있다고 가정하자. 이 두 입력값은 선택적 편향값 b와 함께 서로 더해지기 전에 각각 가중치 w_0와 w_1을 적용한다. 단순화하면 입력값은 가로 벡터 x로 가중치는 세로 벡터 w로 표현할 수 있다.

$$x = \begin{pmatrix} x_0 & x_1 \end{pmatrix}, w = \begin{pmatrix} w_0 \\ w_1 \end{pmatrix}$$

이 공식을 사용하면 전체 연산을 다음과 같이 표현할 수 있다.

$$z = x \cdot w + b$$

이 단계는 간단하다. 두 벡터의 '스칼라 곱'($\cdot$)은 가중합을 처리한다.

$$x \cdot w = \sum_i x_i w_i = x_1 w_1 + x_2 w_2$$

입력 크기가 바뀌고 더해져서 결과 z를 만들면, 뉴런의 출력을 얻기 위해 그 결과에 '활성화 함수'를 적용해야 한다. 생물학적 뉴런의 비유로 돌아가 생각해 보면 활성화 함수는 'y가 임곗값 t보다 크면 전기 자극(1)을 반환하고 그렇지 않으면 0(일반적으로 t=0)을 반환'하는 이진 함수다. 이를 공식으로 만들면 활성화 함수 $y=f(z)$는 다음처럼 나타낼 수 있다.

$$y = f(z) = \begin{cases} 0 \ \text{if} \ z < t \\ 1 \ \text{if} \ z \geq t \end{cases}$$

이 **계단 함수**(step function)는 초기 퍼셉트론의 핵심 요소지만, 그 이후로 '비선형성'(더 복잡한 행위를 모델링하기 위한)과 '연속형 식별 가능성'(나중에 설명할 훈련 절차에 중요한) 같이 더 유리한 특성을 갖춘 발전된 활성화 함수가 소개됐다. 가장 공통적으로 활용되는 활성화 함수는 다음과 같다.

- **시그모이드** 함수(sigmoid function) $\sigma(z) = \dfrac{1}{1 + e^{-z}}$ (여기에서 e는 지수함수)
- **쌍곡탄젠트**(hyperbolic tangent) $\tanh(z) = \dfrac{e^z - e^{-z}}{e^z + e^{-z}}$
- **정류 선형 유닛**(Rectified Linear Unit) $\text{ReLU}(z) = \max(0, z) = \begin{cases} 0 \ \text{if} \ z < 0 \\ z \ \text{if} \ z \geq 0 \end{cases}$

앞서 언급한 공통된 활성화 함수의 그래프는 다음 그림에서 볼 수 있다.

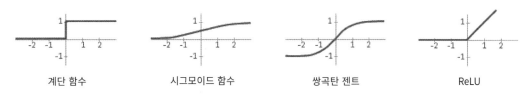

계단 함수　　　　　시그모이드 함수　　　　　쌍곡탄 젠트　　　　　ReLU

그림 1-12 공통적으로 활용되는 활성화 함수 그래프

지금까지 단순한 형태의 인공 뉴런을 모델링했다. 이 인공 뉴런은 신호를 받아 처리해서 다른 뉴런에 '전달(forward)'될(머신러닝에서 일반적으로 사용되는 용어) 값을 출력으로 만들어서 네트워크를 구성할 수 있다.

비선형 활성화 함수를 사용하지 않고 뉴런을 연결하는 것은 단일 뉴런을 갖는 것과 마찬가지다. 예를 들어, 매개변수 w_A와 b_A로 이루어진 선형 뉴런이 있고 그다음으로 w_B와 b_B로 이루어진 선형 뉴런으로 이어지면

$$y_B = w_B \cdot y_A + b_B = w_B \cdot (w_A \cdot x + b_A) + b_B = w \cdot x + b$$

여기에서 $w=w_A \cdot w_B$이고 $b=b_A+b_B$다. 따라서 복잡한 모델을 생성하려면 비선형 활성화 함수는 불가피하다.

구현

이런 모델은 실제로 파이썬(벡터와 행렬 처리를 위해 numpy를 사용)으로 간단히 구현할 수 있다.

```python
import numpy as np


class Neuron(object):
    """간단한 전방 전달 인공 뉴런.
    Args:
        num_inputs (int): 입력 벡터 크기 / 입력 값 개수.
        activation_fn (callable): 활성화 함수.
    Attributes:
        W (ndarray): 각 입력에 대한 가중치.
        b (float): 편향값, 가중합에 더해짐
        activation_fn (callable): 활성화 함수.
    """

    def __init__(self, num_inputs, activation_fn):
        super().__init__()
        # 랜덤값으로 가중치 벡터와 편향값을 초기화함:
        self.W = np.random.rand(num_inputs)
        self.b = np.random.rand(1)
        self.activation_fn = activation_fn

    def forward(self, x):
        """뉴런을 통해 입력 신호를 전달."""
        z = np.dot(x, self.W) + self.b
        return self.activation_fn(z)
```

보다시피 앞에서 정의했던 수학 모델을 직접 조정한 것이다. 이 인공 뉴런을 사용하는 것은 매우 간단하다. 이제 퍼셉트론(활성화 기법으로 계단 함수를 사용하는 뉴런)을 인스턴스화해서 임의의 입력값을 이 퍼셉트론을 통해 전달하자.

```
# 결과를 복제할 수 있도록 랜덤 숫자 생성기의 시드 값을 고정
np.random.seed(42)
# 3개의 랜덤 입력을 칼럼으로 받을 수 있는 배열 (shape = `(1, 3)`)
x = np.random.rand(3).reshape(1, 3)
# 〉 [[0.37454012 0.95071431 0.73199394]]

# 퍼셉트론을 인스턴스화(계단 함수를 사용하는 간단한 뉴런):
step_fn = lambda y: 0 if y <= 0 else 1
perceptron = Neuron(num_inputs=x.size, activation_fn=step_fn)
# 〉 perceptron.W = [0.59865848 0.15601864 0.15599452]
# 〉 perceptron.b = [0.05808361]
out = perceptron.forward(x)
# 〉 1
```

다음 절로 넘어가 입력 차원을 증가시키기 전에 다양한 입력과 뉴런 매개변수를 가지고 실험해 볼 것을 권한다.

뉴런을 계층화하기

일반적으로 신경망은 '계층', 즉 일반적으로 동일한 입력을 받고 동일한 연산을 적용하는 뉴런 집합으로 구성된다(예: 동일한 활성화 함수를 적용해 입력을 받아 맨 처음 가중치를 사용해 합을 구함).

수학 모델

네트워크에서 정보는 입력 계층에서 출력 계층으로, 그 사이에 하나 이상의 '은닉' 계층을 두고 흐른다. 그림 1–13에서 A, B, C 뉴런은 입력 계층에 속하고 H 뉴런은 출력 계층 혹은 활성화 계층에 속하며 D, E, F, G 뉴런은 은닉 계층에 속한다. 첫 번째 계층은 크기가 2인 입력 x를 가지며, 두 번째(은닉) 계층은 이전 계층의 활성화 값 3개를 입력으로 받는 식으로 계속 이어진다. 이처럼 각 뉴런이 이전 계층에서 나온 모든 값에 연결돼 있는 계층을 **완전 연결 계층**(fully-connected layer) 또는 **밀집 계층**(dense layer)이라고 한다.

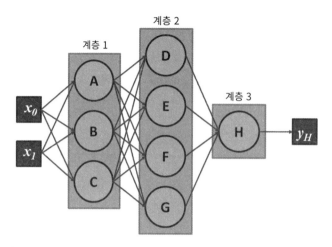

그림 1-13 두 개의 입력값을 받아 하나의 최종 출력값을 만드는 3개의 계층으로 이루어진 신경망

다시 말하지만, 이러한 요소를 벡터와 행렬로 표현해 계산을 압축할 수 있다. 다음 계산은 첫 번째 계층에서 이루어진다.

$$z_A = x \cdot w_A + b_A$$
$$z_B = x \cdot w_B + b_B$$
$$z_C = x \cdot w_C + b_C$$

이것은 다음처럼 표현할 수 있다.

$$z = x \cdot W + b$$

앞의 공식을 구하기 위해 다음처럼 변수를 정의해야 한다.

$$W = \begin{pmatrix} \vdots & \vdots & \vdots \\ w_A & w_B & w_C \\ \vdots & \vdots & \vdots \end{pmatrix} = \begin{pmatrix} w_{a1} & w_{b1} & w_{c1} \\ w_{a2} & w_{b2} & w_{c2} \end{pmatrix} , \; b = \begin{pmatrix} b_A & b_B & b_C \end{pmatrix} , \; z = \begin{pmatrix} z_A & z_B & z_C \end{pmatrix}$$

따라서 첫 번째 계층의 활성화 함수는 $y=f(z)=(f(z_A) \; f(z_B) \; f(z_C))$ 벡터로 표현될 수 있으며, 이것은 다음 계층의 입력 벡터로 직접 전달될 수 있고 그렇게 마지막 계층까지 이어진다.

구현

단일 뉴런처럼 이 모델도 파이썬으로 구현할 수 있다. 실제로 앞에서 만들었던 Neuron 클래스에서 많이
바꾸지 않아도 된다.

```python
import numpy as np

class FullyConnectedLayer(object):
    """A simple fully-connected NN layer.
    Args:
        num_inputs (int): 입력 벡터 크기 / 입력 값의 개수
        layer_size (int): 출력 벡터의 크기 / 뉴런의 개수
        activation_fn (callable): 이 계층에 사용될 활성화 함수
    Attributes:
        W (ndarray): 입력값에 대한 가중치
        b (ndarray): 가중합에 더해질 편향값
        size (int): 계층의 크기 / 뉴런의 개수
        activation_fn (callable): 뉴런에 적용할 활성화 함수
    """
    def __init__(self, num_inputs, layer_size, activation_fn):
        super().__init__()
        # 임의로 매개변수를 초기화(여기서는 정규 분포를 사용)
        self.W = np.random.standard_normal((num_inputs, layer_size))
        self.b = np.random.standard_normal(layer_size)
        self.size = layer_size
        self.activation_fn = activation_fn

    def forward(self, x):
        """계층을 통해 입력 신호를 전달 """
        z = np.dot(x, self.W) + self.b
        return self.activation_fn(z)
```

한 계층에 여러 뉴런을 반영할 수 있게 일부 변수의 '차원'을 바꾸기만 하면 된다. 이 구현을 사용하면 계
층이 한 번에 여러 개의 입력을 처리할 수도 있다. 단일 칼럼 벡터(벡터 형상은 $1 \times s$, 여기에서 s는 x에
포함된 값의 개수)를 전달하든 여러 칼럼 벡터(벡터 형상은 $n \times s$로, n은 샘플 개수)의 스택을 전달하든
행렬 계산을 하는 데는 바뀌는 부분은 없고, 이 계층은 결과 스택(각 행에 b가 더해진다고 가정한다)을
제대로 출력할 것이다.

```
np.random.seed(42)
# 2개의 값을 갖는 랜덤 입력 칼럼 벡터 (shape = `(1, 2)`):
x1 = np.random.uniform(-1, 1, 2).reshape(1, 2)
# > [[-0.25091976 0.90142861]]
x2 = np.random.uniform(-1, 1, 2).reshape(1, 2)
# > [[0.46398788 0.19731697]]

relu_fn = lambda y: np.maximum(y, 0) # 활성화 함수를 정의
layer = FullyConnectedLayer(2, 3, relu_fn)

# 계층은 x1과 x2를 별도로 처리할 수 있음...
out1 = layer.forward(x1)
# > [[0.28712364 0. 0.33478571]]
out2 = layer.forward(x2)
# > [[0. 0. 1.08175419]]
# ... 또는 함께 처리할 수도 있음:
x12 = np.concatenate((x1, x2)) # 입력 벡터의 스택 (shape = `(2, 2)`)
out12 = layer.forward(x12)
# > [[0.28712364 0. 0.33478571]
#    [0.          0. 1.08175419]]
```

 일반적으로 입력 데이터의 스택을 **배치(batch)**라고 한다.

이 코드를 사용하면 단순한 신경망을 구성하기 위해 완전 연결 계층을 함께 연결하기만 하면 된다.

예제 신경망을 분류에 적용하기

이제 계층을 정의하는 방법을 알았지만, 아직 컴퓨터 비전에 활용하기 위해 이 계층을 초기화하고 네트워크에 연결하지는 않았다. 그 방법은 유명한 인식 문제 해결 과정을 통해 설명하겠다.

문제 설정

손으로 쓴 글자 이미지를 분류하는(즉, 이미지에 0이 포함돼 있는지 1이 포함되어 있는지 등을 인식하는) 일은 컴퓨터 비전 분야에서는 오래된 문제다. 7만 개의 흑백 숫자 이미지(28×28픽셀)를 포함하고 있는 **MNIST**(Modified National Institute of Standards and Technology) 데이터셋(http://yann.

lecun.com/exdb/mnist/)이 수년간 이 인식 문제를 해결하는 기법을 테스트하기 위한 참고자료로 사용됐다(얀 르쿤[Yann LeCun]과 코리나 코르테스[Corinna Cortes]가 다음 이미지의 데이터셋에 대한 저작권을 보유하고 있다).

그림 1-14 MNIST 데이터셋의 10개 숫자 샘플

숫자를 분류하기 위해 필요한 작업은 이 이미지 중 하나를 입력으로 받아 '네트워크가 해당 이미지가 각 클래스에 대응하는지 확신하는 정도'를 출력 벡터로 반환하는 것이다. 입력 벡터는 28×28=784개의 값을 가지며 출력은 10개의 값(0~9까지 10개의 숫자에 대해)을 갖는다. 여기서 우리가 할 일은 은닉 계층의 개수와 그 크기를 정의하는 것이다. 그런 다음 이미지의 클래스를 예측하기 위해 '이미지 벡터를 네트워크를 통해 전달하고, 출력을 수집해서 확신 점수가 가장 높은 클래스를 반환'하기만 하면 된다.

> **TIP**
> 이 '확신' 점수(belief score)는 보통 추가 계산이나 해석을 단순화하기 위해 확률로 변환된다. 예를 들어, 분류 네트워크는 클래스 'dog'에 점수 9를 부여하고 다른 클래스 'cat'에 점수 1을 부여했다고 가정하자. 이는 즉 '이 네트워크에 의하면 해당 이미지가 9/10의 확률로 개를 나타내고 1/10의 확률로 고양이를 나타낸다'고 말할 수 있다.

솔루션을 구현하기 전에, MNIST 데이터를 로딩해서 이 기법을 훈련시키고 테스트하기 위해 필요한 데이터를 준비하자. 여기서는 간단하게 마크 가르시아(Marc Garcia)가 개발한 mnist 파이썬 모듈(https://github.com/datapythonista/mnist)을 사용할 것이다(이 모듈은 BSD-3 조항 라이선스를 적용받으며, 이 장의 소스 디렉터리에 이미 설치돼 있다).

```python
import numpy as np
import mnist
np.random.seed(42)

# 훈련 및 테스트 데이터 로딩
X_train, y_train = mnist.train_images(), mnist.train_labels()
X_test, y_test = mnist.test_images(), mnist.test_labels()
num_classes = 10 # 클래스는 0부터 9까지의 숫자

# 이미지를 칼럼 벡터(NN의 입력으로)로 변환
X_train, X_test = X_train.reshape(-1, 28*28), X_test.reshape(-1, 28*28)
# 레이블을 원-핫 벡터(NN의 결과로)로 변환(예를 들어 레이블 4를 벡터 `[0, 0, 0, 0, 1, 0, 0, 0, 0, 0]`로
변환)
y_train = np.eye(num_classes)[y_train]
```

 데이터셋 전처리와 시각화와 관련한 자세한 내용은 이 장의 소스 코드에서 확인할 수 있다.

네트워크 구현하기

신경망을 구현하기 위해서는 계층을 함께 감싸고 전체 네트워크를 통해 전달하고 출력 벡터에 따라 클래
스를 예측하기 위한 몇 가지 기법을 추가해야 한다. 계층을 구현한 후 다음 코드를 추가하면 되며 코드
자체는 이해하기 쉬워 따로 설명이 필요 없다.

```python
import numpy as np
from fully_connected_layer import FullyConnectedLayer

def sigmoid(x): # x의 요소에 시그모이드 함수를 적용
    return 1 / (1 + np.exp(-x)) # y

class SimpleNetwork(object):
    """간단한 완전 연결 신경망
    Args:
        num_inputs (int): 입력 벡터 크기 / 입력 값 개수
        num_outputs (int): 출력 벡터 크기
        hidden_layers_sizes (list): 네트워크에 추가될 은닉 계층의 크기를 포함한 리스트
```

```
    Attributes:
        layers (list): 이 간단한 네트워크를 구성하는 계층 리스트
    """

    def __init__(self, num_inputs, num_outputs, hidden_layers_sizes=(64,
32)):
        super().__init__()
        # 네트워크를 구성하는 계층 리스트를 구성
        sizes = [num_inputs, *hidden_layers_sizes, num_outputs]
        self.layers = [
            FullyConnectedLayer(sizes[i], sizes[i + 1], sigmoid)
            for i in range(len(sizes) - 1)]

    def forward(self, x):
        """ 입력 벡터 `x`를 계층을 통해 전달 """
        for layer in self.layers: # from the input layer to the output one
            x = layer.forward(x)
        return x

    def predict(self, x):
        """ `x`에 대응하는 출력을 계산하고 출력값이 가장 큰 인덱스를 반환 """
        estimations = self.forward(x)
        best_class = np.argmax(estimations)
        return best_class

    def evaluate_accuracy(self, X_val, y_val):
        """ 검증 데이터셋을 사용해 네트워크의 정확도를 평가 """
        num_corrects = 0
        for i in range(len(X_val)):
            if self.predict(X_val[i]) == y_val[i]:
                num_corrects += 1
        return num_corrects / len(X_val)
```

이렇게 해서 분류에 사용할 수 있는 전방 전달 신경망(feed forward neural network)을 구현했다. 이제 이 신경망을 예제의 문제에 적용하자.

```
# MNIST images 분류를 위한 네트워크, 그 안에 크기가 64, 32인 2개의 은닉 계층이 있음
mnist_classifier = SimpleNetwork(X_train.shape[1], num_classes, [64, 32])
```

```
# ... 그리고 MNIST 데이터셋에서 이 네트워크의 정확도를 평가함
accuracy = mnist_classifier.evaluate_accuracy(X_test, y_test)
print("accuracy = {:.2f}%".format(accuracy * 100))
# > accuracy = 12.06%
```

정확도가 겨우 ~12.06%밖에 되지 않는다. 이 결과는 눈 감고 찍는 것보다 약간 나은 수준의 정확도로 실망스러운 수준이다. 지금 만든 신경망의 매개변수는 임의의 값으로 정했기 때문에 어찌 보면 당연하다. 따라서 이 네트워크를 예제의 용도(다음 절에서 해결할 과제)에 맞게 훈련시켜야 한다.

신경망 훈련시키기

신경망은 가용 데이터로부터 학습해서 '훈련돼야' 하는, 즉 신경망의 매개변수가 특정 과제에 맞게 최적화돼야 하는 특수한 알고리즘이다. 네트워크가 이 '훈련 데이터셋'에서 잘 동작하게 최적화되고 나면 비슷하지만 새로운 데이터에 사용돼 만족할 만한 수준의 결과를 제공할 수 있다(적절하게 훈련됐다면).

MNIST 숫자 분류 문제를 해결하기 전에 먼저 이론적 배경을 살펴보고 다양한 학습 전략을 알아본 다음 실제 훈련이 어떻게 이루어지는지 보여줄 것이다. 그런 다음 예제에 이 개념을 직접 적용해 예제의 단순한 네트워크가 인식 과제를 해결하는 방법을 학습하게 만들 것이다.

학습 전략

신경망을 가르치는 일에서는 과제 성격과 사용 가능한 훈련 데이터에 따라 세 가지 주요 패러다임이 있다.

지도 학습(Supervised Learning)

'지도 학습'은 가장 보편적이며 확실히 이해하기가 가장 쉽다. 이 방식은 '신경망에 두 양식을 매핑하는 법'(예를 들어, 이미지와 그 이미지의 클래스 레이블 또는 의미론적 마스크와의 매핑)을 가르치고 싶을 때 적용한다. 이 방식은 '이미지'와 그 이미지의 '실제 레이블'(이미지별 클래스 정보 혹은 의미론적 마스크 같은)을 모두 포함한 훈련 데이터셋에 접근할 수 있어야 한다.

이 기법으로 훈련하는 방법은 간단하다.

- 네트워크에 이미지를 제공하고 결과(예측된 레이블)를 수집한다.
- 네트워크의 손실을 평가한다. 즉, 예측을 실제 레이블과 비교해 얼마나 잘못했는지 평가한다.

- 이 손실을 줄이기 위해 네트워크 매개변수를 조정한다.

- 네트워크가 수렴할 때까지, 즉 이 훈련 데이터로는 더 개선할 수 없을 때까지 반복한다.

따라서 이 전략은 '지도'라는 형용사를 쓸 만하다. 실체(우리)는 네트워크에 각 예측에 대한 피드백(실제 레이블에서 계산된 손실)을 제공해 네트워크 훈련을 지도함으로써 이 기법이 반복을 통해 학습할 수 있다('정답/오답, 다시 시도하세요').

비지도 학습(Unsupervised Learning)

그렇다면 실측 정보를 알 수 없을 때는 어떻게 네트워크를 훈련시킬 수 있을까? '비지도 학습(Unupervised Learning)'이 그 답이다. 그 방법으로 '네트워크의 입력과 그에 대응하는 출력에만 기반해 네트워크의 손실을 계산'하는 함수를 만든다.

이 전략은 클러스터링(비슷한 속성을 갖는 이미지끼리 그룹으로 나누는)이나 압축(콘텐츠의 일부 속성은 유지하면서 크기를 줄이는) 같은 애플리케이션에 매우 적합하다. 클러스터링의 경우 손실 함수는 하나의 클러스터의 비슷한 이미지가 다른 클러스터의 이미지와 얼마나 다른지 측정할 수 있다. 압축의 경우 손실 함수는 원본 데이터와 비교해 압축된 데이터에 중요한 속성이 얼마나 잘 보존돼 있는지를 측정할 수 있다.

이와 같이 비지도 학습은 의미 있는 손실 함수를 구하기 위해 용도에 맞는 '전문성'이 필요하다.

강화 학습

'강화 학습(Reinforcement Learning)'은 **상호 작용에 기반한 전략**이다. '에이전트'는 '환경'을 탐색(예를 들어 로봇이 방을 돌아다니거나 비디오 게임 캐릭터가 한 레벨을 통과)한다. 에이전트는 자신이 취할 수 있는 행동('걷고', '돌고', '뛰는' 등)이 미리 정의된 리스트를 가지고 있으며 각 행동이 끝나면 새로운 '상태'가 된다. 일부 상태는 '보상'을 주는데, 이 보상은 즉시 제공되거나 나중에 제공되며, 긍정적일 수도 있고 부정적일 수도 있다(예를 들어, 비디오 게임 캐릭터가 보너스 아이템을 건드리면 긍정적 보상을, 적과 부딪히면 부정적 보상을 준다).

매 순간 환경으로부터 '관측 데이터'와(예를 들어, 로봇 카메라에서 공급되는 시각 데이터 또는 비디오 게임 화면) 보상('당근과 채찍')만 신경망에 제공된다. 이로부터 어떻게 해야 더 높은 보상을 받을 수 있는지 배우고 그에 따라 에이전트가 취할 '단기 혹은 장기 정책으로 무엇이 최선인지 추정'해야 한다. 즉 최종 보상을 최대화할 수 있는 일련의 행위를 추정해야 한다.

강화 학습은 강력한 패러다임이지만, 컴퓨터 비전에는 일반적으로 적용되지 않는다. 여기에서는 더 설명하지 않겠지만, 머신러닝의 팬이라면 강화 학습에 대해 더 배우기를 추천한다.

네트워크 훈련

학습 전략에 상관없이 전체 훈련 단계는 동일하다. 일부 훈련 데이터가 주어지면 네트워크는 예측을 하고 피드백(손실 함수의 결과 같은)을 받아 이를 네트워크 매개변수를 업데이트하는 데 사용한다. 이 단계는 네트워크가 더이상 최적화될 수 없을 때까지 반복된다. 이 절에서는 이 절차에 대해 손실을 계산하는 단계부터 가중치를 최적화하는 단계까지 자세히 설명하고 구현한다.

손실 평가

'손실 함수'의 목표는 네트워크가 현재의 가중치로 얼마나 잘 동작하는지 평가하는 것이다. 더 공식적으로 말하자면 이 함수는 '네트워크 매개변수(가중치와 편향값 같은)의 함수로 예측의 품질'을 나타낸다. 손실이 작을수록 선택된 과제를 위한 매개변수로 더 적합하다.

손실 함수는 네트워크의 목표('정확한 레이블을 반환'하거나 '콘텐츠를 보존한 채 이미지를 압축'하는 등)를 나타내기 때문에 주어진 과제만큼 다양한 함수가 존재한다. 여전히 일부 손실 함수가 다른 것에 비해 더 일반적으로 사용된다. 지도 학습 어디에서나 볼 수 있는 **L2 손실**(L2 노름 기반)이라고 하는 '제곱합'의 경우가 그렇다. 이 함수는 단순히 출력 벡터 y의 각 요소(네트워크가 추정한 클래스별 확률)와 실제값 벡터 y^{true}(정확한 클래스를 제외한 클래스는 모두 널 값인 타깃 벡터)의 각 요소 간 차이의 제곱을 계산한다.

$$L_2(y,\ y^{true}) = \sum_i (y_i^{true} - y_i)^2$$

이외에도 벡터 간 '차이의 절댓값'을 계산하는 **L1 손실**이나 기댓값과 비교하기 전에 예측 확률을 로그 척도로 변환하는 **이진 교차 엔트로피**(BCE, binary cross-entropy) 손실 같은 서로 다른 속성을 갖는 다양한 손실함수가 있다.

$$L_1(y,\ y^{true}) = \sum_i |y_i^{true} - y_i| \quad \text{and} \quad \text{BCE}(y,\ y^{true}) = \sum_i \left[-y_i^{true}\log(y_i) + (1 - y_i^{true})\log(1 - y_i) \right]$$

로그 연산은 확률을 [0, 1]에서 [−∞, 0]으로 변환한다. 따라서 결과에 −1을 곱함으로써 신경망이 제대로 예측하는 법을 배우면서 손실값은 +∞에서 0으로 옮겨가게 된다. 교차 엔트로피 함수는 분류해야 할 클래스가 여러 개(두 개뿐 아니라)인 문제에도 적용될 수 있다.

이 외에도 보편적으로 사용되는 방법으로는 벡터 요소의 개수를 기준으로 손실을 나누는 방법, 즉 합계 대신에 평균을 계산하는 방법이 있다. **평균 제곱 오차**(MSE, mean-square error)는 L2 손실의 평균을 구한 버전이며 **평균 절댓값 오차**(MAE, mean absolute error)는 L1 손실의 평균을 구한 버전이다.

우선은 L2 손실을 예로 보자. 나머지 이론을 설명하고 MNIST 분류기를 훈련시키는 데 이 손실 함수를 사용하겠다.

손실을 역전파하기

어떻게 하면 네트워크 매개변수를 업데이트해 손실을 최소화할 수 있을까? 각 매개변수에 대해 알아야 할 것은 값을 얼마나 조정해야 손실에 영향을 줄 수 있는가이다. 매개변수 값을 조정해서 손실을 약간 줄일 수 있다면 이 조정된 값을 반영해 최솟값에 도달할 때까지 반복하면 된다. 이것이 바로 손실 함수 '경사'이며 '경사 하강' 절차를 묘사한 것이다.

훈련을 반복할 때마다 네트워크의 각 매개변수에 관한 손실 도함수가 계산된다. 이 도함수는 조정된 매개변수 값 중 어느 것을 적용해야 할지 알려준다(경사는 함수의 증가 방향을 가리키지만 여기서는 이를 감소시키기 원하기 때문에 a−1 계수를 사용해 적용한다). 각 매개변수에 대한 손실 함수의 '경사'를 따라 이것이 단계별로 내려가는 것으로 볼 수 있다. 따라서 이 반복 절차(다음 그림 참조)에 **경사 하강**이라는 이름을 붙인 것이다.

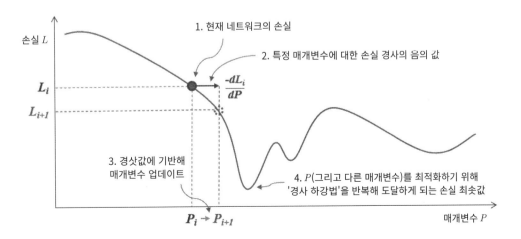

그림 1-15 신경망 매개변수 P를 최적화하기 위한 경사 하강

이제 질문은 이 모든 도함수(각 매개변수에 대한 함수로서의 '경삿값')를 어떻게 계산할 것인가이다. 여기에서 등장하는 것이 **연쇄 법칙(chain rule)**이다. 미적분학을 제대로 이해하지 못하더라도, 연쇄 법칙은 계층 k의 매개변수와 관련한 도함수가 해당 계층의 출력값 (x_k, y_k)와 다음 계층 $k+1$의 도함수를 가지고 간단히 계산될 수 있음을 알려준다. 공식으로 표현하면 계층 가중치 W_k에 대해 다음과 같이 표현할 수 있다.

$$\frac{dL}{dW_k} = \frac{dL}{dy_k}\frac{dy_k}{dW_k} = \frac{dL}{dy_k}\frac{dy_k}{dz_k}\frac{dz_k}{dW_k} = \frac{dL}{dx_{k+1}}\frac{dy_k}{dz_k}\frac{d(W_k \cdot x_k + b_k)}{dW_k} = l'_{k+1} \odot f'_k \frac{d(W_k \cdot x_k + b_k)}{dW_k} = x_k^\intercal \cdot (l'_{k+1} \odot f'_k)$$

여기에서 l'_{k+1}은 계층 에서 입력 $x_{k+1}=y_k$에 대해 계산되는 도함수이고, f'_k는 계층 활성화 함수의 도함수이며, x^T는 x의 '전치 함수'다. z_k는 '뉴런을 계층화하기' 절에서 정의한 대로 계층 k에서 구한 가중합의 결과(즉, 계층의 활성화 함수에 입력되기 전)를 나타낸다. 마지막으로 $\odot$ 기호는 두 벡터/행렬 사이의 '요소 단위 곱셈'을 나타낸다. 이를 '아다마르 곱(Hadamard product)'이라고도 한다. 다음 공식에서 보듯이, 기본적으로 요소 쌍의 곱셈으로 구성된다.

$$\begin{pmatrix} a_0 & a_1 \\ a_2 & a_3 \end{pmatrix} \odot \begin{pmatrix} b_0 & b_1 \\ b_2 & b_3 \end{pmatrix} = \begin{pmatrix} a_0 \times b_0 & a_1 \times b_1 \\ a_2 \times b_2 & a_3 \times b_3 \end{pmatrix}$$

연쇄 법칙으로 돌아와서 편향값에 대한 도함수도 비슷한 방식으로 계산된다.

$$\frac{dL}{db_k} = \frac{dL}{dy_k}\frac{dy_k}{db_k} = \frac{dL}{dy_k}\frac{dy_k}{dz_k}\frac{dz_k}{db_k} = l'_{k+1} \odot f'_k \frac{d(W_k \cdot x_k + b_k)}{db_k} = l'_{k+1} \odot f'_k$$

마지막으로 살펴볼 공식은 다음과 같다.

$$\frac{dL}{dx_k} = \frac{dL}{dy_k}\frac{dy_k}{dx_k} = \frac{dL}{dy_k}\frac{dy_k}{dz_k}\frac{dz_k}{dx_k} = l'_{k+1} \odot f'_k \frac{d(W_k \cdot x_k + b_k)}{dx_k} = W_k^\intercal \cdot (l'_{k+1} \odot f'_k)$$

이 계산은 복잡해 보일 수 있지만, 각각이 무엇을 나타내는지만 이해하면 된다. 다시 말해, 각 매개변수가 계층마다 손실에 얼마나 영향을 미치는지 재귀적으로 되돌아가면서 계산하기만 하면 된다(이전 계층에 대한 도함수를 계산하기 위해 이번 계층의 도함수를 사용하는 방식). 이 개념은 신경망을 '계산 그래프', 즉 서로 연결된 수학 연산의 그래프로 표현해 나타낼 수 있다(첫 번째 계층의 가중합이 계산되고 그 결과가 첫 번째 활성화 함수에 전달된 다음 그 출력이 두 번째 계층의 연산으로 전달되는 식으로 계속된다). 따라서 입력에 대해 전체 신경망의 결과를 계산하는 것은 데이터를 이 계산 그래프를 통해 '전달하는 것'으로 구성되며, 각 매개변수에 대한 도함수를 구하는 것은 그래프에서 결과 손실을 반대 방향으로 전파하는 것(**역전파**라는 용어가 여기에서 비롯됐다)으로 구성된다.

출력 계층에서 이 프로세스를 시작하려면 각 출력값에 대한 손실 자체의 도함수가 필요하다(이전 공식 참조). 따라서 손실 함수를 쉽게 유도할 수 있는 것이 가장 중요하다. 예를 들어 L2 손실의 도함수는 다음처럼 간단하다.

$$\frac{dL_2(y, \, y_{true})}{dy} = 2(y - y_{true})$$

앞서 언급했듯이, 각 매개변수에 대해 손실 함수의 도함수를 구하면 그에 따라 매개변수를 업데이트하면 된다.

$$W_k \leftarrow W_k - \epsilon \frac{dL}{dW_k} \quad , \quad b_k \leftarrow b_k - \epsilon \frac{dL}{db_k}$$

여기서 보듯이 도함수는 매개변수 업데이트에 사용되기 전에 계수 ϵ(엡실론)으로 곱한다. 이 계수를 **학습률(learning rate)**이라 한다. 이 계수는 매회 얼마의 강도로 업데이트돼야 하는지를 제어한다. 학습률이 크면 네트워크가 빠르게 학습하지만 조정폭이 너무 커서 최소 손실값을 '놓칠' 수 있다는 위험이 있다. 따라서 이 계수 값은 신중하게 정해야 한다. 전체 훈련 프로세스를 요약해 보자.

1. n개의 다음 훈련 이미지를 선택해 네트워크에 제공한다.
2. 연쇄 법칙을 사용해 손실을 계산하고 역전파해서 계층 매개변수와 관련한 미분값을 얻는다.
3. 해당 미분값으로 매개변수를 업데이트한다(학습률로 조정됨).
4. 전체 훈련 집합에 대해 1~3까지의 단계를 반복한다.
5. 수렴하거나 정해진 반복 횟수에 도달할 때까지 1~4단계를 반복한다.

전체 훈련 집합을 1회 반복하는 것(1~4단계)을 **세대(epoch)**라고 한다. $n=1$이고 남은 이미지에서 훈련 샘플을 무작위로 선택하는 경우, 이 프로세스를 **확률적 경사 하강법(SGD, stochastic gradient descent)**이라고 하는데, 이는 구현하고 시각화하기는 쉽지만 훈련 속도가 느리고(업데이트 과정이 많을수록) '노이즈가 많다'. 보통 '미니 배치 확률적 경사 하강법(mini-batch stochastic gradient descent)'을 선호하는 경향이 있다. 이는 n 값이 커질수록(컴퓨터 성능에 따라 제한됨) 무작위로 추출한 n개의 훈련 샘플의 '미니 배치'(간단히 '배치'라고도 함)마다 평균 경사를 구하는 방법이다(따라서 노이즈가 적다).

 현재 용어 SGD는 n 값과 상관없이 일반적으로 사용된다.

이 절에서는 신경망을 훈련시키는 방법을 다뤘다. 이제 실제 적용해 보자!

신경망에 분류하는 방법 가르치기

지금까지는 네트워크와 계층에서 사용할 전방 전달 기능만 구현했다. 먼저 FullyConnectedLayer 클래스를 업데이트해 역전파와 최적화 메서드를 추가하자.

```python
class FullyConnectedLayer(object):
    # [...] (코드 변경 없음)
    def __init__(self, num_inputs, layer_size, activation_fn, d_activation_fn):
        # [...] (코드 변경 없음)
        self.d_activation_fn = d_activation_fn # 활성화 함수의 도함수
        self.x, self.y, self.dL_dW, self.dL_db = 0, 0, 0, 0 # 스토리지 속성

    def forward(self, x):
        z = np.dot(x, self.W) + self.b
        self.y = self.activation_fn(z)
        self.x = x # 역전파를 위해 값을 저장
        return self.y

    def backward(self, dL_dy):
        """손실을 역전파 """
        dy_dz = self.d_activation_fn(self.y) # = f'
        dL_dz = (dL_dy * dy_dz) # dL/dz = dL/dy * dy/dz = l'_{k+1} * f'
        dz_dw = self.x.T
        dz_dx = self.W.T
        dz_db = np.ones(dL_dy.shape[0]) # dz/db = "ones"-vector
        # 계층 매개변수 dL w.r.t.를 계산하고 저장:
```

```
        self.dL_dW = np.dot(dz_dw, dL_dz)
        self.dL_db = np.dot(dz_db, dL_dz)
        # 미분값 w.r.t.와 이전 계층의 x를 계산:
        dL_dx = np.dot(dL_dz, dz_dx)
        return dL_dx

    def optimize(self, epsilon):
        """계층의 매개변수 w.r.t. 미분값을 최적화."""
        self.W -= epsilon * self.dL_dW
        self.b -= epsilon * self.dL_db
```

 이 절의 코드는 단순화했으며 길이를 줄이기 위해 설명을 생략했다. 전체 소스 코드는 이 책의 깃허브 저장소와 모든 코드를 하나로 연결한 주피터 노트북에서 확인할 수 있다.

이제 계층별로 역전파하고 최적화하는 메서드와 마지막으로 전체 훈련(1~5단계)을 다루는 메서드를 추가해 SimpleNetwork 클래스를 업데이트해야 한다.

```
def derivated_sigmoid(y): # 시그모이드 도함수
    return y * (1 - y)

def loss_L2(pred, target): # L2 loss 함수
    return np.sum(np.square(pred - target)) / pred.shape[0] # 배치 크기(pred.shape[0])와 무관하게
결과를 최적화, 손실을 그 값으로 나눈다.

def derivated_loss_L2(pred, target): # L2 도함수
    return 2 * (pred - target) # 여기에도 배치 크기로 나눌 수 있지만 그렇게 되면 (미분값이 작아져서)
훈련에 실제로 영향을 줄 수 없게 될 수 있다.

class SimpleNetwork(object):
    # [...] (코드 변경 없음)
    def __init__(self, num_inputs, num_outputs, hidden_layers_sizes=(64, 32),
loss_fn=loss_L2, d_loss_fn=derivated_loss_L2):
        # [...] (FC 계층의 새로운 매개변수를 제외하면, 코드 변경 없음)
        self.loss_fn, self.d_loss_fn = loss_fn, d_loss_fn

    # [...] (코드 변경 없음)
```

```python
    def backward(self, dL_dy):
        """마지막 계층에서 처음 계층까지 손실 미분값을 역전파 """
        for layer in reversed(self.layers):
            dL_dy = layer.backward(dL_dy)
        return dL_dy

    def optimize(self, epsilon):
        """저장된 경삿값에 따라 매개변수를 최적화 """
        for layer in self.layers:
            layer.optimize(epsilon)

    def train(self, X_train, y_train, X_val, y_val, batch_size=32,
num_epochs=5, learning_rate=5e-3):
        """제공된 데이터셋에서 네트워크를 훈련하고 평가 """
        num_batches_per_epoch = len(X_train) // batch_size
        loss, accuracy = [], []
        for i in range(num_epochs): # 훈련 세대마다
            epoch_loss = 0
            for b in range(num_batches_per_epoch): # 배치마다
                # 배치 가져오기:
                b_idx = b * batch_size
                b_idx_e = b_idx + batch_size
                x, y_true = X_train[b_idx:b_idx_e], y_train[b_idx:b_idx_e]
                # 배치에 최적화:
                y = self.forward(x) # 전방 전달
                epoch_loss += self.loss_fn(y, y_true) # 손실
                dL_dy = self.d_loss_fn(y, y_true) # 손실 미분
                self.backward(dL_dy) # 역전파
                self.optimize(learning_rate) # 최적화

            loss.append(epoch_loss / num_batches_per_epoch)
            # 세대마다, 네트워크 '검증', 즉 테스트/검증 세트에 정확도를 측정함:
            accuracy.append(self.evaluate_accuracy(X_val, y_val))
            print("Epoch {:4d}: training loss = {:.6f} | val accuracy =
{:.2f}%".format(i, loss[i], accuracy[i] * 100))
```

모든 것이 준비됐다! 이제 네트워크를 훈련시켜 그 성능을 확인하면 된다.

```
losses, accuracies = mnist_classifier.train(
    X_train, y_train, X_test, y_test, batch_size=30, num_epochs=500)
# > Epoch 0: training loss = 1.096978 ¦ val accuracy = 19.10%
# > Epoch 1: training loss = 0.886127 ¦ val accuracy = 32.17%
# > Epoch 2: training loss = 0.785361 ¦ val accuracy = 44.06%
# [...]
# > Epoch 498: training loss = 0.046022 ¦ val accuracy = 94.83%
# > Epoch 499: training loss = 0.045963 ¦ val accuracy = 94.83%
```

축하한다! 컴퓨터가 이 훈련을 완료하기에 충분한 사양을 갖추고 있다면(여기서 구현한 내용은 워낙 간단해서 GPU를 활용할 필요가 없다) 손으로 쓴 숫자를 ~94.8%의 정확도로 분류할 수 있는 신경망을 확보했다.

훈련 시 고려사항 – 과소적합과 과적합

지금 구현한 프레임워크를 가지고 다양한 '초매개변수'(계층 크기, 학습 속도, 배치 크기 등)를 활용해 테스트해 보자. 적절한 지형(다른 '초매개변수'와 함께)을 얻으려면 수많은 변경과 테스트 과정이 필요하다. 입력과 출력 계층의 크기는 용도에 따라 달라질 수 있지만(예를 들어, 분류의 경우 입력 크기는 이미지의 픽셀 개수이고 출력 크기는 예측할 클래스 개수가 될 것이다), 은닉 계층은 신중하게 설계돼야 한다.

예를 들어 네트워크 계층이 너무 적거나 너무 작은 계층으로 구성되면 정확도가 향상되지 않을 것이다. 이는 네트워크가 **과소적합(underfitting)**됐다는 뜻이다. 즉, 과제의 복잡도를 다룰 만큼 충분한 매개변수를 갖지 못했음을 뜻한다. 이 경우, 유일한 해결책은 애플리케이션에 더 적합한 새로운 아키텍처를 선택하는 것이다.

반면에 네트워크가 너무 복잡하거나 훈련 데이터셋이 너무 작으면 네트워크는 훈련 데이터에 **과적합(overfitting)**되기 시작한다. 이는 네트워크가 훈련 분포(그 고유의 노이즈, 세부 항목 등)에는 너무 잘 적합되게 학습하지만, 새로운 샘플에 적용될 만큼 일반화되지 않는다(예를 들어, 새로운 이미지는 약간 다른 노이즈를 갖기 때문에)는 뜻이다. 다음 그림은 이 두 문제의 차이를 명확히 보여준다. 왼쪽의 회귀 기법은 다양한 데이터를 수용할 수 있게 모델링하기에 매개변수가 충분하지 않지만, 오른쪽 기법은 일반화에 너무 몰두해 매개변수가 너무 많다.

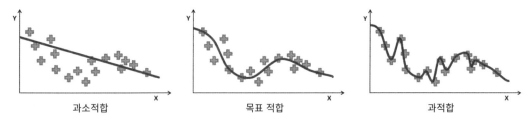

그림 1-16. 과소적합과 과적합의 일반 예

더 많고 다양한 훈련 데이터셋을 확보하는 것이 과적합을 해결할 수 있는 합리적 해결책처럼 보이지만, 현실에서 항상 가능한 것은 아니다(예를 들어, 타깃 객체에 접근이 제한적이기 때문에). 다른 해결책으로 네트워크가 얼마나 자세히 학습할지 제한하기 위해 네트워크와 훈련 과정을 조정하는 방법이 있다. 이러한 기법은 3장 '현대 신경망'에서 다른 고급 신경망과 함께 자세히 설명한다.

요약

이 책의 첫 장으로, 이 장에서는 여러 기초 개념을 다뤘다. 컴퓨터 비전, 그 도전 과제, SIFT, SVM 같은 역사적 기법을 소개했다. 이제 신경망과 그 신경망을 구성하고 훈련시키고 적용하는 방법에 익숙해졌다. 손으로 쓴 숫자 이미지를 분류하기 위한 분류 네트워크를 처음부터 구현해봄으로써 머신러닝 프레임워크가 어떤 방식으로 동작하는지 더 잘 이해하게 됐다.

이제 다음 장에서 '텐서플로'를 활용할 준비가 갖춰진 셈이다.

질문

1. 다음 과제 중 컴퓨터 비전에 속하지 않는 것은?

   - 웹에서 조회 조건과 비슷한 이미지 검색

   - 이미지 시퀀스를 가지고 3D 장면 재구성

   - 동영상 캐릭터로 동영상 제작

2. 초기 퍼셉트론이 사용한 활성화 함수는 무엇인가?

3. 손으로 쓴 숫자가 4인지 아닌지를 탐지하기 위해 신경망을 훈련시키려고 한다고 가정하자. 이 과제를 위해 이 장에서 구현한 네트워크를 어떻게 조정해야 할까?

참고 문헌

- 『Hands-On Image Processing with Python』(https://www.packtpub.com/big-dataand-business-intelligence/hands-image-processing-python), Sandipan Dey: 이미지 처리와 파이썬을 사용해 시각 데이터를 처리하는 방법에 대해 더 자세히 배울 수 있는 훌륭한 책이다.

- 『OpenCV 3.x with Python By Example - Second Edition』(https://www.packtpub.com/application-development/opencv-3x-python-example-second-edition), Gabriel Garrido, Prateek Joshi: 몇 년 전부터 유명한 컴퓨터 비전 라이브러리 'OpenCV'(이 라이브러리에는 이 장에서 소개했던 전통적인 기법인 테두리 탐지, SIFT, SVM 등이 구현돼 있다)를 소개하는 최근에 출간된 또 다른 책이다.

02

텐서플로 기초와
모델 훈련

텐서플로(TensorFlow)는 연구원과 머신러닝 전문가가 사용하는 수학 라이브러리다. 텐서플로를 사용해 수치 연산을 수행할 수도 있지만, 대체로 심층 신경망을 훈련시키고 실행하는 데 사용한다. 이 장에서는 텐서플로 2의 핵심 개념을 소개하고 간단한 예제를 통해 직접 사용해볼 것이다.

이 장에서 다룰 주제는 다음과 같다.

- 텐서플로 2와 케라스 시작하기

- 간단한 컴퓨터 비전 모델을 구성하고 훈련시키기

- 텐서플로와 케라스의 핵심 개념

- 텐서플로 생태계

기술적 요구사항

이 책에서는 텐서플로 2를 사용할 것이다. 다양한 플랫폼에 설치하는 방법은 https://www.tensorflow.org/install에 자세히 나와 있다.

GPU를 사용할 계획이라면 그에 적합한 버전인 tensorflow-gpu를 설치해야 한다. 이 경우 NVIDIA에서 제공하는 CUDA 툴킷이 함께 설치돼야 한다(https://developer.nvidia.com/cuda-zone).

설치 방법은 깃허브의 README에서도 확인할 수 있다(https://github.com/PacktPublishing/Hands-On-Computer-Vision-with-TensorFlow-2/tree/master/Chapter02).

텐서플로 2와 케라스 시작하기

텐서플로 핵심 개념을 자세히 알아보기 전에 프레임워크와 기본 예제를 간단히 소개하겠다.

텐서플로 소개

처음에 텐서플로는 구글에서 연구원과 개발자가 머신러닝 연구를 수행하는 것을 지원하기 위해 개발됐다. 원래는 '머신러닝 알고리즘을 표현하기 위한 인터페이스와 이러한 알고리즘을 실행하기 위한 구현'으로 정의됐다.

텐서플로의 주요 목적은 머신러닝 솔루션을 다양한 플랫폼(CPU 컴퓨터, GPU 컴퓨터, 모바일 기기, 최근에는 브라우저까지)에 간단하게 배포하는 것이다. 이외에 텐서플로는 머신러닝 모델을 생성하고 대규모로 실행하기에 유용한 기능을 많이 제공한다. 2019년에 우수한 성능은 유지하면서 사용 편의성에 중점을 둔 텐서플로 2가 출시됐다.

 텐서플로 1.0의 개념은 이 책의 부록에서 찾아볼 수 있다.

이 라이브러리는 2015년 11월에 공개됐다. 그 후로 전 세계 사용자들에 의해 사용되고 개선됐다. 그렇게 머신러닝을 연구할 때 고려할 수 있는 플랫폼 중 하나가 됐다. 또한 깃허브에서 활발하게 활동하는 딥러닝 프레임워크 중 하나다.

텐서플로는 전문가뿐만 아니라 초심자도 사용할 수 있다. 텐서플로 API는 다양한 수준의 복잡도를 지원하고 있어 초심자도 간단한 API로 머신러닝을 시작할 수 있고 동시에 전문가는 매우 복잡한 모델을 생성할 수 있다. 이제 그 다양한 수준의 API를 살펴보자.

텐서플로 주요 아키텍처

텐서플로 아키텍처는 다양한 수준의 추상화를 지원한다. 우선 가장 낮은 계층을 소개하고 그다음 가장 높은 계층까지 거슬러 올라가보자.

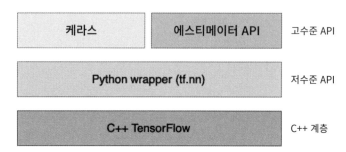

그림 2-1 텐서플로 아키텍처

대부분의 딥러닝 계산은 **C++**로 코딩돼 있다. GPU에서 이 계산을 실행하기 위해 텐서플로는 NVIDIA에서 개발한 **CUDA** 라이브러리를 사용한다. 이것이 GPU를 사용하기 위해 CUDA를 설치해야 하고 다른 제조사의 GPU를 사용할 수 없는 이유다.

그다음, 파이썬 **저수준 API**가 C++ 소스를 감싸고 있다. 텐서플로의 파이썬 메서드를 호출하면 일반적으로 그 내부에 있는 C++ 코드를 불러온다. 이 래퍼 계층을 활용하면 작업 효율이 좋아지는데, 파이썬은 사용이 쉽고 따로 컴파일이 필요하지 않기 때문이다. 이 파이썬 래퍼는 행렬 곱셈, 행렬 덧셈 같은 가장 기초적인 연산을 만들 수 있다.

가장 위에 케라스와 Estimator API 두 요소로 구성된 **고수준 API**가 있다. **케라스**는 사용자 친화적이며 모듈로 구성되고 확장성 있는 텐서플로용 래퍼다. 다음 절에서 케라스를 소개한다. **에스티메이터 API(Estimator API)**는 머신러닝 모델을 쉽게 구성할 수 있게 해주는 사전 제작된 구성 요소들을 포함하고 있다. 이는 기본 구성 요소 혹은 템플릿으로 이해하면 된다.

딥러닝에서 **모델**은 일반적으로 데이터에서 훈련된 신경망을 말한다. 모델은 매개변수와 함께 아키텍처, 행렬 가중치로 구성된다.

케라스 소개

2015년에 최초로 발표했을 때 케라스는 신경망으로 가장 빨리 실험할 수 있게 지원하는 인터페이스로 설계됐다. 그렇게 딥러닝 작업을 실행하기 위해 텐서플로 또는 **씨아노**(Theano, 지금은 사장된 또 다른 딥러닝 프레임워크)에 의존했다. 사용자 친화적인 것으로 유명한 케라스는 초심자들이 쓰기 적합한 라이브러리다.

2017년 이후로 텐서플로는 케라스를 완전히 통합해 텐서플로만 설치해도 케라스를 함께 사용할 수 있게 됐다. 이 책에서는 독립형 케라스 대신 tf.keras를 사용할 것이다. 두 버전 사이에는 텐서플로의 다른 모듈과의 호환성이나 모델을 저장하는 방식 등에서 약간의 차이가 있다. 이러한 이유로 다음의 작업을 따라해서 이 책과 맞는 버전을 사용해야 한다.

- 코드에서 keras가 아니라 tf.keras를 임포트한다.
- keras.io 문서가 아니라 텐서플로 웹사이트에서 tf.keras 문서를 살펴본다.
- 외부 케라스 라이브러리를 사용할 때 tf.keras와 호환되는지 확인한다.
- 일부 저장된 모델은 케라스 버전 간에는 호환되지 않을 수 있다.

당분간은 이 두 버전이 함께 공존하겠지만, tf.keras는 텐서플로에 점점 더 통합될 것이다. 케라스가 얼마나 강력하고 간단한지 보여주기 위해 이제 이 라이브러리를 사용해 간단한 신경망을 구현해 보겠다.

케라스를 사용한 간단한 컴퓨터 비전 모델

텐서플로의 핵심 개념을 깊이 공부하기 전에 컴퓨터 비전 분야의 고전적인 문제인 MNIST(Modified National Institute of Standards and Technology) 데이터셋으로 숫자를 인식하는 문제를 풀어보자. 이 데이터셋은 1장 '컴퓨터 비전과 신경망'에서 자세히 설명했다.

데이터 준비

먼저 데이터를 임포트한다. 이 데이터셋은 훈련 집합으로 6만 개의 이미지와 테스트 집합인 1만 개의 이미지로 구성돼 있다.

```
import tensorflow as tf

num_classes = 10
```

```
img_rows, img_cols = 28, 28
num_channels = 1
input_shape = (img_rows, img_cols, num_channels)

(x_train, y_train),(x_test, y_test) = tf.keras.datasets.mnist.load_data()
x_train, x_test = x_train / 255.0, x_test / 255.0
```

 텐서플로를 임포트할 때는 읽고 쓰기 편하게 tf라는 별칭을 사용하는 것이 일반적이다. 더불어 입력 데이터는 x로, 레이블은 y로 표기하는 것이 일반적이다.

tf.keras.datasets 모듈은 고전적인 데이터셋을 내려 받고 인스턴스화하기 위해 빠르게 접근할 수 있게 지원한다. load_data를 사용해 데이터를 임포트하고 나면 배열을 255.0으로 나눠 [0, 255] 범위 내의 값을 [0, 1] 범위 내의 값으로 변환한다. 데이터를 정규화하는 대표적인 예는 보통 값을 [0, 1]로 변환하거나 [-1, 1]로 변환하는 것이다.

모델 구성

이제 실제 모델을 구성할 차례다. 여기서는 두 개의 **완전 연결**(다른 말로 **밀집**) 계층으로 구성된 매우 단순한 아키텍처를 사용할 것이다. 이 아키텍처를 자세히 설명하기 전에 코드부터 살펴보자. 보다시피 케라스 코드는 매우 간결하다.

```
model = tf.keras.models.Sequential()
model.add(tf.keras.layers.Flatten())
model.add(tf.keras.layers.Dense(128, activation='relu'))
model.add(tf.keras.layers.Dense(num_classes, activation='softmax'))
```

이 모델은 계층을 선형으로 쌓아 구성하기 때문에 Sequential 함수를 호출하는 것으로 시작한다. 그런 다음 각 계층을 하나씩 차례로 추가한다. 예제 모델은 두 개의 완전 연결 계층으로 구성돼 있다. 이 모델을 계층별로 구성한다.

- **평면화(Flatten) 계층.** 이 계층은 이미지 픽셀을 표현하는 2차원 행렬을 취해서 1차원 배열로 전환한다. 이 작업은 완전 연결 계층을 추가하기 전에 이루어져야 한다. 28×28 이미지는 784 크기의 벡터로 변환된다.

- **크기가 128인 밀집(Dense) 계층.** 이 계층은 784픽셀 값을 128×784 크기의 가중치 행렬과 128 크기의 편향치 행렬을 사용해 128개의 활성화 값으로 전환한다. 전체 합치면 이는 100,480개 매개변수를 의미한다.

- 크기가 10인 **밀집(Dense)** 계층. 이 계층은 128개의 활성화 값을 최종 예측 값으로 전환한다. 확률의 합이 1이 되게 '소프트맥스(softmax)' 활성화 함수를 사용할 것이다.

 '소프트맥스(softmax)' 함수는 계층 출력을 취해서 전체 더하면 1이 되는 확률을 반환한다. 분류 모델의 마지막 계층에서 사용되는 활성화 함수다.

model.summary()를 사용하면 모델의 설명, 출력, 가중치를 확인할 수 있다. 그 결과는 다음 같이 나타낼 수 있다.

```
Model: "sequential"
_____
Layer (type) Output Shape Param #
=================================================================
flatten_1 (Flatten) (None, 784) 0
_____
dense_1 (Dense) (None, 128) 100480
_____
dense_2 (Dense) (None, 10) 1290
=================================================================
Total params: 101,770
Trainable params: 101,770
Non-trainable params: 0
```

이 아키텍처 설정과 가중치가 초기화되면 이제 모델은 주어진 작업을 위해 훈련받을 준비가 된 것이다.

모델 훈련

케라스를 사용하면 훈련 과정이 매우 간단하다.

```
model.compile(optimizer='sgd',
    loss='sparse_categorical_crossentropy',
    metrics=['accuracy'])

model.fit(x_train, y_train, epochs=5, verbose=1, validation_data=(x_test,
y_test))
```

방금 생성한 모델의 .compile()을 호출하는 과정은 반드시 필요하다. 이 때 몇 가지 인수가 지정돼야 한다.

- **최적화기(Optimizer)**: 이것은 경사 하강법을 수행하는 구성요소다.
- **손실(Loss)**: 이것은 최적화해야 할 메트릭이다. 여기서는 이전 장과 마찬가지로 교차-엔트로피 손실 함수를 선택 했다.
- **메트릭(Metrics)**: 이것은 훈련하는 동안 모델 성능(최적화 프로세스에서 사용되지 않는 손실과 달리)을 더 시각적으로 보여주기 위해 평가되는 추가적인 거리 함수(metric functions)다.

sparse_categorical_crossentropy라고 하는 케라스 손실은 categorical_crossentropy와 동일한 교차 엔트 로피 연산을 수행하지만, 전자는 실제 레이블을 입력으로 직접 받는 반면 후자는 그 전에 실제 레이블을 '원-핫' 레이블로 인코딩되어 받는다. 따라서 sparse_... 손실 함수를 사용하면 수작업으로 레이블을 변 환할 필요가 없다.

'sgd'를 케라스에 전달한다는 것은 tf.keras.optimizers.SGD()를 전달하는 것과 동일하다. 전자는 읽기 쉽지 만 후자는 학습률 같은 매개변수를 직접 지정할 수 있다는 장점이 있다. 케라스 메서드에 전달되는 손실, 메트릭, 대부 분의 인수도 마찬가지다.

그런 다음 .fit() 메서드를 호출한다. 이 메서드는 또 다른 유명한 머신러닝 라이브러리인 **scikit-learn** 에서 사용하는 인터페이스와 매우 비슷하다. 여기서는 5세대를 훈련시킬 텐데, 이는 전체 훈련 데이터셋 을 5회 반복한다는 것을 뜻한다.

여기서는 verbose를 1로 설정했다. 그러면 앞에서 선택한 메트릭인 손실과 **ETA(Estimated Time of Arrival)**를 진행 표시줄로 확인할 수 있다. ETA는 한 세대가 끝날 때까지 남은 시간을 추정한 값이다. 진행 표시줄은 다음과 같이 보일 것이다.

```
1952/60000 [.........................] - ETA: 6:46 - loss: 0.9248 - acc: 0.6962
```

그림 2-2 케라스에서 verbose 모드일 때 표시되는 진행 표시줄

모델 성능

1장 '컴퓨터 비전과 신경망'에서 설명했듯이, 모델이 과적합(훈련 정확도가 테스트 정확도보다 높은 경 우)됐음을 알 수 있다. 모델을 5세대 동안 훈련하면 테스트 집합에서 97%의 정확도를 얻게 된다. 이 결

과는 95%의 정확도를 얻었던 이전 장보다 2% 개선된 결과다. 최신 알고리즘은 99.79%의 정확도에 도달했다.

여기서는 다음의 세 단계를 따를 것이다.

1. **데이터 로딩**: 이 경우, 데이터셋은 이미 준비돼 있다. 추후 다른 프로젝트를 수행할 때는 데이터를 수집하고 정제하는 작업이 추가로 필요할 수 있다.

2. **모델 생성**: 이 단계는 케라스를 사용하면 편하다. 여기서는 계층을 선형으로 쌓는 방식으로 모델 아키텍처를 정의했다. 그런 다음 손실, 최적화기, 모니터링할 메트릭을 선택했다.

3. **모델 훈련**: 처음에는 모델이 꽤 잘 동작한다. 좀 더 복잡한 데이터셋에 적용하게 되면 보통은 훈련시킬 때 매개변수를 미세하게 조정해야 할 것이다.

텐서플로의 고수준 API인 케라스 덕분에 전체 프로세스는 매우 간단하다. 라이브러리는 이 단순한 API 뒤에 매우 많은 복잡성을 감추고 있다.

텐서플로 2와 케라스 자세히 알아보기

앞에서 텐서플로의 일반적인 아키텍처를 소개했고 처음 만든 모델을 케라스를 사용해 훈련시켰다. 이제 텐서플로 2의 주요 개념을 살펴보자. 여기서는 이 책에서 필요한 텐서플로의 핵심 개념을 자세히 살펴보겠다. 그다음으로 몇 가지 진화된 개념을 설명한다. 이 책의 나머지 부분에서 이 모든 개념을 다 사용하지는 않겠지만, 깃허브에서 활용할 수 있는 오픈소스 모델을 이해할 때나 케라스를 더 깊이 이해할 때 유용할 것이다.

핵심 개념

2019년 봄에 단순함과 사용 편의성에 초점을 맞춰 텐서플로의 새로운 버전이 출시됐다. 이 절에서는 텐서플로의 기본 개념을 소개하고 버전 1에서 버전 2로 어떻게 진화했는지 다룬다.

텐서 소개

텐서플로라는 이름은 수학 객체인 **텐서(tensor)**에서 따왔다. 텐서는 N 차원 배열로 생각할 수 있다. 스칼라나 벡터, 3차원 행렬, N 차원 행렬도 텐서가 될 수 있다.

텐서플로 기본 구성 요소인 Tensor 객체는 수치 값을 저장하기 위해 사용된다. 여기에는 고정 값(tf. constant를 사용해 생성)이나 변경되는 값(tf.Variable을 사용해 생성)을 모두 포함할 수 있다.

 이 책에서 'tensor(텐서)'는 수학적 개념을 나타내고 'Tensor'(대문자 T를 쓰는)는 텐서플로 객체를 뜻한다.

각 Tensor 객체는 다음 요소를 갖추고 있다.

- **타입(Type)**: string, float32, float16, int8 등이 있다.
- **형상(Shape)**: 데이터 차원. 예를 들어 형상이 ( )이면 스칼라고, (n)이면 크기가 n인 벡터, (n, m)이면 크기가 $n \times m$인 2차원 행렬이다.
- **순위(Rank)**: 차원 개수, 0이면 스칼라, 1이면 벡터, 2이면 2차원 행렬이다.

부분적으로 형상을 알 수 없는 텐서가 있을 수 있다. 예를 들어, 다양한 크기의 이미지를 받는 모델의 경우 입력 형상이 (None, None, 3)일 수 있다. 이미지의 높이와 너비를 미리 알 수 없으므로 첫 두 개의 차원은 None으로 설정된다. 그렇지만 채널 개수(RGB에 대응하는 3)는 알고 있으므로 3으로 설정한다.

텐서플로 그래프

텐서플로는 입력과 출력으로 텐서(Tensor)를 사용한다. 입력을 출력으로 변환하는 것을 **연산 (operation)**이라 한다. 따라서 컴퓨터 비전 모델도 여러 연산으로 이루어진다.

텐서플로는 **유향 비순환 그래프(DAC, directed acyclic graph)**, 다른 말로 **그래프**를 사용해 이 연산을 표현한다. 텐서플로 2에서는 프레임워크를 보다 잘 사용할 수 있게 그래프 작업을 내부로 감췄다. 그럼에도 불구하고 그래프 개념은 실제 텐서플로가 어떻게 동작하는지 이해하기 위해 여전히 매우 중요하다.

케라스를 사용해 이전 예제를 구성할 때 텐서플로는 실제로 그래프를 구성한다.

그림 2-3 모델에 대응하는 단순화된 그래프. 실제로 각 노드는 더 작은 연산(행렬 곱셈이나 덧셈 같은)으로 구성된다.

매우 단순하지만 이 그래프는 모델의 다양한 계층을 연산의 형태로 표현한다. 그래프를 활용하면 텐서플로가 다음과 같은 일을 할 수 있으므로 많은 장점이 있다.

- CPU에서 일부 연산을 실행하고 GPU에서 남은 연산을 실행한다.
- 분산 모델의 경우 그래프의 다양한 부분을 여러 다른 컴퓨터에서 실행한다.
- 불필요한 연산을 피하기 위해 그래프를 최적화해 계산 성능을 개선한다.

게다가 그래프 개념은 텐서플로 모델을 이식 가능하게 만들어준다. 그래프를 한 번만 정의하면 모든 종류의 기기에서 실행될 수 있다.

텐서플로 2에서 그래프를 생성하는 일은 더이상 사용자가 처리하지 않는다. 텐서플로 1에서 그래프를 관리하는 일은 복잡한 일이었지만, 새로 출시된 버전에서는 성능은 그대로 유지하면서 사용성을 상당히 개선시켰다. 다음 절에서는 텐서플로 내부 동작 방식을 살펴보고 그래프를 생성하는 방법을 간단히 설명하겠다.

느긋한 실행과 조급한 실행 비교

텐서플로 2에서 가장 크게 바뀐 부분은 **조급한 실행(eager execution)** 모드다. 텐서플로 1은 기본적으로 항상 **느긋한 실행(lazy execution)**을 사용했다. '느긋한' 실행이라고 부르는 이유는 프레임워크에 구체적으로 요청하기 전까지 연산이 실행되지 않기 때문이다.

느긋한 실행과 조급한 실행 사이의 차이를 알아볼 수 있게 두 벡터 값을 더하는 매우 간단한 예제를 살펴보자.

```
import tensorflow as tf

a = tf.constant([1, 2, 3])
b = tf.constant([0, 0, 1])
c = tf.add(a, b)

print(c)
```

 텐서플로는 파이썬 연산자를 오버로딩하기 때문에 tf.add(a, b)는 a + b로 대체될 수 있다.

이전 코드의 출력은 텐서플로 버전에 따라 달라진다. 텐서플로 1(기본 모드가 느긋한 실행인)을 사용하면 결과는 다음과 같다.

```
Tensor("Add:0", shape=(3,), dtype=int32)
```

반면 텐서플로 2(기본 모드가 조급한 실행인)를 사용하면 결과는 다음과 같다.

```
tf.Tensor([1 2 4], shape=(3,), dtype=int32)
```

두 경우 모두 출력은 텐서(Tensor)다. 두 번째 경우 연산이 즉시 실행되어 결과([1 2 4])를 포함하고 있다. 첫 번째의 경우, 텐서(Tensor)에는 덧셈 연산 (Add:0)에 대한 정보가 포함돼 있지만 연산 결과는 포함돼 있지 않다.

조급한 실행 모드에서는 .numpy() 메서드를 호출해 텐서의 값에 접근할 수 있다. 이 예제에서도 c.numpy()를 호출하면 [1 2 4](NumPy 배열로)를 반환한다.

텐서플로 1에서는 결과 계산을 위한 코드 양이 더 많아 개발 절차가 더 복잡하다. 조급한 실행 모드를 사용하면 코드 디버깅도 쉽고 (개발자가 언제든 텐서[Tensor]의 값을 확인할 수 있으므로) 개발도 더 쉽다. 다음 절에서 텐서플로 내부 작동 방식에 대해 자세히 알아보고 어떻게 그래프를 구성하는지 살펴볼 것이다.

텐서플로 2에서 그래프 생성하기

먼저 그래프 생성과 최적화 과정을 보여줄 수 있는 간단한 예제부터 살펴보자.

```
def compute(a, b, c):
    d = a * b + c
    e = a * b * c
    return d, e
```

a, b, c가 텐서(Tensor) 행렬이라고 가정하면 이 코드는 두 개의 새로운 값 d와 e를 계산한다. 조급한 실행 모드를 사용하면 텐서플로는 d를 계산한 다음 e를 계산한다.

느긋한 실행 모드를 사용하면 텐서플로는 연산 그래프를 생성한다. 결과를 얻기 위해 그래프를 실행하기 전, **그래프 최적화기**(graph optimizer)가 실행된다. a * b를 두 번 계산하는 것을 피하기 위해 최적화기는 결과를 캐시에 저장하고 필요할 때 재사용한다. 더 복잡한 연산의 경우 최적화기는 계산 속도를 높이기 위해 **병렬 처리**를 사용할 수 있다. 두 기법은 모두 크고 복잡한 모델을 실행할 때 중요하다.

지금까지 봤듯이, 조급한 실행 모드에서 실행한다는 것은 모든 연산이 정의되는 시점에 실행된다는 것을 뜻한다. 따라서 앞서 설명한 최적화 기법이 적용될 수 없다. 다행히도 텐서플로는 이를 해결할 수 있는 모듈을 포함하고 있다. 바로 텐서플로 **오토그래프**(AutoGraph)다.

텐서플로 오토그래프와 tf.funcion 소개

텐서플로 오토그래프 모듈은 자동 최적화를 가능하게 함으로써 조급한 실행 코드를 그래프로 변환하기 쉽게 만든다. 그렇게 하는 가장 쉬운 방법은 함수의 맨 앞에 `tf.function` 데코레이터를 추가하는 것이다.

```
@tf.function
def compute(a, b, c):
    d = a * b + c
    e = a * b * c
    return d, e
```

 파이썬 데코레이터는 함수를 감싸고 그 함수에 기능을 추가하거나 변경하는 것이 가능하게 해주는 개념이다. 데코레이터는 @으로 시작한다.

Compute 함수를 처음 호출할 때 텐서플로는 다음 그래프를 투명하게 생성한다.

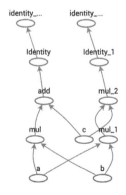

그림 2-4 처음 compute 함수를 호출할 때 텐서플로가 자동으로 생성하는 그래프

텐서플로 오토그래프는 for 루프, while 루프, if 문, 반복문 등과 같은 구문 대부분을 변환할 수 있다. 그래프 최적화 덕분에 그래프 실행이 조급한 실행 코드보다 더 빠른 경우도 있다. 일반적으로 표현하면 오토그래프는 다음 시나리오에서 사용돼야 한다.

- 모델을 다른 기기로 내보내야 할 때

- 성능이 무엇보다 중요하고 그래프 최적화를 통해 속도 개선이 가능할 때

그래프의 또 다른 장점으로는 **자동 미분(automatic differentiation)**을 들 수 있다. 전체 연산 목록을 알면 텐서플로는 각 변수의 경사를 쉽게 계산할 수 있다.

경사를 계산하기 위해서는 연산이 **미분 가능**해야 한다. tf.math.argmax 같은 그중 일부 연산은 미분 가능하지 않다. 이를 손실에 사용하면 자동 미분은 실패할 것이다. 손실이 미분 가능하게 하는 것은 사용자 몫이다.

그렇지만 조급한 실행 모드에서 각 연산은 서로 독립적이기 때문에 기본적으로 자동 미분이 가능하지 않다. 다행히도 텐서플로 2는 조급한 실행 모드를 사용하면서도 자동 미분을 수행할 수 있는 방법으로 **그래디언트 테이프(gradient tape)**를 제공한다.

그래디언트 테이프를 사용해 오차 역전파하기

그래디언트 테이프를 사용하면 조급한 실행 모드에서 역전파를 쉽게 할 수 있다. 이를 보여주기 위해 간단한 예제를 사용하겠다. $A{\times}X{=}B$ 공식(여기에서 A와 B는 상수)을 풀어야 한다고 가정하자. 이 등식을 푸는 값 X를 구하고자 한다. 그러기 위해 간단한 손실 $abs(A{\times}X{-}B)$를 최소화할 것이다.

이것을 코드로 변환하면 다음과 같다.

```
A, B = tf.constant(3.0), tf.constant(6.0)
X = tf.Variable(20.0) # 실제로 랜덤값으로 시작할 것이다.
loss = tf.math.abs(A * X - B)
```

이제 X 값을 업데이트하기 위해 X에 대한 손실 경사를 계산해야 한다. 그렇지만 손실을 출력하면 다음과 같다.

```
<tf.Tensor: id=18525, shape=(), dtype=float32, numpy=54.0>
```

조급한 실행 모드에서 텐서플로는 연산을 저장하는 대신 작업 결과를 계산한다. 연산과 그 연산의 입력에 대한 정보가 없으면 자동으로 손실을 미분할 수 없다.

여기에서 그래디언트 테이프가 유용하다. tf.GradientTape의 컨텍스트에서 손실을 계산함으로써 텐서플로는 자동으로 모든 연산을 기록하고 그런 다음 역으로 이 모든 연산을 재생한다.

```python
def train_step():
    with tf.GradientTape() as tape:
        loss = tf.math.abs(A * X - B)
    dX = tape.gradient(loss, X)
    print('X = {:.2f}, dX = {:2f}'.format(X.numpy(), dX))
    X.assign(X - dX)


for i in range(7):
    train_step()
```

앞의 코드는 단일 훈련 단계를 정의한다. train_step이 호출될 때마다 손실이 그래디언트 테이프의 컨텍스트에서 계산된다. 그다음 이 컨텍스트는 경사를 계산하기 위해 사용된다. 그리고 나서 X 변수가 업데이트된다. 실제로 X가 공식의 해로 수렴하는 것을 볼 수 있다.

```
X = 20.00, dX = 3.000000
X = 17.00, dX = 3.000000
X = 14.00, dX = 3.000000
X = 11.00, dX = 3.000000
X = 8.00, dX = 3.000000
X = 5.00, dX = 3.000000
X = 2.00, dX = 0.000000
```

이 장의 가장 첫 예제에서는 그래디언트 테이프를 사용하지 않았다. 이는 케라스 모델이 .fit() 함수 내부에 훈련 작업을 캡슐화해서 변수를 수작업으로 업데이트할 필요가 없기 때문이다. 그럼에도 불구하고 혁신적 모델을 만들거나 실험할 때 그래디언트 테이프는 큰 노력 없이 자동 미분을 가능하게 하는 강력한 도구다. 3장 '현대 신경망'의 정규화(regularization) 노트북에서 그래디언트 테이프를 사용하는 것이 더 실용적임을 알게 될 것이다.

케라스 모델과 계층

이 장의 첫 번째 절에서 간단한 케라스 순차형 모델을 구성했다. 그 결과 얻은 Model 객체에는 여러 가지 유용한 메서드와 속성이 포함돼 있다.

- .inputs와 .outputs: 이를 통해 모델 입력과 출력에 접근한다.

- .layers: 모델 계층과 형상 목록

- .summary(): 모델 아키텍처를 출력

- .save(): 훈련에서 모델, 아키텍처의 현 상태를 저장한다. 이 함수는 나중에 훈련을 재개할 때 매우 유용하다. 모델은 tf.keras.models.load_model()을 사용해 파일로부터 인스턴스화될 수 있다.

- .save_weights(): 모델의 가중치만 저장한다.

여기서는 케라스 모델 객체의 한 유형만 다뤘지만, 다른 방식으로도 구성될 수 있다.

순차형 API와 함수형 API

순차형 API를 사용하는 대신 이 장 서두에서처럼 함수형 API를 사용할 수 있다.

```
model_input = tf.keras.layers.Input(shape=input_shape)
output = tf.keras.layers.Flatten()(model_input)
output = tf.keras.layers.Dense(128, activation='relu')(output)
output = tf.keras.layers.Dense(num_classes, activation='softmax')(output)
model = tf.keras.Model(model_input, output)
```

이전보다 코드는 약간 길어졌다. 그럼에도 불구하고 함수형 API는 순차형 API보다 훨씬 더 범용적으로 사용되고 다양한 정보를 표현한다. 함수형 API는 모델을 분기할 수 있고(예: 여러 병렬 계층으로 아키텍처를 구성), 순차형 API는 선형 모델에서만 사용될 수 있다. 3장 '현대 신경망'에서 설명하겠지만, 유연성을 높이기 위해 케라스는 Model 클래스의 하위 클래스를 만들 수 있다.

Model 객체는 어떤 방식으로 구성되더라도 계층으로 이루어진다. 계층은 하나 이상의 입력을 받아 하나 이상의 출력을 반환하는 노드로 볼 수 있다는 점에서 텐서플로 작업과 비슷하다. 가중치는 .get_weights()를 사용해 접근할 수 있고 .set_weights()를 사용해 설정할 수 있다. 케라스는 대부분 공통적인 딥러닝 작업에 대해 사전 제작된 계층을 제공한다. 더 혁신적이고 복잡한 모델을 위해 tf.keras.layers.Layer는 서브클래스도 만들 수 있다.

콜백

케라스 콜백은 케라스 모델의 기본 행위에 기능을 추가하기 위해 케라스 모델의 .fit() 메서드에 전달할 수 있는 유틸리티 함수다. 각 배치 반복, 각 세대, 혹은 전체 훈련 절차 전후로 케라스에서 호출되는 콜백을 여러 개 정의할 수 있다. 미리 정의된 케라스 콜백에는 다음 같은 것들이 있다.

- CSVLogger: 훈련 정보를 CSV 파일에 로그로 남긴다.

- EarlyStopping: 손실 혹은 메트릭이 더이상 개선되지 않으면 훈련을 중지한다. 과적합을 피할 때 유용하다.

- LearningRateScheduler: 스케줄에 따라 세대마다 학습률을 변경한다.

- ReduceLROnPlateau: 손실이나 메트릭이 더이상 개선되지 않으면 학습률을 자동으로 감소시킨다.

tf.keras.callbacks.Callback의 서브클래스를 생성함으로써 맞춤형 콜백을 생성할 수도 있다. 다음 장에서 샘플 코드와 함께 살펴보자.

고급 개념

지금까지 내용을 요약하면 오토그래프 모듈, tf.function 데코레이터, 그래디언트 테이프 컨텍스트는 보이지 않는 곳에서 그래프를 생성하고 관리하는 작업을 매우 간단하게 만든다. 그렇지만 그 뒤에는 사용자가 모르는 엄청난 복잡도가 숨어 있다. 이 절에서는 이 모듈의 내부 작동 방식을 자세히 설명하겠다.

이 절에서는 이 책에서 필요하지는 않지만, 보다 복잡한 텐서플로 코드를 이해할 때 유용한 고급 개념을 설명할 것이다. 인내심이 부족한 사람이라면 이 부분은 건너뛰고 그다음으로 넘어가도 된다.

tf.function 작동 방식

앞서 언급했듯이 처음으로 tf.function으로 장식된 함수를 호출하면 텐서플로는 함수의 작업에 맞는 그래프를 생성한다. 그러면 텐서플로는 그 그래프를 캐시에 저장하기 때문에 다음에 같은 함수가 호출될 때 다시 그래프를 생성할 필요가 없다.

이를 보여주기 위해 간단한 항등 함수를 생성하자.

```
@tf.function
def identity(x):
```

```
    print('Creating graph !')
    return x
```

이 함수는 텐서플로가 그 작업에 대응하는 그래프를 생성할 때마다 메시지를 출력한다. 이 경우 텐서플로는 그래프를 캐시에 저장하기 때문에 최초로 실행될 때만 무엇인가를 출력한다.

```
x1 = tf.random.uniform((10, 10))
x2 = tf.random.uniform((10, 10))
result1 = identity(x1) # 'Creating graph !'를 출력
result2 = identity(x2) # 아무 것도 출력하지 않음
```

그러나 입력 타입을 변경하면 텐서플로는 그래프를 다시 생성할 것이다.

```
x3 = tf.random.uniform((10, 10), dtype=tf.float16)
result3 = identity(x3) #'Creating graph !'를 출력
```

이 행위는 텐서플로 그래프가 그 연산과 입력으로 받는 텐서의 형상과 타입에 의해 정의된다는 사실로 설명된다. 따라서 입력 형식이 바뀌면 새로운 그래프가 생성돼야 한다. 텐서플로 용어에 따르면 tf.function이 입력 형식을 정의할 때 그것은 **실제 함수(concrete function)**가 된다.

요약하면 장식된 함수가 최초로 실행될 때마다 텐서플로는 그 입력 타입과 입력 형상에 대응하는 그래프를 캐시에 저장한다. 그 함수가 다른 타입의 입력으로 실행되면 텐서플로는 새로운 그래프를 생성해서 캐시에 저장할 것이다.

그럼에도 불구하고 실제 함수가 최초로 실행될 때만이 아니라 매번 실행될 때마다 정보를 로그로 남기는 것이 유용할 수 있다. 그러기 위해서는 tf.print를 사용하면 된다.

```
@tf.function
def identity(x):
    tf.print("Running identity")
    return x
```

이 함수는 최초에만 정보를 출력하는 것이 아니라 실행될 때마다 'Running identity'를 출력한다.

텐서플로 2의 변수

모델 가중치를 저장하기 위해 텐서플로는 Variable 인스턴스를 사용한다. 이 책의 케라스 예제에서는 model.variables에 접근함으로써 모델 콘텐츠 목록을 나열할 수 있다. 이것은 모델에 포함된 모든 변수의 목록을 반환한다.

```
print([variable.name for variable in model.variables])
# ['sequential/dense/kernel:0', 'sequential/dense/bias:0',
 'sequential/dense_1/kernel:0', 'sequential/dense_1/bias:0']를 출력
```

예제에서는 변수 관리(변수명 지정을 포함)를 모두 케라스에서 처리한다. 앞서 봤던 대로 각자만의 변수를 생성할 수도 있다.

```
a = tf.Variable(3, name='my_var')
print(a) # <tf.Variable 'my_var:0' shape=() dtype=int32, numpy=3>를 출력
```

대규모 프로젝트에서는 코드를 명확하게 하고 디버깅을 쉽게 할 수 있게 변수명을 지정하는 것이 좋다. Variable의 값을 바꾸기 위해서는 Variable.assign 메서드를 사용하면 된다.

```
a.assign(a + 1)
print(a.numpy()) # 4를 출력
```

.assign() 메서드 사용에 실패하면 새로운 Tensor를 생성한다.

```
b = a + 1
print(b) # <tf.Tensor: id=21231, shape=(), dtype=int32, numpy=4>를 출력
```

마지막으로 Variable의 파이썬 참조를 삭제하면 활성 메모리에서 객체 자체를 삭제해 다른 변수를 생성할 공간이 생긴다.

분산 전략

예제에서는 매우 작은 데이터셋에서 간단한 모델을 훈련시켰다. 더 큰 모델과 데이터셋을 사용하면 더 많은 컴퓨팅 파워(종종 여러 서버를 뜻하기도 함)가 필요하다. tf.distribute.Strategy API는 모델을 효율적으로 훈련시키기 위해 여러 컴퓨터가 서로 통신하는 방법을 정의한다.

텐서플로에서 정의한 몇 가지 전략으로는 다음과 같은 것이 있다.

- MirroredStrategy: 한 서버 내의 여러 GPU에서 훈련시키는 경우. 모델 가중치는 각 기기 사이에 싱크를 유지한다.

- MultiWorkerMirroredStrategy: 여러 서버에서 훈련시킨다는 점을 제외하면 MirroredStategy와 유사하다.

- ParameterServerStrategy: 여러 서버에서 훈련시킬 때 사용한다. 각 기기에 가중치를 동기화하는 대신 매개변수 서버에 가중치를 저장한다.

- TPUStrategy: 구글 **텐서 처리 장치**(TPU, Tensor Processing Unit) 칩에서 훈련시킬 때 사용한다.

 TPU는 구글에서 신경망 연산을 실행하기 위해 특별히 설계 제작한 맞춤형 칩이다. 구글 클라우드를 통해 사용할 수 있다.

분산 전략을 사용하려면 모델을 그 분산 전략의 범위에서 생성하고 컴파일해야 한다.

```
mirrored_strategy = tf.distribute.MirroredStrategy()
with mirrored_strategy.scope():
    model = make_model() # 모델을 여기에서 생성
    model.compile([...])
```

이제 각 기기가 각 배치의 작은 하위 집합을 받기 때문에 배치 크기를 키워야 할 수 있다. 또한 모델에 따라 학습률을 변경해야 할 수도 있다.

에스티메이터 API 사용하기

이 장 첫 부분에서 에스티메이터 API(Estimator API)는 케라스 API를 대신하는 고차원 API라는 것을 배웠다. 에스티메이터는 훈련, 평가, 예측, 서비스를 단순화한다.

에스티메이터에 두 가지 유형이 있다. 사전 제작된 에스티메이터는 텐서플로에서 제공하는 매우 단순한 모델로, 빠르게 머신러닝 아키텍처를 구성할 수 있게 해준다. 두 번째 유형은 어떤 모델 아키텍처를 사용하더라도 생성될 수 있는 맞춤형 에스티메이터다.

에스티메이터는 모델 생애주기에서 필요한 작은 세부사항(데이터 큐, 예외 처리, 장애 복구, 주기적 체크 포인트 등)을 모두 처리한다. 텐서플로 1에서는 에스티메이터를 사용하는 것이 최선이지만, 텐서플로 2에서는 케라스 API를 사용하는 것이 좋다.

사전 제작된 에스티메이터

이 책이 출간되는 시점에 사용할 수 있는 사전 제작된 에스티메이터에는 DNNClassifier, DNNRegressor, LinearClassifier, LinearRegressor가 있다. 여기에서 DNN은 심층 신경망(Deep neural network)을 뜻한다. 두 아키텍처에 기반한 결합된 에스티메이터인 DNNLinearCombinedClassifier와 DNNLinearCombinedRegressor 역시 제공된다.

 머신러닝에서 분류는 이산형 카테고리를 예측하는 프로세스이며 회귀는 연속형 숫자를 예측하는 프로세스다.

결합된 에스티메이터(combined estimator, 깊고 넓은 모델[deep-n-wide model]이라고도 함)는 선형 모델(기억을 위해)과 심층 모델(일반화를 위해)을 활용한다. 이 에스티메이터는 대체로 추천 혹은 순위 모델을 위해 사용된다.

사전 제작된 에스티메이터는 일부 머신러닝 문제에 적합하다. 그렇지만 다음 장에서 설명할 강력한 형태의 계층인 합성곱을 위해 사전 제작된 에스티메이터가 없기 때문에 컴퓨터 비전 문제에는 적합하지 않다.

맞춤형 에스티메이터 훈련시키기

에스티메이터를 생성하기 가장 쉬운 방법은 케라스 모델을 변환하는 것이다. 모델을 컴파일한 뒤, tf.keras.estimator.model_to_estimator()를 호출한다.

```
estimator = tf.keras.estimator.model_to_estimator(model,
model_dir='./estimator_dir')
```

model_dir 인수를 활용해 모델의 체크포인트를 어디에 저장할지 위치를 지정할 수 있다. 앞서 언급했듯이, 에스티메이터는 모델의 체크포인트를 자동으로 저장할 것이다.

에스티메이터를 훈련시키려면 **입력 함수**(특정 포맷의 데이터를 반환하는 함수)를 사용해야 한다. 허용되는 포맷 중 하나는 텐서플로 Dataset이다. Dataset API는 7장 '복합적이고 불충분한 데이터셋에서 훈련시키기'에서 자세히 다룬다. 지금은 이 장의 첫 부분에서 정의한 데이터셋을 32개 샘플의 배치로 묶은 올바른 포맷으로 반환하는 다음 함수를 정의한다.

```
BATCH_SIZE = 32
def train_input_fn():
    train_dataset = tf.data.Dataset.from_tensor_slices((x_train, y_train))
    train_dataset = train_dataset.batch(BATCH_SIZE).repeat()
    return train_dataset
```

이 함수가 정의되면 에스티메이터를 훈련시킬 수 있다.

```
estimator.train(train_input_fn, steps=len(x_train)//BATCH_SIZE)
```

케라스와 마찬가지로 에스티메이터가 까다로운 작업은 모두 처리하기 때문에 훈련 부분은 매우 간단하다.

텐서플로 생태계

주요 라이브러리 외에도 텐서플로는 머신러닝에 유용한 다양한 도구를 제공한다. 그중 일부는 텐서플로로 제공되지만, **텐서플로 익스텐디드**(TensorFlow Extended, TFX)로 묶여 제공되거나 **텐서플로 애드온**(TensorFlow Addons)으로 제공되는 것도 있다. 여기서는 그중 가장 일반적으로 사용되는 도구를 소개한다.

텐서보드

이 장 첫 번째 예제에서 사용했던 진행 상태 표시줄이 유용한 정보를 표시하기는 하지만, 좀 더 자세한 그래프를 봐야할 수도 있다. 텐서플로는 강력한 모니터링 도구로 **텐서보드**(TensorBoard)를 제공한다. 텐서플로를 설치하면 기본으로 설치되기 때문에 케라스의 콜백과 결합해 사용하기가 매우 쉽다.

```
callbacks = [tf.keras.callbacks.TensorBoard('./logs_keras')]
model.fit(x_train, y_train, epochs=5, verbose=1, validation_data=(x_test,
y_test), callbacks=callbacks)
```

이 업데이트된 코드에서는 텐서보드 콜백을 model.fit() 메서드에 전달한다. 기본적으로 텐서플로는 지정된 폴더에 손실과 메트릭을 자동으로 기록한다. 그런 다음 명령줄에서 텐서보드를 실행하면 된다.

```
$ tensorboard --logdir ./logs_keras
```

이 명령어는 텐서보드 인터페이스를 표시하기 위해 열 수 있는 URL을 출력한다. **Scalars** 탭에서 손실과 정확도를 표시하는 그래프를 확인할 수 있다.

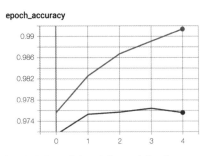 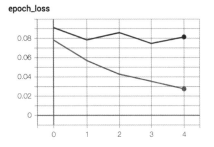

그림 2-5 훈련 동안 텐서보드에서 표시하는 두 개의 그래프

앞으로 이 책에서 보게 되겠지만, 딥러닝 모델은 여러 차례의 미세 조정이 필요하다. 따라서 직접 만든 모델의 성능을 모니터링하는 것이 매우 중요하다. 텐서보드가 하는 일이 바로 이것이다. 그중 시간에 따라 모델 손실이 어떻게 개선되는지 모니터링하기 위해 텐서보드를 사용하는 것이 가장 보편적이다. 그 외에도 다음 작업을 할 수 있다.

- 메트릭(예: 정확도) 그래프 그리기

- 입출력 이미지 표시

- 실행 시간 표시

- 모델의 그래프 표현 그리기

텐서보드는 매우 다양한 용도를 갖고 있고 이를 사용하는 방법은 여러 가지가 있다. 각 정보는 tf.summary에 저장된다. 그 정보는 스칼라일 수도 있고, 이미지나 히스토그램, 텍스트일 수도 있다. 예를 들어 스칼라를 기록하려면 먼저 다음을 사용해 요약 작성자(summary writer)를 생성하고 정보를 기록해야 할 것이다.

```
writer = tf.summary.create_file_writer('./model_logs')
with writer.as_default():
    tf.summary.scalar('custom_log', 10, step=3)
```

앞의 코드에서 단계를 지정한다. 이 단계는 세대 번호나 배치 번호, 혹은 맞춤 정보일 수도 있다. 이것은 텐서보드 그림의 가로 축 x에 대응한다. 텐서플로는 합계를 생성하기 위한 도구도 제공한다. 직접 정확도를 기록하려면 다음을 사용하면 된다.

```
accuracy = tf.keras.metrics.Accuracy()
ground_truth, predictions = [1, 0, 1], [1, 0, 0] # 실제로 이것은 모델에서 온다.
accuracy.update_state(ground_truth, predictions)
tf.summary.scalar('accuracy', accuracy.result(), step=4)
```

Mean, Recall, TruePositives 등 다른 메트릭도 사용할 수 있다. 텐서보드에서 메트릭 로그를 남기도록 설정하는 것은 다소 복잡하고 시간이 걸리지만, 텐서플로 툴킷의 필수 도구다. 이를 활용하면 수작업으로 로그를 남기거나 디버깅할 때 상당한 시간을 절약할 수 있다.

텐서플로 애드온과 텐서플로 확장

텐서플로 애드온(TensorFlow Addon)은 부가적인 기능을 한 곳(https://github.com/tensorflow/addons)에 모아둔 것이다. 여기에는 딥러닝 분야에서 최근에 고안되어 메인 텐서플로 라이브러리에 추가할 만한지 판단하기에는 아직 안정적이지 않고 충분히 활용되지 못한 기법들을 담고 있다. 또한 텐서플로 1에서 제거된 tf.contrib를 대체한다.

텐서플로 확장 버전(TensorFlow Extended)은 텐서플로를 위한 엔드투엔드 머신러닝 플랫폼이다.

- **TensorFlow Data Validation**: 머신러닝 데이터 탐색 및 검증을 위한 라이브러리. 모델을 구성하기 전에 이것을 사용할 수 있다.

- **TensorFlow Transform**: 데이터 전처리를 위한 라이브러리. 이것을 사용하면 훈련 데이터와 평가 데이터가 동일한 방식으로 처리될 수 있다.

- **TensorFlow Model Analysis**: 텐서플로 모델 평가를 위한 라이브러리.

- **TensorFlow Serving**: 머신러닝 모델을 서비스하는 시스템. 모델을 서비스한다는 것은 일반적으로 REST API를 통해 모델의 예측을 전달하는 프로세스라는 뜻이다.

그림 2-6 딥러닝 모델을 생성하고 사용하는 전체 프로세스

그림 2-6에서 볼 수 있듯이 이러한 도구는 딥러닝 모델을 구성하고 사용하는 프로세스의 모든 단계를 다뤄 모델 생애주기의 처음부터 끝까지를 포괄하는 목표를 충족한다.

텐서플로 라이트와 TensorFlow.js

텐서플로의 메인 버전은 윈도우, 리눅스, 맥 컴퓨터에서 사용할 수 있게 설계됐다. 다른 기기에서 작동시키려면 다른 버전의 텐서플로가 필요하다. **텐서플로 라이트(TensorFlow Lite)**는 모바일 폰과 임베디드 기기에서 모델 예측(추론)을 실행하게 설계됐다. 그것은 텐서플로 모델은 필수 포맷인 .tflite 포맷으로 변환하는 컨버터와 추론을 실행하기 위해 모바일 디바이스에 설치될 수 있는 인터프리터로 구성된다.

좀 더 최근에는 **TensorFlow.js(tfjs**라고도 함)가 거의 모든 웹브라우저에서 딥러닝을 사용할 수 있게 개발됐다. 이 버전은 사용자가 따로 설치할 내용은 없고 경우에 따라 시스템의 GPU 가속을 사용할 수 있다. 9장 '모델 최적화 및 모바일 기기 배포'에서 텐서플로 라이트와 TensorFlow.js 사용법을 자세히 다룬다.

모델 실행 장소

컴퓨터 비전 모델은 대용량 데이터를 처리하기 때문에 훈련에 긴 시간이 소요된다. 이 때문에 로컬 컴퓨터에서 훈련하면 상당한 시간이 걸릴 수 있다. 또한 효율적인 모델을 생성하려면 여러 차례 반복이 필요하다. 이 두 사실로부터 모델을 어디에서 훈련시키고 실행할지에 대한 의사결정을 할 수 있다. 이 절에서는 모델 훈련 및 활용에 적용할 수 있는 다양한 옵션을 비교할 것이다.

로컬 컴퓨터

처음 시작할 때는 각자 컴퓨터에서 모델을 코딩하는 것이 대체로 가장 빠른 방법이다. 익숙한 환경이기 때문에 필요한 만큼 자주 코드를 바꾸기가 쉽다. 그렇지만 개인용 컴퓨터, 특히 노트북의 경우 컴퓨터 비전 모델을 훈련시키기에는 컴퓨터 성능이 부족하다. GPU에서 훈련하면 CPU를 사용할 때보다 10배에서 100배까지 빨라질 수 있다. 이 때문에 GPU를 사용할 것을 추천한다.

컴퓨터에 GPU가 장착돼 있더라도 특정 모델만 텐서플로를 실행할 수 있다. GPU는 엔비디아의 연산 라이브러리인 CUDA와 호환돼야 한다. 이 책을 쓸 당시 텐서플로의 최신 버전은 3.5 버전 이상의 CUDA가 필요하다.

일부 노트북은 외부 GPU와 호환되지만, 이는 휴대용 컴퓨터의 목적에 맞지 않는다. 대신 현실적인 방법은 GPU를 장착한 원격 컴퓨터에서 모델을 실행시키는 것이다.

원격 시스템

최근에는 시간 단위로 GPU를 장착한 강력한 시스템을 대여할 수 있다. 대여료는 GPU 성능과 공급자에 따라 다양하다. 일반적으로 단일 GPU 시스템은 시간당 미화 1달러를 지불하며, 매일 그 가격이 떨어지고 있다. 월 단위로 시스템을 대여했다면 월 100달러 정도에 훌륭한 컴퓨팅 성능을 얻을 수 있다. 모델을 훈련시키기 위해 따로 기다릴 필요가 없다는 점을 고려하면 원격 시스템을 대여하는 것이 경제적인 측면에서 합리적이다.

또 다른 옵션으로는 독자적으로 딥러닝 서버를 구축하는 것이다. 그러려면 투자, 시스템 조립이 필요하며 게다가 GPU는 전력 소비가 상당하다.

원격 시스템에 안전하게 접근할 수 있다면 다음 두 가지 옵션이 있다.

- 원격 서버에 주피터 노트북을 실행한다. 그러면 주피터 랩이나 주피터 노트북은 브라우저를 통해 지구상 어디서나 접근 가능하다. 이것은 딥러닝을 실행하는 매우 편리한 방식이다.
- 로컬 개발 폴더와 싱크를 맞추고 코드를 원격에서 실행한다. 대부분의 IDE는 로컬 코드와 원격 서버의 싱크를 맞추는 기능이 있다. 이렇게 하면 자신이 선호하는 IDE에서 코딩하면서도 막강한 시스템을 누릴 수 있다.

 주피터 노트북에 기반한 구글 코랩(Google Colab)을 사용하면 클라우드에서 노트북을 무료로 실행할 수 있다. 게다가 GPU 모드를 활성화할 수도 있다. 코랩은 저장 공간에 제약이 있고 연속해서 8시간 이상 실행할 수 없다. 처음 시작해서 실험해 보기에는 완벽한 도구지만, 모델 크기가 커지면 사용하기에 편리하지 않다.

구글 클라우드

원격 시스템에서 텐서플로를 실행하려면 원하는 소프트웨어를 설치하고 최신 버전으로 업데이트하고 서버 전원을 켜고 끄는 일까지 모두 직접 관리해야 한다. 하나의 시스템에서 그렇게 하는 것도 가능하지만, 대체로 여러 GPU에 훈련 과정을 분산 처리해야 한다. 구글 클라우드 ML을 사용해 텐서플로를 실행하면 시스템 작업이 아니라 모델에 집중할 수 있다.

구글 클라우드 ML은 다음 작업을 하는 데 유용하다.

- 클라우드의 탄력적으로 운용되는 자원 덕분에 빠르게 훈련시킨다.

- 병렬 처리로 짧은 시간 내에 최적의 모델 매개변수를 구한다.

- 모델이 준비되면 예측 서버를 실행하지 않고도 예측 서비스를 제공한다.

모델 패키지를 구성하고 전송하고 실행하는 자세한 방법은 전부 구글 클라우드 ML 문서(https://cloud.google.com/ml-engine/docs/)에서 확인할 수 있다.

요약

이 장에서는 케라스 API를 사용해 기초적인 컴퓨터 비전 모델을 훈련시키는 방법을 알아봤다. 텐서플로 2의 기초가 되는 주요 개념인 텐서, 그래프, 오토그래프, 조급한 실행, 그래디언트 테이프를 소개했다. 또한 이 프레임워크의 좀 더 진화된 개념 일부를 자세히 다뤘다. 이 라이브러리로 딥러닝을 사용하는 데 필요한 주요 도구로 모니터링을 위한 텐서보드부터 데이터 전처리와 모델 분석을 위한 TFX까지 살펴봤다. 마지막으로 필요에 따라 이 모델을 어디에서 실행하는 것이 좋은지도 함께 검토했다.

이 강력한 도구가 있으니 이제 다음 장에서 현대 컴퓨터 비전 모델을 알아볼 수 있게 됐다.

질문

1. 텐서플로와 비교했을 때 케라스는 무엇이며, 그 목적은 무엇인가?

2. 텐서플로가 그래프를 사용하는 이유와 수동으로 그래프를 생성하는 방법은 무엇인가?

3. 조급한 실행 모드와 느긋한 실행 모드의 차이점은 무엇인가?

4. 텐서보드에 정보를 기록하고 그것을 표시하는 방법은 무엇인가?

5. 텐서플로 1과 텐서플로 2의 주요 차이점은 무엇인가?

03

현대
신경망

1장 '컴퓨터 비전과 신경망'에서 최근 10년 사이에 최신 신경망이 이전 컴퓨터 비전 기법을 능가해 이미지 처리에 더 적합하다는 점을 보여줬다. 그렇지만 처음부터 다시 구현할 수 있는 분량을 고려해 기본 아키텍처만 다뤘다. 이제 텐서플로의 강력한 API를 사용해 CNN(합성곱 신경망)이 무엇인지 알아보고 이 현대 기법이 더 견고해지게 훈련하는 방법을 살펴보겠다.

이 장에서는 다음 주제를 다룰 것이다.

- 합성곱 신경망과 컴퓨터 비전과의 관련성

- 텐서플로와 케라스로 이 현대 네트워크를 구현하기

- 발전된 최적화 기법과 합성곱 신경망을 효율적으로 훈련시키는 방법

- 과적합을 피하는 방법과 정규화 기법

기술 요구사항

이 장에서 활용할 주요 자원은 텐서플로로 구현된다. 일부 결과를 표시하거나 예제 이미지를 로딩하기 위해 matplotlib 패키지(https://matplotlib.org)와 scikit-image 패키지(https://scikitimage.org)도 사용된다.

이전 장과 마찬가지로 뒤에서 설명할 개념을 보여주는 주피터 노트북은 다음 깃 폴더(github.com/PacktPublishing/Hands-On-Computer-Visionwith-TensorFlow-2/tree/master/Chapter03)에서 찾을 수 있다.

합성곱 신경망의 발견

이 장의 첫 부분에서는 CNN(**ConvNet**이라고도 함)을 설명하고 이 신경망이 컴퓨터 비전 작업이라면 어디에서나 사용되는 이유를 알아본다.

다차원 데이터를 위한 신경망

CNN은 초기 신경망의 단점을 해결하기 위해 도입됐다. 이 절에서는 이 이슈를 해결하고 CNN이 이 문제를 어떻게 다루는지 설명한다.

완전 연결 네트워크의 문제점

1장 '컴퓨터 비전과 신경망', 2장 '텐서플로 기초와 모델 훈련'의 초기 실험을 통해 이미 이미지를 처리할 때 기초 네트워크가 갖는 두 가지 주요 단점을 강조했다.

- 매개변수의 폭발적인 증가
- 공간 추론의 부족

이 각 항목에 대해 알아보자.

매개변수의 폭발적인 증가

이미지는 엄청난 개수의 숫자로 구성된 복합적인 구조다(즉, $H \times W \times D$개의 값으로 이루어진다. 여기에서 H는 이미지 높이, W는 이미지 너비, D는 깊이 혹은 채널 개수[RGB 이미지의 경우 $D=3$]). 첫 장에서 예제로 사용했던 크기가 작은 단일 채널 이미지도 이미지마다 $28 \times 28 \times 1 = 784$개의 값으로 이루어진 크기의 입력 벡터를 나타낸다. 앞에서 구현했던 기초 신경망의 첫 번째 계층의 경우 이것은 $(784, 64)$ 형상의 가중치 행렬을 뜻한다. 이는 이 변수만을 위해 최적화해야 할 매개변수 값이 $784 \times 64 = 50,176$개나 된다는 의미다.

RGB 이미지가 커지거나 네트워크가 깊어질수록 '이 매개변수 개수는 매우 급격히 증가한다'.

공간 추론의 부족

이 네트워크의 뉴런이 어떤 구분 없이 이전 계층의 모든 값을 받기 때문에('뉴런이 모두 연결돼 있다') 이 신경망은 '거리/공간성'이 없다. 데이터의 공간 관계를 잃는다. 이미지 같은 다차원 데이터는 밀집 계층에 칼럼 벡터로 전달될 수 있기 때문에 그 연산은 데이터 차원이나 입력값의 위치를 고려하지 않는다. 더 정확하게는 모든 픽셀 값이 계층별로 '원래 위치와 상관없이' 결합되므로 픽셀 사이의 근접성 개념이 **완전 연결(FC, fully-connected)** 계층에서 손실된다.

 평면화(flatten)를 해도 밀집 계층의 행위가 바뀌지 않으므로 밀집 계층의 계산과 매개변수 표현을 단순화하기 위해 밀집 계층에 전달하기 전에 다차원 입력을 '1차원으로 변환'하는 것(즉 컬럼 벡터로 형상을 바꾸는 것)이 보편적이다.

직관적으로 보면, 일부 입력값이 동일한 픽셀(채널 값) 또는 동일한 이미지 영역(이웃 픽셀)에 속한다는 등의 **공간 정보**를 고려할 수 있다면 신경망 계층은 훨씬 더 똑똑해질 것이다.

CNN 도입

CNN은 앞에서 언급한 단점을 해결할 수 있는 간단한 해결책을 제공한다. CNN은 앞에서 소개했던 네트워크와 동일한 방식으로(전방 전달, 역전파 등) 작동하지만, 아키텍처를 약간 영리하게 변경했다.

무엇보다도 CNN은 다차원 데이터를 처리할 수 있다. 이미지의 경우, CNN은 '3차원 데이터(높이×너비×깊이)'를 입력으로 취하고 뉴런을 그와 비슷한 볼륨으로 정렬한다(그림 3-1 참조). 이것이 CNN이 참신한 두 번째 이유다. 뉴런이 이전 계층의 모든 요소에 연결된 완전 연결 네트워크와 달리 CNN의 각 뉴런은 이전 계층에서 이웃한 영역에 속한 일부 요소에만 접근한다. 이 영역(일반적으로 정사각형이며 모든 채널에 걸쳐 있다)을 뉴런의 **수용 영역**(또는 '필터 크기')이라고 한다.

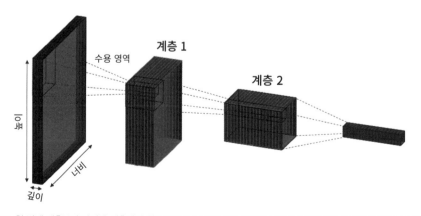

그림 3-1 CNN, 첫 번째 계층부터 마지막 계층까지 왼쪽 최상단 뉴런의 수용 영역을 보여줌 (더 자세한 설명은 다음 절 참고)

뉴런을 이전 계층의 이웃한 뉴런과만 연결함으로써 CNN은 훈련시킬 '매개변수 개수를 급격히 줄일' 뿐 아니라 '이미지 특징의 위치 정보를 보존'한다.

CNN 작업

이 아키텍처 패러다임으로 몇 가지 새로운 유형의 계층도 도입해 **'다차원성'**과 **'지역적 연결성'**을 효율적으로 활용한다.

합성곱 계층

CNN이라는 이름은 그 아키텍처의 핵심에 해당하는 '합성곱 계층'에서 비롯됐다. 이 계층에서는 동일한 출력 채널에 연결된 모든 뉴런이 똑 같은 가중치와 편향값을 공유함으로써 매개변수의 개수를 더 줄일 수 있다.

개념

가중치와 편향값을 공유하는 특정 뉴런은 '공간적으로 제한된 연결성'을 통해 전체 입력 행렬에서 슬라이딩하는 단일 뉴런으로 생각할 수도 있다. 각 단계에서 이 뉴런은 현재 슬라이딩하고 있는 입력 볼륨($H{\times}W{\times}D$)의 일부 영역에만 공간적으로 연결된다. 필터 크기가 (k_H, k_W)인 뉴런에 대해 이 제한된 입력 차원 $k_H{\times}k_W{\times}D$가 주어지면 이 뉴런은 첫 번째 장에서 모델링했던 뉴런처럼 동작한다. 즉 합계에 활성화 함수(선형 또는 비선형 함수)를 적용하기 전에 입력 값($k_H{\times}k_W{\times}D$개의 값)을 선형으로 결합한다. 수학적으로 (i, j) 위치에서 시작한 입력 패치에 대한 뉴런의 응답 $z_{i,j}$는 다음과 같이 표현할 수 있다.

$$z_{i,j} = \sigma\left(b + \sum_{l=0}^{k_H-1}\sum_{m=0}^{k_W-1}\sum_{n=0}^{D-1} w_{l,m,n} \cdot x_{i+l,j+m,n}\right)$$

여기에서 뉴런의 가중치는 $w \in \mathbb{R}^{k_H \times k_W \times D}$(즉, 형상이 $k_H{\times}k_W{\times}D$인 2차원 행렬)이고, 뉴런의 편향값은 $b \in \mathbb{R}$이며, σ는 활성화 함수(예를 들어, '시그모이드')다. 뉴런이 입력 데이터를 받을 수 있는 각 위치에 대해 이 연산을 반복함으로써 차원이 $H_o{\times}W_o$인(여기에서 H_o와 W_o는 뉴런이 입력 텐서를 각각 수직 및 수평으로 슬라이딩할 수 있는 횟수를 말한다) 완전한 응답 행렬 z를 얻는다.

실제로 대부분 정사각형 필터를 사용한다. 이는 이 필터의 크기가 (k, k)이고, $k=k_H=k_W$라는 뜻이다. 이 장의 나머지 부분에서는 설명을 단순화하기 위해 정사각형 필터만 고려하겠지만, 필터의 높이와 너비가 다를 수 있음을 기억해두는 것이 좋다.

합성곱 계층에는 여전히 N개의 다른 뉴런 집합(즉 같은 매개변수를 공유하는 N개의 뉴런 집합)이 있으므로, 그에 대한 응답 맵이 함께 쌓여서 형상이 $H_o \times W_o \times N$인 출력 텐서가 된다.

완전 연결 계층에서 행렬 곱셈을 적용한 것과 동일한 방식으로 여기에서 **합성곱 연산**을 사용해 모든 응답 맵을 한 번에 계산할 수 있다(그래서 이 계층의 이름이 합성곱 계층이다). 이 연산에 익숙한 사람이라면 '입력 행렬에서 필터를 움직인다'는 설명을 듣자 마자 이 연산을 떠올렸을 것이다. 반면에 이 연산에 익숙하지 않은 사람이라면 합성곱의 결과가 필터 w를 입력 행렬 x에서 움직이면서 현재 위치에서 시작하는 x의 패치와 필터 사이에 내적을 계산해 합성곱의 결과를 얻을 수 있다고 이해하면 된다. 이 연산은 그림 3-2에서 확인할 수 있다(여기서는 다이어그램을 쉽게 이해할 수 있게 입력 텐서가 단일 채널인 것으로 간주한다).

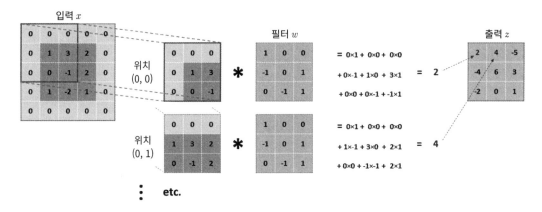

그림 3-2 합성곱 연산

앞의 그림 3-2에서 입력 x의 주변이 0으로 패딩됐는데, 이는 합성곱 계층에서 일반적으로 사용되는 방식이다. 예를 들어, 원래 입력과 동일한 크기(이 예제에서는 그 크기가 3×3이다)를 갖는 출력을 얻고자 한다면 이 방식을 사용한다. 패딩의 개념은 이 장의 뒷부분에서 추가로 다룬다.

머신러닝 분야에서는 '합성곱'이라는 말을 보편적으로 쓰지만, 이 연산을 수학적 용어로 적절하게 표현하자면 실제로 '교차 상관 관계(cross-correlation)'라고 볼 수 있다. 행렬 x와 필터 w의 교차 상관 관계는 $\forall i \in [0, H_o - 1]$, $\forall j \in [0, W_o - 1]$이다.

$$(w * x)_{i,j} = \sum_{l=0}^{k-1} \sum_{m=0}^{k-1} w_{l,m} \cdot x_{i+l,j+m}$$

이 공식이 z를 구하는 공식에 상응한다는 점에 주목하자. 반면 모든 유효한 위치 (i, j)에 대한 실제 행렬 x와 필터 w를 실제 수학적으로 합성곱하면 다음과 같다.

$$(w * x)_{i,j} = \sum_{l=0}^{k-1} \sum_{m=0}^{k-1} w_{l,m} \cdot x_{i-l,j-m}$$

여기서 볼 수 있듯이 두 연산은 구조 측면에서 상당히 유사하며 교차 상관 관계 연산에서 단순히 필터를 '뒤집으면(flipping)' 합성곱 결과를 얻을 수 있다.

속성

N개의 다양한 뉴런의 집합을 갖는 합성곱 계층은 형상이 $D{\times}k{\times}k$(필터가 정사각형인 경우)인 N개의 가중치 행렬(**필터** 또는 **커널**이라고도 함)과 N개의 편향값으로 정의된다. 따라서 이 계층에서 훈련시킬 값은 $N{\times}(Dk^2+1)$개뿐이다. 반면 완전 연결 계층이라면 유사한 입력과 출력 차원을 가질 때 $(H{\times}W{\times}D){\times}(H_o{\times}W_o{\times}N)$개의 매개변수가 필요하다. 앞서 보여줬듯이, 완전 연결 계층에서 매개변수 개수는 데이터 차원에 영향을 받는 반면 합성곱 계층에서는 데이터 차원이 매개변수 개수에 영향을 주지 않는다.

이 속성 덕분에 합성곱 계층은 두 가지 이유로 컴퓨터 비전 분야에서 실제로 막강한 도구가 된다. 첫 번째 이유는 이전 단락에서도 설명했듯이 입력 이미지 크기가 커져도 튜닝해야 할 매개변수 개수에 영향을 주지 않고 네트워크를 훈련시킬 수 있다는 점이다. 두 번째 이유는 합성곱 계층은 어떤 이미지에도 '**그 차원 수와 상관없이**' 적용될 수 있다는 점이다. 완전 연결 계층을 가진 네트워크와 달리 순수 합성곱 네트워크에서는 입력 크기가 다양하더라도 별도의 조정이나 재 훈련 과정을 거칠 필요가 없다.

CNN을 다양한 크기의 이미지에 적용하는 경우, 입력 배치를 샘플링할 때 주의할 점이 있다. 실제로 이미지 하위 집합은 모두 동일한 차원을 가질 때만 함께 쌓여서 일반 배치 텐서가 될 수 있다. 따라서 실제로 이미지 배치를 나누기(대체로 훈련 단계에 수행) 전에 정렬하거나 단순히 각 이미지를 개별로 처리(일반적으로 테스트 단계에서 수행)해야 한다. 하지만 데이터 처리와 네트워크 작업을 모두 단순화하기 위해 일반적으로는 이미지를 전처리해서 이미지가 모두 동일한 크기를 갖게 한다(크기를 조정하거나 자르는 작업을 통해).

그러한 계산 측면의 최적화 외에 합성곱 계층에는 이미지 처리와 관련된 흥미로운 속성도 있다. 훈련을 통해 계층의 필터는 특정 '지역 특징'에 반응하는 데 정말 탁월해진다(N개의 필터를 갖춘 계층은 N개의 서로 다른 특징에 반응할 가능성이 있다는 뜻이다). 예를 들어 CNN의 첫 번째 합성곱 계층에서는 커널마다 특정 저차원 특징(선의 방향이나 색의 변화 등)에 활성화하기 위해 학습시킨다. 그런 다음 계층이 깊어질수록 그 결과를 사용해 얼굴 형태, 특정 객체의 윤곽 같이 좀 더 추상적이고 발전된 특징의 위치를 찾는다. 게다가 각 필터(즉, 공유된 뉴런 집합)는 특정 이미지 특징에 그 위치와 상관없이 반응할 것이다. 더 공식적으로 말하자면, 합성곱 계층은 이미지 좌표 공간을 바꾸더라도 변하지 않는다.

입력 이미지에 적용하는 필터의 응답 맵은 필터가 타깃 특징에 반응하는 위치를 표현한 맵으로 볼 수 있다. 이러한 이유로 CNN에서 이 중간 결과를 일반적으로 **특징 맵**(feature map)이라 부른다. 따라서 N개의 필터가 있는 계층은 N개의 특징 맵을 반환하고, 각 특징 맵은 입력 텐서에서 특정 특징을 탐지한 결과에 해당한다. 한 계층이 반환한 N개의 특징 맵의 스택을 일반적으로 **특징 볼륨**(feature volume)이라고 한다(이 특징 볼륨의 형상은 $H_o \times W_o \times N$이다).

초매개변수

합성곱 계층은 우선 필터 개수 N, 입력 깊이 D(즉 입력 채널의 개수), 필터/커널 크기 (k_H, k_W)로 정의된다. 일반적으로 정사각형 필터를 사용하기 때문에 보통 필터 크기는 간단하게 k로 정의된다(앞서 언급했듯이, 간혹 정사각형이 아닌 필터를 사용할 수도 있다).

그렇지만 이전에도 말했듯이 실제로 합성곱 계층은 같은 이름의 수학 연산과는 다르다. 입력과 그 필터 사이의 연산은 몇 가지 추가적인 초매개변수를 취해 필터가 이미지 위에서 '움직이는' 방식을 결정한다.

우선 필터가 움직이는 '보폭(stride)'을 다양하게 적용할 수 있다. 따라서 보폭이라는 초매개변수는 필터가 움직일 때 이미지 패치와 필터 사이의 내적을 위치마다 계산할지($stride=1$), s 위치마다 계산할지($stride=s$) 정의한다. 보폭이 커지면 결과 특징 맵은 희소해진다.

이미지는 합성곱을 적용하기 전에 '0으로 패딩'될 수도 있다. 즉, 이미지 크기를 원본 콘텐츠 주변에 0으로 된 행과 열을 추가해 인위적으로 키울 수 있다. 그림 3-2에서 보듯이, 이 패딩은 필터가 이미지를 차지할 수 있는 위치의 수를 증가시킨다. 따라서 적용할 패딩 값(즉, 입력 주변에 추가할 빈 행과 열의 개수)을 지정할 수 있다.

> 문자 k는 보통 필터/커널 크기(k는 커널[kernel]의 앞 글자를 따온 것이다)를 뜻한다. 마찬가지로 s는 보통 보폭(stride), p는 패딩(padding)을 뜻한다. 필터 크기에 대해 말하자면, 일반적으로 수평 및 수직 보폭($s=s_H=s_W$)은 물론 수평 및 수직 패딩에도 동일한 값이 사용된다. 그렇지만 일부 특정 사례에서는 다른 값을 가질 수도 있다.

이 모든 매개변수(커널 개수 N, 커널 크기 k, 보폭 s, 패딩 p)는 계층 연산뿐만 아니라 그 계층의 출력 형상에도 영향을 준다. 지금까지 여기서는 이 형상을 (H_o, W_o, N)으로 정의했고, 여기에서 'H_o와 W_o는 뉴런이 입력에서 수직/수평적으로 움직일 수 있는 횟수'를 말한다. 그렇다면 실제로 H_o와 W_o는 무엇일까? 공식적으로 이 값은 다음과 같이 계산할 수 있다.

$$H_o = \frac{H - k + 2p}{s} + 1 \quad , \quad W_o = \frac{W - k + 2p}{s} + 1$$

이 공식을 잘 이해할 수 있게 구체적인 예를 선택하라고 권기는 하지만, 구체적인 예가 없더라도 그 뒤에 숨은 논리를 직관적으로 이해할 수 있다. 크기가 k인 필터는 크기가 $H \times W$인 이미지에서 수직으로는 최대 $H-k+1$개의 위치를 취하고 수평으로 $W-k+1$개의 위치를 취할 수 있다. 게다가 이 이미지의 모든 변에 p만큼 패딩하면 이 위치 개수는 $H-k+2p+1$($W-k+2p+1$에 대해)까지 커진다. 마지막으로 보폭 s를 증가시키는 것은 s 중 하나의 위치만 고려한다는 뜻이며, 이는 위 공식에서 나눗셈을 설명한다(정수 나눗셈임을 주목하자).

이 초매개변수로 계층의 출력 크기를 쉽게 제어할 수 있다. 이것은 객체 분할 같은 애플리케이션 즉, 출력 분할 마스크가 입력 이미지와 동일한 크기를 갖기를 원할 때 특히 편리하다.

텐서플로/케라스 메서드

이미지 합성곱의 경우 기본적으로 저차원 API의 tf.nn.conv2d()(https://www.tensorflow.org/api_docs/python/tf/nn/conv2d)를 사용한다. 주요 매개변수는 다음과 같다.

- input: 형상이 (B, H, W, D)인 입력 이미지의 배치. 여기에서 B는 배치 크기임.

- filter: N개의 필터가 쌓여 형상이 (k_H, k_W, D, N)인 텐서가 됨.

- strides: 배치로 나눈 입력의 각 차원에 대한 보폭을 나타내는 4개의 정수 리스트. 일반적으로 $[1, s_H, s_W, 1]$을 사용함 (즉, 이미지의 두 개의 공간 차원에만 맞춤형 보폭을 적용함).

- padding: 배치로 나눈 입력의 각 차원 전후에 붙이는 패딩을 나타내는 4×2개의 정수 리스트나 사전 정의된 패딩 중 무엇을 사용할지 정의하는 즉, "VALID"나 "SAME" 같은 문자열(이후 설명 참고)

- name: 이 연산을 식별하는 이름(분명하고 가독성이 높은 그래프를 생성할 때 유용함)

tf.nn.conv2d( )는 아직 다루지 않은 다른 고급 매개변수를 받는다(관련 문서 참조). 그림 3-3과 그림 3-4는 서로 다른 인수를 사용한 두 개의 합성곱 연산의 결과를 나타낸다.

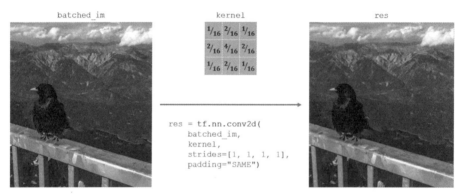

그림 3-3 텐서플로를 사용해 이미지에서 수행한 합성곱의 예. 여기에서 커널은 잘 알려진 것으로 이미지에 가우시안 블러(Gaussian blur)를 적용할 때 보편적으로 사용된다.

다음 그림은 컴퓨터 비전 분야에서 잘 알려진 커널을 적용한 결과다.

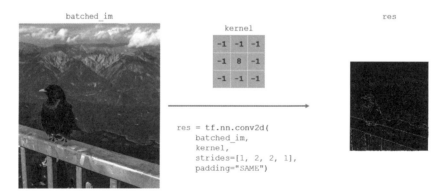

그림 3-4 텐서플로 합성곱의 또 다른 예. 여기서는 보폭으로 더 큰 값을 사용함. 이 특수한 커널은 일반적으로 이미지의 테두리/윤곽선을 추출할 때 사용된다.

패딩의 경우, 텐서플로 개발자는 미리 구현된 두 개의 서로 다른 모드를 제공해, 사용자가 일반적인 경우에 어떤 값 p를 사용할지 알아낼 필요가 없게 만들었다. "VALID"는 이미지에 패딩을 더하지 않는다($p=0$)는 것을 뜻하며 이 때 필터는 기본적으로 유효한 위치 위에서만 움직인다. "SAME"을 선택하면 텐서플로는 합성곱 출력이 보폭이 1인 입력과 '동일한' 높이와 너비를 갖게 값 p를 계산한다(즉 이전 절에서 보여준 공식에서 일시적으로 $s=1$로 고정하고 $H_o=H$, $W_o=W$를 풀면 된다).

경우에 따라 0보다 더 복잡한 값으로 패딩해야 할 수 있다. 그런 경우 tf.pad() 메서드(https://www.tensorflow.org/api_docs/python/tf/pad에서 관련 문서 참조)를 사용하는 것이 좋다. 그런 다음 단순히 패딩으로 "VALID"를 사용해 합성곱 연산을 인스턴스화한다.

텐서플로는 이 외에도 1차원 데이터를 위한 tf.nn.conv1d() (https://www.tensorflow.org/api_docs/python/tf/nn/conv1d)와 3차원 데이터를 위한 tf.nn.conv3d() (https://www.tensorflow.org/api_docs/python/tf/nn/conv3d) 혹은 이미지의 채널마다 서로 다른 필터를 적용해 합성곱을 계산하는 tf.nn.depthwise_conv2d() (https://www.tensorflow.org/api_docs/python/tf/nn/depthwise_conv2d에서 관련 문서 참조) 등과 같은 몇 가지 저차원 합성곱 메서드를 제공한다.

지금까지는 고정된 필터를 사용해 합성곱을 계산하는 것만 살펴봤다. CNN의 경우 필터를 훈련 가능하게 만들어야 한다. 또한 합성곱 계층은 결과를 활성화 함수에 전달하기 전에 학습된 편향값을 적용한다. 따라서 이러한 일련의 연산은 다음과 같이 구현될 수 있다.

```
# 훈련 가능한 변수를 초기화(예를 들어 필터는 Glorot 분포에서 추출한 값으로, 편향값은 0)
kernels_shape = [k, k, D, N]
glorot_uni_initializer = tf.initializers.GlorotUniform()
# ^ 이 객체는 Glorot 분포를 따르는 값을 생성하기 위해 정의됨(다른 유명한 매개변수는 임의의 초기화
기법이 존재하거나 텐서플로에서 다룬다).
kernels = tf.Variable(glorot_uni_initializer(kernels_shape),
                          trainable=True, name="filters")
bias = tf.Variable(tf.zeros(shape=[N]), trainable=True, name="bias")

# 합성곱 계층을 컴파일된 함수로 정의
@tf.function
def conv_layer(x, kernels, bias, s):
    z = tf.nn.conv2d(x, kernels, strides=[1,s,s,1], padding='VALID')
    # 마지막으로 편향값과 활성화 함수(예를 들어 ReLU) 적용
    return tf.nn.relu(z + bias)
```

1장 '컴퓨터 비전과 신경망'에서 구현한 완전 연결 계층이 행렬 연산을 중심으로 구성했던 방식과 마찬가지로 이 전방 전달 함수를 Layer 객체로 감쌀 수 있다. 텐서플로 2는 케라스 API를 통해 독자적인 tf.keras.layers.Layer 클래스를 제공하며 이 클래스는 확장될 수 있다(https://www.tensorflow.org/api_docs/python/tf/keras/layers/Layer에서 관련 문서 참조). 다음은 이를 기반으로 간단한 합성곱 계층을 구성하는 방법을 보여준다.

```python
class SimpleConvolutionLayer(tf.keras.layers.Layer):
    def __init__(self, num_kernels=32, kernel_size=(3, 3), stride=1):
        """ 계층 초기화
        :param num_kernels: 합성곱 계층의 커널 수
        :param kernel_size: 커널 크기 (H x W)
        :param stride: 수직/수평 보폭
        """
        super().__init__()
        self.num_kernels = num_kernels
        self.kernel_size = kernel_size
        self.stride = stride

    def build(self, input_shape):
        """ 계층 구성, 계층 매개변수와 변수를 초기화
        이 함수는 계층이 최초로 사용될 때 내부적으로 호출됨
        :param input_shape: 계층의 입력 형상(예를 들어, BxHxWxC)
        """
        num_input_ch = input_shape[-1] # assuming shape format BHWC
        # 이제 필요한 커널 텐서의 형상을 확인
        kernels_shape = (*self.kernel_size, num_input_ch, self.num_kernels)
        # 필터 값을 예를 들어 Glorot 분포를 따르는 값으로 초기화:
        glorot_init = tf.initializers.GlorotUniform()
        self.kernels = self.add_weight( # 변수를 계층에 추가하기 위한 메서드
            name='kernels', shape=kernels_shape, initializer=glorot_init,
            trainable=True) # 게다가 이 변수를 훈련 가능하게 만듦
        # 편향값 변수에도 동일하게 적용(예를 들어, 정규 분포를 따르게):
        self.bias = self.add_weight(
            name='bias', shape=(self.num_kernels,),
            initializer='random_normal', trainable=True)

    def call(self, inputs):
```

```
    """ 계층을 호출, 해당 계층의 연산을 입력 텐서에 적용."""
    return conv_layer(inputs, self.kernels, self.bias, self.stride)
```

텐서플로에서 제공하는 대부분의 수학 연산(예를 들어, tf.math와 tf.nn에서 제공하는)에는 이미 텐서플로에서 정의한 도함수가 존재한다. 따라서 계층이 그러한 연산으로 구성된다면 직접 역전파를 정의할 필요가 없으므로 상당한 수고를 덜 수 있다.

이렇게 구현하면 표현이 명확하다는 장점도 있지만, 케라스 API가 일반적인 계층의 초기화를 캡슐화해서(2장 '텐서플로 기초와 모델 훈련'에서 설명했듯이) 제공하기 때문에 개발 속도를 높여준다. tf.keras.layers 모듈을 사용하면 다음과 같이 단일 호출에서 비슷한 합성곱 계층을 인스턴스화할 수 있다.

```
conv = tf.keras.layers.Conv2D(filters=N, kernel_size=(k, k), strides=s,
                              padding='valid', activation='relu')
```

tf.keras.layers.Conv2D()(https://www.tensorflow.org/api_docs/python/tf/keras/layers/Conv2D에서 관련 문서 참조)에는 가중치 정규화(이 장 뒤에서 설명 예정) 같은 여러 개념을 캡슐화하는 추가 매개변수가 많다. 따라서 고급 CNN을 구성할 때 이러한 개념을 다시 개발하느라 시간 낭비하는 대신 이 메서드를 사용하는 것이 좋다.

풀링 계층

이 외에 CNN과 함께 소개된 일반적으로 사용되는 계층 유형으로는 '풀링(pooling)'이 있다.

개념 및 초매개변수

이 풀링 계층에는 '훈련 가능한 매개변수가 없어서' 다소 특이하다. 각 뉴런은 자기 '윈도우'(수용 영역)의 값을 취하고 사전에 정의된 함수로 계산한 하나의 출력을 반환한다. 가장 보편적으로 사용되는 두 개의 풀링 기법으로는 최대 풀링(max pooling)과 평균 풀링(average pooling)이 있다. **최대 풀링** 계층은 풀링된 영역의 깊이마다 최댓값만 반환하며(그림 3-5 참조) **평균 풀링** 계층은 풀링된 영역의 깊이마다 평균을 계산한다(그림 3-6 참조).

보통 풀링 계층은 풀링 함수를 패치에 서로 겹치지 않게 적용하기 위해 '윈도우/커널 크기'와 동일한 크기의 '보폭' 값을 사용한다. 이는 '데이터의 공간 차원을 줄여서' 네트워크에서 필요한 매개변수의 전체 개수를 줄이고 계산 시간을 단축시키는 것을 목적으로 한다. 예를 들어 윈도우 크기가 2×2이고 보폭이

2인(즉, k=2, s=2) 풀링 계층은 깊이마다 4개의 값으로 이루어진 패치를 취해 하나의 값을 반환한다. 따라서 특징의 높이와 너비를 반으로 줄인다. 따라서 뒤이어 나올 계층에서 계산할 횟수를 2×2=4로 나눈다. 마지막으로 합성곱 계층과 마찬가지로 이 연산을 적용하기 전에 텐서에 패딩을 붙일 수 있다(그림 3-5 참조).

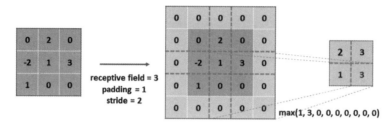

그림 3-5 윈도우 크기가 3×3, 패딩이 1, 보폭이 2일 때 단일 채널 입력에 최대 풀링 연산을 적용하는 방법

패딩(padding)과 보폭(stride) 매개변수를 통해 결과 텐서의 차원을 제어할 수 있다. 그림 3-6은 다른 예를 보여준다.

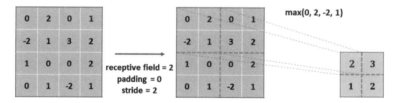

그림 3-6 윈도우 크기가 2×2, 패딩이 0, 보폭이 2일 때 단일 채널 입력에 평균 풀링 연산을 적용하는 방법

따라서 훈련 가능한 커널이 없다는 점만 빼면 합성곱 계층과 비슷한 초매개변수를 가지고 있는 풀링 계층은 데이터 차원을 제어하는 사용하기 쉽고 가벼운 솔루션이다.

텐서플로/케라스 메서드

tf.nn 패키지에서도 사용할 수 있는 tf.nn.max_pool()(https://www.tensorflow.org/api_docs/python/tf/nn/max_pool에서 관련 문서 참조)과 tf.nn.avg_pool()(https://www.tensorflow.org/api_docs/python/tf/nn/avg_pool의 관련 문서 참조)에 다음처럼 tf.nn.conv2d()와 매우 비슷한 시그니처를 가지고 있어 편리하다.

- value: 형상이 (B,H,W,D)인 입력 이미지의 배치. 여기에서 B는 배치 크기.

- ksize: 차원별 윈도우 크기를 나타내는 4개의 정수 리스트. 일반적으로 $[1,k,k,1]$을 사용.

- strides: 배치로 나뉜 입력의 차원별로 사용될 보폭을 나타내는 4개의 정수 리스트. tf.nn.conv2d()와 유사함.

- padding: 사용할 패딩 알고리즘을 정의하는 문자열("VALID" 또는 "SAME")

- name: 이 연산을 식별할 이름(명확하고 가독성이 높은 그래프를 생성하기에 유용함)

그림 3-7은 이미지에 평균 풀링 연산을 적용한 모습을 보여준다.

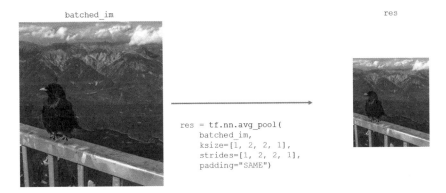

그림 3-7 텐서플로로 이미지에 평균 풀링 알고리즘을 적용한 예

그림 3-8에서는 같은 이미지에 최대 풀링 함수를 적용한 모습을 보여준다.

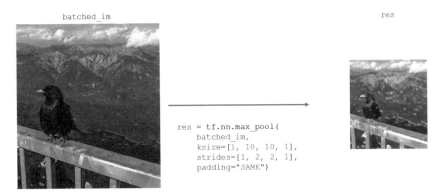

그림 3-8 또 다른 최대 풀링 연산의 예로, 보폭에 비해 지나치게 큰 윈도우를 적용함(순수하게 보여주기 용도)

여기서도 마찬가지로 더 높은 수준의 API를 사용해 인스턴스화를 좀 더 간결하게 만들 수 있다.

```
avg_pool = tf.keras.layers.AvgPool2D(pool_size=k, strides=[s, s],
padding='valid')
max_pool = tf.keras.layers.MaxPool2D(pool_size=k, strides=[s, s],
padding='valid')
```

풀링 계층에는 훈련 가능한 가중치가 없으므로 텐서플로에서는 실제로 풀링 연산과 그에 대응하는 계층 사이에 차이가 없다. 덕분에 이 연산은 가벼울 뿐만 아니라 인스턴스화하기도 쉽다.

완전 연결 계층

우선 CNN에서 일반 네트워크와 같은 방식으로 FC '계층'이 사용된다는 사실을 짚고 넘어가야겠다. 다음 절에서 언제 FC 계층을 사용해야 하고 어떻게 CNN에 포함시키는지 설명한다.

CNN에서의 사용법

다차원 데이터를 처리하는 CNN에 FC 계층을 추가할 수 있지만, 이는 곧 1장 '컴퓨터 비전과 신경망'과 2장 '텐서플로 기초와 모델 훈련'에서 봤던 단순 네트워크에서 MNIST 이미지를 가지고 했던 방식처럼 이 계층에 전달되는 입력 텐서는 먼저 배치로 나뉜 칼럼 벡터로 형상을 조정(높이, 너비, 깊이 차원을 단차원으로 평면화)해야 함을 뜻한다.

 FC 계층은 밀집 연결된 계층 또는 단순히 밀집 계층이라고도 한다(연결 범위를 좀 더 제한한 다른 CNN 계층과는 반대되는 의미로).

때에 따라 예를 들어 공간적으로 거리가 먼 특징을 결합하기 위해 뉴런이 전체 입력 맵에 접근하는 것이 유리할 수 있지만, 완전 연결 계층은 이 장 앞에서 언급했듯이 공간 정보의 손실이나 매개변수가 엄청 많아진다는 등의 몇 가지 단점이 있다. 게다가 다른 CNN 계층과는 달리 밀집 계층은 입력과 출력 크기에 의해 정의된다. 특정 밀집 계층은 그 계층의 설정과 다른 형상을 갖는 입력에는 동작하지 않는다. 따라서 신경망에서 FC 계층을 사용한다면 다양한 크기의 이미지에 적용될 가능성을 잃게 됨을 의미한다.

이런 단점에도 불구하고 이 계층은 여전히 CNN에서 보편적으로 사용된다. 이 계층은 일반적으로 네트워크의 마지막 계층에서 예를 들어 다차원 특징을 1차원 분류 벡터로 변환하기 위해 사용된다.

텐서플로/케라스 메서드

이전 장에서 이미 텐서플로의 밀집 계층을 사용했지만 그 매개변수와 속성은 중점적으로 다루지 않았다. 다시 말하면 `tf.keras.layers.Dense()`의 시그니처(https://www.tensorflow.org/api_docs/python/tf/keras/layers/Dense에서 관련 문서 참조)는 이전에 소개했던 계층의 시그니처와 비슷하다. 매개변수로 보폭이나 패딩은 받지 않지만, 다음처럼 뉴런/출력 크기의 개수를 나타내는 `units`를 받는다는 차이가 있다.

```
fc = tf.keras.layers.Dense(units=output_size, activation='relu')
```

다차원 텐서를 밀집 계층에 전달하기 전에 '**평면화(flattening)**'해야 한다는 점을 기억하자. 이 목적으로 `tf.keras.layers.Flatten()`(https://www.tensorflow.org/api_docs/python/tf/keras/layers/Flatten에서 관련 문서 참조)이 사용될 수 있다.

유효 수용 영역

이 절에서 자세히 다루겠지만 신경망의 **유효 수용 영역(ERF, effective receptive field)**은 입력 이미지에서 거리가 먼 요소를 상호 참조하고 결합하는 네트워크 능력에 영향을 줄 수 있으므로 딥러닝에서 중요한 개념이다.

정의

수용 영역은 뉴런이 연결된 이전 계층의 로컬 영역을 나타내지만, ERF는 그림 3-9에서 보듯이 '**입력 이미지의 영역**'(이전 계층의 영역만이 아니라)을 정의해 주어진 계층을 위한 뉴런의 활성화에 영향을 미친다.

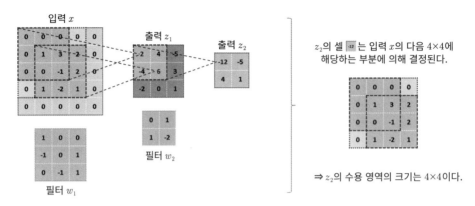

그림 3-9 두 개의 합성곱 계층으로 이루어진 간단한 네트워크의 수용 영역

RF가 단순히 한 계층의 필터 크기나 윈도우 크기로 불리기 때문에 ERF 대신 **RF(receptive field, 수용 영역)**라는 용어를 사용하는 것을 흔히 볼 수 있다. 사람에 따라 출력 계층(네트워크의 중간 계층이 아니라)의 각 단위에 영향을 미치는 입력 영역을 구체적으로 정의하기 위해 RF나 ERF를 사용하기도 한다.

어떤 연구원들은 하나의 뉴런에 실제로 영향을 미치는 입력 영역의 하위 집합을 ERF라 부르기도 하기 때문에 더 혼란스럽다. 웬지 루오(Wenjie Luo)는 논문 「Understanding the Effective Receptive Field in Deep Convolutional Neural Networks published in Advances in Neural Information Processing Systems」(2016)에서 이를 제안했다. 그는 뉴런이 보는 픽셀 전체가 그 뉴런의 응답에 동일하게 기여하는 것은 아니라고 생각했다. 직관적으로 이 생각을 이해할 수 있는데, 예를 들어 RF의 중앙에 위치한 픽셀은 주변에 있는 픽셀보다 더 높은 가중치를 갖는다. 이 중앙에 있는 픽셀이 담고 있는 정보는 주어진 뉴런에 도달하기 위해 네트워크의 중간 계층에서 여러 경로를 따라 전파되지만, 수용 영역의 주변에 위치한 픽셀은 단일 경로를 통해 이 뉴런에 연결된다. 따라서 전형적인 ERF가 균등 분포를 따르는 것과는 달리 루오가 정의한 ERF는 유사 가우시안 분포를 따른다.

이 논문의 저자들은 인간의 뚜렷한 중심 시야의 원인이 되는 눈의 부위인 **중심와**와 이 수용 영역의 표현 사이에 흥미로운 유사점을 만든다. 이 시력의 자세한 부분은 수많은 인간 행동의 기초가 된다. 유효 수용 영역의 중앙 픽셀이 더 많은 수의 인공 뉴런에 연결되는 것과 같은 방식으로 시신경의 절반은 중심와(상대적으로 크기가 작음에도 불구하고)에 연결된다.

공식

CNN의 i번째 계층의 유효 수용 영역의 픽셀이 어떤 역할을 하는지와 무관하게 이 유효 수용 영역(여기에서 R_i)은 다음과 같이 재귀적으로 계산된다.

$$R_i = R_{i-1} + (k_i - 1) \prod_{j=1}^{i-1} s_j$$

이 공식에서 k_i는 계층의 필터 크기고 s_i는 보폭이다(따라서 공식의 마지막 부분은 이전 계층 전체의 보폭의 곱셈을 나타낸다). 한 가지 예로 그림 3-9에서 보듯이 최소 2계층으로 구성된 CNN에 이 공식을 적용해 두 번째 계층의 ERF를 다음처럼 정량적으로 평가할 수 있다.

$$R_2 = R_1 + (2 - 1) \prod_{j=1}^{1} s_j = 3 + 1 \times 1 = 4$$

이 공식은 네트워크의 유효 수용 영역이 중간 계층 개수, 필터 크기, 보폭에 직접 영향을 받는다는 것을 확인해준다. 풀링 계층이나 보폭이 큰 계층 같은 서브샘플링 계층은 특징 해상도가 낮아지지만 ERF가 매우 커진다.

CNN의 지역 연결성으로 인해 계층과 그 계층의 초매개변수가 네트워크 아키텍처를 정의할 때 네트워크를 통한 시각 정보 흐름에 어떤 영향을 미치는지 염두에 둬야 한다.

텐서플로로 CNN 구현하기

대부분의 최신 컴퓨터 비전 알고리즘은 방금 소개한 '세 가지 다양한 형태의 계층(합성곱, 풀링, FC 같은)으로 구성된 CNN'을 기반으로 이 책에서 설명할 몇 가지 변형과 기법을 사용한다. 여기서는 이 책의 첫 CNN을 구성하고 그것을 숫자 인식 과제에 적용하겠다.

첫 CNN 구현

첫 합성곱 신경망으로 'LeNet-5'를 구현하겠다. 1995년 얀 르쿤(Yann Le Cun)이 최초로 소개하고 (「Learning algorithms for classification: A comparison on handwritten digit recognition,

World Scientific Singapore 에서) MNIST 데이터셋에 적용했던 LeNet-5는 새로운 네트워크는 아닐지 모르지만, 여전히 CNN을 소개할 때 일반적으로 사용된다. 7개의 계층으로 구성된 이 네트워크는 확실히 구현하기 쉬우면서도 흥미로운 결과를 얻을 수 있다.

LeNet-5 아키텍처

그림 3-10에서 보듯이 최초 LeNet-5는 두 개의 블록으로 구성돼 있으며 각 블록은 합성곱 계층(커널 크기 $k=5$, 보폭 $s=1$)과 뒤따라 나오는 최대 풀링 계층($k=2$, $s=2$)을 포함한다. 첫 번째 블록에서 입력 이미지는 합성곱 계층에 전달되기 전에 각 변마다 2만큼 0으로 패딩을 하고($p=2$, 따라서 실제 입력 크기는 32×32) 합성곱 계층에는 6개의 필터가 있다($N=6$). 두 번째 합성곱 계층 앞에서는 패딩 과정이 없으며($p=0$) 필터 개수는 16으로 설정한다($N=16$). 두 블록 다음에 세 개의 완전 연결 계층은 특징을 함께 합쳐 최종 클래스 추정값(10개의 숫자 클래스)을 도출한다. 첫 번째 밀집 계층 전에 5×5×16개의 특징 볼륨이 400개 값의 벡터로 평면화된다. 전체 아키텍처는 다음 그림과 같이 나타낼 수 있다.

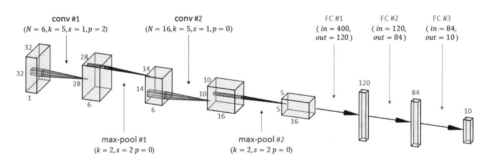

그림 3-10 LeNet-5 아키텍처 (알렉산더 르네일 Alexander Lenail이 NN-SVG로 렌더링 – http://alexlenail.me/NN-SVG)

원래는 마지막 계층을 제외하면 각 합성곱 계층과 밀집 계층은 활성화 함수로 **tanh** 함수를 사용한다. 그렇지만 최근에는 **tanh**보다 **ReLU**를 선호해서 대부분 LeNet-5 구현에서 **ReLU**가 **tanh**을 대체하고 있다. 마지막 계층의 경우 **softmax** 함수가 적용된다. 이 함수는 N개의 값으로 구성된 벡터를 취해서 동일한 크기의 벡터 y를 확률 분포로 정규화해 반환한다. 다른 말로 **softmax**는 벡터를 정규화해 전체 합이 1이 되도록 각 값을 0과 1 사이의 값으로 만든다. 따라서 이 함수는 1장 '컴퓨터 비전과 신경망'에서 언급했듯이 분류 작업을 하는 신경망에서 네트워크 예측을 클래스별 확률로 변환하기 위해 신경망의 끝부분에서 사용한다(즉, 출력 텐서 $y=[y_0, \cdots, y_i, \cdots, y_N]$가 주어지면 샘플이 네트워크에 따라 클래스 i에 속할 확률을 나타낸다).

네트워크의 원시 예측(즉, 정규화 전)을 일반적으로 **로지트**(logit)라고 부른다. 이러한 제한되지 않은 값은 일반적으로 softmax 함수를 사용해 확률로 전환된다. 이 정규화 프로세스는 예측에 대한 가독성을 좀 더 좋게 만들고(각 값은 네트워크가 해당 클래스로 얼마나 확신하는지를 나타낸다. 1장 '컴퓨터 비전과 신경망'에서 언급한 확신 점수 참조) 훈련 손실(즉, 분류 작업에서 범주형 교차 엔트로피) 계산을 단순화한다.

텐서플로와 케라스 구현

이 네트워크를 구현하기 위해 필요한 모든 도구를 갖췄다. 텐서플로와 케라스에서 제공하는 구현 내용을 검토하기 전에 직접 이 도구들을 사용해볼 것을 추천한다. 케라스 순차형 API를 사용하는 LeNet-5 네트워크가 2장 '텐서플로 기초와 모델 훈련'에서의 표기법과 변수를 재사용하면 다음과 같다.

```python
from tensorflow.keras.model import Model, Sequential
from tensorflow.keras.layers import Conv2D, MaxPooling2D, Flatten, Dense
model = Sequential() # `Sequential`은 tf.keras.Model에서 상속받음
# 첫 번째 블록:
model.add(Conv2D(6, kernel_size=(5, 5), padding='same', activation='relu',
    input_shape=(img_height, img_width, img_channels)))
model.add(MaxPooling2D(pool_size=(2, 2)))
# 두 번째 블록:
model.add(Conv2D(16, kernel_size=(5, 5), activation='relu'))
model.add(MaxPooling2D(pool_size=(2, 2)))
# 밀집 계층:
model.add(Flatten())
model.add(Dense(120, activation='relu'))
model.add(Dense(84, activation='relu'))
model.add(Dense(num_classes, activation='softmax'))
```

모델은 계층을 하나씩 인스턴스화하고 '순차적으로' 추가해 생성된다. 2장 '텐서플로 기초와 모델 훈련'에서 언급했듯이 케라스는 **함수형 API(Functional API)**도 제공한다. 이 API를 사용하면 좀 더 객체 지향적인 접근법으로 모델을 정의할 수 있지만(다음 코드에서 보듯이), 계층 연산을 가지고 tf.keras.Model을 직접 인스턴스화할 수도 있다(주피터 노트북의 일부에서 보듯이).

```python
from tensorflow.keras import Model
from tensorflow.keras.layers import Conv2D, MaxPooling2D, Flatten, Dense

class LeNet5(Model): # `Model`은 'Layer'와 동일한 API를 가지고 있으며 이를 더 확장함
```

```python
    def __init__(self, num_classes): # 모델과 계층 생성
        super(LeNet5, self).__init__()
        self.conv1 = Conv2D(6, kernel_size=(5, 5), padding='same',
                            activation='relu')
        self.conv2 = Conv2D(16, kernel_size=(5, 5), activation='relu')
        self.max_pool = MaxPooling2D(pool_size=(2, 2))
        self.flatten = Flatten()
        self.dense1 = Dense(120, activation='relu')
        self.dense2 = Dense(84, activation='relu')
        self.dense3 = Dense(num_classes, activation='softmax')
    def call(self, x): # 입력을 처리하기 위해 계층을 적용
        x = self.max_pool(self.conv1(x)) # 첫 번째 블록
        x = self.max_pool(self.conv2(x)) # 두 번째 블록
        x = self.flatten(x)
        x = self.dense3(self.dense2(self.dense1(x))) # 밀집 계층
        return x
```

케라스 계층은 '함수'처럼 작동해 입력 데이터에 적용돼 원하는 결과를 얻을 때까지 연결될 수 있다. 함수형 API를 사용하면 네트워크 내부에서 특정 계층을 여러 회 재사용하는 경우나 계층에 여러 입력 또는 여러 출력이 있을 경우처럼 더 복합적인 신경망을 구성할 수 있다.

 또 다른 머신러닝 프레임워크인 PyTorch(https://pytorch.org)를 이미 사용해본 사람이라면 이 프레임워크에서 선호하는대로 객체 지향적 방식으로 신경망을 구성하는 데 익숙할 것이다.

MNIST에 적용

이제 숫자 분류를 위한 모델을 컴파일하고 훈련시킬 수 있다. 케라스 API를 사용하고 앞 장에서 준비한 MNIST 데이터 변수를 재사용해 모델 훈련을 시작하기 전 다음과 같이 최적화기(간단한 **확률 경사 하강, SGD, stochastic gradient descent**)를 인스턴스화하고, 손실(범주형 교차 엔트로피, categorical cross-entropy)을 정의한다.

```python
model.compile(optimizer='sgd', loss='sparse_categorical_crossentropy',
              metrics=['accuracy'])
# 또한 몇 가지 케라스 콜백 즉, 훈련하는 동안 모니터링을 위해 몇몇 지점에서 자동으로 호출되는
유틸리티 함수를 인스턴스화함
```

```
callbacks = [
    # 3세대가 지나도 `val_loss`가 개선되지 않으면 훈련을 중단함
    tf.keras.callbacks.EarlyStopping(patience=3, monitor='val_loss'),
    # 그래프/메트릭을 텐서보드에 기록(파일을 `./logs`에 저장)
    tf.keras.callbacks.TensorBoard(log_dir='./logs', histogram_freq=1)]
    # 마지막으로 훈련을 시작
    model.fit(x_train, y_train, batch_size=32, epochs=80,
              validation_data=(x_test, y_test), callbacks=callbacks)
```

 원-핫 레이블을 피하기 위해 categorical_crossentropy 대신 sparse_categorical_crossentropy를 사용한다. 이 손실은 2장 '텐서플로 기초와 모델 훈련'에서 설명했다.

60세대 이후, 검증 데이터에서 네트워크 정확도가 ~98.5%를 넘어섰다! 합성곱 네트워크를 사용하지 않은 이전 시도와 비교해 상대적 오차는 반으로 줄어(~3.0%에서 ~1.5%로) 상당한 개선을 이루었다(이미 정확도가 높다는 점을 고려하면).

다음 장에서 CNN의 분석력을 완전히 활용해 점점 더 복잡한 시각적 작업에 적용할 것이다.

훈련 프로세스 개선

네트워크 아키텍처만 수년간 개선된 것은 아니다. 네트워크 훈련 방법도 진화해 수렴의 신뢰도와 속도가 개선됐다. 이 절에서는 1장 '컴퓨터 비전과 신경망'에서 다뤘던 경사 하강 알고리즘의 단점을 해결하는 동시에 과적합을 피할 몇 가지 방법을 알아본다.

현대 네트워크 최적화 기법

신경망 같은 다차원 함수를 최적화하는 일은 복잡한 작업이다. 첫 번째 장에서 설명했던 경사 하강법은 다음 절에서 설명하는 것처럼 몇 가지 제약 사항이 있지만 명쾌하다. 고맙게도 연구원들이 차세대 최적화 알고리즘을 개발해왔고, 이에 대해서도 자세히 다룰 것이다.

경사 하강법의 까다로운 점

앞에서 신경망 매개변수 P(즉 계층별 가중치와 편향값 매개변수)가 훈련하는 동안 손실 L을 최소화하기 위해 경사를 역전파하여 반복적으로 업데이트되는 방법을 설명했다. 이 경사 하강 프로세스를 하나의 공식으로 요약하면 다음과 같을 것이다.

$$P_{i+1} \leftarrow P_i - v_i \quad \text{여기에서} \quad v_i = \epsilon \frac{dL_i}{dP_i}$$

학습률 초매개변수 값 ϵ을 사용하면 훈련이 반복될 때마다 손실 경사에 따라 네트워크 매개변수가 업데이트되는 방식을 강화하거나 약화시킨다. 학습률 값은 신중하게 설정해야 한다고 언급했지만, 그 방법과 이유에 대해서는 자세히 설명하지 않았다. 이렇게 주의해서 설정해야 할 이유는 세 가지다.

훈련 속도와 트레이드오프

이 첫 번째 이유는 앞에서 이미 부분적으로 다뤘다. 학습률을 높게 설정하면 훈련된 네트워크가 빠르게 수렴하지만(즉 훈련이 반복될 때마다 매개변수가 크게 업데이트되므로 반복 횟수가 줄어든다), 네트워크가 적절한 최소 손실값을 구하지 못할 수 있다. 그림 3–11은 이처럼 최적화에 과도하게 신중한 경우와 경솔한 경우 사이의 트레이드오프를 나타내는 유명한 그래프다.

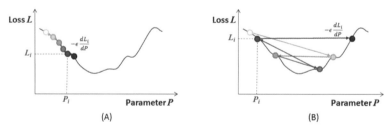

그림 3–11 학습률에 대한 트레이드오프

이 그림 3–11에서 학습률을 과도하게 낮게 잡으면 수렴하는 데까지 오래 걸리고(왼쪽의 다이어그램 A) 과도하게 높게 잡으면 극솟값을 지나쳐 버릴 수 있다(오른쪽의 다이어그램 B).

직관적으로 생각해도 적절한 학습률을 구하기 위해 시행착오를 거치는 것보다 나은 방법이 있을 것 같다. 예를 들어, 잘 알려진 방법으로 훈련시키는 동안 학습률을 동적으로 조정하는 방법이 있는데, 큰 값으로 시작해서(처음에는 손실 도메인을 빠르게 학습하기 위해) 세대가 넘어갈 때마다 학습률을 감소시킨다(최솟값에 가까워질수록 좀 더 주의를 기울여 업데이트하기 위해). 이 과정을 **학습률 감소(learning rate decay)**라고 한다. 여전히 수많은 구현에서 수작업으로 학습률을 감소시키지만, 오늘날 텐서플로에서는 더 진화된 형태의 '학습률 스케줄러'와 '적응형 학습률을 적용하는 최적화기'를 제공한다.

준최적 극솟값(Suboptimal local minima)

복잡한(즉, '볼록하지 않은, non-vonvex') 메서드를 최적화할 때 나타나는 일반적인 문제는 최적이 아닌 **준최적 극솟값**에 막힌다는 점이다. 실제로 경사 하강법은 그림 3-12에서 보듯이 '더 나은' 최솟값이 가까이 있더라도 벗어날 수 없는 극솟값으로 귀결될 수 있다.

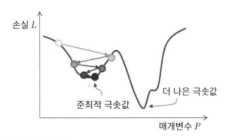

그림 3-12 준최적 극솟값으로 끝나는 경사 하강법의 예

1장 '컴퓨터 비전과 신경망'에서 설명한 SGD는 훈련 샘플을 랜덤 샘플링하기 때문에(경사가 종종 미니 배치마다 다르기 때문에) 얕은 극솟값에서 '벗어날 수 있다'.

경사 하강 프로세스를 사용한다고 **최솟값**으로 수렴한다는(즉 가능한 모든 조합 중에 최선의 매개변수 집합으로 수렴한다는) 보장은 없다. 그런 보장을 하려면 주어진 최솟값이 실제로 '최선'(이는 예를 들어 모든 가능한 매개변수 조합에 대해 손실을 계산함을 의미한다)인지 확인하기 위해 전체 손실 도메인을 스캔해야 함을 뜻한다. 시각 작업의 복잡도와 이를 해결하는 데 필요한 수많은 매개변수를 고려할 때 데이터 과학자는 일반적으로 만족할 만한 수준의 극솟값을 구하기만 해도 좋아할 것이다.

이기종 매개변수를 위한 단일 초매개변수

마지막으로 전통적인 경사 하강법에서는 동일한 학습률이 네트워크의 모든 매개변수를 업데이트하는 데 사용된다. 그렇지만 이 모든 변수가 변화에 동일한 민감도를 갖지 않으며, 반복할 때마다 모든 변수가 손실에 영향을 주지도 않는다.

결정적인 매개변수를 좀 더 신중하게 업데이트하기 위해 학습률을 다르게 적용하고(예를 들어, 매개변수 하위집합 단위로), 네트워크 예측에 충분히 기여하지 않는 매개변수는 좀 더 과감하게 업데이트하는 것이 이로울 수 있다.

고급 최적화 기법

앞에서 직관적으로 이해했던 지식 중 일부는 연구원들에 의해 충분히 연구되고 공식화돼 SGD를 기반으로 한 새로운 최적화 알고리즘을 만들어냈다. 이 중 가장 보편적인 최적화 알고리즘을 예로 들어 그 기여도와 텐서플로로 사용하는 방법을 자세히 다루겠다.

모멘텀 알고리즘

보리스 폴리약(Boris Polyak, 「Some methods of speeding up the convergence of iteration methods」, Elsevier, 1964)이 최초로 제안한 모멘텀 알고리즘은 SGD을 기반으로 하며 물리학 개념인 **모멘텀**(물체가 내리막길을 따라 움직이는 동안 단계마다 속도가 증가한다)에서 영감을 얻었다. 이 개념을 경사 하강법에 적용하면 이전에 업데이트한 매개변수 v_{i-1}을 받아 새로운 업데이트 항 v_i에 다음과 같이 더한다.

$$v_i = \epsilon \frac{dL_i}{dP_i} + \mu v_{i-1}$$

여기에서 μ는 모멘텀 측정값(0~1 사이 값)으로 이전 업데이트 값을 어느 정도 비율로 적용할지 정의한다. 이전과 현재 단계가 같은 방향이라면 모멘텀을 더해서 SGD를 그 방향으로 가속화시킨다. 방향이 다르다면 모멘텀은 이 진동을 약화시킬 것이다.

tf.optimizers(또는 tf.keras.optimizers로 접근할 수 있음)에서 모멘텀은 다음처럼 SGD의 선택 매개변수로 정의된다(https://www.tensorflow.org/api_docs/python/tf/keras/optimizers/SGD의 관련 문서 참조).

```
optimizer = tf.optimizers.SGD(lr=0.01, momentum=0.9, # `momentum` = "mu"
                              decay=0.0, nesterov=False)
```

 이 최적화 알고리즘은 decay 매개변수를 받아 각 업데이트에 대해 학습률 감소를 고정시킨다(이전 문단 설명 참조).

케라스 API를 통해 훈련을 시작할 때 이 최적화기 인스턴스는 model.fit()에 매개변수로 직접 전달될 수 있다. 좀 더 복잡한 훈련 시나리오(예를 들어 상호 의존적인 네트워크를 훈련시키는 경우)에 대해서도 손실 경사와 모델의 훈련 가능한 매개변수를 제공해 최적화기를 호출할 수 있다. 다음은 직접 구현한 간단한 훈련 단계의 예를 보여준다.

```
@tf.function
def train_step(batch_images, batch_gts): # 전형적인 훈련 단계
    with tf.GradientTape() as grad_tape: # TF에 경사를 기록할 것을 지시
        batch_preds = model(batch_images, training=True) # 전방 전달
        loss = tf.losses.MSE(batch_gts, batch_preds) # 손실 계산
    # 손실 경사 w.r.t 훈련 가능한 매개변수를 취해 역전파
    grads = grad_tape.gradient(loss, model.trainable_variables)
    optimizer.apply_gradients(zip(grads, model.trainable_variables))
```

tf.optimizers.SGD에는 한 가지 흥미로운 부울형 매개변수가 있다. 이 매개변수는 일반적인 모멘텀 메서드를 네스테로프 알고리즘(Nesterov's algorithm)으로 바꾼다. 실제로 모멘텀 메서드의 주요 문제는 네트워크가 손실 최솟값에 실제로 가까이 다가갈 때 누적 모멘텀이 일반적으로 너무 높아서 메서드가 타깃 최솟값을 놓치거나 그 주변을 왔다갔다할 수 있다는 점이다.

네스테로프 가속 경사(NAG, Nesterov accelerated gradient, 네스테로프 모멘텀)가 이 문제(관련 과정은 'Springer Science and Business Media'에서 유리 네스테로프가 제공하는 "Introductory Lectures on Convex Programming Volume I: Basic course"를 참고)에 해결책을 제공한다. 1980년대에 유리 네스테로프(Yurii Nesterov)는 최적화기가 미리 경사를 확인할 수 있게 해 경사가 가팔라지면 속도를 늦춰야 한다는 것을 '알게 하자'는 아이디어를 제시했다. 좀 더 공식화해서 설명하면, 네스테로프는 이 방향을 계속 따를 경우 매개변수 P_{i+1}이 어느 값을 취하게 될지 추정하기 위해 직접 과거 항 v_{i-1}을 재활용할 것을 제안한다. 그런 다음 이 추정한 미래 매개변수와 관련해 경사를 평가하고 마지막으로 실제 업데이트를 계산할 때 다음과 같이 사용한다.

$$P_{i+1} \leftarrow P_i - v_i \quad \text{여기에서} \ v_i = \epsilon \frac{dL_i}{d(P_i - \mu v_{i-1})} + \mu v_{i-1}$$

이 버전의 모멘텀 최적화기(손실이 이전 단계에 따라 업데이트된 매개변수 값에 대해 유도되는)는 경사 변화에 좀 더 적응해 경사 하강 프로세스의 속도를 상당히 높일 수 있다.

Ada 군

Adagrad, Adadelta, Adam 등은 각 뉴런의 민감도 및 활성화 빈도에 따라 학습률을 조정하는 아이디어에 몇 가지 반복과 변형을 준 알고리즘이다.

최초로 존 두치(John Duchi) 팀이 개발한(「Adaptive Subgradient Methods for Online Learning and Stochastic Optimization」 Journal of Machine Learning Research, 2011) 'Adagrad' 최적화기(적응형 경사를 위한)는 깔끔한 공식(여기서 더 자세히 다루지는 않겠지만 따로 학습하기를 권한다)을 사용해 일반적으로 발견할 수 있는 특징과 연결된 매개변수에 대해서는 자동으로 학습률을 더 빠르게 감소시키고, 드물게 발견되는 특징은 더 천천히 감소시킨다. 다른 말로 케라스 문서에서 설명한 대로 '매개변수 업데이트가 잦을수록 업데이트 크기는 작아진다'(https://keras.io/optimizers/에서 관련 문서 참조). 이 최적화 알고리즘을 사용하면 직접 학습률을 감소(adapt/decay)시키지 않아도 되고, SGD 프로세스는 특히 희소 표현을 갖는 데이터셋에 대해 좀 더 안정적으로 수행된다.

'Adadelta'는 2013년 매튜 제일러(Matthew D. Zeiler) 팀이 (「ADADELTA: An Adaptive Learning Rate Method」 arXiv preprint에서) 'Adagrad'에 내재된 한 가지 문제에 대한 해답으로 제안한 방법이다. 반복할 때마다 학습률을 계속 감소키면 어느 시점에는 학습률이 너무 작아 네트워크가 더이상 학습할 수 없게 된다(흔치 않은 매개변수를 제외하고). 'Adadelta'는 매개변수마다 학습률을 나누기 위해 사용되는 요인을 지속적으로 확인함으로써 이 문제를 방지한다.

 제프리 힌튼의 RMSprop는 잘 알려진 또 다른 최적화기다(코세라 강의 Lecture 6.5-"rmsprop: Divide the gradient by a running average of its recent magnitude"에서 소개했다). 동시에 'Adagrad'의 결함을 수정하기 위해 'Adadelta'와 유사한 'RMSprop'도 개발됐다.

Adam(adaptive moment estimation, **적응형 모멘트 추정**)은 디데릭 킹마(Diederik P. Kingma) 등이 제안한(「Adam: A method for stochastic optimization」 ICLR, 2015에서) 또 다른 반복 계산법이다. 'Adam'은 매개변수마다 학습률을 조정하기 위해 이전 업데이트 항 v_i를 저장할 뿐만 아니라 과거 모멘텀 값을 기록한다. 따라서 이 기법은 종종 'Adadelta'와 '모멘텀'의 혼합형으로 이해하기도 한다. **Nadam**은 'Adadelta'와 'NAG'로부터 상속받은 최적화기다.

이 다양한 최적화기는 모두 tf.optimizers 패키지(https://www.tensorflow.org/api_docs/python/tf/train/에서 관련 문서 참조)에서 사용할 수 있다. 이 중 어느 최적화기가 최선인지에 대해 합의된 바는 없다. 그렇지만 부족한 데이터에서의 효과성 때문에 수많은 컴퓨터 비전 전문가들은 'Adam'을 선호한다.

'RMSprop'은 대체로 순환 신경망(8장 '동영상과 순환 신경망'에서 소개하겠다)에 사용하기 적절한 것으로 간주된다.

 이 다양한 최적화기를 사용하는 방법을 보여주는 주피터 노트북은 깃 저장소에서 찾아볼 수 있다. 또한 각 최적화기를 MNIST 분류를 위한 LeNet-5 훈련에 적용해 수렴도를 비교했다.

정규화 기법

신경망을 효율적으로 가르쳐서 훈련 데이터에서 손실을 최소화하는 것만으로 충분하지 않다. 이 네트워크를 새로운 이미지에 적용했을 때도 잘 수행돼야 한다. 다시 말하면 훈련 집합에 과적합 되지 않아야 한다(1장 '컴퓨터 비전과 신경망'에서 언급했듯이). 네트워크 일반화에 성공하려면 풍부한 훈련 집합(가능한 테스트 시나리오를 다루기에 충분한 다양성을 갖춘)과 잘 정의된 아키텍처(과소적합을 피하기에 너무 얕거나 과적합을 방지하기에 너무 복잡하지 않은)가 핵심이다. 그렇지만 이와 별개로 과적합을 피하기 위한 최적화 단계를 정교화하는 프로세스인 **정규화(Regularization)**를 위한 다른 기법들도 수년간 개발돼 왔다.

조기 중단

신경망은 동일한 작은 훈련 샘플 집합에 대해 너무 여러 번 반복하면 과적합되기 시작한다. 따라서 이 문제를 피하기 위한 단순한 해법은 모델에서 필요한 적정한 훈련 세대 수를 알아내는 것이다. 훈련 세대 수는 네트워크가 과적합되기 시작하기 전에 종료시킬 수 있을 만큼 충분히 낮아야 하지만, 그 훈련 집합에서 모든 것을 배울 수 있을 만큼은 높아야 한다.

훈련 과정이 중단될 때를 검증하는 데 있어 핵심은 **교차 검증(Cross-validation)**이다. 검증 데이터셋을 최적화기에 제공함으로써 네트워크가 직접 최적화되지 않았던 이미지에서 모델 성능을 측정할 수 있다. 예를 들어, 각 세대 이후 네트워크를 '검증'함으로써 훈련을 계속해야 할지(즉, 검증 정확도가 여전히 증가하는 것으로 보이는 경우) 중단해야 할지(즉, 검증 정확도가 정체되거나 떨어지는 경우)를 측정할 수 있다. 후자를 **조기 중단(early-stopping)**이라 한다.

실제로도 훈련을 반복할 때마다 일반적으로 검증 손실과 메트릭을 모니터링하고 그래프를 그리고 최적의 수준에서 저장된 가중치를 복원한다(따라서 훈련하는 동안 네트워크를 정기적으로 저장하는 것이 중요하다). 이 모니터링, 조기 중단, 최적 가중치의 복원은 앞선 훈련에서 이미 보여줬듯이 선택적인 케라스 '콜백' 중 하나(tf.keras.callbacks.EarlyStop)에서 자동으로 처리한다.

L1, L2 정규화

과적합을 방지하는 또 다른 방법으로는 훈련 목표 중 하나로 정규화를 포함시키기 위해 손실 함수를 수정하는 것이다. L1 정규화와 L2 정규화는 이의 주요 예제다.

원리

머신러닝에서 최적화하기 위해 메서드 f의 매개변수 P에 계산된 **정규화 항** $R(P)$는 다음과 같이 훈련 전에 손실 함수 L에 추가될 수 있다.

$$L(y, y^{true}) + \lambda R(P) \quad \text{여기에서 } y = f(x, P)$$

여기에서 $\boldsymbol{\lambda}$는 정규화의 강도를 제어하는 인수(일반적으로 정규화 항의)이고 $y = f(x, P)$는 입력 데이터 x에 대해 P로 매개변수화된 메서드 f의 출력이다. 이 항 $R(P)$를 손실에 더함으로써 네트워크는 작업 목표를 최적화할 뿐만 아니라 그 매개변수가 취할 수 있는 값을 '제한하면서' 네트워크를 최적화한다.

L1과 L2 정규화에 대해 각 항은 다음과 같다.

$$R_{L1}(P) = \|P\|_1 = \sum_k |P_k| \quad , \quad R_{L2}(P) = \frac{1}{2}\|P\|_2^2 = \frac{1}{2}\sum_k P_k^2$$

L2 정규화(또는 **리지 정규화**, ridge regularization이라고도 함)는 네트워크가 그 매개변수 값의 제곱의 합을 최소화하도록 강제한다. 이 정규화로 인해 최적화 프로세스에서 모든 매개변수 값이 소멸되지만, 제곱 항으로 인해 큰 매개변수는 더 강력하게 처벌된다. 따라서 L2 정규화는 네트워크가 '매개변수 값을 낮게 유지해 더 균일하게 분산되게 한다'. 이 정규화는 네트워크가 예측에 영향을 미치는 큰 값을 갖는 적은 수의 매개변수가 개발되는 것을 방지한다(네트워크가 일반화되는 것을 방지하기 때문에).

반면에 **L1 정규화**(「Linear Inversion of Band-Limited Reflection Seismograms」, 파딜 산토사(Fadil Santosa), 윌리엄 사임스(William Symes), SIAM, 1986에서 최초로 소개됨. **LASSO**, 'least absolute shrinkage and selection operator' 정규화라고도 함)는 네트워크가 매개변수의 절댓값의 합을 최소화시키도록 한다. L2 정규화와의 차이점은 처음 볼 때는 기호의 차이로 보이지만, 그 속성은 실제로 상당히 다르다. L1 정규화를 사용하면 큰 값을 갖는 가중치가 제곱으로 인해 페널티를 부여받지 않는 대신 '네트워크가 덜 중요한 특징에 연결된 매개변수를 0으로 축소한다'. 따라서 네트워크가 덜 중요한 특징(예를 들어 데이터셋 노이즈와 관련된)을 무시함으로써 과적합을 방지한다. 다른 말로, L1 정규화는 네트워크가 희소 매개변수를 취하게 한다. 즉, 더 적은 수의 널값이 아닌 매개변수에 의존한다. 이는 네트워크의 용량이 최소화돼야 하는 경우(예를 들어 모바일 애플리케이션) 유리할 수 있다.

텐서플로와 케라스 구현

이러한 기법을 구현하기 위해서는 정규화 손실을 정의하고 이 함수를 모든 타깃 계층에 추가해야 한다. 훈련이 반복될 때마다 이 추가 손실은 계층 매개변수를 통해 계산되고 주요 작업에 특화된 손실(예를 들어 네트워크 예측에서 교차 엔트로피)에 더해져 최적화기에 의해 모두 역전파돼야 한다. 다행히도 텐서플로 2는 이 과정을 단순화해 줄 몇 가지 도구를 제공한다.

추가 손실은 losses 텐서를 사용하거나 손실값을 반환하는 인수 없이 호출 가능한 메서드를 사용하는 .add_loss(losses, …) 메서드를 통해 tf.keras.layers.Layer와 tf.keras.Model에 추가될 수 있다. 이 손실이 계층에 적절히 추가되면(다음 코드 참조) 계층/모델이 호출될 때마다 손실이 계산된다. Layer나 Model 인스턴스에 추가된 모든 손실과 그 하부 계층에 추가된 손실은 함께 계산되고 .losses 속성을 호출할 때 손실값 리스트가 반환된다. 이 개념을 더 잘 이해하기 위해 앞에서 구현했던 간단한 합성곱 계층을 확장해 계층 매개변수에 선택적인 정규화 알고리즘을 추가한다.

```python
from functools import partial

def l2_reg(coef=1e-2): # tf.keras.regularizers.l2()를 재구현
    return lambda x: tf.reduce_sum(x ** 2) * coef


class ConvWithRegularizers(SimpleConvolutionLayer):
    def __init__(self, num_kernels=32, kernel_size=(3, 3), stride=1,
                 kernel_regularizer=l2_reg(), bias_regularizer=None):

        super().__init__(num_kernels, kernel_size, stride)
        self.kernel_regularizer = kernel_regularizer
        self.bias_regularizer = bias_regularizer


    def build(self, input_shape):
    super().build(input_shape)
    # 정규화 손실을 변수에 추가
```

```
if self.kernel_regularizer is not None:
    # 예를 들어, TF에 호출(반복)마다
    # `tf.nn.l1_loss(self.kernels)`를 계산하고 저장할 것을 지시
    self.add_loss(partial(self.kernel_regularizer, self.kernels))
if self.bias_regularizer is not None:
    self.add_loss(partial(self.bias_regularizer, self.bias))
```

정규화 손실은 모델이 더 견고한 특징을 학습하게 한다. 이 손실이 주요 훈련 손실보다 우선해서는 안 되며, 그래야 모델을 본연의 목적에 맞게 준비시킬 수 있다. 따라서 정규화 손실에 너무 큰 가중치를 부여하지 않도록 주의해야 한다. 이 값은 보통 0과 1 사이의 값을 갖는 계수에 의해 약화된다(l2_reg() 손실 함수의 coef 참조). 이런 계산 방식은 특히 주요 손실을 평균을 구하는 방식으로 계산할 때(예를 들어 'MSE'와 'MAE') 중요하다. 정규화 손실이 주요 손실을 초과하지 않도록 정규화 손실도 매개변수 차원에 대해 평균으로 구하거나 그 계수를 더 감소시켜야 한다.

이런 계층으로 구성된 네트워크의 훈련이 반복될 때마다 다음처럼 정규화 손실을 계산해서 리스트에 추가하고 주요 손실에 더한다.

```
# 정규화/추가 손실 계층을 포함한 NN 생성
model = Sequential()
model.add(ConvWithRegularizers(6, (5, 5), kernel_regularizer=l2_reg()))
model.add(...) # 계층 추가
model.add(Dense(num_classes, activation='softmax'))

# 신경망 훈련 (이전에 정의했던 함수 `training_step()`와 비교해볼 것):
for epoch in range(epochs):
    for (batch_images, batch_gts) in dataset:
        with tf.GradientTape() as grad_tape:
            loss = tf.losses.sparse_categorical_crossentropy(
                batch_gts, model(batch_images)) # 주요 손실
            loss += sum(model.losses)          # 추가 손실 리스트
        # 결합된 손실의 경사를 구해 역전파
        grads = grad_tape.gradient(loss, model.trainable_variables)
        optimizer.apply_gradients(zip(grads, model.trainable_variables))
```

여기에서는 .add_loss()가 계층에 특화된 손실을 맞춤 네트워크에 추가하는 절차를 상당히 단순화할 수 있으므로 이 메서드를 사용했다. 그렇지만 정규화 손실을 더하는 경우라면 텐서플로는 좀 더 단순한 솔루션을 제공한다. 단순히 변수를 생성하고 Layer 인스턴스에 추가하는 .add_weight()(또는 .add_variable()) 메서드의 매개변수로 정규화 손실 함수를 전달하면 된다. 예를 들어, 커널의 변수는 다음과 같이 정규화 손실을 포함해 직접 생성될 수 있다.

```
self.kernels = self.add_weight(..., regularizer=self.kernel_regularizer)
```

훈련이 반복될 때마다 결과로 얻은 정규화 손실값은 여전히 계층 혹은 모델의 .losses 속성을 통해 얻을 수 있다.

사전에 정의한 케라스 계층을 사용할 때는 정규화 항을 추가하기 위해 클래스를 확장하지 않아도 된다. 이 계층은 자신의 변수에 대한 정규화기를 매개변수로 받을 수 있다. 케라스는 tf.keras.regularizers 모듈에서 호출 가능한 정규화기를 명시적으로 정의할 수도 있다. 마지막으로 케라스 훈련 연산(model.fit()과 같은)을 사용할 때 케라스는 다음과 같이 추가적인 model.losses(즉, 정규화 항과 기타 가능한 계층별 손실)를 자동으로 계산에 넣는다.

```
# 정규화기(예를 들어 L1)를 인스턴스화함
l1_reg = tf.keras.regularizers.l1(0.01)
# 그런 다음 이 정규화기를 목표 모델의 계층에 매개변수로 전달할 수 있음
model = Sequential()
model.add(Conv2D(6, kernel_size=(5, 5), padding='same', activation='relu',
                 input_shape=input_shape, kernel_regularizer=l1_reg))
model.add(...) # 계층 추가
model.fit(...) # 훈련 중 자동으로 정규화 항을 계산에 넣음
```

드롭아웃

지금까지 다뤘던 정규화 기법은 네트워크가 훈련되는 방식에 영향을 준다. 다른 솔루션은 신경망 아키텍처에 영향을 미친다. 그러한 기법 중 가장 유명한 정규화 기법 중 하나로 **드롭아웃**을 들 수 있다.

정의

「Dropout: A Simple Way to Prevent Neural Networks from Overfitting」(JMLR, 2014)에서 힌튼 팀(이들은 딥러닝 분야에 수많은 기여를 했다)이 소개한 드롭아웃은 훈련이 반복될 때마다 타깃 계층의 일부 뉴런의 연결을 임의로 끊는다. 따라서 이 기법은 초매개변수로 훈련 단계마다 뉴런이 꺼질 확

률을 나타내는 비율 ρ(일반적으로 0.1에서 0.5 사이의 값으로 설정)를 취한다. 이 개념은 그림 3-13에 잘 나타나 있다.

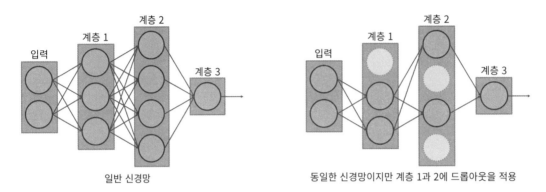

일반 신경망   동일한 신경망이지만 계층 1과 2에 드롭아웃을 적용

그림 3-13 간단한 신경망으로 표현한 드롭아웃(훈련이 반복될 때마다 드롭아웃할 뉴런을 임의로 선택한다)

인위적인 방식으로 네트워크를 임의로 훼손시킴으로써 이 기법은 견고한 공동의 특징을 학습할 수 있게 해준다. 예를 들어 드롭아웃이 핵심 특징을 담당하는 뉴런을 비활성화할 수 있으므로 네트워크는 동일한 예측에 도달하기 위해 다른 중요한 특징을 알아내야 한다. 이는 예측을 위해 데이터의 중복 표현을 개발하는 효과가 있다.

드롭아웃은 '수많은' 모델(원래 신경망을 임의로 훼손시킨 모델)을 동시에 훈련시키는 값싼 솔루션으로 설명되기도 한다. 드롭아웃은 테스트 단계에서는 네트워크에 적용되지 않기 때문에 네트워크의 예측은 부분적인 모델이 제공하는 결과의 조합으로 볼 수 있다. 따라서 이 정보를 평균하면 네트워크가 과적합 되는 것을 방지할 수 있다.

텐서플로 및 케라스 메서드

드롭아웃은 임의로 누락시킬 값을 포함한 텐서를 직접 얻기 위한 tf.nn.dropout(x, rate, ...)(https://www.tensorflow.org/api_docs/python/tf/nn/dropot에서 관련 문서 참조)을 통해 함수로 호출되거나 신경 망 모델에 추가될 수 있는 tf.keras.layers.Dropout()(https://www.tensorflow.org/api_docs/python/tf/layers/dropout)을 통해 계층으로 호출될 수 있다. 기본적으로 tf.keras.layers.Dropout()는 훈련하는 동안에만 적용되고(계층/모델이 training=True 매개변수로 호출될 때) 그 외에는 비활성화된다(값을 변경하지 않고 그대로 전달한다).

드롭아웃 계층은 과적합을 방지할 계층 바로 뒤에 추가돼야 한다(드롭아웃 계층은 앞의 계층에서 반환한 값 중 일부를 임의로 누락시키고 적응하게 만든다). 예를 들어 다음 코드에서 보듯이 케라스의 완전 연결 계층에 드롭아웃을 적용할 수 있다(예를 들어 ρ=0.2 비율로).

```
model = Sequential([ # ...
    Dense(120, activation='relu'),
    Dropout(0.2), # ...
])
```

배치 정규화

앞에서 모든 내용을 완전히 다루지는 않았지만, 여기서 보편적으로 사용되는 마지막 정규화 기법을 소개 하려고 한다. 이 역시 네트워크 아키텍처에 직접 통합된다.

정의

배치 정규화(batch normalization, 세르게이 아이오페[Sergey Ioffe]와 크리스찬 세게디[Christian Szegedy]가 「Batch Normalization: Accelerating Deep Network Training by Reducing Internal Covariate Shift」, JMLR, 2015에서 제안)는 드롭아웃처럼 신경망에 삽입되어 훈련에 영향을 줄 수 있는 연산이다. 이 연산은 이전 계층의 배치 결과를 취해 '정규화(normalize)', 즉 배치 평균을 빼 서 배치 표준편차로 나눈다.

배치가 SGD에서 무작위로 샘플링되어 두 번 이상 같을 가능성은 희박하므로 이는 데이터가 거의 동일 한 방식으로 정규화되지 않음을 의미한다. 따라서 네트워크는 이러한 데이터 변화를 다루는 방법을 학습 해서 좀 더 일반적이고 견고해져야 한다. 게다가 이 정규화 단계는 부수적으로 경사가 네트워크를 통해 이동하는 방법을 개선하고 SGD 프로세스를 가능하게 한다.

배치 정규화 계층의 행위는 실제로 여기에서 간결하게 했던 설명보다 좀 더 복잡하다. 이 계층에는 비정규화 연산 에 사용되는 몇 가지 훈련 가능한 매개변수가 있으므로 다음 계층은 배치 정규화를 되돌리는 방법만 학습해서는 안 된다.

텐서플로 및 케라스 메서드

배치 정규화는 드롭아웃과 마찬가지로 텐서플로에서 함수 tf.nn.batch_normalization()(https://www.tensorflow.org/api_docs/python/tf/nn/batch_normalization 참조)이나 계층 tf.keras.layers.BatchNormalization()(https://www.tensorflow.org/api_docs/python/tf/keras/layers/BatchNormalization 참조)으로 적용될 수 있어 이 정규화 도구를 네트워크에 포함시키는 일은 간단하다.

이 다양한 최적화 기법은 모두 딥러닝에 있어 훌륭한 도구다. 특히 맞춤형 애플리케이션(7장 '복합적이고 불충분한 데이터셋에서 훈련시키기'에서 자세히 설명)에서 자주 볼 수 있는 균형이 맞지 않거나 부족한 데이터셋에서 CNN을 훈련시킬 때 그렇다.

 최적화 연구를 위한 주피터 노트북과 마찬가지로 이 책에서는 이 정규화 기법이 적용되는 방법과 단순한 CNN의 성능에 어떤 영향을 미치는지 보여주기 위한 또 다른 노트북을 제공한다.

요약

텐서플로와 케라스를 활용해 수년간에 걸친 딥러닝 분야의 연구 결과를 배웠다. CNN은 현대 컴퓨터 비전과 머신러닝에서 가장 중요한 위치를 차지하기 때문에 CNN이 어떻게 동작하고 어떤 종류의 계층으로 구성되는지 이해하는 것이 중요하다. 이 장에서 설명했듯이 텐서플로와 케라스는 그러한 네트워크를 효율적으로 구성할 수 있는 쉬운 인터페이스를 제공한다. 또한 모든 애플리케이션에서 염두에 둬야 할 중요한 점인 훈련된 모델의 성능과 견고함을 개선하기 위해 몇 가지 고급 최적화 기법과 정규화 기법(다양한 최적화기, L1/L2 정규화, 드롭아웃, 배치 정규화 등)을 구현하고 있다.

이제 좀 더 어려운 컴퓨터 비전 작업을 처리할 수 있는 도구가 생겼다.

따라서 다음 장에서는 대규모의 사진 데이터셋을 분류하는 작업에 적용할 수 있는 몇 가지 CNN 아키텍처를 설명한다.

질문

1. 합성곱 계층의 출력이 패딩을 추가하지 않으면 입력보다 너비와 높이가 작은 이유는 무엇인가?

2. 그림 3-6의 입력 행렬에서 수용 영역이 (2, 2)이고 보폭이 2일 때 최대 풀링의 출력은 무엇인가?

3. 비 객체지향 방식으로 케라스 함수형 API를 사용해 LeNet-5를 구현하는 방법은 무엇인가?

4. L1/L2 정규화는 네트워크에 어떤 영향을 주는가?

참고 문헌

- 「On the importance of initialization and momentum in deep learning」(http://proceedings.mlr.press/v28/sutskever13.pdf), Ilya Sutskever et al

  – 2013년에 발간된 이 논문은 자주 참조되는 콘퍼런스 논문으로 모멘텀과 NAG 알고리즘을 설명하고 비교한다.

- 「Dropout: A Simple Way to Prevent Neural Networks from Overfitting」(http://www.jmlr.org/papers/volume15/srivastava14a/srivastava14a.pdf), Nitish Srivastava et al:

  – 2014년에 발간된 이 콘퍼런스 논문은 드롭아웃을 소개한다. 이 기법에 대해 더 자세히 알고 싶고 몇 가지 유명한 컴퓨터 비전 데이터셋에 적용되는 방법을 보고 싶은 사람들에게는 훌륭한 참고 문헌이다.

2부
전통적인 인식 문제를 해결하는 최신 솔루션

2부에서는 다양한 문제를 해결하기 위한 현대적 기법을 알아보고 적용할 것이다. 고전적인 머신러닝 작업인 분류(classification)는 최신 신경망 아키텍처(Inception, ResNet 같은)와 전이학습을 소개하기 훌륭한 예제다. 자율주행 자동차와 로봇에서 유용한 객체 탐지(object detection)를 통해 두 개의 널리 사용되는 알고리즘 YOLO와 Faster R-CNN을 비교함으로써 속도와 정확도 사이의 트레이드오프를 보여줄 것이다. 마지막 장에서는 앞 두 장의 구현물을 기반으로 이미지 노이즈 제거(image denoising)와 의미론적 분할(semantic segmentation)에 적용하는 인코더-디코더 네트워크를 자세히 설명한다.

2부에서 다룰 내용은 다음과 같다.

- 4장 '유력한 분류 도구'
- 5장 '객체 탐지 모델'
- 6장 '이미지 보강 및 분할'

04

유력한
분류 도구

2012년 딥러닝 돌파구를 찾은 이후 **합성곱 신경망(CNN)**을 기반으로 한 좀 더 정교화된 분류 시스템을 향한 연구가 활기를 찾았다. 스마트 제품을 개발하는 기업들이 증가함에 따라 오늘날 놀라운 속도로 혁신이 이루어지고 있다. 수년간 개발된 다양한 객체 분류 솔루션 중 일부는 컴퓨터 비전에 기여한 것으로 유명해졌다. 이 객체 분류 솔루션들이 다양한 애플리케이션을 위해 고안되고 적용되면서 반드시 알아야 할 지식이 됐으므로 별도의 장을 할애해 이 내용을 다루고자 한다.

이 솔루션들에 의해 도입된 고급 네트워크 아키텍처와 함께 특정 작업에 적합한 CNN을 더 잘 준비시키는 다른 기법들도 고안됐다. 이 장의 두 번째 부분에서는 특정 사례에서 네트워크에 의해 획득한 지식을 새로운 애플리케이션에 전이해 성능을 향상시키는 방법을 살펴보겠다.

이 장에서는 다음 주제를 다룰 것이다.

- VGG, Inception, ResNet 같은 아키텍처가 컴퓨터 비전 분야에 가져온 것

- 이 솔루션들을 분류 작업을 위해 재구현하거나 직접 재활용할 방법

- 전이학습의 정의와 훈련된 네트워크를 다른 용도에 맞게 효율적으로 바꾸는 방법

기술 요구사항

이 장에서 설명하는 개념을 보여주는 주피터 노트북은 다음 깃 폴더에서 확인할 수 있다: github.com/
PacktPublishing/Hands-On-Computer-Vision-with-TensorFlow-2/tree/master/Chapter04.

이 장에서는 tensorflow-hub라는 패키지만 새로 도입한다. 설치 방법은 https://www.tensorflow.org/hub/
installation에서 찾을 수 있다(pip 명령어를 사용해 pip install tensorflow-hub 한 줄이면 설치할 수 있
지만).

고급 CNN 아키텍처의 이해

컴퓨터 비전에 대한 연구는 점진적인 기여와 혁신적인 도약을 통해 발전하고 있다. 사전에 정의된 작업
을 가장 잘 해결할 수 있는 새로운 솔루션을 제안하도록 전문가들을 초청하는 연구계와 업계에서 개최하
는 대회가 이러한 도구의 기여를 유발하는 데 핵심 역할을 하고 있다. 1장 '컴퓨터 비전과 신경망'에서 봤
듯이 ImageNet 분류 대회(ImageNet Large Scale Visual Recognition Challenge, ILSVRC)
가 완벽한 예다. ImageNet은 수백만 개의 이미지가 1,000개의 세밀한 클래스로 나뉘어 있기 때문에
2012년 AlexNet 알고리즘이 의미 있고 상징적인 승리를 거둔 뒤에도 여전히 연구원들에게는 대표적인
도전 과제다.

이 절에서는 ILSVRC 문제를 해결하는 AlexNet 알고리즘을 따르는 전통적인 딥러닝 기법의 일부를 설
명하고 이 기법이 나오게 된 이유와 그것이 기여한 부분에 대해 설명한다.

VGG, 표준 CNN 아키텍처

처음 설명할 네트워크 아키텍처는 옥스퍼드 대학의 'Visual Geometry Group'에서 고안한
VGG('VGGNet'이라고도 함)다. 이 그룹은 2014년 ILSVRC 분류 과제에서 2등을 차지했지만, 그들이
고안한 기법은 그 뒤를 따르는 수많은 연구에 영향을 끼쳤다.

VGG 아키텍처 개요

VGG 저자의 동기와 그 기여를 살펴보면서 어떻게 VGG 아키텍처가 더 적은 매개변수로 더 높은 정확
도에 도달하게 되는지 설명할 것이다.

동기

AlexNet은 그처럼 복잡한 인식 작업을 위해 성공적으로 훈련된 최초의 CNN으로 여러 가지 기여한 바가 있으며, 다음은 지금도 유효하다.

- 활성화 함수로 **정류형 선형 유닛**(rectified linear unit, ReLU)을 사용해 경사 소실 문제(이 장 뒷부분에서 설명)를 피해서 훈련을 개선한다(시그모이드나 탄 함수와 비교해서).

- CNN에 **드롭아웃**을 적용한다(3장 '현대 신경망'에서 그 장점을 모두 살펴봤다).

- 합성곱과 풀링 계층으로 구성된 블록과 최종 예측을 위한 밀집 계층을 결합한 전형적인 CNN 아키텍처

- 인위적으로 데이터셋을 늘리기(원본 샘플을 무작위로 편집해 다양한 훈련 이미지 개수를 확대 – 더 자세한 내용은 7장 '복합적이고 불충분한 데이터셋에서 훈련시키기' 참조) 위해 무작위 변환(이미지 변환, 좌우 반전 등)을 적용한다.

그때나 지금이나 이 프로토타입 아키텍처에는 여전히 개선의 여지가 있었다. 수많은 연구원들의 주 목적은 여러 어려운 점이 있더라도 그래도 더 깊이 들어가는 것(더 많은 수의 계층 스택으로 구성된 네트워크를 만드는 것)이었다. 사실 계층이 많아진다는 것은 일반적으로 훈련시켜야 할 매개변수가 많아져 훈련 절차가 복잡해짐을 뜻한다. 그렇지만 다음 단락에서 설명하듯이 옥스포드 VGG 그룹의 캐런 시몬얀(Karen Simonyan)과 앤드류 지서맨(Andrew Zisserman)이 이 과제를 성공적으로 해결했다. 이들이 ISVRC 2014에 제출한 기법의 top-5 오차율은 7.3%로 AlexNet이 달성한 16.4%보다 절반 이하로 낮은 수치다!

 ILSVRC의 주요 분류 메트릭 중 하나는 **top-5** 정확도다. 이 메트릭은 어떤 기법의 상위 5개 예측 안에 정확한 클래스가 포함되면 제대로 예측한 것으로 간주한다. 실제로 많은 애플리케이션에서 다수의 클래스 후보를 그보다 적은 수로 줄일 수 있는 기법을 갖는 것만으로도 충분하다(예를 들어 남은 후보에서 최종 선택하는 일은 전문가에게 맡기는 것). Top-5 메트릭은 더 일반적인 top-k 메트릭의 특정 케이스에 해당한다.

아키텍처

시몬얀과 지서맨은 자신들의 논문(「Very Deep Convolutional Networks for Large-Scale Image Recognition」, ArXiv, 2014)에서 네트워크를 이전 네트워크 대부분보다 더 깊게 개발하는 방법을 설명했다. 이들은 실제로 11개부터 25개의 계층으로 구성되는 여섯 가지 다양한 CNN 아키텍처를 소개했다. 각 네트워크는 몇 개의 합성곱 계층이 연이어 나오고 그 뒤를 최대-풀링 계층이 따르는 블록 다섯 개, 마지막으로 세 개의 밀집 계층(훈련할 때는 드롭아웃과 함께)으로 구성돼 있다. 모든 합성곱과 최

대-풀링 계층에서는 패딩 기법으로 "SAME"을 사용한다. 합성곱 계층에서는 보폭으로 s=1을 사용하고 활성화 함수로는 'ReLU'를 사용한다. 대체로 전형적인 VGG 네트워크는 다음 그림으로 나타낸다.

그림 4-1 VGG-16 아키텍처

가장 성능이 우수해 지금도 보편적으로 사용되는 아키텍처는 **VGG-16**과 **VGG-19**다. 아키텍처 이름에서 숫자(16과 19)는 이 CNN 아키텍처의 깊이, 즉 스택으로 쌓인 훈련 가능한 계층의 개수를 나타낸다. 예를 들어 그림 4-1에서 보듯이, VGG-16에는 13개의 합성곱 계층과 3개의 밀집 계층이 있어 이를 합쳐 깊이가 16이 된 것이다(여기서는 훈련할 수 없는 연산 즉, 5개의 최대-풀링 계층과 2개의 드롭아웃 계층은 제외한다). VGG-16에 세 개의 합성곱 계층을 추가해 구성된 VGG-19도 마찬가지다. VGG-16에는 약 1억3,800만 개의 매개변수가 있고 VGG-19에는 1억4,400만 개의 매개변수가 있다. 다음 절에서 보듯이 이 숫자가 상당히 크지만, VGG 연구원은 아키텍처 깊이에도 불구하고 이 값들을 확인하기 위한 새로운 접근 방식을 취했다.

기여 – CNN 아키텍처 표준화

다음 단락부터는 이 아키텍처를 훨씬 더 자세히 설명하면서 이 연구원들이 기여한 바 중 가장 중요한 내용을 요약한다.

규모가 큰 합성곱을 여러 작은 합성곱으로 대체

처음에는 3×3 커널을 갖는 두 합성곱 계층을 쌓은 스택이 5×5 커널을 갖는 하나의 합성곱 계층과 동일한 수용 영역을 갖는다(**유효 수용 영역(ERF)**의 공식은 3장 '현대 신경망' 참조)는 단순한 관측에서 시작됐다.

이와 마찬가지로 3×3 합성곱 계층을 3개 연이어 배치하면 수용 영역은 7×7이 되고 5개의 3×3 합성곱의 수용 영역은 11×11이 된다. 따라서 AlexNet의 필터는 11×11까지로 규모가 크지만, VGG 네트워크는 이보다 작은 합성곱 계층을 더 많이 포함해 더 큰 ERF를 얻을 수 있다. 이러한 변경 내역에는 두 가지 이점이 있다.

- **매개변수 개수를 줄인다:** 실제로 11×11 합성곱 계층에 N개의 필터를 적용한다는 것은 커널만을 위해 훈련시켜야 할 값이 11×11×D×N=121DN개라는 것을 뜻한다. 반면 5개의 3×3 합성곱에는 커널을 위한 가중치가 총 $1×(3×3×D×N)+4×(3×3×N×N)=9DN+36N^2$개가 있다. $N<3.6D$이기만 하면 매개변수 개수가 더 작다는 뜻이다. 예를 들어 $N=2D$이면 매개변수 개수는 $242D^2$에서 $153D^2$으로 떨어진다(이전 공식 참조). 이렇게 되면 네트워크를 최적화하기 쉬워지고 훨씬 가벼워진다(7×7과 5×5 합성곱으로 바꿔서 얼마나 감소하는지 직접 확인해 보기 바란다).
- **비선형성을 증가시킨다:** 합성곱 계층 개수가 커지면, 그리고 각 합성곱 계층 다음에 ReLU 같은 '비선형' 활성화 함수가 오면 네트워크가 복잡한 특징을 학습할 수 있는 능력이 증대된다(즉, 더 많은 비선형 연산을 결합함으로써).

전반적으로 큰 규모의 합성곱 대신 더 작은 합성곱을 연이어 배치함으로써 VGG 저자들은 효과적으로 더 깊이 들어갈 수 있게 됐다.

특징 맵 깊이를 증가

VGG 저자는 또 다른 직관을 기반으로 각 합성곱 블록에 대한 특징 맵의 깊이를 두 배로 늘렸다(첫 번째 합성곱 다음에 64에서 512로). 각 집합 다음에는 윈도우 크기가 2×2이고 보폭이 2인 최대-풀링 계층이 나오므로 깊이가 두 배로 늘고 공간 차원은 반으로 줄게 된다.

이를 통해 공간 정보를 분류에 사용할 더 복잡하고 차별적인 특징으로 인코딩할 수 있다.

척도 변경을 통한 데이터 보강

시몬얀과 지서맨은 **척도 변경(scale jittering)**이라고 하는 **데이터 보강** 기법도 소개했다. 이 기법은 훈련이 반복될 때마다 이미지 배치를 적절한 입력 크기(ILSVRC에 제출한 크기는 224×224)로 자르기 전에 그 척도를 무작위로 조정(더 작은 변의 크기를 256픽셀에서 512픽셀로)한다. 이렇게 무작위로 변환함으로써 네트워크는 다양한 척도의 샘플을 경험하게 되고 이러한 척도 변경에도 불구하고 이미지를 적절히 분류하는 방법을 학습하게 된다(그림 4-2 참조). 다양한 범위의 현실적인 변환을 포괄하는 이미지에서 훈련됐기 때문에 그 결과 네트워크가 더 견고해진다.

데이터 보강(data augmentation)은 이미지에 무작위 변환을 적용해 다양한 버전을 생성함으로써 훈련 데이터세트의 크기를 인위적으로 늘리는 절차다. 자세한 설명과 구체적인 예는 7장 '복합적이고 불충분한 데이터셋에서 훈련시키기'에서 확인할 수 있다.

VGG 저자들은 테스트 시점에 무작위로 척도를 변경하고 이미지를 자를 것을 제안한다. 이 방식으로 쿼리 이미지를 여러 버전으로 생성하고 이를 모두 네트워크에 제공하면 해당 네트워크가 특별히 익숙한 척도의 콘텐츠를 제공할 가능성이 증가할 것이라는 직관에 의거한다. 최종 예측은 각 버전에 대한 결과의 평균을 구해 얻는다.

이 논문에서는 이 절차가 정확도를 얼마나 개선하는지도 보여준다.

원본 이미지   척도 변경에 의해 보강된 이미지

그림 4-2 척도 변경 예제. 이미지를 추가적으로 변환할 때 콘텐츠의 가로 세로 비율을 유지하지 않는 것이 일반적이다.

 동일한 원칙을 앞에서 본 AlexNet 저자들도 사용했다. 훈련과 테스트에서 모두 이미지 자르기(cropping)와 이미지 반전(flipping)의 다양한 조합으로 여러 이미지를 생성한다.

완전 연결 계층을 합성곱 계층으로 대체

전통적인 VGG 아키텍처는 마지막에 여러 개의 **완전 연결 계층**이 오지만(AlexNet처럼), 이 논문에서는 다른 방식을 제안한다. 여기서 제안한 아키텍처에서는 밀집 계층을 합성곱 계층으로 대체한다.

크기가 좀 더 큰 커널(7×7과 3×3)을 적용한 첫 번째 합성곱 세트는 특징 맵의 공간 크기를 1×1로 줄이고(그 전에 패딩을 적용하지 않았다면) 특징 맵의 깊이를 4,096으로 늘린다. 마지막으로 1×1 합성곱 계층이 예측해야 할 클래스 개수만큼의 필터(즉, ImageNet의 경우 $N=1,000$)와 함께 사용된다. 그 결과 얻게 된 $1×1×N$ 벡터는 softmax 함수로 정규화된 다음 평면화되어 최종 클래스 예측으로 출력된다(벡터의 각 값은 예측된 클래스 확률을 나타낸다).

 1×1 합성곱은 일반적으로 공간 구조에 영향을 주지 않고 입력 볼륨의 깊이를 바꿀 때 사용된다. 각 공간 위치에 대해 해당 위치의 모든 깊이의 값으로부터 새로운 값을 채운다.

밀집 계층을 두지 않는 이러한 네트워크를 **완전 합성곱 계층(fully convolutional network, FCN)**
이라고 한다. 3장 '현대 신경망'에서 언급하고 VGG 저자들이 강조했듯이 FCN은 사전에 이미지를 자르
지 않고도 다양한 크기의 이미지에 적용될 수 있다.

 흥미롭게도 ILSVRC에서 가장 높은 정확도를 얻기 위해 저자는 일반 합성곱 신경망과 FCN을 모두 훈련시켜 사용하
고 두 결과의 평균을 구해 최종 예측을 얻었다. 이러한 기법을 모델 평균법(model averaging)이라고 하고 실제 운영
환경에서 자주 사용한다.

텐서플로와 케라스로 구현하기

저자들이 명확한 아키텍처를 만들기 위해 기울인 노력 덕분에 VGG-16과 VGG-19는 재구현하기 가
장 단순한 분류기에 속한다. 대표적인 코드는 이 장을 다루는 깃 폴더에서 확인할 수 있다(학습 목적으
로만 사용할 수 있다). 그렇지만 컴퓨터 비전에서는 다른 많은 분야와 마찬가지로 이미 있는 도구를 다시
만드느라 시간을 낭비하는 것보다 기존 도구를 재활용하는 것을 선호한다. 다음 단락부터는 직접 조정하
고 재사용할 수 있도록 사전에 구현된 다양한 VGG 솔루션을 설명하겠다.

텐서플로 모델

텐서플로에서 직접 VGG 아키텍처 구현을 공식적으로 제공하지는 않지만, tensorflow/models 깃 저장소
(https://github.com/tensorflow/models)에서 깔끔하게 구현된 VGG-16과 VGG-19 네트워크를 사용
할 수 있다. 텐서플로 참여자들에 의해 관리되는 이 저장소에는 잘 짜인 최신의 혹은 실험적인 모델이 많
다. 특정 네트워크를 찾아볼 때 이 저장소를 검색할 것을 추천한다.

텐서플로에서 앞에서 설명했던 FCN을 재구현했으므로 VGG 코드를 여기에서(현재 https://github.
com/tensorflow/tensorflow/blob/master/tensorflow/contrib/slim/python/slim/nets/vgg.py에서 확인할
수 있음) 찾아볼 것을 추천한다.

케라스 모델

케라스 API에서는 이 아키텍처의 구현물을 공식적으로 제공하며 tf.keras.applications 패키지(https://
www.tensorflow.org/api_docs/python/tf/keras/applications의 문서 참조)를 통해 접근할 수 있다. 이 패
키지에는 그 외에도 잘 알려진 모델이 포함되어 있으며 각 모델에 대해 '사전에 훈련된' 매개변수(특정
데이터셋에서 사전에 훈련시키는 과정에서 저장해둔 매개변수)도 제공한다. 예를 들어 다음 명령어로
VGG 네트워크를 인스턴스화할 수 있다.

```
vgg_net = tf.keras.applications.VGG16(
    include_top=True, weights='imagenet', input_tensor=None,
    input_shape=None, pooling=None, classes=1000)
```

이 기본 인수를 사용해 케라스는 VGG-16 네트워크를 인스턴스화하고 ImageNet에서 훈련이 끝난 후 얻게 된 매개변수 값을 로딩한다. 이 단일 명령어로 이미지를 1,000개의 ImageNet 카테고리로 분류할 준비가 된 네트워크를 갖게 됐다. 이 대신 처음부터 다시 네트워크를 훈련시키고자 한다면 weights=None 으로 고정시켜야 케라스에서 무작위로 가중치를 설정한다.

케라스 용어에서 최상단 계층은 마지막에 연이어 놓인 밀집 계층을 말한다. 따라서 include_top=False로 설정하면 VGG 밀집 계층을 제외한다는 뜻이고 이 때 네트워크 출력은 마지막 합성곱/최대-풀링 블록의 특징 맵이 된다. 이는 분류 작업뿐 아니라 의미 있는 특징을 추출하기 위해(보다 발전된 작업에 적용할 수 있는) 사전에 훈련된 VGG 네트워크를 재사용하고자 할 경우 유용하다. pooling 함수 매개변수는 이러한 경우(즉 include_top=False일 때) 특징 맵을 반환하기 전에 적용할 선택적인 연산을 지정하기 위해 사용될 수 있다(평균-풀링 또는 최대-풀링을 적용한다면 pooling='avg' 또는 pooling='max').

GoogLeNet, Inception 모듈

지금부터 설명할 아키텍처는 구글 연구원들이 고안한 것으로 이 역시 ILSVRC 2014에 참가해 VGGNet을 제치고 분류 과제에서 1위를 차지했다. **GoogLeNet**('Google'과 'LeNet'에서 따온 이름으로 이 선구적인 네트워크에 대한 경의를 담고 있음)은 구조적으로 '인셉션 블록'(이 네트워크를 보통 **인셉션 네트워크[Inception network]**라고도 함)이라는 개념을 도입한다는 점에서 선형 네트워크와 매우 다르다.

GoogLeNet 아키텍처 개요

다음 절에서 보겠지만, GoogLeNet 저자인 크리스천 세게디(Christian Szegedy) 팀이 VGG 연구원과 매우 다른 각도에서 좀 더 효율적인 CNN의 개념을 탄생시켰다(「Going Deeper with Convolutions」, Proceedings of the CVPR IEEE conference, 2014).

동기

VGG 저자들이 AlexNet을 택해 표준화하고 최적화해 더 명확하고 더 깊은 아키텍처를 얻고자 했다면, 구글 연구원들은 다른 접근 방식을 취했다. 논문에서 언급했듯이 첫 번째로 CNN 계산 용량을 최적화하는 것을 고려했다.

사실 신중하게 제작해도(VGG 참조) CNN 깊이가 깊어지면 훈련 가능한 매개변수 개수와 예측당 계산 수가 많아진다(이 때문에 메모리와 시간 측면에서 비용이 높다). 예를 들어 VGG-16은 매개변수 저장을 위해 약 93MB가 필요하고 ILSVRC에 제출한 VGG는 4개의 GPU를 사용해 훈련시키는 데 2~3주 걸렸다. GoogLeNet은 5백만 개의 매개변수를 가지고 있어 AlexNet보다 12배 가볍고 VGG-16보다 21배나 가벼우며 일주일 내에 훈련을 마쳤다. 그 결과 GoogLeNet과 더 최근의 인셉션 네트워크는 좀 더 보통 수준의 시스템(스마트폰 같은)에서 실행될 수 있어 그 인기가 시들지 않고 있다.

여기에서 기억할 것은 GoogLeNet이 매개변수와 연산 수가 상당히 줄었음에도 불구하고 2014년 분류 대회에서 top-5 오차 6.7%로(VGG는 7.3%였다) 우승했다는 사실이다. 이렇게 우수한 성능은 세계 디 팀이 '다양한 척도를 처리'하기 위한 병렬 계층 블록을 사용해 깊을 뿐만 아니라 규모도 큰 네트워크를 구상하고자 한 두 번째 목표의 결과다. 이 솔루션에 대해 뒤에서 자세히 다루겠지만, 기본 생각은 간단하다. CNN을 구성하는 것은 복잡한 반복 작업이다. 그렇다면 정확도를 개선하기 위해 네트워크 스택에 어느 계층(합성곱 혹은 풀링)을 추가해야 할지 어떻게 알 수 있을까? 해당 계층에서 최고의 성능을 낼 수 있는 커널 크기는 어떻게 알 수 있을까? 마지막으로 다양한 크기의 커널은 동일한 척도의 특징에 반응하지 않는다. 이 같은 트레이드오프는 어떻게 피할 수 있을까? 저자에 따르면 이들이 고안한 병렬로 동작하는 다양한 계층으로 구성된 '인셉션 모듈(Inception modules)'을 사용해 해결할 수 있다.

아키텍처

그림 4-3에서 보듯이 GoogLeNet 아키텍처는 앞서 공부한 아키텍처만큼 단순하지 않지만 영역별로 분석할 수 있다. 입력 이미지가 맨 처음 일련의 전형적인 합성곱과 최대-풀링 계층에서 처리된다. 그런 다음 이 정보는 9개의 인셉션 모듈 스택을 통과한다. 이 모듈(종종 **하위 네트워크**라고도 하며, 자세한 사항은 그림 4-4 참조)은 수직 수평으로 겹쳐 놓은 계층 블록이다. 각 모듈에서 입력 특징 맵은 한두 개의 서로 다른 계층(다른 크기의 커널이 적용된 합성곱과 최대-풀링)으로 구성된 4개의 병렬 하위 블록에 전달된다.

이 네 개의 병렬 연산의 결과를 차원 깊이에 따라 서로 연결해 하나의 특징 볼륨으로 변환한다.

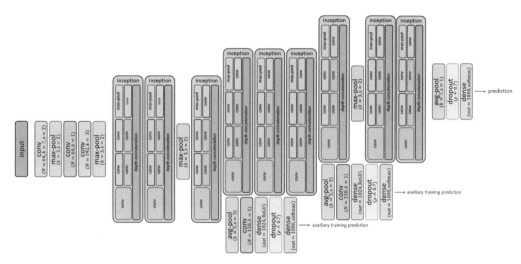

그림 4-3 GoogLeNet 아키텍처. 인셉션 모듈은 그림 4-4에서 자세히 확인할 수 있다.

앞의 그림에서 모든 합성곱과 최대-풀링 계층은 패딩 옵션으로 "SAME"을 사용한다. 합성곱 계층은 별도로 지정하지 않는 한 보폭으로 s=1을 사용하고 활성화 함수로 **ReLU**를 사용한다.

이 네트워크는 병렬 계층(인셉션 모듈)과 유사한 구조를 공유하는 여러 계층 블록으로 구성된다. 예를 들어 그림 4-3에서 보여주듯이 첫 번째 인셉션 모듈은 입력으로 28×28×192 크기의 특징을 받는다. 이 인셉션 모듈의 첫 번째 병렬 하위 블록은 하나의 1×1 합성곱 출력(N=64, s=1)으로 구성되어 28×28×64 텐서를 생성한다. 이와 유사하게 두 번째 하위 모듈은 두 개의 합성곱으로 구성되어 28×28×128 텐서를 출력하고 나머지 두 개의 합성곱은 각각 28×28×32와 28×28×32의 특징을 출력한다. 따라서 첫 번째 인셉션 모듈은 최종 차원을 따라 이 4개의 결과를 스택으로 쌓아 28×28×256 텐서를 출력하고 이 출력이 두 번째 모듈로 전달돼 같은 과정이 계속 반복된다. 다음 그림에서 왼쪽은 원시적인 솔루션을 보여주고 오른쪽은 GoogLeNet에서 사용한 모듈(즉, 인셉션 모듈 v1)을 보여준다(GoogLeNet에서 필터 개수 N은 모듈 깊이가 깊어질수록 증가한다).

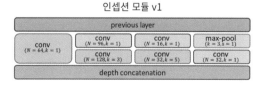

그림 4-4 인셉션 모듈: 원시 버전과 실제 버전

마지막 모듈에서 특징은 평균-풀링을 통해 7×7×1024에서 1×1×1024로 변환되고 마지막으로 밀집되어 예측 벡터로 변환된다. 그림 4-3에서 봤듯이 이 네트워크는 두 개의 보조 블록을 갖도록 구성될 수 있으며 여기서도 예측을 도출한다. 이 보조 블록의 목적은 다음 절에서 자세히 다룬다.

전체적으로 GoogLeNet은 22-계층의 깊이를 갖는 아키텍처(훈련 가능한 계층만 셈)로 60개 이상의 합성곱과 FC 계층으로 구성된다. 그럼에도 이처럼 커다란 네트워크가 AlexNet보다 12배나 적은 매개변수를 갖는다.

기여 – 규모가 큰 블록과 병목을 보편화

GoogLeNet 저자가 구현한 몇 가지 개념의 결과로 매개변수 수는 줄었고 네트워크 성능은 좋아졌다. 이 절에서는 이 개념 중 중요한 내용을 선별해 다룬다.

 이 절에서는 인셉션 네트워크에 관해 앞에서 소개했던 네트워크와 차별화되는 핵심 개념만 설명한다. GoogLeNet 저자는 각 입력 이미지를 다양하게 잘라 예측하거나 훈련시키는 동안 다른 이미지 변환을 사용하는 등 앞에서 이미 다룬 몇 가지 다른 기법들을 여기서도 적용한다.

인셉션 모듈로 다양한 세부 특징 잡아내기

2013년 민 린(Min Lin) 팀이 **Network in Network (NIN)** 논문에서 소개한 것처럼 구글팀은 여러 하위 네트워크 모듈로 CNN을 구성하는 아이디어를 조정하면서 철저히 활용했다. 앞서 언급하고 그림 4-4에서 보여줬듯이 이들이 고안한 기본 인셉션 모듈은 4개의 병렬 계층 즉, 3개의 합성곱 계층(필터 크기는 각각 1×1, 3×3, 5×5임)과 하나의 최대-풀링 계층(보폭은 1)으로 구성된다. 각 계층의 결과를 하나로 연결해 최종 결과를 만드는 이 병렬 처리의 이점은 여러 가지가 있다.

이전 '동기' 절에서 설명했듯이 이 아키텍처는 척도가 다양한 데이터 처리를 가능하게 해준다. 각 인셉션 모듈의 결과는 다양한 척도의 특징을 결합해 더 광범위한 정보를 잡아낸다. 이 경우 최선의 커널 크기를 선택할 필요가 없다(이러한 선택을 위해서는 훈련과 테스트를 여러 번 반복해야 한다). 즉 네트워크가 스스로 각 모듈에 대해 어느 합성곱 계층에 더 의존하는지 학습한다.

추가로 비선형 활성화 함수를 사용해 수직으로 연결한 계층이 네트워크 성능에 얼마나 긍정적인 영향을 미치는지 설명했지만, 수평으로 계층을 연결하는 경우도 마찬가지다. 서로 다른 계층에서 매핑된 특징을 연결하는 것으로 CNN에 비선형성이 추가된다.

병목 계층으로 1x1 합성곱 계층을 사용

이 자체로는 기여라고 하기는 어렵지만, 세게디 팀은 다음 기법을 자신들이 만든 네트워크에 효율적으로 적용함으로써 악명이 높아졌다.

'완전 연결 계층을 합성곱 계층으로 대체' 절에서 언급했듯이 1×1 합성곱 계층(보폭은 1)은 대체로 입력의 전체 깊이를 공간 구조에 영향을 주지 않고 변경하기 위해 사용된다. N개의 필터를 갖는 계층은 형상이 $H×W×D$인 입력을 취해 $H×W×N$ 텐서를 반환한다. 입력 이미지의 각 픽셀에 대해 D개의 채널 값은 해당 계층에서 삽입되어 N개의 채널 값이 된다(필터 가중치에 따라).

이 속성을 적용하면 사전에 특징 깊이를 압축함으로써($N<D$를 사용해) 합성곱 계층이 커지더라도 필요한 매개변수 개수를 줄일 수 있다. 기본적으로 이 기법은 **병목 계층**(즉 차원과 매개변수 개수를 줄이는 중간 계층)으로 1×1 합성곱 계층을 사용한다. 신경망에서 활성화 함수가 불필요하거나 사용하지 않는 경우가 많으므로 이러한 병목 계층은 일반적으로 성능에 거의 영향을 주지 않는다(이 계층이 깊이를 획기적으로 줄이지 않는 한). 더구나 GoogLeNet은 깊이 축소를 상쇄하는 병렬 계층이 있다. 실제로 그림 4-4에서 보여주듯이 인셉션 네트워크에서 병목 계층은 모든 모듈에서 큰 합성곱 계층 전과 최대–풀링 연산 뒤에 모두 존재한다.

예를 들어 첫 번째 인셉션 모듈에 5×5 합성곱 계층이 주어졌을 때(28×28×192 크기의 입력을 취함), 이 계층의 필터를 포함한 텐서의 차원은 원시 버전인 경우 5×5×192×32가 된다. 이것은 이 합성곱 계층에서만 매개변수가 153,600개라는 것을 나타낸다. 인셉션 모듈의 첫 번째 버전(즉, 병목 계층이 있는)에서 1×1 합성곱 계층은 N=16으로 설정되어 5×5 합성곱 계층 앞에 위치한다. 그 결과 두 개의 합성곱 계층은 커널에 대해 전체 1×1×192×16+5×5×16×32=15,872개의 훈련 가능한 값을 필요로 한다. 이것은 동일한 출력 크기를 제공하면서 이전 버전보다 매개변수 개수는 10배나 적은(이 5×5 계층 하나에 대해서만) 수치다! 게다가 이미 언급했듯이 비선형 활성화 함수('ReLU')를 사용한 계층을 추가하면 복잡한 개념을 잡아내는 네트워크의 능력을 더 개선할 수 있다.

이 장에서는 ILSVRC 2014에 제출된 GoogLeNet을 설명한다. 일반적으로 사용하는 명칭은 **인셉션** V1으로, 이 아키텍처는 그 이후로 저자들에 의해 개선됐다. **인셉션** V2와 **인셉션** V3에는 5×5와 7×7 합성곱 계층을 그보다 작은 합성곱 계층으로 대체하고(VGG에서와 마찬가지로) 정보 손실을 줄이기 위해 병목 계층의 초매개변수를 개선하거나 'BatchNorm' 계층을 추가하는 등 몇 가지 개선사항이 포함돼 있다.

완전 연결 계층 대신 풀링 계층 사용

인셉션 저자가 매개변수 개수를 줄이기 위해 사용한 또 다른 솔루션은 마지막 합성곱 블록 다음에 완전 연결 계층 대신 평균-풀링 계층을 사용하는 것이다. 윈도우 크기로 7×7, 보폭으로 1을 설정하면 이 계층은 훈련시킬 매개변수 하나 없이 특징 볼륨을 7×7×1024에서 1×1×1024로 줄인다. 밀집 계층이 오면 (7×7×1024)×1024=51,380,224개의 매개변수가 추가될 것이다. 물론 풀링 계층으로 대체하면 네트워크가 표현력을 약간 잃게 되지만, 계산상으로 얻는 이익이 막대하다(그리고 이미 이 네트워크는 최종 예측에 필요한 정보를 잡아내기에 충분한 비선형 연산을 포함하고 있다).

 GoogLeNet에서 마지막에 유일하게 나오는 FC 계층의 매개변수는 1024×1000=1,024,000개로 이 네트워크 매개변수 전체 중 1/5에 해당한다.

중간 손실로 경사 소실 문제 해결하기

아키텍처를 소개할 때 간단히 언급했듯이 GoogLeNet에는 훈련에 사용돼(그 후에는 제거된다) 예측을 생성하는 두 개의 보조 분기(branch)가 있다.

이 보조 분기를 두는 목적은 훈련하는 동안 네트워크를 통해 손실을 전파하는 과정을 개선하는 데 있다. 실제로 CNN이 깊어질수록 **경사가 소실**되어 문제가 되는 경우가 많다. 많은 CNN 연산(예를 들어 시그모이드)에는 진폭이 작은(1보다 작은) 도함수가 있다. 따라서 계층 수가 많을수록 역전파할 때 도함수의 곱은 작아진다(1보다 작은 값을 여러 번 곱하면 그 결과는 0에 가까워지기 때문에). 이렇게 첫 번째 계층에 도착했을 때 대체로 경사는 소실되거나 0에 가까워진다. 경삿값이 매개변수 업데이트에 직접 사용되기 때문에 경사가 너무 작으면 이 계층들은 효과적으로 학습할 수 없다.

 네트워크가 깊어지면 이와 정반대되는 현상 즉, **경사가 폭발**하는 문제도 발생할 수 있다. 도함수가 크기가 큰 연산을 사용하는 경우, 역전파하는 동안 도함수의 곱이 너무 커져서 훈련을 불안정하게 만들거나(크고 불규칙한 가중치 업데이트로) 때때로 오버플로(NaN 값)가 발생할 수 있다.

이 문제에 대한 해결책으로 여기서 구현한 효과적이면서도 현실적인 솔루션은 다양한 네트워크 깊이에서 추가적인 분류 손실을 도입함으로써 첫 번째 계층과 예측 사이의 거리를 줄이는 것이다. 마지막 손실에서의 경사가 적절하게 첫 번째 계층까지 흐를 수 없더라도 그보다 더 가까운 중간 손실 덕에 분류 작업에 도움이 되게 훈련될 수 있다. 부수적으로 이 솔루션은 여러 손실에 의해 영향을 받는 계층의 견고함도 다소 개선한다. 이는 주요 네트워크뿐만 아니라 그보다 짧은 보조 분기에서도 유용한 차별적 특징을 추출하도록 학습해야 하기 때문이다.

텐서플로와 케라스로 구현하기

언뜻 보기에 인셉션 아키텍처가 구현하기 복잡해 보일 수 있지만, 이미 이를 위한 대부분의 도구가 있다. 게다가 사전에 훈련된 도구 몇 가지는 텐서플로와 케라스에서 사용할 수 있다.

케라스 함수형 API로 Inception 모듈 구현하기

지금까지 구현했던 네트워크는 입력부터 예측까지 경로가 하나로 완전히 순차적이다. 인셉션 모델에는 이와 달리 여러 개의 병렬 계층과 분기가 있다. 이를 통해 그러한 연산 그래프가 사용할 수 있는 API로 인스턴스화하는 것이 그렇게 어렵지 않음을 보여줄 수 있다. 다음 절에서는 케라스 함수형 API(https://keras.io/getting-started/sequential-model-guide/에서 문서 참조)를 사용해 인셉션 모듈을 작성한다.

지금까지는 대부분 케라스 순차형 API를 사용했는데, 이 API는 경로가 여럿인 아키텍처에는 잘 적응되지 않는다(이름에서도 알 수 있듯이). 케라스 함수형 API가 텐서플로 패러다임에 더 가까우며 계층을 구성하는 파이썬 변수가 다음 계층에 매개변수로 전달돼 그래프를 구성한다. 다음 코드는 두 API로 구현한 상당히 단순화시킨 모델을 보여준다.

```python
from keras.models import Sequential, Model
from keras.layers import Dense, Conv2D, MaxPooling2D, Flatten, Input

# 순차형 API 사용:
model = Sequential()
model.add(Conv2D(32, kernel_size=(5, 5), input_shape=input_shape))
model.add(MaxPooling2D(pool_size=(2, 2)))
model.add(Flatten())
model.add(Dense(10, activation='softmax'))

# 함수형 API 사용:
inputs = Input(shape=input_shape)
conv1 = Conv2D(32, kernel_size=(5, 5))(inputs)
maxpool1 = MaxPooling2D(pool_size=(2, 2))(conv1)
predictions = Dense(10, activation='softmax')(Flatten()(maxpool1))
model = Model(inputs=inputs, outputs=predictions)
```

함수형 API를 사용하면 한 계층은 여러 다른 계층으로 쉽게 전달될 수 있으며 이것이 인셉션 모듈에서
병렬 블록을 구성할 때 필요한 특성이다. 그런 다음 그 결과는 연결 계층(concatenate layer, https://
keras.io/layers/merge/#concatenate_1의 문서 참조)을 사용해 서로 결합될 수 있다. 따라서 그림 4-4에
서 보여준 원시 버전의 인셉션 블록은 다음과 같이 구현될 수 있다.

```python
from keras.layers import Conv2D, MaxPooling2D, concatenate

def naive_inception_block(previous_layer, filters=[64, 128, 32]):
    conv1x1 = Conv2D(filters[0], kernel_size=(1, 1), padding='same',
                        activation='relu')(previous_layer)
    conv3x3 = Conv2D(filters[1], kernel_size=(3, 3), padding='same',
                        activation='relu')(previous_layer)
    conv5x5 = Conv2D(filters[2], kernel_size=(5, 5), padding='same',
                        activation='relu')(previous_layer)
    max_pool = MaxPooling2D((3, 3), strides=(1, 1),
                                padding='same')(previous_layer)
    return concatenate([conv1x1, conv3x3, conv5x5, max_pool], axis=-1)
```

병목 계층을 추가해 인셉션 V1을 위한 적절한 모듈을 구현하기 위해 이 코드를 수정하는 것은 각자 해보
기 바란다.

텐서플로 모델과 텐서플로 허브

구글은 인셉션 네트워크를 직접 사용하는 방법 또는 새로운 애플리케이션을 위해 이 네트워크를 다
시 훈련하는 방법을 설명하는 몇 가지 스크립트와 튜토리얼을 제공한다. tensorflow/models 깃 저장
소에 있는 이 아키텍처 전용 디렉터리(https://github.com/tensorflow/models/tree/master/research/
inception) 또한 풍부하고 문서화가 잘 돼 있다. 게다가 사전에 훈련된 버전의 인셉션 V3는 **텐서플로 허
브(TensorFlow Hub)**에서 사용할 수 있다. 덕분에 이 플랫폼을 소개할 기회가 생겼다.

텐서플로 허브는 사전에 훈련된 모델의 저장소다. 도커(Docker)를 통해 배포판을 변경할 필요 없이 소
프트웨어 패키지를 공유하고 재사용할 수 있는 것과 마찬가지로 텐서플로 허브를 통해 사전에 훈련된 모
델에 접근할 수 있어 모델을 재구현해서 재훈련시키기 위해 시간과 자원을 낭비할 필요가 없어졌다. 텐
서플로 허브는 사람들이 특정 모델(예를 들어 목적으로 하는 인식 작업에 따라)을 검색할 수 있는 웹사이
트(https://tfhub.dev)와 이 모델을 쉽게 내려받아 사용할 수 있는 파이썬 패키지를 결합했다. 예를 들어
다음과 같이 인셉션 V3 네트워크를 가져와 설정할 수 있다.

```
import tensorflow as tf
import tensorflow_hub as hub


    url = "https://tfhub.dev/google/tf2-preview/inception_v3/feature_vector/2"
    hub_feature_extractor = hub.KerasLayer( # Layer로서의 TF-Hub 모델
    url, # TF-Hub 모델 URL (여기서는 InceptionV3 extractor 사용)
    trainable=False, # 모델 계층들을 훈련 가능하게 할지 여부를 설정하는 플래그
    input_shape=(299, 299, 3), # 예상 입력 형상 (tfhub.dev에서 확인)
    output_shape=(2048,), # 출력 형상(입력 형상과 동일, 모델 페이지에서 확인)
    dtype=tf.float32) # 예상 dtype

inception_model = Sequential(
    [hub_feature_extractor, Dense(num_classes, activation='softmax')],
    name="inception_tf_hub")
```

코드로 보면 상당히 간결하지만, 많은 일이 일어나고 있다. 사전 준비 단계로 tfhub.dev 웹사이트에 들어가서 어느 모델을 사용할지 결정해야 한다. 선택한 모델을 설명하는 페이지(https://tfhub.dev/google/tf2-preview/inception_v3/feature_vector/2, model_url에 저장돼 있음)에 가면 다른 세부사항들과 함께 우리가 선택한 인셉션 모델이 299×299×3 크기의 입력을 받는 **이미지 특징 벡터(image feature vector)**로 정의돼 있음을 확인할 수 있다. 실제로 텐서플로 허브 모델을 사용하려면 이 모델과 인터페이스하는 방법을 알아야 한다.

어떤 네트워크가 '이미지 특징 벡터' 타입이라는 것은 이 네트워크가 밀집 연산을 수행하기 전 최종 합성곱 블록의 결과를 추출된 특징으로 반환함을 뜻한다. 이러한 모델에서 마지막 계층을 추가할지 말지는 각자 결정하면 된다(예를 들어, 출력 크기를 고려하고 있는 클래스 개수에 맞추기 위해).

최신 버전의 텐서플로 허브는 케라스와 끊김없이 인터페이스하고, tensorflow_hub.KerasLayer(model_url, trainable, ...) 덕분에 완벽하게 사전 훈련된 텐서플로 허브 모델을 케라스 계층으로 가져와 인스턴스화할 수 있다. 다른 케라스 계층과 마찬가지로 텐서플로 허브 모델도 그보다 큰 케라스 모델 또는 텐서플로 에스티메이터 내부에서 사용될 수 있다.

케라스 애플리케이션 API를 사용하는 것만큼 간단해 보이지 않을 수 있지만, 텐서플로 허브에는 새로운 실험적인 모델들도 있는데, 그 목록은 시간이 지나면서 분명 늘어날 것이다.

깃 저장소에 있는 주피터 노트북 중 하나에서 텐서플로 허브와 그 사용법을 자세히 알려준다.

케라스 모델

VGG와 마찬가지로 케라스는 인셉션 V3 구현을 제공하며 ImageNet에서 사전 훈련된 가중치를 사용할 수 있다. tf.keras.applications.InceptionV3()(https://keras.io/applications/#inceptionv3의 문서 참조)은 VGG에서 설명했던 것과 동일한 시그니처를 가지고 있다.

지금까지 ILSVRC 2012에서 우승한 AlexNet과 2014년 우승한 VGGNet과 GoogLeNet을 설명했다. 그렇다면 2013년에는 누가 우승했을까? 그 해에는 **ZFNet** 아키텍처(이 아키텍처를 만든 뉴욕대학교 출신 매튜 제일러[Matthew Zeiler]와 롭 퍼거스[Rob Fergus]의 이름에서 따옴)가 지배적이었다. 이 장에서 ZFNet을 자세히 다루지 않는 것은 이 아키텍처가 특별히 혁신적이지 않을뿐더러 이후로 실제 재사용되지 않고 있기 때문이다.

그렇지만 제일러와 퍼거스는 다른 영역에 상당한 기여를 했다. 이들은 CNN 자체의 시각화에 몇 가지 연산을 적용했다(**언풀링[unpooling], 전치 합성곱[transposed convolution]/역 합성곱[deconvolution]** 같은 연산을 말하며 이에 대해서는 6장 '이미지 보강 및 분할'에서 자세히 설명한다). 실제로 신경망은 일반적으로 '블랙박스'처럼 동작하며 아무도 그렇게 잘 동작하는 이유와 방법을 실제로 알 수 없다는 점에서 비판을 받는다. 제일러와 퍼거스의 작업은 CNN의 내부 프로세스(어떻게 CNN이 특정 특징에 반응하는지 또는 깊이 들어갈수록 어떻게 더 추상적인 개념을 학습할 수 있는지 등과 같은)를 열어 공개하는 중요한 첫 단계가 됐다. 이 저자들은 어떻게 네트워크의 각 계층이 특정 이미지에 반응하고 최종 예측에 기여하는지 시각화함으로써 네트워크의 초매개변수를 최적화해 성능을 개선했다(「Visualizing and Understanding Convolutional Networks」, Springer, 2014).

신경망 이해를 위한 연구는 여전히 진행 중이며(예를 들어, 최근에는 네트워크가 특정 요소에 '주의'를 기울이는지 잡아내고 분석하는 데 대한 상당한 연구가 이뤄지고 있다), 이미 현재 시스템 개선에 상당한 도움을 주고 있다.

ResNet – 잔차 네트워크

이 장에서 마지막으로 알아볼 아키텍처는 ILSVRC 2015에서 우승을 차지한 아키텍처다. **ResNet(잔차 네트워크[residual network])**은 새로운 유형의 모듈이 잔차 모듈로 구성돼 상당히 깊은 네트워크를 효율적으로 생성할 수 있는 방법을 제공해 인셉션 같은 큰 모델을 성능 측면에서 능가했다.

ResNet 아키텍처 개요

카이밍 히(Kaiming He)를 비롯한 마이크로소프트 연구원들이 개발한 ResNet 아키텍처는 CNN에 영향을 미치는 학습 문제를 해결하는 흥미로운 솔루션이다. 이전 모델을 설명한 순서대로 먼저 저자의 목표를 명확하게 이해하고 그들이 만든 새로운 아키텍처(「Deep Residual Learning for Image Recognition」, Proceedings of the CVPR IEEE conference, 2016 참조)를 소개하겠다.

동기

인셉션 네트워크는 이미지 분류나 다른 인식 작업에 있어 네트워크 크기를 키우는 것이 유효한 전략임을 보여준다. 그럼에도 전문가들은 점점 더 복잡해지는 작업을 해결하기 위해 네트워크 깊이를 증가시키려고 노력했다. 그렇지만 히는 자신의 논문 서두에 '네트워크에서 더 많은 계층을 연결할수록 학습이 더 쉬워질까?'라는 질문을 제기했고 이 질문이 정당함을 증명했다.

앞에서 이미 네트워크가 깊이 내려갈수록 훈련시키기 어렵다는 점을 배웠다. '경사가 소실되거나 폭발하는' 문제를 제외하고도(이미 다른 솔루션에서 다뤘다), 히는 더 깊어진 CNN이 당면할 또 다른 문제인 '성능 저하'를 지적했다. 이 모든 것은 새로운 계층을 추가하는 것에 따라 CNN 정확도가 선형으로 증가하지 않는다는 간단한 관측에서 비롯했다. 성능 저하 문제는 네트워크 깊이가 깊어질수록 더 뚜렷하다. 정확도가 포화 상태가 되다가 결국 저하된다. 너무 많은 계층을 그냥 쌓기만 해도 훈련 손실이 감소하는 것은 이 문제가 과적합으로 인한 것이 아님을 입증하는 것이다. 예를 들어 저자는 18-계층의 깊이를 갖는 CNN의 정확도를 34-계층 CNN과 비교해 훈련 단계와 그 후 단계에서 34-계층 CNN이 18-계층 CNN보다 성능이 낮음을 보여줬다. 이 논문에서 히 팀은 매우 깊지만 성능이 우수한 네트워크를 구성할 수 있는 솔루션을 제안했다.

'모델 평균법'(다양한 깊이의 ResNet 모델 적용)과 '예측 평균법'(입력 이미지마다 다양하게 잘라낸 이미지 사용)을 사용해, ResNet 저자들은 ILSVRC 대회에서 top-5 오차율 3.6%로 역사적으로 가장 낮은 기록을 달성했다. 이 모델이 그 데이터셋에서 사람의 능력을 뛰어넘은 최초의 솔루션이었다. 이 대회 주최측에서 사람의 성능을 측정했을 때 최고 오차율은 5.1%였다(「ImageNet Large Scale Visual Recognition Challenge」, Springer, 2015 참조). 이 작업에서 초인적 성능을 달성하면서 딥러닝 분야에서 획기적인 전환점을 마련했다. 그렇지만 알고리즘은 특정 작업을 전문적으로 해결할 수 있지만, 여전히 사람처럼 자신의 지식을 다른 분야로 확장하거나 자신이 다루고 있는 데이터의 컨텍스트를 이해하는 능력은 없다는 점을 알아두자.

아키텍처

인셉션 모델처럼 ResNet은 병목 합성곱 계층을 추가하거나 크기가 작은 커널을 사용하는 등 몇 차례 반복적으로 아키텍처를 개선해왔다. VGG처럼 ResNet도 깊이에 따른 의사 표준화 버전이 몇 가지 있다(ResNet-18, ResNet-50, ResNet-101, ResNet-152 등). 실제로 ILSVRC 2015에서 우승한 Res-

Net 네트워크는 152개의 훈련 가능한 계층을 수직으로 연결해 구성했는데, 이는 당시 매우 인상적인 결과였다.

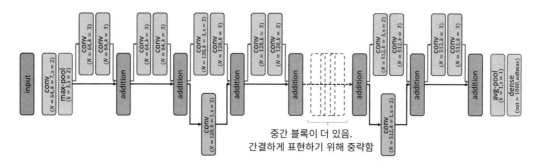

그림 4-5 ResNet 아키텍처의 대표적인 예

앞의 그림에서 모든 합성곱과 최대-풀링 계층은 특별히 지정하지 않는 한 패딩 옵션으로 "SAME"을, 보폭으로 $s=1$을 사용한다. 3×3 합성곱 계층 다음마다 배치 정규화를 적용하고(회색으로 표시된 잔차 경로상의), 1×1 합성곱 계층(검은색 매핑 경로상의)에는 활성화 함수(항등 함수)가 없다.

그림 4-5에서 볼 수 있듯이 ResNet 아키텍처도 인셉션 아키텍처와 비슷하게 병렬 연산을 포함한 계층 블록으로 구성되지만, 그보다 더 얇다. 각 병렬 계층이 입력 정보를 비선형적으로 처리하는 인셉션 모델과 달리, ResNet 블록은 하나의 비선형 경로와 하나의 항등 경로로 구성된다. 비선형 경로(그림 4-5에서 얇은 회색 화살표)는 배치 정규화와 ReLU 활성화 함수와 함께 두 개의 합성곱 계층을 입력 특징 맵에 적용한다. 항등 경로(두꺼운 검은 화살표)는 어떤 변환도 적용하지 않고 단순히 특징을 앞으로 전달한다.

 마지막 문장의 경우 항상 그런 것은 아니다. 그림 4-5에서 보듯이 비선형 분기에 의해 깊이가 깊어지면 특징의 깊이를 조정하기 위해 1×1 합성곱을 적용한다. 이런 경우 매개변수 개수가 급격히 증가하는 것을 피하기 위해 보폭을 $s=2$로 설정해 양쪽 모두에서 공간 차원을 줄인다.

인셉션 모듈처럼 각 분기에서 얻은 특징 맵(즉, 변환된 특징과 원본 특징)은 다음 블록에 전달되기 전에 하나로 합쳐진다. 그렇지만 인셉션 모듈과는 다르게 이 통합은 심도 결합(depth concatenation)을 통해 수행하지 않고 요소 단위 덧셈(추가 매개변수가 필요 없는 단순한 연산)을 통해 수행한다. 다음 절에서 이 잔차 블록의 이점을 다룬다.

대부분의 구현에서 각 잔차 블록의 마지막 3×3 합성곱 계층 뒤에는 ReLU 활성화 함수를 두지 않는다. 대신 항등 경로의 결과와 통합한 다음 비선형 함수가 적용된다.

마지막으로 GoogLeNet과 마찬가지로 최종 블록에서 얻은 특징에 평균-풀링을 적용하고 밀도가 높은 예측으로 변환한다.

기여 – 정보를 더 깊은 계층으로 전방 전달

잔차 블록은 머신러닝과 컴퓨터 비전 분야에 상당한 기여를 했다. 다음 절에서 그렇게 말하는 이유를 살펴본다.

매핑 대신 잔차 함수 추정하기

ResNet 저자가 지적했듯이, 네트워크 계층이 **항등 매핑(identity mapping)**을 쉽게 학습할 수 있다면(즉 계층이 가중치를 학습해 계층에서의 일련의 연산이 최종적으로 입력 텐서와 동일한 텐서를 반환한다면) 성능 저하 현상은 발생하지 않을 것이다.

실제로 그 저자들은 CNN 위에 몇 가지 계층을 추가했을 때 그 추가 계층이 항등 함수로 수렴할 수 있다면 최소한 동일한 훈련/검증 오차를 얻을 수 있어야 한다고 주장한다. 그 추가 계층은 최소한 원래 네트워크의 결과를 품질 저하 없이 전달하는 방법을 학습한다. 그렇지 않기 때문에(이미 대체로 성능 저하를 관측할 수 있으므로) CNN 계층에서 항등 매핑을 학습하는 것이 쉬운 일은 아님을 알 수 있다.

여기에서 다음 두 경로로 잔차 블록을 도입하는 아이디어를 얻게 됐다.

- 일부 추가적인 합성곱 계층을 사용해 데이터를 추가로 처리하는 경로
- 항등 매핑(즉, 데이터에 어떤 변경도 가하지 않고 전달)을 수행하는 경로

이 방법이 어떻게 성능 저하 문제를 해결할 수 있는지 직감적으로 알 수 있을 것이다. CNN 위에 잔차 블록을 추가하면 처리 분기의 가중치를 0으로 설정해 사전 정의된 항등 매핑만 남겨 최소한 원래 성능을 유지할 수 있다. 처리 경로는 손실 최소화 효과가 있을 경우만 고려한다.

데이터 전달 경로는 일반적으로 **스킵(skip)** 혹은 **숏컷(shortcut)**이라 부른다. 처리 경로는 보통 **잔차 경로(residual path)**라고 부른다. 그 이유는 그 경로 연산의 출력을 원본 입력에 더하는데, 이때 항등 매핑이 최적값에 가까울 때 처리된 텐서의 크기가 입력 텐서보다 훨씬 작기 때문이다(이 때문에 '잔차'라

는 용어를 사용한다). 전반적으로 이 잔차 경로는 입력 데이터에 약간의 변화만 가져오므로 더 깊은 계층으로 패턴을 전달할 수 있다.

히 팀은 자신의 논문에서 성능 저하 문제를 해결할 뿐만 아니라 ResNet 모델이 계층 수가 동일한 전통적인 모델보다 정확도가 우수함을 입증했다.

'극단적으로 깊이' 들어가기

잔차 블록은 전통 블록보다 매개변수가 많지 않은데, 스킵과 덧셈 연산에는 어떤 매개변수도 필요 없기 때문이다. 따라서 잔차 블록은 '상당히 깊은' 네트워크를 구성할 때 효율적이다.

ImageNet에 적용된 152-계층 네트워크 외에도 그 저자들은 인상적인 1,202-계층 네트워크를 훈련시키는 성과를 보여줬다. 그들은 그렇게 거대한 CNN을 어려움 없이 훈련시켰음을 발표했다(이른바 과적합 때문에 검증 정확도가 152-계층 네트워크보다 약간 낮지만).

더 최근에는 **하이웨이 네트워크(Highway network,** 각 잔차 블록에서 훈련 가능한 스위치 값을 사용해 어느 경로를 사용할지 결정하는)나 **DenseNet 모델**(블록 사이에 스킵 연결을 추가한)처럼 잔차 계산을 사용해 더 깊고 더 효율적인 네트워크를 구성하는 방법에 대한 연구가 진행되고 있다.

텐서플로와 케라스로 구현하기

이전 아키텍처와 마찬가지로 우리는 이미 ResNet을 직접 재구현하기 위해 필요한 도구를 갖추고 있으며 사전에 구현되고 사전에 훈련된 모델에 바로 접근할 수도 있다.

케라스 함수형 API로 잔차 블록 구현하기

연습 삼아 기초적인 잔차 블록을 직접 구현해 보자. 그림 4-5에서 보듯이 잔차 경로는 두 개의 합성곱 계층으로 구성되며 각 계층 뒤에는 배치 정규화가 따른다. 첫 번째 합성곱 계층 바로 다음에는 **ReLU** 활성화 함수가 적용된다. 두 번째 계층에서는 다른 경로와 통합된 후에만 활성화 함수가 적용된다. 케라스 함수형 API를 사용하면 다음 코드에서 보여주듯이 코드 5~6줄로 잔차 경로를 구현할 수 있다.

숏컷 경로는 훨씬 더 단순하다. 이 경로에는 어떤 계층도 포함되지 않거나 잔차 경로에서 차원을 변경하는 경우(예를 들어, 사용하는 보폭이 큰 경우) 입력 텐서의 형상을 조정하기 위해 1×1 합성곱 계층 하나만 포함된다.

마지막으로 두 경로의 결과가 서로 더해지고 그 합에 **ReLU** 함수가 적용된다. 대체로 기초적인 잔차 블록은 다음과 같이 구현될 수 있다.

```python
from tf.keras.layers import Activation, Conv2D, BatchNormalization, add

def residual_block_basic(x, filters, kernel_size=3, strides=1):
    # 잔차 경로:
    conv_1 = Conv2D(filters=filters, kernel_size=kernel_size,
                    padding='same', strides=strides)(x)
    bn_1 = BatchNormalization(axis=-1)(conv_1)
    act_1 = Activation('relu')(bn_1)
    conv_2 = Conv2D(filters=filters, kernel_size=kernel_size,
                    padding='same', strides=strides)(act_1)
    residual = BatchNormalization(axis=-1)(conv_2)
    # 숏컷 경로:
    shortcut = x if strides == 1 else Conv2D(
        filters, kernel_size=1, padding='valid', strides=strides)(x)
    # 결과 통합 및 반환:
    return Activation('relu')(add([shortcut, residual]))
```

 주피터 노트북에서는 더 간결한 함수를 보여준다. 이 노트북에는 ResNet 아키텍처를 모두 구현한 코드와 분류 문제에 대한 간단한 데모도 포함돼 있다.

텐서플로 모델과 텐서플로 허브

인셉션 네트워크처럼 ResNet 네트워크도 tensorflow/models 깃 저장소에서 제공하는 공식 구현물과 함께 사전 훈련된 텐서플로 허브 모듈도 있다.

 tensorflow/models의 공식 구현물에서 최신 연구 결과에서 비롯한 여러 유형의 잔차 블록을 제공하고 있으니 직접 확인해 보기 바란다.

케라스 모델

마지막으로 케라스에서도 ResNet 구현, 예를 들어 tf.keras.applications.ResNet50()(https://keras.io/applications/#resnet50의 문서 참조)을 ImageNet에서 사전 훈련된 매개변수를 로딩할지 말지에 대한

옵션과 함께 제공한다. 이 메서드는 앞서 다룬 케라스 애플리케이션과 동일한 시그니처를 가지고 있다.

 이 케라스 애플리케이션을 사용하기 위한 전체 코드도 깃 저장소에서 제공된다.

결정적으로 이 장에서 설명한 CNN 아키텍처 목록이 전부가 아니다. 여기서는 컴퓨터 비전 영역에 적용할 수 있고 학습적 가치가 있는 솔루션을 다뤘다.

시각 인식 분야의 연구가 빠른 속도로 발전하면서, 이전 솔루션을 기반으로 구성하고(예를 들어 ResNet을 위해 하이웨이와 DenseNet 기법이 하는 것처럼), 통합해서(Inception-ResNet 솔루션처럼) 특정 용도에 맞게 최적화한(스마트폰에서 실행할 수 있게 구성된 가벼운 MobileNet처럼) 보다 진화된 아키텍처가 제안되고 있다. 따라서 이미 있는 모델을 다시 만드느라 시간을 낭비하기 전에 항상 최신 모델이 무엇을 제공하는지 점검하는(예를 들어 공식 저장소나 연구 저널에서) 것이 좋다.

전이학습 활용

다른 분야에서 제공하는 지식을 재사용하는 것은 컴퓨터 과학에서만 중요한 것은 아니다. 수천 년 동안 인류 기술이 개발된 것은 한 세대가 다른 세대로, 한 영역에서 다른 영역으로 지식을 전달하는 능력에서 비롯됐다. 수많은 연구원들이 이 방식을 머신러닝에 적용하는 것이 모든 것을 처음부터 재학습하지 않고도 새로운 과제를 해결할 수 있는 보다 능숙한 시스템을 개발하는 핵심 중 하나일 수 있다고 믿는다.

따라서 이 절에서는 인공 신경망과 **전이학습(transfer learning)**의 관계와 전이학습을 모델에 적용하는 방법에 대해 설명하겠다.

개요

먼저 전이학습이 무엇인지, 용도에 따라 딥러닝에서 어떤 성능을 보이는지 소개한다.

정의

이 장의 서두에서 ImageNet 분류 작업을 위해 개발된 몇 가지 유명한 CNN을 소개했다. 이 모델은 일반적으로 더 광범위한 애플리케이션에 사용될 수 있다고 말했다. 뒤에서 마침내 전이학습에서 재조정을 하는 이유와 그 성능에 대해 자세히 설명한다.

인간으로부터 영감 얻기

머신러닝 분야에서 이루어진 많은 발전과 마찬가지로 전이학습도 복잡한 작업을 해결하고 지식을 모으는 인류의 방식에서 영감을 받았다.

이 절의 서두에서 언급했듯이, 첫째로는 하나의 종으로서 한 개인이 다른 개인에게 지식을 전달하는 능력에서 영감받았다. 전문가는 자신이 수년간 수집한 귀한 지식을 말이나 글을 통해 가르침으로써 효율적으로 전달할 수 있다. 세대에서 세대로 넘어가면서 축적되고 정제된 지식을 연결함으로써 인류 문명은 계속해서 자신의 기술적 역량을 정교화하고 확장할 수 있었다. 인간 생물학, 태양계 등처럼 우리 조상이 이해하는 데 수천 년이 걸린 현상은 이제 보편적인 상식이 됐다.

게다가 개인으로서 사람은 하나의 작업에 대한 전문 지식을 다른 작업에 전이하는 능력도 있다. 예를 들어 외국어 하나를 통달한 사람은 그와 비슷한 언어를 학습하는 일이 쉽다. 이와 유사하게 한동안 차를 운전했던 사람은 다른 교통수단을 운전하는 방법을 배울 때 유용한 교통 법규 지식과 관련 반사 작용을 갖추고 있다.

이처럼 기존에 보유한 지식을 기반으로 복잡한 작업에 숙달하거나 비슷한 행동에 이미 가지고 있는 기술을 바꿔 적용하는 능력은 인간 지능에서 가장 중요한 부분이다. 머신러닝 연구원들은 이 능력을 복제하는 꿈을 꾸고 있다.

동기

사람과 다르게 대부분의 머신러닝 시스템은 실제로 지금까지 특정 단일 작업을 수행하기 위한 용도로 설계됐다. 훈련된 모델을 다른 데이터셋에 바로 적용하면, 특히 두 데이터 샘플이 동일한 의미론적 콘텐츠(예를 들어, MNIST 숫자 이미지와 ImageNet 사진처럼) 또는 동일한 이미지 품질/분포(예를 들어, 스마트폰 사진 데이터셋과 해상도 높은 사진 데이터셋처럼)를 공유하고 있지 않다면, 질적으로 형편없는 결과를 얻게 된다. CNN은 특정 특징을 추출해 해석하도록 훈련됐기 때문에 특징 분포가 바뀌면 그 성능은 떨어지게 된다. 따라서 네트워크를 새로운 작업에 적용하려면 어느 정도의 변환 작업이 필요하다.

그 해법에 대해 수십년간 연구됐다. 1998년 세바스찬 스런(Sebastian Thrun)과 로리엔 프랫(Lorien Pratt)은 이 주제에 기초한 널리 알려진 연구를 엮어 『Learning to Learn』이라는 책을 편집했다. 더 최근에는 이안 굿펠로(Ian Goodfellow)와 요슈아 벤지오(Yoshua Bengio), 애런 쿠빌(Aaron Courville)이 『심층 학습』(제이펍 2018)(『Deep Learning』 http://www.deeplearningbook.org/contents/representation.html, MIT Press, 534쪽)에서 전이학습을 다음과 같이 정의했다.

[…] 어떤 설정(예를 들어, 분포 P_1)에서 학습된 내용이 다른 설정(분포 P_2라고 하자)에서 일반화 를 개선하기 위해 활용되는 상황

연구원들이 CNN이 손으로 쓴 숫자를 분류하기 위해 추출한 특징 중 일부는 손으로 쓴 텍스트 분류에 부 분적으로 재사용될 수 있다고 생각하는 것은 당연하다. 이와 유사하게, 사람 얼굴을 탐지하기 위해 학습 된 네트워크는 부분적으로 얼굴 표정을 평가하기 위해 활용될 수 있다. 실제로 일부 네트워크 계층에서 는 입력(얼굴 탐지를 위한 전체 이미지와 새로운 작업을 위해 잘라낸 이미지)과 출력(탐지 결과와 분류 값)이 다르더라도 이미 얼굴 특징을 추출하게 훈련돼 있어 두 작업에 모두 유용하다.

머신러닝에서 **작업(task)**은 주어진 입력(예를 들어, 스마트폰으로 찍은 사진)과 예상 출력(예를 들어, 특정 클래스 집 합에 대한 예측 결과)에 의해 정의된다. 예를 들어, ImageNet에서 분류하거나 탐지하는 작업은 입력 이미지는 동일하 지만 출력은 다르기 때문에 서로 다른 두 개의 작업으로 봐야 한다.

경우에 따라 알고리즘은 유사한 작업(예를 들어, 보행자 탐지)을 목표로 하지만 다른 데이터셋(예를 들어, 다양한 위치 의 CCTV 이미지나 다양한 품질의 카메라로 찍은 이미지)를 사용하기도 한다. 따라서 이 기법은 다양한 **도메인**(즉, 데 이터 분포)에서 훈련된다.

전이학습은 이미 갖춘 지식을 하나의 작업에서 다른 작업으로 또는 한 도메인에서 다른 도메인으로 적용하는 것을 목 표로 한다. 이 중 한 도메인에서 다른 도메인으로 적용하는 형태의 전이학습을 **도메인 적응(domain adaptation)**이 라고 하며 이에 대해서는 7장 '복합적이고 불충분한 데이터셋에서 훈련시키기'에서 더 자세히 다룬다.

전이학습은 새로운 작업을 적절하게 학습하기에 충분한 데이터가 확보되지 않았을 때(즉, 분포를 추정하 기에 이미지 샘플이 충분하지 않을 때) 매력적이다. 사실 딥러닝 기법에서는 늘 데이터가 부족하다. 딥러 닝 기법을 훈련시키려면 대규모 데이터셋이 필요하다. 그러한 데이터셋, 특히 지도 학습을 위해 레이블 이 붙은 데이터셋을 수집하는 일은 불가능하지는 않더라도 지루하고 따분한 작업이다. 예를 들어, 산업 자동화를 위한 인식 시스템을 구축하는 전문가가 새롭게 생산된 상품과 그 구성 요소에 대한 사진을 수 백 장 찍자고 모든 공장을 가볼 수는 없다. 이 전문가들은 대개 CNN이 수렴할 만큼 충분히 크지 않은, 훨씬 더 작은 데이터셋을 다뤄야 한다. 이러한 제약 사항은 잘 기록된 시각 작업에서 획득한 지식을 다른 경우에 재사용하기 위한 노력을 설명한다.

ImageNet(최근에는 COCO)은 수많은 카테고리에서 나온 주석이 달린 이미지를 수백만 개 포함하고 있어 특히 풍부 한 데이터셋이다. 이 데이터셋에서 훈련된 CNN은 시각 인식 작업에서 상당한 전문 역량을 습득했다고 가정하므로 케라스와 텐서플로 허브에서도 이 데이터셋에서 이미 훈련된 표준 모델(인셉션, ResNet-50 등)을 제공한다. 지식을 전이할 모델을 찾는 사람들은 일반적으로 이 표준 모델을 사용한다.

CNN 지식 전이

그러면 어떻게 한 모델의 일부 지식을 다른 모델에 전이할 수 있을까? 인공 신경망이 사람의 뇌보다 나은 점 중 하나는 저장과 복제가 쉽다는 것이다. CNN이 갖고 있는 전문지식은 훈련 이후 매개변수가 취한 값, 즉 쉽게 복원되고 유사한 네트워크에 전이될 수 있는 값이 전부다.

CNN을 위한 전이학습은 주로 다른 작업을 위한 새로운 모델을 인스턴스화하기 위해 풍부한 데이터셋에서 훈련된 성능 좋은 네트워크의 아키텍처 전체 혹은 일부와 가중치를 재사용하는 것으로 구성된다. 새로운 모델은 이 조건에 따라 인스턴스화한 다음 '미세 조정'될 수 있다. 즉, 새로운 작업/도메인에 대해 활용할 수 있는 데이터에서 더 훈련될 수 있다.

이전 장에서 강조했듯이, 네트워크의 첫 번째 계층은 저차원 특징(선, 테두리, 색 변화 등)을 추출하는 경향이 있지만 마지막 합성곱 계층은 더 복잡한 개념(특정 형태나 패턴 같이)에 반응한다. 분류 작업을 위해 마지막 풀링 또는 완전 연결 계층에서 클래스를 예측하기 위해 이 고차원 특징 맵(**병목 특징**[bottleneck feature]이라고도 한다)을 처리한다.

이 일반적인 구성과 관련 관측을 통해 다양한 전이학습 전략이 도출됐다. 마지막 예측 계층을 제거한 사전 훈련된 CNN은 효율적으로 '특징을 추출'하는 용도로 사용되기 시작했다. 새로운 작업이 이 추출기가 훈련된 목적과 충분히 비슷한 경우 적절한 특징을 출력하기 위해 바로 사용될 수 있다(이 목적에 정확히 부합하는 '이미지 특징 벡터' 모델을 텐서플로 허브에서 찾아볼 수 있다). 그런 다음 이 특징은 작업과 관련된 예측을 출력하도록 훈련된 한두 개의 새로 추가된 밀집 계층에서 처리될 수 있다. 추출된 특징의 품질을 유지하기 위해 대체로 이 훈련 단계 동안 특징 추출기의 계층을 '고정'시킨다. 즉, 그 계층의 매개변수는 경사 하강이 일어나는 동안 업데이트되지 않는다. 이와 다르게 작업/도메인이 유사하지 않은 경우 특징 추출기의 마지막 계층 중 일부 또는 전체를 '미세 조정'한다. 즉, 이 계층들을 작업 데이터에서 새로운 예측 계층과 함께 훈련시킨다. 다음 단락부터 이 다양한 전략에 대해 자세히 설명하겠다.

활용 사례

실제로 사전 훈련된 모델 중 어떤 모델을 재사용해야 할까? 어느 계층을 고정시키고 어느 계층을 미세 조정해야 할까? 이 질문에 대한 답은 목표한 작업과 모델이 이미 훈련한 작업이 얼마나 비슷한지, 그리고 새로운 애플리케이션을 위한 훈련 샘플이 얼마나 풍부한지에 따라 다르다.

제한적 훈련 데이터로 유사한 작업 수행

전이학습은 특정 작업을 해결하고 싶고 성능 좋은 모델을 제대로 훈련시킬 만큼 훈련 샘플이 충분하지 않지만 그보다 크고 유사한 훈련 데이터셋에 접근할 수 있을 때 특히 유용하다.

이 모델은 이 큰 데이터셋에서 수렴할 때까지 사전 훈련시킬 수 있다(또는 가능하고 적절하다면, 제공되는 사전 훈련된 모델을 가져올 수도 있다). 그런 다음 마지막 계층을 제거하고(목표한 작업이 다른 경우, 즉 그 출력이 사전 훈련의 목표 작업의 출력과 다른 경우) 목표한 작업에 맞춰 조정한 계층으로 교체해야 한다. 예를 들어, 벌 사진과 말벌 사진을 구분하는 모델을 훈련시키고 싶다고 하자. ImageNet에는 이 두 클래스에 해당하는 이미지가 포함돼 있어 훈련 데이터셋으로 사용될 수 있지만, 그 이미지 수가 효율적인 CNN이 과적합을 일으키지 않고 학습할 만큼 충분히 크지 않다. 그렇지만 먼저 더 광범위한 전문 지식을 개발하기 위해 전체 ImageNet 데이터셋에서 1,000개의 카테고리로 분류하도록 이 네트워크를 훈련시킬 수 있다. 이 사전 훈련 과정을 거친 다음 마지막 밀집 계층을 제거하고 목표한 두 개의 클래스에 대해 예측을 출력하도록 설정된 계층으로 교체할 수 있다.

앞서 언급했듯이 마지막으로 이 새로운 모델은 미리 훈련된 계층을 고정시키고 상단에 위치한 밀집 계층만 훈련시킴으로써 목표한 작업을 수행하도록 준비할 수 있다. 사실 목표 훈련 데이터셋이 너무 작기 때문에 모델에서 특징 추출기의 구성 요소를 고정시키지 않으면 모델이 과적합될 수 있다. 이 매개변수를 고정시킴으로써 네트워크가 더 풍부한 데이터셋에서 개발한 표현력을 유지할 수 있게 된다.

풍부한 훈련 데이터로 유사한 작업 수행

목표한 작업에서 활용할 수 있는 훈련 데이터셋이 클수록 모델을 완전히 재훈련시켰을 때 네트워크가 과적합될 가능성은 낮아진다. 따라서 이런 경우 보통 특징 추출기의 최신 계층을 고정시켰던 것을 해제한다. 달리 말하면, 목표 데이터셋이 클수록 안전하게 미세 조정할 수 있는 계층이 많아진다. 이로써 네트워크는 새로운 작업과 관련성이 높은 특징을 추출하고 그 결과 새로운 작업을 수행하는 방법을 더 잘 학습할 수 있다.

모델은 이미 유사한 데이터셋에서 첫 번째 훈련 단계를 거쳤고 아마도 이미 수렴에 가까워져 있을 것이다. 따라서 미세 조정 단계에서는 학습률을 낮게 설정하는 것이 일반적이다.

풍부한 훈련 데이터로 유사하지 않은 작업 수행

애플리케이션을 위해 충분히 풍부한 훈련 데이터셋에 접근할 수 있다면 미리 훈련된 모델을 사용할 필요가 있을까? 이 질문은 원래 작업과 목표 작업 사이의 유사성이 매우 낮은 경우 당위성을 갖는다. 모델을 사전에 훈련시키거나 사전 훈련된 가중치를 내려받는 일이 비용이 높을 수 있다. 그렇지만 다양한 실험을 통해 연구원들은 대부분의 경우 무작위로 선정된 가중치보다 사전 훈련된 가중치(비슷하지 않은 용도로 훈련됐더라도)를 사용해 네트워크를 초기화하는 것이 더 낫다는 사실을 보여줬다.

 전이학습은 작업 또는 도메인이 최소한 어느 정도 기초적인 유사성을 공유할 때 당위성을 갖는다. 예를 들어 이미지와 오디오 파일 모두 2차원 텐서로 저장될 수 있고 CNN(ResNet 같은)은 두 파일 모두에 공통적으로 적용된다. 그렇지만 그 모델은 시각 인식과 오디오 인식을 위해 전혀 다른 특징에 의거해 훈련된다. 이 경우 오디오 관련 작업을 위해 훈련된 네트워크의 가중치를 받는 것은 시각 인식을 위한 모델에 도움이 되지 않는다.

제한적 훈련 데이터로 유사하지 않은 작업 수행

마지막으로 목표 작업이 너무 특수해서 훈련 샘플이 거의 없고 사전에 훈련된 가중치가 그다지 의미가 없는 경우라면 어떨까? 먼저 심층 모델을 적용하고 용도에 맞게 조정하는 것이 적절한지 재검토할 필요가 있다. 그러한 모델을 작은 데이터셋에서 훈련시키면 과적합이 일어나고 깊이가 깊은 사전 훈련된 추출기는 특정 작업과는 매우 무관한 특징을 반환하게 된다. 하지만 CNN의 첫 번째 계층이 저차원 특징에 반응한다는 점을 감안하면 여전히 전이학습에서 혜택을 볼 수 있다. 사전 훈련된 모델의 최종 예측 계층만 제거하는 것이 아니라, 작업에 너무 특화된 최종 합성곱 블록의 일부도 제거할 수 있다. 그런 다음 남은 계층 위에 얕은 분류기를 추가해 새로운 모델을 미세 조정할 수 있다.

텐서플로와 케라스로 전이학습 구현

이 장을 마무리하면서 텐서플로와 케라스로 전이학습을 수행하는 방식을 간단히 다루겠다. 독자들은 전이학습이 분류 작업에서 어떻게 동작하는지 보여주는 관련 주피터 노트북을 함께 따라가면서 학습하기 바란다.

모델 수술

앞에서 간접적으로 텐서플로 허브와 케라스 애플리케이션을 통해 제공되는 사전 훈련된 표준 모델을 가져와 새로운 작업을 위한 특징 추출기로 쉽게 변환하는 방법을 설명했다. 그렇지만 예를 들어 전문가가 제공하는 더 특수한 용도의 최신 CNN이나 일부 이전 작업을 위해 이미 훈련된 맞춤형 모델 같은 비표준 네트워크를 재활용하는 것도 일반적이다. 여기서는 어떤 모델이든 전이학습을 위해 수정하는 방법을 보여줄 것이다.

계층 제거

처음으로 할 일은 사전 훈련된 모델의 마지막 계층을 제거해 특징 추출기로 변환하는 것이다. 늘 그렇듯이 케라스를 사용하면 이 작업이 상당히 쉽다. Sequential 모델의 경우 model.layers 속성을 통해 계층 리스트에 접근할 수 있다. 이 구조에는 모델의 가장 마지막 계층을 제거하는 pop() 메서드가 있다. 따라서 네트워크를 특정 특징 추출기로 변환하기 위해 제거해야 할 마지막 계층의 개수를 안다면(예를 들어 표준 ResNet 모델의 경우 두 개 계층), 다음 코드로 제거할 수 있다.

```
for i in range(num_layers_to_remove):
    model.layers.pop()
```

순수한 텐서플로에서 모델을 지원하는 연산 그래프를 편집하는 일은 단순하지도 않으며 추천할 만한 방법도 아니다. 그렇지만 사용되지 않는 그래프 연산은 런타임에 실행되지 않는다는 점에 유의해야 한다. 따라서 컴파일된 그래프에 예전 계층이 있더라도 새로운 모델에서 그 계층을 호출하지 않는 이상 계산 성능에 영향을 주지 않는다. 그러므로 계층을 제거하는 대신 이전 모델에서 유지하고자 하는 마지막 계층/연산을 정확히 특정하면 된다. 어쨌든 그 마지막 계층에 대응하는 파이썬 객체를 잃어도 그 이름을 안다면(예를 들어, 텐서보드에서 그래프를 확인해서) 이를 대표하는 텐서는 모델 계층마다 돌면서 이름을 확인함으로써 복원될 수 있다.

```
for layer in model.layers:
    if layer.name == name_of_last_layer_to_keep:
        bottleneck_feats = layer.output
        break
```

그렇지만 케라스는 추가 메서드를 제공해 이 절차를 단순화했다. 유지할 최종 계층의 이름을 알면(예를 들어, model.summary()로 이름을 출력한 다음) 다음 코드 두 줄로 특징 추출기 모델을 구성할 수 있다.

```
bottleneck_feats = model.get_layer(last_layer_name).output
feature_extractor = Model(inputs=model.input, outputs=bottleneck_feats)
```

이 특징 추출 모델은 원본 모델과 이 가중치를 공유해서 사용할 준비가 됐다.

계층 이식

특징 추출기 상단에 새로운 예측 계층을 추가하는 일은 텐서플로 허브를 사용했던 이전 예제에 비해 단순한데, 그에 대응하는 모델 상단에 새로운 계층을 추가하기만 하면 되기 때문이다. 예를 들어 케라스 API를 사용해 다음과 같이 추가할 수 있다.

```
dense1 = Dense(...)(feature_extractor.output) # ...
new_model = Model(model.input, dense1)
```

여기서 볼 수 있듯이, 텐서플로 2는 케라스를 통해 모델 길이를 줄이거나 확장하거나 결합하는 일을 단순화했다!

선택적 훈련

전이학습을 사용하면 먼저 사전 훈련된 계층을 복원하고 어느 계층을 고정할지 정의해야 하기 때문에 훈련 단계가 다소 복잡해진다. 다행히도 이러한 작업을 단순화하기 위한 몇 가지 도구가 있다.

사전 훈련된 매개변수 복원하기

텐서플로에는 에스티메이터를 웜스타트(warm-start)하는, 즉 사전에 훈련된 가중치를 사용해 일부 계층을 초기화하는 유틸리티 함수가 있다. 다음 코드를 사용하면 텐서플로에서 새로운 에스티메이터를 위해 동일한 이름을 공유하는 계층의 경우 사전 훈련된 에스티메이터의 저장된 매개변수를 사용할 수 있다.

```
def model_function():
    # ... 새로운 모델 정의, 사전 훈련된 모델을 특징 추출기로 재사용

ckpt_path = '/path/to/pretrained/estimator/model.ckpt'
ws = tf.estimator.WarmStartSettings(ckpt_path)
estimator = tf.estimator.Estimator(model_fn, warm_start_from=ws)
```

WarmStartSettings 초기화 함수는 vars_to_warm_start를 선택적 매개변수로 취하는데, 이 변수는 체크포인 트 파일에서 복원하고자 하는 특정 변수(리스트 또는 정규식으로) 이름을 제공할 때도 사용될 수 있다(자세한 내용은 https://www.tensorflow.org/api_docs/python/tf/estimator/WarmStartSettings의 문서를 참조하라).

케라스를 사용하면 새로운 작업에 맞춰 변환하기 전에 사전 훈련된 모델을 복원할 수 있다.

```
# 사전 훈련된 모델이 `model.save()`를 사용해 저장됐다고 가정
model = tf.keras.models.load_model('/path/to/pretrained/model.h5')
# ... 그런 다음 새로운 모델을 얻기 위해 계층을 빼거나 추가함
```

일부 계층을 제거하기 위해 전체 모델을 복원하는 것이 최적은 아니지만, 이 방법이 간결하다는 장점이 있다.

계층 고정하기

텐서플로에서 계층을 고정하기 위해 가장 다양하게 사용되는 기법은 최적화기에 전달되는 매개변수 리 스트에서 tf.Variable 특성을 제거하는 것이다.

```
# 예를 들어, 이름에 "conv"가 포함된 모델 계층을 고정하고자 함

vars_to_train = model.trainable_variables
vars_to_train = [v for v in vars_to_train if "conv" in v.name]

# 최적화기를 남은 모델 변수에 적용함
optimizer.apply_gradients(zip(gradient, vars_to_train))
```

케라스의 계층에는 .trainable 특성이 있고 그 계층을 고정하기 위해 이 속성을 False로 설정하면 된다.

```
for layer in feature_extractor_model.layers:
layer.trainable = False # 전체 추출기를 고정
```

다시 한 번 당부하지만, 전체 전이학습 예제는 주피터 노트북을 따라가며 학습하기 바란다.

요약

ILSVRC 같은 분류 대회는 연구원들에게는 훌륭한 놀이터로, 더 진화한 딥러닝 솔루션 개발로 이어진다. 이 장에서 자세히 다뤘던 각 아키텍처는 자기만의 방식으로 컴퓨터 비전 분야에서 중요한 역할을 하게 됐고 점점 더 복잡한 애플리케이션에 적용되고 있다. 다음 장부터 볼 수 있듯이, 이 아키텍처들에 적용된 기술들은 광범위한 시각적 작업을 위한 다른 기법에 영감을 줬다.

또한 이 장에서는 최신 솔루션을 재사용하는 방법을 배웠을 뿐만 아니라 알고리즘 자체가 이전 작업에서 획득한 지식을 통해 어떻게 혜택을 얻을 수 있는지 알아냈다. 전이학습을 사용하면 특정 애플리케이션을 위한 CNN 성능을 크게 향상시킬 수 있다. 특히 다음 장에서 다룰 객체 탐지(object detection) 같은 작업에서 그렇다. 객체 탐지를 위해 데이터셋에 주석을 다는 일은 이미지 단위 인식을 위한 주석 작업보다 더 지루해서 일반적으로 이 기법들은 더 작은 데이터셋에서 훈련된다. 따라서 효율적인 모델을 얻기 위한 솔루션으로 전이학습을 고려하는 것이 중요하다.

질문

1. ImageNet을 위한 인셉션 분류기를 인스턴스화하기 위해 어떤 텐서플로 허브 모듈을 사용할 수 있는가?

2. 어떻게 케라스 애플리케이션(Keras Applications)의 ResNet-50 모델의 첫 세 개의 잔차 매크로 블록을 고정시킬 수 있을까?

3. 어떤 경우에 전이학습을 사용하는 것이 바람직하지 않은가?

참고 문헌

- 『Hands-On Transfer Learning with Python』(https://www.packtpub.com/big-dataand-business-intelligence/hands transfer learning python), Dipanjan Sarkar, Raghav Bali, and Tamoghna Ghosh:

  – 이 책은 전이학습을 더 자세히 다루지만, 컴퓨터 비전보다는 다른 영역에 적용한 딥러닝을 설명하고 있다.

05

객체 탐지
모델

자율 주행 자동차부터 콘텐츠 조정에 이르기까지 한 이미지에서 객체와 그 위치를 탐지하는 일은 컴퓨터 비전에서 표준 작업이다. 이 장에서는 객체 탐지에 사용되는 기법들을 소개한다. 최신 기법 중 가장 일반적으로 사용되는 두 모델인 YOLO(You Only Look Once)와 R-CNN(Regions with Convolutional Neural Networks) 아키텍처를 자세히 설명한다.

이 장에서는 다음 주제를 다룰 것이다.

- 객체 탐지 기법의 역사

- 주요 객체 탐지 방법

- YOLO 아키텍처를 사용해 빠른 객체 탐지 구현하기

- Faster R-CNN 아키텍처를 사용해 객체 탐지 성능 개선하기

- 텐서플로 객체 탐지 API로 Faster R-CNN 사용하기

기술 요구사항

이 장에서 보여줄 코드는 `https://github.com/PacktPublishing/Hands-On-Computer-Vision-with-TensorFlow-2/tree/master/Chapter05`에서 주피터 노트북 형태로 제공한다.

객체 탐지 소개

1장 '컴퓨터 비전과 신경망'에서 객체 탐지에 대해 간단하게 소개했다. 이 절에서는 그 역사와 함께 핵심 기술 개념을 알아보겠다.

배경

객체 탐지(object detection) 또는 **객체 위치 측정(object localization)**이라고도 하는 이 프로세스는 한 이미지에서 객체와 그 경계 상자를 탐지한다. **경계 상자(bounding box)**는 이미지에서 하나의 객체 전체를 포함하는 가장 작은 직사각형이다.

객체 탐지 알고리즘에서는 일반적으로 이미지를 입력으로 받고 경계 상자와 객체 클래스 리스트를 출력한다. 모델은 각 경계 상자에 대해 그에 대응하는 예측 클래스와 해당 클래스의 신뢰도(confidence)를 출력한다.

애플리케이션

객체 탐지 애플리케이션은 매우 많으며 다양한 산업 분야를 다룬다. 예를 들어 객체 탐지는 다음 목적을 위해 사용될 수 있다.

- 자율 주행 자동차에서 다른 자동차와 보행자를 찾을 때

- 콘텐츠 조정을 위해 금지된 객체와 해당 객체의 크기를 찾을 때

- 의료 분야에서 방사선 사진을 사용해 종양이나 위험한 조직을 찾을 때

- 제조업에서 조립 로봇이 제품을 조립하거나 수리할 때

- 보안 산업에서 위협을 탐지하거나 사람을 셀 때

- 야생 관찰에서 동물 개체 수를 모니터링할 때

이는 단지 몇 가지 예시일 뿐이고, 객체 위치 측정 기법의 성능이 막강해질수록 매일 발견되는 애플리케이션이 많아진다.

약력

역사적으로 객체 탐지는 전통적인 컴퓨터 비전 기법인 **이미지 설명자**(image descriptors)를 기반으로 한다. 예를 들어 자전거 같은 객체를 탐지하려면 이 객체가 포함된 몇 장의 사진으로 시작한다. 자전거에 해당하는 설명자는 이미지로부터 추출된다. 그 설명자는 자전거의 특정 부분을 나타낸다. 알고리즘이 이 객체를 찾을 때 목표 이미지에서 다시 설명자를 찾으려고 할 것이다.

이미지에서 자전거를 찾기 위해 가장 일반적으로 사용되는 기법은 **플로팅 윈도우**(floating window)다. 이미지의 작은 직사각형 영역이 차례로 검사된다. 가장 일치하는 설명자를 가진 부분이 해당 객체를 포함하는 것으로 간주된다. 시간이 지나면서 이 방식의 수많은 변형이 사용됐다.

이 기법은 몇 가지 장점이 있다. 이미지를 회전하거나 색이 바뀌더라도 성능에 영향을 주지 않고 훈련 데이터가 많이 필요하지 않으며 대부분의 객체에 작동한다. 그렇지만 정확도 수준은 만족스럽지 않았다.

1990년대 초반부터 이미 신경망을 사용했지만(이미지에서 얼굴, 손, 텍스트를 탐지하기 위해) 2010년대 초반에 들어서야 ImageNet 대회에서 신경망이 설명자 기법을 매우 큰 차로 능가하기 시작했다.

그 후로 신경망 성능이 꾸준히 개선되고 있다. 성능은 알고리즘이 다음 항목에서 얼마나 우수한지를 나타낸다.

- **경계 상자 정밀도**(bounding box precision): 정확한 경계 상자(너무 크지도, 너무 작지도 않은)를 제공하는가?

- **재현율**(recall): 모든 객체를 찾았는가? (어떤 객체도 놓치지 않았는가?)

- **클래스 정밀도**(class precision): 객체마다 정확한 클래스를 출력했는가? (고양이를 개로 착각하지 않았는가?)

성능 개선은 모델이 결과를 계산하는 속도가 빨라졌음(특정 입력 이미지에 대해 특정 컴퓨팅 파워로)을 뜻하기도 한다. 초기 모델은 객체를 탐지하는 데 상당한 시간(몇 초보다 오랜 시간)이 걸렸지만, 지금은 실시간으로 사용될 수 있다. 컴퓨터 비전에서 실시간이란 일반적으로 1초에 5개 이상 탐지하는 속도를 뜻한다.

모델 성능 평가

다양한 객체 탐지 모델을 비교하기 위해서는 공통의 평가 지표가 필요하다. 테스트 세트가 주어지면 각 모델을 실행해 예측을 수집한다. 이 예측과 정답을 사용해 평가 지표를 계산한다. 이 절에서는 객체 탐지 모델을 평가하기 위해 사용되는 지표를 살펴본다.

정밀도와 재현율

일반적으로 **정밀도**와 **재현율**은 객체 탐지 모델 평가에 사용되지 않지만, 다른 지표를 계산하는 기본 지표 역할을 한다. 따라서 정밀도와 재현율을 이해하는 것은 매우 중요하다.

정밀도와 재현율을 측정하기 위해서는 먼저 각 이미지에 대해 다음을 계산해야 한다.

- **참긍정 수**: 참긍정(true positives, TP)은 얼마나 많은 예측이 동일 클래스의 실제 상자와 일치하는지 측정한다.

- **거짓긍정 수**: 거짓긍정(false positives, FP)은 얼마나 많은 예측이 동일 클래스의 실제 상자와 일치하지 않는지 측정한다.

- **거짓부정 수**: 거짓부정(false negatives, FN)은 얼마나 많은 실제 분류 값이 그와 일치하는 예측을 갖지 못하는지 측정한다.

정밀도(precision)와 재현율(recall)은 다음과 같이 정의된다.

$$precision = \frac{TP}{TP + FP}$$
$$recall = \frac{TP}{TP + FN}$$

예측이 실제 분류와 정확히 일치하면 거짓긍정이나 거짓부정이 없을 것이다. 따라서 정밀도와 재현율에서 만점은 1이다. 대체로 모델이 안정적이지 않은 특징을 기반으로 객체 존재를 예측하면 거짓긍정이 많아져 정밀도가 낮아진다. 반대로 모델이 너무 엄격해서 정확한 조건을 만족할 때만 객체가 탐지된 것으로 간주한다면 거짓부정이 많아져서 재현율이 낮아질 것이다.

정밀도-재현율 곡선

정밀도-재현율 곡선(precision-recall curve)은 수많은 머신러닝 문제에서 사용된다. 일반적인 개념은 **신뢰도 임곗값**마다 모델의 정밀도와 재현율을 시각화하는 것이다. 모델은 모든 경계 상자와 함께 모델이 예측의 정확성을 얼마나 확신하는지를 0과 1 사이의 숫자로 나타내는 신뢰도(confidence)를 출력한다.

신뢰도가 낮은 예측은 유지할 필요가 없으므로 일반적으로 특정 임곗값 T 이하의 예측은 제거한다. 예를 들어 $T=0.4$라면 이 숫자 이하의 신뢰도를 갖는 예측은 고려 대상에서 제외한다.

임곗값을 바꾸면 정밀도와 재현율도 달라진다.

- **T가 1에 가까우면**: 정밀도는 높지만 재현율은 낮다. 객체를 많이 걸러내기 때문에 놓치는 객체가 많아져 재현율이 낮아진다. 신뢰도가 높은 예측만 유지하므로 거짓긍정 수가 많지 않아 정밀도는 높아진다.

- **T가 0에 가까우면**: 정밀도는 낮지만 재현율은 높다. 대부분의 예측을 유지하므로 거짓부정이 없어져 재현율이 높아진다. 모델이 자신의 예측에 대한 확신이 낮기 때문에 거짓긍정이 많아져 정밀도가 낮아진다.

0과 1사이의 임곗값마다 정밀도와 재현율을 계산함으로써 다음과 같은 정밀도-재현율 곡선을 얻을 수 있다.

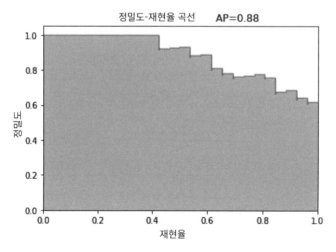

그림 5-1 정밀도-재현율 곡선

임곗값은 정확도(accuracy)와 재현율 사이의 트레이드오프를 고려해 정해야 한다. 모델이 보행자를 탐지하고 있다면 때때로 마땅한 이유 없이 차를 세우더라도 어떤 보행자도 놓치지 않도록 재현율을 높여야 한다. 모델이 투자 기회를 탐지하고 있다면 일부 기회를 놓치게 되더라도 잘못된 기회에 돈을 거는 일을 피하기 위해 정밀도를 높여야 한다.

AP와 mAP

정밀도-재현율 곡선이 모델에 대해 많은 것을 말해줄 수 있지만, 대체로 하나의 숫자로 이해하는 것이 더 편리하다. **AP(average precision, 평균 정밀도)**는 곡선의 아래 영역에 해당한다. 이 영역은 항상 1×1 정사각형으로 구성되므로 AP는 항상 0에서 1 사이의 값을 갖는다.

AP는 단일 클래스에 대한 모델 성능 정보를 제공한다. 전역 점수를 얻기 위해 **mAP(mean Average Precision)**를 사용한다. 이는 각 클래스에 대한 AP의 평균에 해당한다. 데이터셋이 10개의 클래스로 구성된다면 각 클래스에 대한 AP를 계산하고 다시 그 숫자의 평균을 구한다.

 mAP는 최소 두 개 이상의 객체를 탐지하는 대회인 PASCAL Visual Object Classes(일반적으로 Pascal VOC 라고도 함)와 Common Objects in Context(일반적으로 COCO라고 함)에서 사용된다. COCO 데이터셋이 더 크 고 더 많은 클래스를 포함하고 있으므로 여기에서 얻는 점수는 Pascal VOC보다 더 낮다.

AP 임곗값

앞서 참긍정과 거짓긍정이 실제 상자와 일치하거나 일치하지 않는 예측 개수에 의해 정의된다고 설명했다. 그렇지만 예측과 실제가 언제 일치하는지 어떻게 결정할까? 일반적으로 두 집합(여기에서는 상자로 표현되는 픽셀 집합)이 얼마나 겹치는지 측정하는 **자카드 지표(Jaccard index)**를 메트릭으로 사용한다. IoU(Intersection over Union)라고도 알려진 이 지표는 다음과 같이 정의된다.

$$\text{IoU}(A, B) = \frac{|A \cap B|}{|A \cup B|} = \frac{|A \cap B|}{|A| + |B| - |A \cap B|}$$

$|A|$와 $|B|$는 각 집합의 **카디널리티(cardinality)**로, 각 집합이 포함한 요소의 개수를 말한다. $A \cap B$는 두 집합의 교집합으로 분자 $|A \cap B|$는 두 집합이 공통으로 갖고 있는 요소 개수를 나타낸다. 마찬가지로 $A \cup B$는 두 집합의 합집합으로(다음 다이어그램에서 볼 수 있듯이) 분모 $|A \cup B|$는 두 집합이 함께 가지고 있는 전체 요소 개수를 나타낸다.

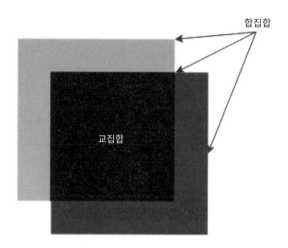

그림 5-2 상자의 교집합과 합집합

왜 교집합만 사용하지 않고 이러한 분수를 계산할까? 교집합은 두 집합/상자가 얼마나 겹치는지를 보기에는 좋은 지표지만, 이 값은 절대적인 수치일 뿐 상대적이지 않다. 따라서 두 개의 큰 상자가 아마 두 개의 작은 상자보다 훨씬 많은 픽셀이 겹칠 것이다. 그렇기 때문에 이 비율을 사용한다. 이 비율은 항상 0(두 상자가 전혀 겹치지 않는 경우)과 1(두 상자가 완전히 겹치는 경우) 사이의 값을 갖는다.

AP를 계산할 때 IoU가 특정 임곗값을 넘으면 두 상자가 겹친다고 말한다. 일반적으로 이 임곗값은 0.5로 정한다.

Pascal VOC 대회에서도 0.5를 사용하며 mAP@0.5라고 부른다. COCO 대회에서는 약간 다른 지표로 mAP@[0.5:0.95]를 사용한다. 이는 mAP@0.5, mAP@0.55, ..., mAP@0.95를 계산해 평균을 구한다는 뜻이다. IoU를 평균하면 모델의 위치 측정 성능이 좋아진다.

빠른 객체 탐지 알고리즘 – YOLO

이 약어를 보면 다른 뜻이 먼저 떠오르겠지만, 여기서 다루는 YOLO는 가장 빠른 객체 탐지 알고리즘의 하나다. 최신 버전인 YOLOv3는 크기가 256×256인 이미지에 대해 최신 GPU에서 초당 170프레임(170FPS, frames per second)의 속도로 실행될 수 있다. 이 절에서는 이 아키텍처의 이론적 개념을 소개한다.

YOLO 소개

2015년에 최초로 공개된 YOLO는 속도와 정확도 측면 모두에서 거의 모든 객체 탐지 아키텍처를 능가했다. 그 이후로 이 아키텍처는 몇 차례 개선됐다. 이 장에서는 다음 세 개의 논문을 통해 알아보겠다.

- 「You Only Look Once: Unified, real-time object detection」(2015), Joseph Redmon, Santosh Divvala, Ross Girshick, Ali Farhad

- 「YOLO9000: Better, Faster, Stronger」(2016), Joseph Redmon, Ali Farhadi

- 「YOLOv3: An Incremental Improvement」(2018), Joseph Redmon, Ali Farhadi

명확하고 간결한 설명을 위해 YOLO가 최대 성능을 도달할 수 있게 해주는 세세한 사항을 전부 설명하지는 않겠다. 대신 이 네트워크의 일반 아키텍처에 집중할 것이다. 그리고 여기서 설명한 아키텍처와 코드를 비교할 수 있게 YOLO 구현을 제공한다. 이 구현은 이 장의 저장소에서 내려받을 수 있다.

이 구현은 읽고 이해하기 쉽게 설계됐다. 이 아키텍처를 더 깊이 이해하고 싶다면 먼저 이 장을 읽은 다음 원본 논문과 그 구현을 참조하는 것이 좋다.

> YOLO 논문의 1저자는 **다크넷**(Darknet, https://github.com/pjreddie/darknet)이라는 딥러닝 프레임워크를 관리한다. 이 프레임워크는 YOLO의 공식 구현을 제공하고 있어 논문 결과를 재현하는 데 사용될 수 있다. 이 코드는 C++로 구현됐으며 텐서플로를 기반으로 하지 않는다.

YOLO의 강점과 한계

YOLO는 속도가 빠른 것으로 유명하다. 그렇지만 최근 **Faster R-CNN**(이 장의 뒤에서 다룬다)이 정확도 측면에서 YOLO를 능가했다. 게다가 YOLO는 객체를 탐지하는 방식 때문에 작은 크기의 물건을 탐지하는 데 어려움을 겪는다. 예를 들어 새 무리에서 개별 새를 탐지하는 데 문제가 있을 수 있다. 대부분의 딥러닝 모델과 마찬가지로 훈련 세트에서 너무 많이 벗어난 객체(모양이나 가로/세로 비율이 이례적인 경우)를 적절히 탐지하는 일에도 어려움을 겪는다. 그럼에도 불구하고 이 아키텍처는 꾸준히 진화하고 있으며 이러한 문제점들을 해결하고 있다.

YOLO의 주요 개념

YOLO의 핵심 아이디어는 **객체 탐지를 단일 회귀 문제로 다시 구성하는 것**이다. 이 말이 무슨 뜻일까? 슬라이딩 윈도우나 다른 복잡한 기법을 사용하는 대신 다음 다이어그램에서 보여주듯이 입력을 $w{\times}h$ 그리드로 나누는 것이다.

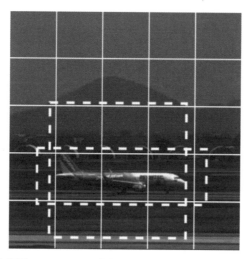

그림 5-3 이륙하는 비행기 예제. 여기에서 w=5, h=5, B=2이며, 전체 5×5×2=50개의 상자가 생길 수 있지만 이미지에서는 2개만 보여준다.

그리드의 각 부분에 대해 B개의 경계 상자를 정의하겠다. 그런 다음 각 경계 상자에 대해 다음을 예측하기만 하면 된다.

- 상자의 중심

- 상자의 너비와 높이

- 이 상자가 객체를 포함하고 있을 확률

- 앞서 말한 객체의 클래스

이 모든 예측은 숫자이므로 객체 탐지 문제를 회귀 문제로 변환했다.

그림을 동일한 부분(정확하게는 $w{\times}h$ 크기의 부분)으로 나누는 그리드 셀과 객체의 위치를 찾는 경계 상자를 구분하는 것은 중요하다. 각 그리드 셀은 B개의 경계 상자를 포함한다. 따라서 다 따지고 보면 $w{\times}h{\times}B$개의 경계 상자가 있을 수 있다.

실제로 YOLO에서 사용하는 개념은 이보다 좀 더 복잡하다. 그리드의 한 부분에 여러 객체가 있다면 어떻게 될까? 하나의 객체가 그리드의 여러 부분에 걸쳐 있다면 어떻게 될까? 더 중요하게는 모델 훈련을 위한 손실을 어떻게 정할까? 지금부터 YOLO 아키텍처를 더 깊이 있게 살펴보자.

YOLO로 추론하기

모델 아키텍처가 한번에 이해하기 다소 어려울 수 있으므로 추론과 훈련으로 나누어 모델을 자세히 설명하겠다. **추론**(inference)은 이미지 입력을 받아 결과를 계산하는 절차다. **훈련**은 모델의 가중치를 학습하는 절차다. 모델을 처음부터 구현할 때는 모델이 훈련되기 전에 추론을 사용할 수 없다. 그렇지만 설명을 단순화하기 위해 추론부터 알아보겠다.

YOLO 백본

대부분의 이미지 탐지 모델처럼 YOLO는 **백본 모델**(backbone model)을 기반으로 한다. 이 모델의 역할은 마지막 계층에서 사용될 의미 있는 특징을 이미지로부터 추출하는 것이다. 이 때문에 백본 모델을 4장 '유력한 분류 도구'에서 소개한 개념인 **특징 추출기**(feature extractor)라고도 부른다. 일반적인 YOLO 아키텍처는 다음과 같이 묘사할 수 있다.

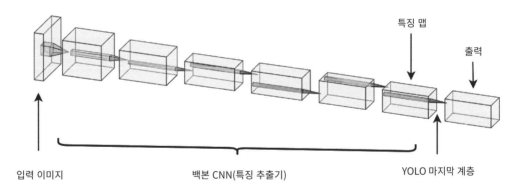

그림 5-4 YOLO 아키텍처 요약. 백본은 바꿀 수 있으며 그 아키텍처에 변화를 줄 수 있다.

특징 추출기로 어떤 아키텍처도 사용할 수 있지만 YOLO 논문에서는 맞춤 아키텍처를 사용했다. 최종 모델의 성능은 특징 추출기 아키텍처로 무엇을 사용했는지에 따라 크게 달라진다.

백본의 마지막 계층은 크기가 $w \times h \times D$인 특징 볼륨을 출력하는데, 여기에서 $w \times h$는 그리드의 크기이고 D는 특징 볼륨의 깊이다. 예를 들어, VGG-16의 경우 D=512다.

그리드 크기인 $w \times h$는 다음 두 요인에 따라 달라진다.

- **전체 특징 추출기의 보폭**: VGG-16의 보폭은 16으로, 출력된 특징 볼륨이 입력 이미지보다 16배 작다는 뜻이다.

- **입력 이미지 크기**: 특징 볼륨 크기는 이미지 크기에 비례하므로 입력 크기가 작을수록 그리드 크기가 작아진다.

YOLO의 마지막 계층은 입력으로 특징 볼륨을 받는다. 이 마지막 계층은 크기가 1×1인 합성곱 필터로 구성된다. 4장 '유력한 분류 도구'에서 봤듯이 크기가 1×1인 합성곱 계층은 특징 볼륨의 공간 구조에 영향을 주지 않고 깊이를 바꾸는 데 사용될 수 있다.

YOLO의 계층 출력

YOLO의 마지막 출력은 $w \times h \times M$ 행렬로, 여기에서 $w \times h$는 그리드 크기이며 M은 공식 $B \times (C+5)$에 해당한다. B와 C는 각각 다음과 같이 정의할 수 있다.

- B는 그리드 셀당 경계 상자 개수다.

- C는 클래스 개수다(여기 예제에서는 20개의 클래스를 사용함).

클래스 개수에 5를 더했다는 점에 유념하자. 이는 경계 상자마다 $(C+5)$개의 숫자를 예측해야 하기 때문이다.

- t_x와 t_y는 경계 상자의 중심 좌표를 계산하기 위해 사용된다.

- t_w와 t_h는 경계 상자의 너비와 높이를 계산하기 위해 사용된다.

- c는 객체가 경계 상자 안에 있다고 확신하는 신뢰도다.

- $p1, p2, \cdots, pC$는 경계 상자가 클래스 $1, 2, \cdots, C$(이 예제에서는 C=20)의 객체를 포함할 확률이다.

다음 다이어그램은 출력 행렬이 어떻게 보이는지 요약한 것이다.

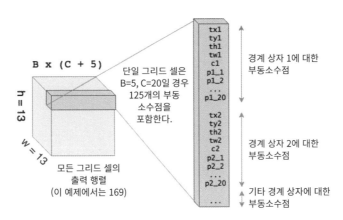

그림 5-5 YOLO의 최종 출력 행렬. 이 예제에서 $B=5$, $C=20$, $w=13$, $h=13$이다. 행렬 크기는 $13 \times 13 \times 125$이다.

이 행렬을 사용해 최종 경계 상자를 계산하는 방법을 자세히 설명하기 전에 중요한 개념인 **앵커 박스**(anchor box)를 소개한다.

앵커 박스 소개

t_x, t_y, t_w, t_h가 경계 상자의 좌표를 계산하는 데 사용된다고 설명했다. 왜 네트워크에 좌표(x, y, w, h)를 직접 출력할 것을 요청하지 않을까? 실제로 YOLOv1에서는 그 방식을 사용했다. 유감스럽게도 이 방법은 객체 크기가 다양하기 때문에 수많은 오차가 발생한다.

사실 훈련 데이터셋의 객체 대부분이 크면 네트워크는 w와 h가 매우 크다고 예측할 것이다. 그리고 작은 객체에서 훈련된 모델을 사용할 때 이 네트워크는 대체로 실패할 것이다. 이 문제를 해결하기 위해 YOLOv2에서는 **앵커 박스**를 도입했다.

앵커 박스(**사전 정의된 상자**[prior box]라고도 함)는 네트워크를 훈련시키기 전에 결정되는 일련의 경계 상자 크기다. 예를 들어 보행자를 탐지하기 위해 신경망을 훈련시킬 때 크고 가는 앵커 박스를 선택한다. 다음은 그 예제다.

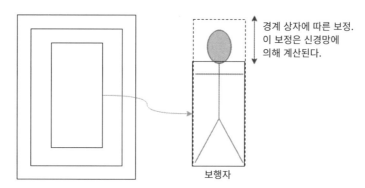

그림 5-6 보행자를 탐지하기 위해 왼쪽의 3가지 경계 상자 크기가 선택됨. 오른쪽은 경계 상자 중 하나를 보행자와 일치하도록 조정하는 방법을 보여준다.

앵커 박스의 집합은 일반적으로 작으며 실제로 3~25 사이의 다양한 크기를 갖는다. 그러한 상자가 모든 객체와 정확하게 일치할 수는 없으므로 네트워크는 가장 근접한 앵커 박스를 개선하는 데 사용된다. 예제에서는 이미지의 보행자를 가장 근접한 앵커 박스와 맞추고 신경망을 사용해 앵커 박스의 높이를 보정한다. 이것이 t_x, t_y, t_w, t_h가 필요한 이유로, **앵커 박스 보정**에 해당한다.

최초로 논문에서 앵커 박스를 소개했을 때는 수작업으로 앵커 박스를 선택했다. 일반적으로 9개의 상자 크기가 사용됐다.

- 3개의 정사각형(작은 크기, 중간 크기, 큰 크기)

- 3개의 가로로 긴 직사각형(작은 크기, 중간 크기, 큰 크기)

- 3개의 세로로 긴 직사각형(작은 크기, 중간 크기, 큰 크기)

하지만 YOLOv2 논문에서 저자들은 앵커 박스의 크기가 데이터셋마다 다르다는 점을 인정했다. 따라서 모델을 훈련시키기 전에 데이터를 분석해 앵커 박스의 크기를 선택할 것을 권고하고 있다. 앞에서 봤듯이 보행자를 탐지하기 위해서라면 세로로 긴 직사각형을 사용할 것이다. 사과를 탐지하는 데는 정사각형 앵커 박스가 사용될 것이다.

YOLO가 앵커 박스를 개선하는 방법

실제로 YOLOv2는 다음 공식을 사용해 최종 경계 상자 좌표를 각각 계산한다.

$$b_x = \text{sigmoid}(t_x) + c_x$$
$$b_y = \text{sigmoid}(t_y) + c_y$$
$$b_w = p_w \exp(t_w)$$
$$b_h = p_h \exp(t_h)$$

앞의 공식에서 각 항은 다음과 같이 설명할 수 있다.

- t_x, t_y, t_w, t_h는 마지막 계층의 출력이다.

- b_x, b_y, b_w, b_h는 각각 예측된 경계 상자의 위치와 크기다.

- p_w, p_h는 앵커 박스의 원래 크기를 나타낸다.

- c_x, c_y는 현재 그리드 셀의 좌표다(상단 왼쪽 상자는 $(0,0)$, 상단 오른쪽 상자는 $(w-1,0)$, 하단 왼쪽 상자는 $(0,h-1)$ 등으로 한다).

- exp는 지수 함수다.

- $sigmoid$는 1장 '컴퓨터 비전과 신경망'에서 설명한 시그모이드 함수다.

공식이 복잡해 보이지만, 다음 다이어그램을 보면 명확하게 이해될 것이다.

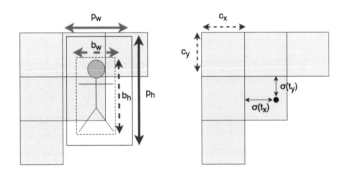

그림 5-7 YOLO가 앵커 박스를 정교화하고 위치를 정하는 방법

앞의 다이어그램에서 보면 왼쪽의 직선은 앵커 박스이며 점선은 정교화된 경계 상자다. 오른쪽의 점은 해당 경계 상자의 중심이다.

신경망의 출력은 원시 숫자로 이뤄진 행렬로 경계 상자 목록으로 변환돼야 한다. 코드를 단순화하면 다음과 같다.

```
boxes = []
for row in range(grid_height):
    for col in range(grid_width):
        for b in range(num_box):
            tx, ty, tw, th = network_output[row, col, b, :4]
            box_confidence = network_output[row, col, b, 4]
            classes_scores = network_output[row, col, b, 5:]


            bx = sigmoid(tx) + col
            by = sigmoid(ty) + row
            # anchor_boxes는 각 앵커 박스의 크기를 포함한 딕셔너리의 리스트임

            bw = anchor_boxes[b]['w'] * np.exp(tw)
            bh = anchors_boxes[b]['h'] * np.exp(th)

            boxes.append((bx, by, bw, bh, box_confidence, classes_scores))
```

이 코드는 추론할 때마다 이미지에 대한 경계 상자를 계산하기 위해 실행돼야 한다. 이 상자를 표시하기 전에 사후 처리 연산이 하나 더 필요하다.

상자를 사후 처리하기

결국 예측된 경계 상자의 좌표와 크기와 함께 신뢰도와 클래스 확률을 얻게 된다. 이제 신뢰도를 클래스 확률과 곱하고 높은 확률만 유지하게 임곗값을 설정하기만 하면 된다.

```
# 신뢰도는 부동소수점, 클래스는 크기가 NUM_CLASSES인 배열
final_scores = box_confidence * classes_scores

OBJECT_THRESHOLD = 0.3
# 필터는 부울 값의 배열, 숫자가 임곗값보다 높으면 True
filter = classes_scores >= OBJECT_THRESHOLD

filtered_scores = class_scores * filter
```

다음은 이 연산을 간단한 샘플로 보여준 예로, 임곗값은 0.3, 상자 신뢰도(이 특정 상자에 대해)는 0.5로 정했다.

CLASS_LABELS	dog	airplane	bird	elephant
class_scores	0.7	0.8	0.001	0.1
final_scores	0.35	0.4	0.0005	0.05
filtered_scores	0.35	0.4	0	0

filtered_scores가 널이 아닌 값(non-null value)을 포함한다면 임곗값보다 큰 클래스가 최소 하나가 있다는 것을 뜻한다. 점수가 가장 높은 클래스를 유지한다.

```
class_id = np.argmax(filtered_scores)
class_label = CLASS_LABELS[class_id]
```

이 예제에서 class_label은 'airplane'이다.

이 필터링 연산을 그리드 내 모든 경계 상자에 적용하면 결국 예측을 그리기 위해 필요한 모든 정보를 얻게 된다. 다음 화면은 이렇게 해서 얻은 결과를 보여준다.

그림 5-8 이미지 위에 그려진 원시 경계 상자 출력의 예

수많은 경계 상자가 겹쳐 있다. 비행기가 여러 그리드 셀에 걸쳐 있으므로 한 번 이상 탐지된다. 이를 보정하기 위해 사후 처리 파이프라인의 마지막 단계로 **비최댓값 억제**(non-maximum suppression, **NMS**)가 필요하다.

NMS

NMS의 기본 생각은 확률이 가장 높은 상자와 겹치는 상자들을 제거하는 것이다. 따라서 **최댓값을 갖지 않는** 상자들을 제거한다. 그러기 위해서는 확률 기준으로 모든 상자를 정렬하고 먼저 가장 확률이 높은 상자를 취한다. 그런 다음 각 상자에 대해 다른 모든 상자와의 IoU를 계산한다.

하나의 상자와 그 밖의 상자 사이의 IoU를 계산한 다음, 특정 임곗값(이 임곗값은 일반적으로 0.5~0.9 사이의 값을 갖는다)을 넘는 상자를 제거한다.

의사코드를 사용하면 NMS는 다음과 같다.

```
sorted_boxes = sort_boxes_by_confidence(boxes)
ids_to_suppress = []

for maximum_box in sorted_boxes:
    for idx, box in enumerate(boxes):
        iou = compute_iou(maximum_box, box)
        if iou > iou_threshold:
            ids_to_suppress.append(idx)

processed_boxes = np.delete(boxes, ids_to_suppress)
```

 실제로 텐서플로는 자체적으로 구현한 NMS, tf.image.non_max_suppression(boxes, ...)(https://www.tensorflow.org/api_docs/python/tf/image/non_max_suppression의 문서 참조)를 제공하며 이 책에서도 이 함수를 사용할 것을 추천한다(이 함수는 최적화가 잘 돼 있으며 유용한 옵션을 제공한다). 또한 NMS는 대부분의 객체 탐지 모델의 사후 처리 파이프라인에서 사용된다는 점을 알아두자.

다음 그림에서 보듯이 NMS를 수행하면 단일 경계 상자로 훨씬 우수한 결과를 얻을 수 있다.

그림 5-9 NMS 처리 후 이미지 위에 그려진 경계 상자 예제

YOLO 추론 요약

종합해 보면, YOLO 추론은 몇 가지 작은 단계로 구성된다. 다음 다이어그램은 YOLO 아키텍처를 보여준다.

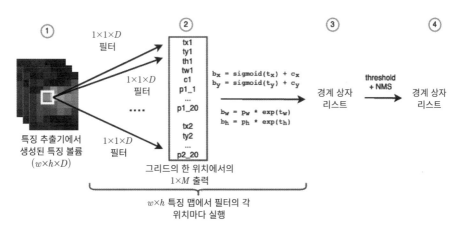

그림 5-10 YOLO 상세 아키텍처. 이 예제에서는 그리드 셀마다 두 개의 경계 상자를 사용함.

YOLO 추론 단계는 다음과 같이 요약할 수 있다.

1. 입력 이미지를 받아 CNN 백본을 사용해 특징 볼륨을 계산한다.

2. 합성곱 계층을 사용해 앵커 박스 보정, 객체성 점수, 클래스 확률을 계산한다.

3. 이 출력을 사용해 경계 상자의 좌표를 계산한다.

4. 임곗값보다 낮은 상자는 걸러내고 남은 상자는 비최댓값 억제 기법을 사용해 사후 처리한다.

이 절차의 결과로 최종 예측을 얻게 된다.

 전체 프로세스가 합성곱, 필터링 연산으로 구성되기 때문에 이 네트워크는 크기와 비율에 상관없이 어떤 이미지라도 받을 수 있다. 따라서 이 네트워크는 매우 유연하다.

YOLO 훈련시키기

앞에서 YOLO의 추론 절차를 알아봤다. 온라인에서 제공된 사전 훈련된 가중치를 사용함으로써 모델을 바로 인스턴스화하고 예측을 생성하는 것이 가능하다. 그러나 특정 데이터셋에서 모델을 훈련시켜야 할 수 있다. 이 절에서는 YOLO의 훈련 절차를 따라가본다.

YOLO 백본 훈련 방법

앞서 언급했듯이 YOLO 모델은 백본(backbone)과 YOLO 헤드(YOLO head)라는 두 개의 주요 부분으로 구성된다. 백본으로 사용될 수 있는 아키텍처는 많다. 전체 모델을 훈련시키기 전에, 이 백본은 4장 '유력한 분류 도구'에서 자세히 설명했던 전이학습 기법을 사용해 ImageNet의 도움으로 전형적인 분류 작업을 하도록 훈련된다. YOLO를 처음부터 훈련시킬 수 있지만, 그러기에는 시간이 너무 많이 소요된다.

케라스는 네트워크에서 사전 훈련된 백본을 사용하는 일을 매우 쉽게 해준다.

```
input_image = Input(shape=(IMAGE_H, IMAGE_W, 3))
true_boxes  = Input(shape=(1, 1, 1, TRUE_BOX_BUFFER , 4))


inception = InceptionV3(input_shape=(IMAGE_H, IMAGE_W,3),
weights='imagenet', include_top=False)
```

```
features = inception(input_image)
GRID_H, GRID_W = inception.get_output_shape_at(-1)[1:3]
# (grid_h, grid_w) 출력
output = Conv2D(BOX * (4 + 1 + CLASS),
                        (1, 1), strides=(1,1),
                        padding='same',
                        name='DetectionLayer',
                        kernel_initializer='lecun_normal')(features)


output = Reshape((GRID_H, GRID_W, BOX, 4 + 1 + CLASS))(output)
```

여기에서는 YOLO 논문에서 제시한 아키텍처를 사용해 구현하는데, 이 아키텍처가 가장 좋은 결과를 내기 때문이다. 그렇지만 모바일 환경에서 모델을 실행하려면 더 작은 모델을 사용해야 할 것이다.

YOLO 손실

마지막 계층의 출력이 상당히 일반적이지 않아서 그에 대응하는 손실 또한 그렇다. 실제로 YOLO 손실은 복잡하기로 악명이 높다. 이를 설명하기 위해 여기서는 손실을 여러 부분으로 나누는데, 각각은 마지막 계층에서 반환되는 출력의 한 종류에 해당한다. 이 네트워크는 다음처럼 여러 종류의 정보를 예측한다.

- 경계 상자 좌표와 크기

- 객체가 경계 상자 안에 있을 신뢰도

- 클래스에 대한 점수

이 손실에 대한 기본 개념은 오차가 높을 때 손실도 높아야 한다는 것이다. 그래야 손실이 부정확한 값에 페널티를 부과할 것이다. 그렇지만 그렇게 하는 것이 타당할 때만 페널티를 부과해야 한다. 만약 경계 상자에 아무 객체도 포함돼 있지 않으면 어차피 사용하지 않기 때문에 해당 좌표에 페널티를 부과해서는 안 된다.

신경망 구현에 대한 자세한 사항은 일반적으로 원본 논문에서 확인할 수 없다. 따라서 구현마다 다양하다. 여기에서 설명하는 구현 방식은 단지 제안일 뿐 절대적인 것은 아니다. 기존에 구현된 코드를 읽어 어떻게 손실을 계산하는지 이해하는 방법을 추천한다.

경계 상자 손실

손실의 첫 부분은 네트워크가 경계 상자 좌표와 크기를 예측하기 위해 가중치를 학습하는 데 가이드를 제공한다.

$$\lambda_{\text{coord}} \sum_{i=0}^{S^2} \sum_{j=0}^{B} 1_{ij}^{\text{obj}} \left[(x_i - \hat{x}_i)^2 + (y_i - \hat{y}_i)^2 \right] + \lambda_{\text{coord}} \sum_{i=0}^{S^2} \sum_{j=0}^{B} 1_{ij}^{\text{obj}} \left[\left(\sqrt{w_i} - \sqrt{\hat{w}_i}\right)^2 + \left(\sqrt{h_i} - \sqrt{\hat{h}_i}\right)^2 \right]$$

처음에는 이 공식이 어려워 보이겠지만, 실제로는 이 부분이 상대적으로 단순하다. 이 공식을 나눠서 살펴보자.

- λ(람다)는 손실에 가중치를 부여한다. 이것은 훈련하는 동안 경계 상자 좌표에 얼마만큼의 중요도를 부과할지를 반영한다.

- Σ(시그마)는 그 오른쪽 옆에 나오는 것들을 합계 낸다는 뜻이다. 이 경우, 그리드 각 부분에 대해($i=0$부터 $i=S^2$까지) 합계를 내고 그리드의 이 부분에 포함된 각 상자에 대해(0부터 B까지) 합계를 낸다.

- 1^{obj}(객체에 대한 지시 함수)는 그리드의 i번째 부분의 j번째 경계 상자가 해당 객체를 **탐지한다면** 1이 되는 함수다. 여기에서 '탐지한다면'의 뜻은 다음 단락에서 자세히 설명하겠다.

- x_i, y_i, w_i, h_i는 경계 상자 크기와 좌표에 해당한다. 예측값(네트워크 출력)과 목푯값(**실제 값**이라고도 함) 사이의 차이를 구한다. 여기에서 예측값은 햇(^)을 쓰고 있다.

- 차이를 제곱해 양수를 만든다.

- w_i, h_i의 제곱근을 구한다. 이렇게 함으로써 크기가 작은 경계 상자에 대한 오차에 크기가 큰 경계 상자에 대한 오차보다 더 큰 페널티를 부과한다.

이 손실의 핵심은 **지시 함수(indicator function)**다. 해당 상자가 객체를 탐지할 때만 좌표가 정확하다. 여기에서 이미지 내의 객체마다 어느 경계 상자가 탐지하는지를 결정하는 일이 어려운 부분이다. YOLOv2에서는 탐지된 객체를 포함하면서 IoU가 가장 높은 앵커 박스가 해당 객체를 탐지한 것으로 간주한다. 여기서의 이론적 근거는 각 앵커 박스를 한 가지 유형의 객체에 특화시키는 것이다.

객체 신뢰도 손실

두 번째로 알아볼 손실은 경계 상자가 객체를 포함하는지 여부를 예측하기 위해 가중치를 학습하도록 네트워크를 가르친다.

$$\lambda_{\text{obj}} \sum_{i=0}^{S^2} \sum_{j=0}^{B} \mathbb{1}_{ij}^{\text{obj}} \left(C_{ij} - \hat{C}_{ij} \right)^2 + \lambda_{\text{noobj}} \sum_{i=0}^{S^2} \sum_{j=0}^{B} \mathbb{1}_{ij}^{\text{noobj}} \left(C_{ij} - \hat{C}_{ij} \right)^2$$

앞에서 이미 이 함수에 나오는 기호 대부분을 다뤘다. 남은 것만 설명하면 다음과 같다.

- C_{ij}: 그리드의 i번째 부분에서 j번째 상자에 객체(어떤 종류라도)가 포함될 신뢰도.

- $\mathbb{1}^{noobj}$(**객체가 없을 경우에 대한 지시 함수**): 그리드의 i번째 부분에서 j번째 경계 상자에서 객체가 '탐지되지 않을 때' 1이 되는 함수.

$\mathbb{1}^{noobj}$를 계산하는 가장 원시적 방식은 $(1-\mathbb{1}^{obj})$이다. 하지만 그렇게 하면 훈련 과정에서 문제가 발생할 수 있다. 실제로 그리드에는 수많은 경계 상자가 있다. 그중 하나가 특정 객체를 탐지했는지 결정할 때 이 객체를 탐지했다고 볼 만한 적절한 후보군이 더 있을 수 있다. 이같이 해당 객체에 맞는 훌륭한 다른 후보들의 객체성 점수에 페널티를 부과해서는 안 된다. 따라서 $\mathbb{1}^{noobj}$는 다음과 같이 정의된다.

$$\mathbb{1}^{noobj} == \begin{cases} 1 & \text{(상자가 어떤 객체도 탐지하지 못함)\& (상자가 여느 객체 경계 상자와도 너무 많이 겹치지 않음)} \\ 0 & \text{(그 외의 경우)} \end{cases}$$

실제로 위치 (i, j)의 경계 상자마다 각각의 실제 상자에 대해 IoU를 계산한다. 이 IoU가 특정 임곗값(일반적으로 0.6)을 넘으면 $\mathbb{1}^{noobj}$는 0이다. 이 개념은 객체를 포함하고 있으나 앞서 말한 객체를 탐지하지 않은 상자에 페널티를 부과하는 것을 피하기 위해서 고안했다.

분류 손실

마지막으로 알아볼 손실은 분류 손실로 네트워크가 각 경계 상자에 대해 적절한 클래스를 예측하게 해준다.

$$\sum_{i=0}^{S^2} \mathbb{1}_i^{\text{obj}} \sum_{c \in \text{classes}} \left(p_i(c) - \hat{p}_i(c) \right)^2$$

이 손실은 1장 '컴퓨터 비전과 신경망'에서 설명했던 것과 매우 유사하다. YOLO 논문에서는 L2 손실을 사용하지만 교차-엔트로피(cross-entropy)를 사용하는 구현도 많다. 이 부분의 손실은 올바른 객체 클래스가 예측되도록 한다.

전체 YOLO 손실

전체 YOLO 손실은 앞서 자세히 설명한 3개의 손실의 합이다. 이 세 항을 결합함으로써 전체 손실은 경계 상자 좌표 개선, 객체성 점수, 클래스 예측에 대한 오차에 페널티를 부과한다. 이 오차를 역전파함으로써 정확한 경계 상자를 예측하도록 YOLO 네트워크를 훈련시킬 수 있다.

이 책이 제공하는 깃허브 저장소에서 YOLO 네트워크를 단순화시켜 구현한 코드를 확인할 수 있다. 특히 그 코드에는 손실 함수에 대해 꼼꼼하게 주석을 달아 두었다.

훈련 기법

손실을 제대로 정의했다면 역전파를 사용해 YOLO를 훈련시킬 수 있다. 그렇지만 손실이 발산되는 것을 막고 우수한 성능을 얻기 위해 몇 가지 훈련 기법을 자세히 알아보겠다.

- 데이터 보강(7장 '복합적이고 불충분한 데이터셋에서 훈련시키기'에서 자세히 설명한다)과 드롭아웃(3장 '현대 신경망'에서 자세히 설명한다)을 사용한다. 이 두 기법이 없다면 네트워크는 훈련 데이터에서 과적합되어 일반화될 수 없게 된다.

- 또 다른 기법으로는 **다중-척도 훈련**(multi-scale training)이 있다. n개의 분기마다 네트워크 입력이 다른 크기로 바뀐다. 이렇게 함으로써 네트워크는 다양한 입력 차원에서 정확하게 예측하는 법을 학습한다.

- 대부분의 탐지 네트워크처럼 YOLO는 이미지 분류 작업에 대해 사전 훈련돼 있다.

- 이 논문에서 언급하지는 않지만, 공식 YOLO 구현에서는 **번-인**(burn-in)을 사용한다. 이 기법은 손실 폭발을 피하기 위해 훈련 초기에 학습률을 감소시킨다.

Faster R-CNN – 강력한 객체 탐지 모델

YOLO의 주요 이점은 속도에 있다. 매우 훌륭한 결과를 달성할 수 있지만, 현재로는 더 복잡한 네트워크들의 성능이 더 뛰어나다. **Faster R-CNN**(**Faster Region with Convolutional Neural Networks**)이 현 시점에 가장 최신 모델로 볼 수 있다. 또한 이 모델은 상당히 빨라서 현재 GPU에서 4~5FPS에 도달했다. 이 절에서는 그 아키텍처에 대해 자세히 설명한다.

Faster R-CNN 아키텍처는 수년간의 연구 끝에 설계됐다. 더 정확하게는 R-CNN과 Fast R-CNN의 두 아키텍처를 거쳐 점진적으로 구축됐다. 이 절에서는 최신 아키텍처인 Faster R-CNN을 중점적으로 설명한다.

- 「Faster R-CNN: towards real-time object detection with region proposal networks」(2015), Shaoqing Ren, Kaiming He, Ross Girshick, and Jian Sun

이 논문은 이전의 두 설계로부터 많은 지식을 얻었다. 따라서 아키텍처를 이루는 세부사항 중 일부는 다음 논문에서 찾아볼 수 있다.

- 「Rich feature hierarchies for accurate object detection and semantic segmentation」(2013), Ross Girshick, Jeff Donahue, Trevor Darrell, and Jitendra Mali

- 「Fast R-CNN」(2015), Ross Girshick

YOLO 아키텍처와 마찬가지로 이 장을 먼저 읽은 다음 더 깊이 이해하기 위해 논문을 살펴볼 것을 추천한다. 이 장에서는 논문과 동일한 표기법을 사용한다.

Faster R-CNN의 일반 아키텍처

YOLO는 SSD(single shot detector, 단발성 탐지기)로 간주되는데, 그 이름에서도 알 수 있듯이 이미지의 각 픽셀을 한 번에 분석한다. 이 덕분에 속도가 매우 빠르다. 더 정확한 결과를 얻기 위해 Faster R-CNN은 두 단계로 작동한다.

1. 첫 단계는 **관심 영역(region of interest, RoI)**을 추출하는 것이다. RoI는 이미지에서 객체를 포함할 수 있는 영역을 말한다. 각 이미지에 대해 첫 번째 단계에서 약 2,000개의 RoI를 생성한다.

2. 두 번째 단계는 **분류 단계**(때로는 **탐지 단계**라고도 함)다. 2,000개 RoI 각각에 대해 합성곱 네트워크의 입력에 맞춰 정사각형으로 크기를 조정한다. 그런 다음 CNN을 사용해 RoI를 분류한다.

R-CNN과 Fast R-CNN에서 관심 영역은 **선택적 탐색(selective search)**이라고 하는 기법을 사용해 생성된다. 이 기법은 속도가 느려 Faster R-CNN 논문에서 제거됐기 때문에 여기에서 자세히 다루지 않겠다. 게다가 선택적 탐색은 딥러닝 기법과 관련 없다.

Faster R-CNN의 두 부분은 서로 독립적이므로 각각 별도로 설명하겠다. 그런 다음 전체 모델을 훈련하는 방법을 자세히 다룬다.

1단계 – 영역 제안

관심 영역은 **영역 제안 네트워크**(region proposal network, RPN)를 사용해 생성된다. RoI를 생성하기 위해 영역 제안 네트워크는 합성곱 계층을 사용한다. 따라서 이 네트워크는 GPU에서 구현될 수 있고 속도도 매우 빠르다.

RPN 아키텍처는 YOLO 아키텍처와 상당히 많은 유사점을 공유한다.

- 이 아키텍처도 앵커 박스를 사용한다. Faster R–CNN 논문에서 9개 크기의 앵커 박스(3개의 세로로 긴 직사각형, 3개의 가로로 긴 직사각형, 3개의 정사각형)를 사용했다.

- 특징 볼륨을 생성하기 위해 어떤 백본이라도 사용할 수 있다.

- 그리드를 사용하며 그리드 크기는 특징 볼륨의 크기에 따라 달라진다.

- 마지막 계층은 숫자를 출력하는데, 이 숫자를 사용해서 앵커 박스를 객체에 맞는 적절한 경계 상자로 정교화할 수 있다.

그렇지만 이 아키텍처가 YOLO와 완전히 동일하지는 않다. RPN은 입력으로 이미지를 받고 관심 영역을 출력한다. 각 관심 영역은 경계 상자와 객체성 확률로 구성된다. 그 숫자를 생성하기 위해 CNN을 사용해 특징 볼륨을 추출한다. 그런 다음 특징 볼륨을 사용해 영역, 좌표, 확률을 생성한다. 다음 다이어그램은 RPN 아키텍처를 보여준다.

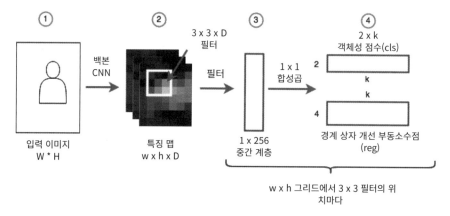

그림 5–11 RPN 아키텍처 요약

그림 5-11에서 보여준 단계별 절차는 다음과 같다.

1. 네트워크는 입력으로 이미지를 받아들이고 여러 합성곱 계층을 적용한다.

2. 특징 볼륨을 출력한다. 합성곱 필터가 특징 볼륨에 적용된다. 필터 크기는 $3 \times 3 \times D$이며 여기에서 D는 특징 볼륨의 깊이(예제에서는 $D=512$)다.

3. 특징 볼륨의 각 위치에서 이 필터는 중간 단계로 $1 \times D$ 벡터를 생성한다.

4. 두 형제 1×1 합성곱 계층은 객체성 점수와 경계 상자 좌표를 계산한다. k개의 경계 상자마다 두 개의 객체성 점수가 있다. 또한 앵커 박스의 좌표를 개선하기 위해 사용될 4개의 부동소수점 수도 있다.

사후 처리 단계 이후 최종 출력은 RoI 리스트다. 이 단계에서는 객체의 클래스에 대한 어떤 정보도 생성되지 않고 그 위치에 대한 정보만 생성된다. 다음 분류 단계에서 객체를 분류하고 경계 상자를 개선할 것이다.

2단계 – 분류

Faster R-CNN의 두 번째 부분은 **분류**다. 이 단계에서는 최종 경계 상자를 출력하고, 이전 단계(RPN)의 RoI 리스트와 입력 이미지에서 계산된 특징 볼륨을 두 개의 입력으로 받는다.

 대부분의 분류 단계 아키텍처는 이전 논문 Fast R-CNN에서 비롯됐기 때문에 동일한 이름으로 불리기도 한다. 따라서 Faster R-CNN은 RPN과 Fast R-CNN의 조합으로 볼 수 있다.

분류 부분은 입력 이미지에 대응하는 어떤 특징 볼륨과도 동작할 수 있다. 그렇지만 이전 영역-제안 단계에서 특징 맵을 이미 계산했기 때문에 여기서는 간단히 재사용하면 된다. 이 기법에는 두 가지 이점이 있다.

- **가중치를 공유한다:** 다른 CNN을 사용하려면 두 개의 백본(하나는 RPN, 다른 하나는 분류 부분)에 대한 가중치를 저장해야 한다.

- **계산을 공유한다:** 하나의 입력 이미지에 대해 두 개 대신 한 개의 특징 볼륨만 계산한다. 이 연산이 전체 네트워크에서 가장 비용이 많이 들기 때문에 두 번 실행하지 않아도 된다는 점에서 계산 성능이 향상된다.

Fast R-CNN 아키텍처

Faster R-CNN의 두 번째 단계는 첫 번째 단계에서 특징 맵과 함께 RoI 리스트를 받는다. 각 RoI에 대해 합성곱 계층이 적용돼 클래스 예측과 **경계 상자 개선** 정보를 얻는다. 다음에서 이 연산을 보여준다.

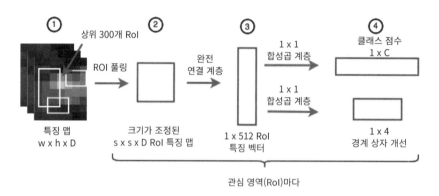

그림 5-12 Fast R-CNN 아키텍처 요약

단계별 절차는 다음과 같다.

1. RPN 단계로부터 특징 맵과 RoI를 받는다. 원본 이미지 좌표계로 생성된 RoI는 특징 맵 좌표계로 전환된다. 예제에서 CNN의 보폭은 16이다. 따라서 좌표는 16으로 나눠진다.

2. 각 RoI 크기를 조정해 완전 연결 계층의 입력과 맞춘다.

3. 완전 연결 계층을 적용한다. 모든 합성곱 네트워크의 마지막 계층과 매우 유사하다. 여기에서 특징 벡터를 얻는다.

4. 두 개의 서로 다른 합성곱 계층을 적용한다. 하나는 분류(cls라고도 함)를 처리하고 다른 하나는 RoI 개선(rgs라고도 함)을 처리한다.

최종 결과는 클래스 점수와 경계 상자 개선을 위한 부동소수점 숫자이며 이 결과를 사후 처리해서 모델의 최종 출력을 생성할 수 있다.

 특징 볼륨의 크기는 입력 크기와 CNN 아키텍처에 따라 달라진다. 예를 들어 VGG16의 경우 특징 볼륨 크기가 $w \times h \times 512$이면 여기에서 $w = input\_width/16$이고 $h = input\_height/16$이다. VGG16의 경우 특징 맵의 픽셀 하나가 입력 이미지의 16개 픽셀과 동일하므로 보폭은 16이다.

합성곱 네트워크가 모든 크기의 입력을 받을 수 있지만(이미지 위에 슬라이딩 윈도우를 사용하기 때문에), 마지막의 완전 연결 계층(단계 2와 3 사이)은 입력으로 고정된 크기의 특징 볼륨을 받는다. 영역 제안의 크기가 다르기 때문에(사람이면 세로로 긴 직사각형, 사과라면 정사각형 등) 마지막 계층을 그대로 사용할 수 없다.

이 문제를 피하기 위해 Fast R-CNN에 **관심 영역 풀링**(RoI pooling)이라는 기법을 도입했다. 이 기법은 다양한 크기의 특징 맵 영역을 고정된 크기의 영역으로 전환한다. 그러면 크기가 조정된 특징 영역이 마지막 분류 계층에 전달될 수 있다.

RoI 풀링

RoI 풀링 계층의 목표는 다양한 크기의 활성화 맵의 일부를 취하고 이를 고정된 크기로 변환하는 것으로 단순하다. 입력 활성화 맵 하부 윈도우의 크기는 $h{\times}w$이다. 목표 활성화 맵의 크기는 $H{\times}W$이다. RoI 풀링은 입력을 각 셀의 크기가 $h/H{\times}w/W$인 그리드로 나눔으로써 동작한다.

예제를 사용해서 알아보자. 입력 크기가 $h{\times}w{=}5{\times}4$이고 목표 활성화 맵 크기가 $H{\times}W{=}2{\times}2$라면 각 셀의 크기는 $2.5{\times}2$가 된다. 정수만 사용할 수 있으므로 일부 셀의 크기는 $3{\times}2$로, 다른 셀의 크기는 $2{\times}2$로 만든다. 그런 다음 각 셀의 최댓값을 취한다.

	A	B	C	D	E	F	G	H	I	J	K
1	0.16	1.00	0.26	0.11	0.14	0.90	0.06	0.15			
2	0.13	0.05	0.58	0.34	0.58	0.13	0.78	0.53			
3	0.89	0.35	0.38	0.65	0.01	0.56	0.97	0.06			
4	0.47	0.97	0.78	0.99	0.82	0.90	0.32	0.89		0.97	0.99
5	0.58	0.13	0.12	0.50	0.99	0.35	0.83	0.39		0.96	0.93
6	0.21	0.59	0.96	0.93	0.08	0.55	0.13	0.89			
7	0.03	0.83	0.63	0.46	0.09	0.03	0.68	0.13			
8	0.82	0.35	0.20	0.48	0.80	0.41	0.46	0.08			

그림 5-13 RoI 풀링 예. 여기에서 RoI 크기는 5×4(B3부터 E7까지), 출력 크기는 2×2(J4에서 K5까지)다.

RoI 풀링 계층은 최대-풀링 계층과 매우 유사하다. 차이점이라면 RoI 풀링은 다양한 크기의 입력에 동작하지만, 최대-풀링은 고정된 크기에서만 동작한다. RoI 풀링은 경우에 따라 RoI **최대-풀링**(RoI max-pooling)으로 부르기도 한다.

R-CNN 원본 논문에서는 아직 RoI 풀링을 도입하지 않았다. 따라서 각 RoI는 원본 이미지에서 추출돼 크기를 조정하고 바로 합성곱 네트워크에 전달된다. 이 경우 RoI가 약 2,000개가 되므로 이 아키텍처는 극도로 느리다. Fast R-CNN에서 Fast는 RoI 풀링 계층이 불러온 엄청난 속도 향상에서 비롯한다.

Faster R-CNN 훈련

이 네트워크를 훈련시키는 방법을 자세히 알아보기 전에 Faster R-CNN의 전체 아키텍처를 살펴보자.

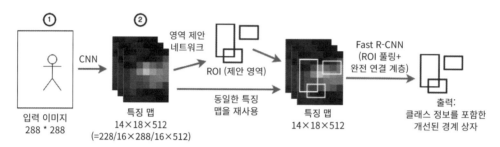

그림 5-14 Faster R-CNN 전체 아키텍처. 어떤 입력 크기에서도 동작할 수 있다.

Faster R-CNN은 독특한 아키텍처를 가지고 있기 때문에 일반적인 CNN처럼 훈련될 수 없다. 이 네트워크의 두 부분이 각각 별도로 훈련되며 각 부분의 특징 추출기는 동일한 가중치를 공유하지 않는다. 다음 절에서 각 부분의 훈련을 자세히 다루고 이 두 부분이 합성곱 가중치를 공유하게 만드는 방법을 살펴본다.

RPN 훈련시키기

RPN의 입력은 이미지이고 출력은 RoI 리스트다. 앞에서 봤듯이 각 이미지에는 $H \times W \times k$개의 제안 영역이 있다(여기에서 H와 W는 특징 맵의 크기를 나타내고 k는 앵커 박스의 개수다). 이 단계에서는 아직 객체의 클래스를 고려하지 않는다.

모든 제안 영역을 한 번에 훈련시키기는 어렵다. 이미지의 대부분은 배경이기 때문에 대부분의 제안 영역은 '배경'을 예측하도록 훈련된다. 그 결과 이 네트워크는 항상 배경을 예측하도록 학습한다. 대신 샘플링 기법을 선호한다.

256개의 실제 앵커 박스의 미니 배치가 구성되며 이 중 128개는 양성(positive, 객체를 포함함)이고 다른 128개는 음성(negative, 배경만 포함)이다. 이미지에서 음성 샘플이 128개보다 적으면 가능한 양성 샘플이 모두 사용되며 배치는 음성 샘플로 채워진다.

RPN 손실

RPN 손실은 YOLO 손실보다 단순하다. 이 손실은 두 개의 항으로 구성된다.

$$L\left(\{p_i\},\{t_i\}\right) = \frac{1}{N_{cls}} \sum_i L_{cls}\left(p_i, p_i^*\right) + \lambda \frac{1}{N_{reg}} \sum_i p_i^* L_{reg}\left(t_i, t_i^*\right)$$

이 공식의 각 항은 다음과 같이 설명될 수 있다.

- i는 훈련 배치에서 앵커 박스의 인덱스다.

- p_i는 해당 앵커 박스가 객체일 확률이다. p_i^*는 실제 확률로 앵커 박스가 '양성'이면 1이고 그렇지 않으면 0의 값을 갖는다.

- t_i는 좌표 개선을 나타내는 벡터이며, t_i^*는 실제 좌표다.

- N_{cls}는 훈련 미니 배치에서 실제 앵커 상자의 개수다.

- N_{reg}는 가능한 앵커 위치 개수다.

- L_{cls}는 두 클래스(객체와 배경)에 대한 로그 손실이다.

- λ는 이 손실의 두 부분의 균형을 맞추기 위한 밸런싱 매개변수다.

마지막으로 이 손실은 $L_{reg}(t_i, t_i^*) = R(t_i - t_i^*)$로 구성되며, 여기에서 R은 다음같이 정의되는 '평활' L1 손실 함수다.

$$\text{smooth}_{L_1}(x) = \begin{cases} 0.5x^2 & |x| < 1 \text{인 경우} \\ |x| - 0.5 & \text{그 외의 경우} \end{cases}$$

$smooth_{L_1}$ 함수는 앞에서 사용했던 L2 손실을 대체할 함수로 도입됐다. 오차가 너무 중요한 경우 L2 손실이 너무 커져서 훈련이 불안정해진다.

YOLO와 마찬가지로 p_i^* 항 덕분에 객체를 포함한 앵커 박스에 대해서만 회귀 손실이 사용된다. 이 손실은 N_{cls}와 N_{reg}의 두 부분으로 나뉜다. 이 두 값을 **정규화 항**이라고 하며, 미니 배치 크기를 바꾸더라도 이 손실은 균형을 잃지 않을 것이다.

마지막으로 람다는 밸런싱 매개변수다. 논문에서는 N_{cls}~=256, N_{reg}~=2,400으로 설정했다. 논문 저자는 λ를 10으로 설정해 두 항의 전체 가중치를 동일하게 만든다.

요약하면 YOLO와 유사하게 손실은 다음에 페널티를 부과한다.

- 첫 번째 항으로 객체성 분류에서의 오차

- 두 번째 항으로 경계 상자 개선에서의 오차

그러나 YOLO 손실과 반대로 RPN은 관심 영역만 예측하기 때문에 객체 클래스를 다루지 않는다. 손실과 미니 배치를 구성하는 방식을 제외하면 RPN은 여느 네트워크와 마찬가지로 역전파를 사용해 훈련된다.

Fast R-CNN 손실

앞서 언급했듯이 R-CNN의 두 번째 단계를 Fast R-CNN이라고도 한다. 따라서 그 손실은 종종 Fast R-CNN 손실이라고 한다. Fast R-CNN 손실의 공식이 RPN 손실과 다르지만, 근본적으로는 매우 비슷하다.

$$L\left(p, u, t^u, v\right) = L_{\text{cls}}(p, u) + \lambda[u \geq 1]L_{\text{Loc}}\left(t^u, v\right)$$

이 공식의 각 항은 다음과 같이 설명할 수 있다.

- $L_{cls}(p,u)$는 실제 클래스 u와 클래스 확률 p 사이의 로그 손실이다.

- $L_{Loc}(t^u,v)$는 RPN 손실의 L_{reg}와 동일한 손실이다.

- $\lambda[u{\geq}1]$는 $u{\geq}1$일 때 1이고 그 외의 경우는 0이다.

Fast R-CNN을 훈련하는 동안 id=0으로 설정해 항상 배경 클래스를 사용한다. 실제로 ROI가 배경 영역을 포함할 수 있고 이를 배경으로 분류하는 일은 중요하다. $\lambda[u{\geq}1]$ 항은 배경 상자에 대해 경계 상자 오차에 페널티를 부과하는 것을 피한다. 그 외 모든 클래스에 대해 u는 0 이상의 값을 가지므로 그 오차에 페널티를 부과한다.

훈련 계획

앞서 설명했듯이, 네트워크의 두 부분 사이에 가중치를 공유해 모델이 빨라지고(CNN이 한 번만 적용되기 때문에) 가벼워진다. Faster R-CNN 논문에서 추천하는 훈련 절차는 **4-단계 교대 훈련(4-step alternating training)**이라고 한다. 이 절차를 단순화하면 다음과 같다.

1. RPN을 훈련해 허용할 만한 RoI를 예측한다.

2. 훈련된 RPN의 출력을 사용해 분류 파트를 훈련시킨다. RPN과 분류 부분이 별도로 훈련됐기 때문에 훈련이 끝나면 두 부분이 서로 다른 합성곱 가중치를 갖게 된다.

3. RPN의 CNN을 분류 부분의 CNN으로 교체해 합성곱 가중치를 공유하게 만든다. 공유된 CNN 가중치를 고정시킨다. RPN의 마지막 계층을 다시 훈련한다.

4. 분류 부분의 마지막 계층을 RPN의 출력을 사용해 다시 훈련한다.

이 절차가 끝나면 합성곱 가중치를 공유하는 두 부분으로 이루어진 훈련된 네트워크를 얻게 된다.

텐서플로 객체 탐지 API

Faster R-CNN은 계속 개선되고 있으므로 이 책에서는 참조 구현을 제공하지 않는다. 대신 텐서플로 객체 탐지 API를 사용할 것을 추천한다. 이 API는 수많은 기여자와 텐서플로 팀에 의해 관리되고 있는 Faster R-CNN의 구현을 제공한다. 이 API는 사전에 훈련된 모델과 사용자만의 모델을 훈련하기 위한 코드를 제공한다.

객체 탐지 API는 텐서플로 핵심 라이브러리에 포함되지는 않지만, 4장 '유력한 분류 도구'에서 소개했듯이 별도 저장소(https://github.com/tensorflow/models/tree/master/research/object_detection)에서 내려받을 수 있다.

사전 훈련된 모델 사용하기

객체 탐지 API에는 COCO 데이터셋에서 훈련된 몇 가지 사전 훈련된 모델이 포함돼 있다. 이 모델들은 아키텍처에 따라 다양하다. 이들은 모두 Faster R-CNN을 기반으로 하지만 서로 다른 매개변수와 백본을 사용한다. 이 차이가 추론 속도와 성능에 영향을 미친다. 경험에 비춰 보면 추론 시간은 mAP에 따라 길어진다.

맞춤 데이터셋에서 훈련하기

COCO 데이터셋에 포함되지 않는 객체를 탐지하기 위해 모델을 훈련시킬 수 있다. 그러려면 대량의 데이터가 필요하다. 일반적으로 객체 클래스당 최소 1,000개의 샘플을 확보할 것을 추천한다. 또한 훈련 데이터셋을 생성하기 위해 훈련 이미지 주위에 경계 상자를 그리고 직접 주석을 달아야 한다.

API는 객체 탐지를 사용하므로 파이썬 코드 작성을 포함하지 않는다. 대신 설정 파일을 사용해 아키텍처를 정의한다. 우수한 성능을 얻으려면 기존 설정에서 시작하는 것이 좋다. 이 장의 저장소에서 이 과정을 연습할 수 있다.

요약

이 장에서는 두 객체 탐지 모델의 아키텍처를 다뤘다. 첫 번째 아키텍처는 추론 속도가 우수한 YOLO다. 일반 아키텍처를 살펴봤으며 추론이 작동하는 방법과 함께 훈련 절차를 알아봤다. 두 번째 아키텍처인 Faster R-CNN은 최신의 탁월한 성능을 보여주는 것으로 유명하다. 이 네트워크를 구성하는 두 단계와 함께 이를 훈련시키는 방법을 분석했다. 또한 텐서플로 객체 탐지 API를 통해 Faster R-CNN을 사용하는 방법을 설명했다.

다음 장에서는 이미지를 의미 있는 부분으로 분할하는 방법과 함께 이미지를 변환하고 보강하는 방법을 학습함으로써 객체 탐지를 더 확장할 것이다.

질문

1. 경계 상자, 앵커 박스, 실제 상자의 차이점은 무엇인가?

2. 특징 추출기의 역할은 무엇인가?

3. YOLO와 Faster R-CNN 사이에서 어느 모델을 선호하는가?

4. 앵커 박스를 사용하려면 무엇이 필요한가?

참고 문헌

- 『Mastering OpenCV 4』(https://www.packtpub.com/application-development/mastering-opencv-4-third-edition), Roy Shilkrot, David Millán Escrivá, 이 책에는 고급 객체 탐지 기법과 함께 실제 컴퓨터 비전 프로젝트가 포함돼 있다.

- 『OpenCV 4 Computer Vision Application Programming Cookbook』(https://www.packtpub.com/application-development/opencv-4-computer-vision-application-programming-cookbook-fourth-edition), David Millán Escrivá, Robert Laganiere, 이 책에서는 객체 탐지 개념과 함께 전통적인 객체 설명자를 다룬다.

06

이미지 보강 및 분할

지금까지 단일 클래스만 예측하는 것보다 더 복잡한 예측을 출력하기 위한 신경망을 생성하는 방법을 배웠다. 이 장에서는 이 개념을 좀 더 발전시키고 전체 이미지를 편집하거나 생성하는 모델인 **인코더-디코더**(encoders-decoders)를 소개한다. 인코더-디코더 네트워크가 이미지에서 노이즈를 제거하는 것부터 객체와 인스턴스 분할에 이르기까지 광범위한 응용 분야에 어떻게 적용될 수 있는지 설명한다. 이 장에는 자율 주행 자동차를 위한 의미론적 분할에 인코더-디코더를 적용하는 것과 같은 몇 가지 구체적인 예제가 포함돼 있다.

이 장에서는 다룰 주제는 다음과 같다.

- 인코더-디코더 개념과 픽셀-수준의 예측을 위해 훈련시키는 방법

- 고차원 데이터를 출력하기 위해 인코더-디코더에서 어떤 신규 계층(언풀링[unpooling], 전치 합성곱[transposed convolutions], 아트루스 합성곱[atrous convolutions])을 사용하는가?

- FCN과 U-Net 아키텍처는 어떻게 의미론적 분할을 해결하는가?

- 지금까지 알아본 모델이 인스턴스 분할을 다루기 위해 어떻게 확장될 수 있는가?

기술 요구사항

이 장에서 설명하는 개념을 보여주는 주피터 노트북은 다음 깃 폴더에서 찾아볼 수 있다.

```
github.com/PacktPublishing/Hands-On-Computer-Vision-with-TensorFlow-2/tree/master/Chapter06
```

이 장의 뒷부분에서는 분할한 결과를 개선하기 위한 pydensecrf 라이브러리를 소개한다. 이 라이브러리의 깃허브 페이지(https://github.com/lucasb-eyer/pydensecrf#installation)에서 자세히 설명했듯이, 이 파이썬 모듈은 pip(pip install git+https://github.com/lucasb-eyer/pydensecrf.git)를 통해 설치할 수 있으며 Cython 최신 버전이 필요하다(pip install -U cython).

인코더-디코더로 이미지 변환

1장 '컴퓨터 비전과 신경망'에서 설명했듯이 컴퓨터 비전에서 일상적으로 볼 수 있는 다양한 작업들은 픽셀-수준 결과가 필요하다. 예를 들어 의미론적 분할 기법은 이미지의 각 픽셀을 분류하고 스마트 편집 도구는 일부 픽셀이 변경된 이미지(원하지 않는 요소를 제거하는 등)를 반환한다. 이 절에서는 인코더-디코더를 설명하고 이 패러다임을 따르는 **합성곱 신경망(CNN)**이 그러한 애플리케이션에 어떻게 적용될 수 있는지 알아본다.

인코더-디코더 소개

복잡한 애플리케이션을 해결하기 전에 먼저 인코더-디코더가 무엇이며 이 네트워크가 어떤 목적을 달성하는지 소개한다.

인코딩과 디코딩

인코더-디코더 아키텍처는 통신, 암호, 전자 등 여러 분야에 적용되는 매우 일반적인 프레임워크다. 이 프레임워크에 따르면 **인코더**는 입력 샘플을 **잠재 공간**, 즉 인코더에 의해 정의된 숨겨진 구조화된 값 집합에 매핑하는 함수다. **디코더**는 이 잠재 공간의 요소를 사전 정의된 타깃 도메인으로 매핑하는 여함수다. 예를 들어 인코더는 미디어 파일을 파싱하기 위해 생성되고(콘텐츠는 잠재 공간의 요소로 표시됨), 가령 미디어 콘텐츠를 다른 파일 포맷으로 출력하도록 정의된 디코더와 쌍을 이룰 수 있다. 잘 알려진 예로는 오늘날 보편적으로 사용하는 이미지와 오디오 압축 포맷을 들 수 있다. JPEG 도구는 미디어 파일을 보다 가벼운 이진 파일로 압축하여 인코딩하고, 표시할 때 픽셀 값을 복원하기 위해 디코딩한다.

머신러닝에서 인코더-디코더 네트워크는 오랫동안 사용돼 왔다(예: 텍스트 번역). 인코더 네트워크는 출발어(source language)의 문장을 입력으로 취하고(예: 프랑스어 문장), 문장의 의미가 특징 벡터로 인코딩된 잠재 공간으로 이 문장을 투사하는 것을 학습한다. 디코더 네트워크는 인코딩된 벡터를 도착어 (target language, 예: 영어 번역)의 문장으로 변환하기 위해 인코더와 함께 훈련된다.

 인코더-디코더 모델에서 잠재 공간의 벡터를 일반적으로 **코드(code)**라고 한다.

인코더-디코더의 공통 속성은 그림 6-1에서 보듯이 입력 공간과 타깃 공간보다 작은 잠재 공간을 갖는다.

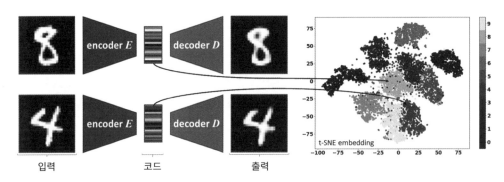

그림 6-1 MNIST 데이터셋에서 훈련된 오토인코더 예(저작권은 얀 르쿤과 코리나 코르테스에게 있음)

그림 6-1에서 인코더는 28×28 이미지를 32개 값을 갖는 벡터(코드)로 변환하도록 훈련되며 디코더는 이미지를 복원하기 위해 훈련된다. 이 코드는 각자 클래스 레이블과 함께 그래프로 표시될 수 있어 데이터셋에서 유사도와 구조를 강조할 수 있다(32차원 벡터는 로렌스 반 데르 마틴[Laurens van der Maatens]과 제프리 힌튼이 개발하고 노트북에 상세히 설명한 기법인 **t-SNE**를 사용해 2차원 평면에 투사된다).

인코더는 샘플에 포함된 의미론적 정보를 추출/압축하기 위해 설계 또는 훈련된다(예를 들어, 프랑스어의 문법적 특징이 없는 프랑스어 문장의 뜻). 그런 다음 디코더는 타깃 도메인에 대한 지식을 적용해 정보를 적절하게 압축 해제/완성한다(예를 들어, 인코딩된 정보를 적절한 영어 문장으로 변환).

오토인코딩

오토인코더(Auto-encoder, AE)는 특수한 유형의 인코더-디코더다. 그림 6-1에서 보듯이, 오토인코더의 입력과 타깃 도메인이 동일해서 이 모델의 병목 계층(저차원의 잠재 공간)에도 불구하고 적절하게 인코딩한 다음 품질에 영향을 주지 않고 이미지를 디코딩하는 것을 목표로 한다. 입력은 압축된 표현(특징 벡터)으로 줄어든다. 원본 입력이 나중에 요청되면 디코더에 의해 압축된 표현으로부터 재구성될 수 있다.

따라서 JPEG 도구를 오토인코더라고도 하는데 이미지를 인코딩한 다음 품질을 너무 많이 손상시키지 않고 다시 디코딩하는 것을 목표로 하기 때문이다. 입력과 출력 데이터 사이의 거리는 오토인코딩 알고리즘을 최소화하기 위한 전형적인 손실이다. 이미지의 경우 이 거리는 입력 이미지와 결과 이미지 사이의 교차-엔트로피 손실 또는 L1/L2 손실(각각 맨해튼 거리와 유클리드 거리)로 계산될 수 있다(3장 '현대 신경망'에서 보여준 대로).

머신러닝에서 오토인코딩 네트워크는 방금 설명했듯이 손실 표현이 단순할 뿐만 아니라 훈련에 레이블이 필요 없기 때문에 실제로 훈련하기 편리하다. 입력 이미지 자체가 손실을 계산하기 위해 사용되는 목표 이미지다.

오토인코더와 관련해 머신러닝 전문가들의 의견이 나뉜다. 일부는 이 모델이 **비지도 학습**이라고 주장하는데, 훈련에 추가 레이블이 필요하지 않기 때문이다. 다른 전문가들은 순수 비지도 기법(전통적으로 레이블이 없는 데이터셋에서 패턴을 발견하기 위해 복잡한 손실 함수를 사용하는)과는 다르며 AE에는 명확하게 정의된 타깃(즉, 입력 이미지)이 있다고 주장한다. 따라서 이 모델을 **자기 지도 학습**(self-supervised learning)이라고도 한다(즉 이 모델의 타깃이 입력에서 직접 파생될 수 있다).

오토인코더 잠재 공간이 더 작기 때문에 인코딩 하부 네트워크는 데이터를 적절히 압축하는 방법을 배워야 하며 반면 디코더는 다시 압축을 풀기 위해 적절한 매핑을 학습해야 한다.

병목 조건을 제외하면 이 항등 매핑은 ResNet(4장 '유력한 분류 도구' 참조) 같은 숏컷 경로가 있는 네트워크에서 간단하다. 인코더에서 디코더로 전체 입력 정보를 전달하기만 하면 된다. 저차원 잠재 공간(병목)을 사용하면 이 네트워크는 적절히 압축된 표현을 학습해야 한다.

목적

더 일반적인 인코더–디코더를 적용한 애플리케이션은 많다. 이 모델을 사용해 이미지를 변환하거나 한 도메인 혹은 양식에서 다른 도메인이나 양식으로 매핑할 수 있다. 예를 들어 그런 모델은 종종 **깊이 회귀 (depth regression)** 즉, 각 픽셀에 대해 카메라와 이미지 콘텐츠(깊이) 사이의 거리 추정에 적용된다. 이는 증강 현실 애플리케이션에서 중요한 연산이다. 예를 들어 이 모델을 사용하면 주변의 3차원 표현을 구성함으로써 환경과 상호작용을 더 잘할 수 있다.

마찬가지로 **의미론적 분할**(그 정의는 1장 '컴퓨터 비전과 신경망' 참조)을 위해 인코더–디코더를 일반적으로 사용한다. 이 경우 이 네트워크는 깊이가 아니라 각 픽셀에 대해 추정한 클래스(그림 6-2-c 참조)를 반환하기 위해 훈련된다. 이 중요한 애플리케이션은 이 장의 두 번째 부분에서 자세히 다룬다. 마지막으로 인코더–디코더는 낙서 예술을 현실적인 허구 이미지로 변환하거나 밤에 찍은 사진에서 낮 사진을 추정하는 것과 같은 좀 더 예술적인 용도에서 유명하다.

a) 노이즈 제거   b) 해상도 개선   c) 의미론적 분할

그림 6-2 인코더–디코더 응용 예제. 이 세 개의 애플리케이션은 이 장의 주피터 노트북에서 추가설명과 구현 세부 사항을 함께 다루고 있다.

 그림 6-2, 그림 6-10, 그림 6-11의 의미론적 분할을 위한 도시 장면 이미지와 레이블은 'Cityscapes' 데이터셋 (https://www.cityscapes-dataset.com)에서 가져왔다. 'Cityscapes'는 훌륭한 데이터셋이며 자율 주행에 적용되는 인식 알고리즘을 위한 기준이 된다. 마리우스 코츠(Marius Cordts) 등 이 데이터셋을 구성한 연구원들은 친절하게도 이 책을 설명하고 이 장의 후반부에서 설명할 알고리즘(주피터 노트북 참조)을 보여주기 위해 이미지 중 일부를 사용할 수 있는 권한을 제공했다.

이제 오토인코더를 알아보자. 왜 네트워크가 입력 이미지를 반환하도록 훈련돼야 할까? 그 대답은 오토인코더의 병목 속성에 있다. 인코딩과 디코딩 구성 요소가 전체로 훈련되지만, 용도에 따라 이 둘은 개별로 적용된다.

병목 때문에 인코더는 가능한 한 많은 정보를 보존하면서 데이터를 압축해야 한다. 따라서 훈련 데이터셋이 반복 패턴을 가지고 있다면 네트워크는 인코딩을 개선하기 위해 이 상관관계를 알아내려고 할 것이다. 따라서 오토인코더의 인코더 부분은 모델이 훈련된 도메인에서의 이미지의 저차원 표현을 얻기 위해 사용될 수 있다. 예를 들면 인코더가 제공하는 저차원 표현은 종종 이미지 사이의 콘텐츠 유사도를 보존하는 데 강하다. 따라서 인코더는 경우에 따라 클러스터와 패턴을 강조하기 위해(그림 6-1 참조) 데이터셋을 시각화할 때 사용된다.

오토인코더는 일반 이미지 압축을 위한 JPEG 같은 알고리즘처럼 훌륭하지 않다. 사실 AE는 '데이터 특화된' 모델이다. 즉 이 모델은 자신이 알고 있는 도메인의 이미지만 효율적으로 압축할 수 있다(예를 들어, 자연 풍경 이미지에서 훈련된 오토인코더는 초상화에서는 제대로 작동하지 않는데, 시각적 특징이 너무 다르기 때문이다). 그렇지만 전형적인 압축 기법과 달리 오토인코더는 자신이 훈련된 이미지에 대한 이해, 즉 반복 특징, 의미론적 정보 등에 대한 이해가 높다.

경우에 따라 오토인코더는 디코더를 위해 훈련되어 **생성 작업**을 위해 사용될 수 있다. 사실 훈련하는 동안 잠재 공간이 적절하게 구조화됐다면 이 공간에서 무작위로 선정한 벡터는 모두 디코더에 의해 사진으로 변환될 수 있다! 이 장 후반부와 7장 '복합적이고 불충분한 데이터셋에서 훈련시키기'에서 간단히 설명한 대로 새로운 이미지 생성을 위해 디코더를 훈련시키는 일은 실제로 그렇게 쉽지 않으며 현실적인 이미지를 출력하기 위해 신중한 설계가 필요하다(다음 장에서 자세히 다루겠지만, GAN을 훈련시킬 때 특히 그렇다).

그렇지만 현실적으로 가장 보편적으로 발견되는 AE 인스턴스는 **노이즈를 제거하는 오토인코더**다. 이 모델은 입력 이미지가 네트워크에 전달되기 전에 손실이 있는 변환을 겪게 된다는 특수성이 있다. 이 모델은 여전히 원본 이미지(변환 전의)를 반환하도록 훈련되므로 손실이 있는 연산을 취소하고 누락된 정보 일부를 복원하는 방법을 학습한다(그림 6-2-a 참조). 전형적인 모델은 백색 노이즈나 가우스 노이즈를 취소하거나 누락된 콘텐츠(막히거나 제거된 이미지 패치 같은)를 복원하기 위해 훈련된다. 이러한 오토인코더는 **이미지 해상도 개선**(image super-resolution)이라고도 부르는 **스마트 이미지 업스케일링** (smart image upscaling)에서도 사용된다. 사실 이 네트워크는 양선형 보간법 같은 전통적인 업스케일링 알고리즘으로 비롯된 가상실제(즉, 노이즈)를 부분적으로 제거하도록 학습할 수 있다(그림 6-2-b 참조).

기본 예제 – 이미지 노이즈 제거

훼손된 MNIST 이미지의 노이즈를 제거하는 간단한 예제를 통해 오토인코더의 유용성을 살펴보자.

간단한 완전 연결 오토인코더

이 모델이 얼마나 단순하면서도 효율적일 수 있는지 보여주기 위해 케라스로 구현한 얕은 완전 연결 아키텍처를 살펴보자.

```python
inputs = Input(shape=[img_height * img_width])
# 인코딩 계층:
enc_1 = Dense(128, activation='relu')(inputs)
code = Dense(64, activation='relu')(enc_1)
# 디코딩 계층:
dec_1 = Dense(64, activation='relu')(code)
preds = Dense(128, activation='sigmoid')(dec_1)
autoencoder = Model(inputs, preds)
# 훈련:
autoencoder.compile(loss='binary_crossentropy')
autoencoder.fit(x_train, x_train) # 입력과 타깃으로 x_train 사용
```

여기서는 낮은 차원의 병목 계층이 있는 일반적인 인코더-디코더의 대칭 아키텍처를 강조했다. 예제 오토인코더를 훈련시키기 위해 이미지(x_train)를 입력과 타깃으로 모두 사용한다. 한 번 훈련되면 이 단순한 모델은 그림 6-1 같이 데이터셋을 임베딩하는 데 사용될 수 있다.

 출력값이 입력값처럼 0과 1 사이의 값이 되도록 마지막 활성화 함수로 '시그모이드'를 선택했다.

이미지 노이즈 제거에 적용

앞서 봤던 모델을 이미지 노이즈 제거를 위해 훈련하는 일은 훈련 이미지에 노이즈가 낀 사본을 생성해서 대신 네트워크에 입력으로 전달하는 것만큼 단순하다.

```python
x_noisy = x_train + np.random.normal(loc=.0, scale=.5, size=x_train.shape)
autoencoder.fit(x_noisy, x_train)
```

 이 장의 처음 두 노트북은 훈련에 대해 자세히 설명하고 그림과 추가 팁(예를 들어, 훈련 중 예측된 이미지를 시각화)을 제공한다.

합성곱 인코더-디코더

다른 **신경망**(NN) 기반의 시스템처럼 인코더-디코더는 합성곱 계층과 풀링 계층을 도입함으로써 많은 이점을 얻었다. **심층 오토인코더**(Deep auto-encoders, DAEs)와 다른 아키텍처는 점점 더 복잡해지는 작업을 위해 광범위하게 사용됐다.

이 절에서는 먼저 합성곱 인코더-디코더를 위해 개발된 새로운 계층을 소개한다. 그런 다음 이 연산을 기반으로 한 중요한 아키텍처를 설명하겠다.

언풀링, 전치, 팽창

3장 '현대 신경망'과 4장 '유력한 분류 도구' 등에서 봤듯이 CNN은 훌륭한 특징 추출기다. 여기에서 합성곱 계층은 입력 텐서를 훨씬 더 많은 고차원 특징 맵으로 변환하고 풀링 계층은 점진적으로 데이터를 다운 샘플링함으로써 간결하면서도 의미상으로 풍부한 특징을 얻을 수 있다. 따라서 CNN은 성능이 우수한 인코더를 만든다.

그렇다면 이 저차원 특징을 전체 이미지로 디코딩하기 위해 어떻게 이 프로세스를 되돌릴 수 있을까? 다음 단락에서 설명하겠지만, 이미지 인코딩을 위해 합성곱과 풀링 연산이 밀집 계층을 대신하는 것과 동일한 방식으로, 특징을 더 잘 디코딩하기 위해 **전치 합성곱**(transposed convolution, **디컨볼루션** [deconvolution]이라고도 함), **팽창된 합성곱**(dilated convolutions), **언풀링**(unpooling) 같은 역산이 개발됐다.

전치 합성곱(디컨볼루션)

3장 '현대 신경망'에서 우리는 합성곱 계층을 소개하고 이 계층이 수행하는 연산, 계층의 초매개변수 (커널 크기 k, 입력 깊이 D, 커널 개수 N, 패딩 p, 보폭 s)가 출력의 차원에 어떻게 영향을 미치는지 알아봤다(그림 6-3을 보면서 기억을 되살려 보자). 형상이 (H, W, D)인 입력 텐서에 대해 출력 형상 $(H_{o'}, W_{o'}, N)$을 평가하기 위해 다음 공식을 설명했다.

$$H_o = \frac{H - k + 2p}{s} + 1 \quad , \quad W_o = \frac{W - k + 2p}{s} + 1$$

이제 합성곱의 공간 변환을 역으로 수행하는 계층을 개발해야 한다고 가정하자. 다른 말로, 형상이 $(H_{o'}, W_{o'}, N)$인 특징 맵과 동일한 초매개변수 k, D, N, p, s가 주어졌을 때 형상이 (H, W, D)인 텐서를 복원하기 위해 합성곱과 유사한 연산이 필요하다. 이전 공식의 H와 W를 따로 분리해 보면 다음 속성을 유지하는 연산이 필요하다.

$$H=(H_o-1)s+k-2p, \quad W=(W_o-1)s+k-2p$$

이것이 **전치 합성곱**이 정의된 방식이다. 4장 '유력한 분류 도구'에서 간략하게 언급했듯이 이 새로운 유형의 계층은 ILSVRC 2013에서 우승한 기법인 ZFNet(「Visualizing and understanding convolutional networks」, Springer, 2014)을 개발한 연구원인 매튜 제일러(Matthew Zeiler)와 롭 퍼거스(Rob Fergus)에 의해 제안됐다.

이 계층은 $k×k×D×N$ 커널 스택을 사용해 $H_o×W_o×N$ 텐서에 합성곱을 적용해 $H×W×D$ 맵으로 변환한다. 이를 달성하기 위해 먼저 입력 텐서는 **팽창(dilation)** 과정을 거쳐야 한다. 비율 d에 의해 정의된 팽창 연산은 그림 6-4에서 보듯이 입력 텐서의 행과 열의 쌍 사이에(개별적으로) $d-1$개의 0으로 채워진 행과 열을 추가하는 것으로 구성된다. 전치 합성곱에서 팽창 비율은 s(전치 합성곱이 반전시킨 표준 합성곱에서 사용된 보폭)로 설정된다. 이 재표본 추출 후에 텐서는 $p'=k-p-1$에 의해 패딩된다. 팽창과 패딩 매개변수는 모두 원본 형상 (H,W,D)를 복원하기 위해 그렇게 정의된다. 그런 다음 보폭 $s'=1$을 사용해 실제 텐서를 해당 계층의 필터와 합성곱을 수행하고 그 결과 $H×W×D$ 맵을 얻게 된다. 그림 6-3과 6-4에서 일반 합성곱과 전치 합성곱을 비교했다.

다음은 일반 합성곱이다.

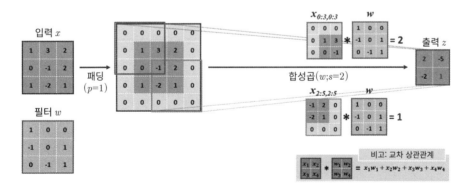

그림 6-3 합성곱 계층 연산(여기서는 3×3 커널 w, 패딩 p=1, 보폭 s=2로 정의됨)

그림 6-3에서 패치와 커널 사이에서 실제로 일어나는 수학 연산은 교차 상관관계(3장 '현대 신경망' 참조)다.

다음은 전치 합성곱을 나타낸다.

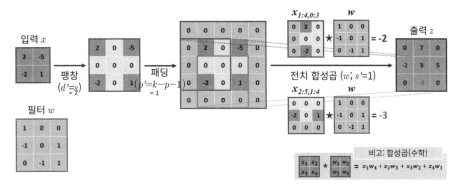

그림 6-4 표준 합성곱 계층의 공간 변환을 반전시키는 전치 합성곱 계층에서 수행되는 연산(여기서는 그림 6-3처럼 3×3 커널 w, 패딩 $p=1$, 팽창 비율 $d=2$로 정의됨)

 그림 6-4에서 패치와 커널 사이에 적용되는 연산은 수학적 합성곱이다.

이 프로세스가 다소 추상적으로 보일 수 있지만, 전치 합성곱 계층은 일반적으로 표준 합성곱 계층을 반전시켜 특징 맵의 콘텐츠와 훈련 가능한 필터 사이의 합성곱을 통해 특징 맵의 공간 차원을 증가시키기 위해 사용된다는 점만 기억해도 충분하다. 따라서 이 계층은 디코더 아키텍처에 상당히 부합한다. 전치 합성곱 계층은 `tf.layers.conv2d_transpose()`(https://www.tensorflow.org/api_docs/python/tf/layers/conv2d_transpose의 문서 참조)와 `tf.keras.layers.Conv2DTranspose()`(https://www.tensorflow.org/api_docs/python/tf/keras/layers/Conv2DTranspose의 문서 참조)를 사용해 인스턴스화될 수 있으며, 이 둘은 표준 conv2d 계층으로 동일한 시그니처를 갖는다.

표준 합성곱과 전치 합성곱 사이에는 실제로는 아무 영향이 없지만 알아두면 좋을 또 다른 미묘한 차이가 있다. 3장 '현대 신경망'으로 돌아가보면 CNN에서 합성곱 계층은 실제로는 교차 상관관계를 수행한다. 그림 6-4에서 보듯이 전치 합성곱 계층은 커널 인덱스를 거꾸로 하여 수학적 합성곱 연산을 사용한다.

전치 합성곱은 잘못된 명칭이기는 하지만 일반적으로 **디컨볼루션**이라고도 한다. '디컨볼루션'이라는 이름의 수학 연산이 있지만, 이는 전치 합성곱과는 다르다. 디컨볼루션은 실제로 합성곱을 완전히 되돌려 원본 텐서를 반환한다. 전치 합성곱은 이 절차와 거의 비슷해 원본과 형상이 같은 텐서를 반환할 뿐이다. 그림 6-3과 그림 6-4에서 보듯이 원본 텐서와 마지막 결과 텐서의 형상이 일치하지만, 그 값까지 동일하지는 않다.

경우에 따라 전치 합성곱을 **보폭을 1 이하로 적용하는 합성곱**(fractionally strided convolutions)라고도 한다. 실제로 입력 텐서의 팽창은 합성곱에 1 이하의 보폭을 사용하는 것과 동일하다고 볼 수 있다.

언풀링

보폭이 적용된 합성곱이 CNN 아키텍처에 종종 사용된다면 이미지의 공간 차원을 축소하기 위해 가장 보편적으로 사용되는 연산은 평균-풀링과 최대-풀링이다. 따라서 제일러와 퍼거스도 최대-풀링을 유사-반전하기 위해 **최대-언풀링** 연산(종종 **언풀링**으로만 부른다)을 제안했다. 이들은 deconvnet 이라고 하는 네트워크 내에서 이 연산을 사용해 'convnet'(즉, CNN)의 특징을 디코딩하고 시각화했다. ILSVRC 2013에서 우승한 뒤 이들의 솔루션을 설명하는 논문(「Visualizing and understanding convolutional networks」, Springer, 2014)에서 최대-풀링이 역으로 뒤집을 수 없지만(즉 수학적으로 최대-풀링에서 폐기한 비최댓값들을 모두 복원할 수 없지만) 최소한 공간 샘플링 관점에서 그에 가깝게 연산을 정의할 수 있다고 설명했다.

이 유사-역연산을 구현하기 위해 먼저 각 최대-풀링 계층을 수정해 결과 텐서를 따라 풀링 마스크를 출력한다. 다시 말해서 이 마스크는 선택된 최댓값의 원래 위치를 가리킨다. 최대-언풀링 연산은 풀링된 텐서(이 텐서는 그 사이에 다른 형상 보존 연산을 거쳤을 수도 있다)와 풀링 마스크를 취한다. 이 연산은 풀링 마스크를 사용해 입력 값을 풀링되기 전의 형상으로 업스케일링된 텐서에 뿌린다. 백문이 불여일견 이라고 그림 6-5를 보면 이 연산을 이해할 것이다.

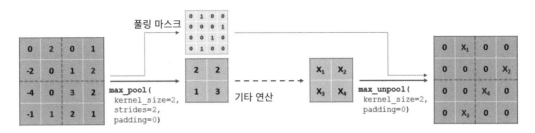

그림 6-5 풀링 마스크도 출력하도록 편집된 최대-풀링 계층을 따르는 최대-언풀링 연산의 예

풀링 계층처럼 언풀링 연산은 고정된/훈련할 수 없는 연산이다.

업샘플링과 크기 조정

마찬가지로 **평균-언풀링** 연산은 평균-풀링 연산을 반전시키기 위해 개발됐다. 평균-풀링 연산은 $k{\times}k$ 개의 요소를 갖는 풀링 영역을 취해 그 요소 값의 평균을 내 단일 값으로 만든다. 따라서 평균-언풀링 계층은 그림 6-6에서 보여주듯이 텐서의 각 값을 취해 이를 $k{\times}k$ 영역으로 복제한다.

그림 6-6 평균-언풀링 연산의 예(업샘플링이라고도 함)

평균-언풀링 연산이 최대-언풀링 연산보다 더 자주 사용되지만, 더 일반적으로는 **업샘플링** (**upsampling**)으로 알려져 있다. 예를 들어 이 연산은 tf.keras.layers.UpSampling2D()를 통해 인스턴스화될 수 있다(https://www.tensorflow.org/api_ docs/python/tf/keras/layers/UpSampling2D의 문서 참조). 이 메서드 자체로는 최근접 이웃 보간법(이름이 뜻하는 대로)을 사용해 이미지 크기를 조정하기 위해 method=tf.image.ResizeMethod.NEAREST_NEIGHBOR 인수로 호출될 때는 tf.image.resize()의 래퍼 함수일 뿐이다(https://www.tensorflow.org/api_docs/python/tf/image/resize의 문서 참조). 마지막으로 경우에 따라 훈련시킬 매개변수를 추가하지 않고 특징 맵을 업스케일링 하기 위해, 예를 들어 interpolation="bilinear"(기본값인 "nearest" 대신) 인수를 사용해 tf.keras.layers.UpSampling2D()를 인스턴스화함으로써 양선형 보간법도 사용된다. 이는 기본 속성인 method=tf.image.ResizeMethod.BILINEAR 를 사용해 tf.image.resize()를 호출하는 것과 동일하다.

디코더 아키텍처에서 최근접 이웃 방식이나 양선형 방식 뒤에는 일반적으로 보폭이 $s=1$이고 패딩 옵션이 "SAME"(새 형상을 보존하기 위해)인 합성곱 계층이 따른다. 사전에 정의된 업스케일링과 합성곱 연산의 조합은 인코더를 구성하는 합성곱과 풀링 계층을 반전시킴으로써 디코더가 자신만의 특징을 학습해 타깃 시그널을 더 잘 복원할 수 있게 한다.

 아우구스투스 오데나(Augustus Odena) 같은 일부 연구원들은 특히 이미지 해상도 개선과 같은 작업에서 전치 합성곱보다 이 연산을 주로 사용한다. 사실 전치 합성곱을 사용하면 바둑판 아티팩트가 생겨서(커널 크기가 보폭의 배수가 아닐 때 특징이 서로 겹쳐서) 출력 품질에 영향을 주는 경향이 있다(「Deconvolution and Checkerboard artifacts」, Distill, 2016).

팽창된/아트루스 합성곱

이 장에서 마지막으로 소개할 연산은 제공된 특징 맵을 업샘플링하는 용도로 쓰이지 않으므로 이전에 소개한 연산과는 약간 다르다. 대신 이 연산은 데이터의 공간 차원을 더 희생시키지 않고 합성곱의 수용 영역을 인위적으로 증가시키기 위해 제안된다. 이를 달성하기 위해 상당히 다른 방식이긴 하지만 여기에도 **팽창**(dilation) 연산이 적용된다('전치 합성곱(디컨볼루션)' 절 참조).

사실 **팽창된 합성곱**(dilated convolution)은 추가적으로 커널에 적용될 팽창률을 정의하는 초매개변수가 있다는 점을 제외하면 표준 합성곱과 비슷하다. 그림 6-7은 어떻게 이 프로세스가 계층의 수용 영역을 인위적으로 증가시키는지 보여준다.

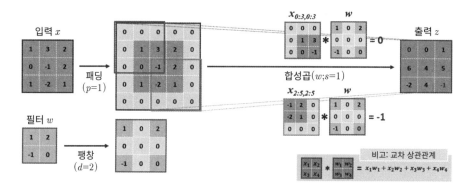

그림 6-7 팽창된 합성곱 계층의 연상(여기서는 2×2 커널 w, 패딩 $p=1$, 보폭 $s=1$, 팽창률 $d=2$로 정의됨)

이 계층을 프랑스어로 '구멍이 난'이라는 뜻인 àtrous에서 따온 **아트루스 합성곱**이라고도 한다. 실제로 커널 팽창률이 수용 영역을 증가시키지만, 수용 영역에 구멍을 만들어 증가시키기 때문이다.

이러한 속성을 갖춘 이 연산은 현대 인코더-디코더에서 한 도메인의 이미지를 다른 도메인으로 매핑하기 위해 자주 사용된다. 텐서플로와 케라스에서 팽창된 합성곱을 인스턴스화하려면 `tf.layers.conv2d()`와 `tf.keras.layers.Conv2D()`에서 `dilation_rate` 매개변수에 기본 값인 1 이상의 값을 제공하기만 하면 된다.

특징 맵의 공간성을 보존하거나 증가시키기 위해 개발된 이 다양한 연산들 때문에 픽셀 단위의 밀집된 예측과 데이터 생성을 위한 다양한 CNN 아키텍처가 만들어졌다.

대표적인 아키텍처 – FCN과 U-Net

대부분의 합성곱 인코더-디코더는 완전 연결 인코더-디코더와 동일한 템플릿을 따르지만 결과의 품질을 높이기 위해 국소 연결 계층의 공간 속성을 활용한다. 주피터 노트북 중 하나에서 전형적인 합성곱 오토인코더를 설명한다. 그렇지만 이어서 이 기본 템플릿에서 파생된 더 진화된 아키텍처 2개를 다룰 것이다. 2015년에 출시된 FCN과 U-Net 모델은 여전히 인기가 많고 일반적으로 더 복잡한 시스템(의미론적 분할, 도메인 적응 등)을 위한 구성 요소로 사용된다.

FCN(Fully Convolutional Networks)

4장 '유력한 분류 도구'에서 간략히 설명했듯이 **FCN(fully convolutional networks)**은 VGG-16 아키텍처에 기반해 마지막 밀집 계층을 1×1 합성곱 계층으로 대체해 구성된다. 여기에서 언급하지 않은 것은 이 네트워크가 일반적으로 업샘플링 블록을 사용해 확장되어 인코더-디코더로 사용된다는 점이다. 캘리포니아 대학교 버클리의 조나단 롱(Jonathan Long), 에반 셸하머(Evan Shelhamer), 트레버 대릴(Trevor Darrell)이 제안한 FCN 아키텍처는 앞에서 고안한 개념을 완벽하게 보여준다.

- 특징 추출을 위한 CNN을 효율적인 인코더로 사용할 수 있는 방법
- 그다음 방금 소개한 연산을 사용해 CNN의 특징 맵을 효율적으로 업샘플링하고 디코딩하는 방법

사실 조나단 롱 팀은 사전 훈련된 VGG-16을 특징 추출기로 재사용할 것을 제안했다(4장 '유력한 분류 도구' 참조). VGG-16은 5개의 합성곱 블록을 사용해 이미지를 효율적으로 특징 맵으로 변환하지만 매 블록 다음에 공간 차원을 반으로 나눈다. 마지막 블록의 특징 맵을 디코딩하기 위해(예를 들어 의미론적

마스크로) 분류를 위해 사용되던 완전 연결 계층을 합성곱 계층으로 대체한다. 그런 다음 최종 계층으로 데이터를 입력 형상으로 업샘플링하기 위한 전치 합성곱을 적용한다(즉, VGG를 통해 공간 차원이 32로 나눠졌기 때문에 보폭을 s=32로 설정).

그렇지만 롱은 **FCN-32s**라는 이 아키텍처가 너무 조악한 결과를 낸다는 사실을 곧 깨달았다. 논문에서 설명했듯이(「Fully convolutional networks for semantic segmentation」, Proceedings of the IEEE CVPR conference, 2015), 최종 계층의 보폭이 크면 세부 사항의 크기를 제한한다. 마지막 VGG 블록의 특징에 풍부한 컨텍스트 정보를 포함하고 있더라도 공간을 정의하는 정보 대부분은 유실됐다. 그래서 저자는 마지막 블록의 특징 맵을 이전 블록의 더 큰 특징 맵과 결합하는 방법을 고안했다.

그에 따라 FCN-16s에서는 FCN-32s의 마지막 계층이 보폭 s=2밖에 되지 않는 전치 계층으로 대체돼 결과 텐서가 네 번째 블록의 특징 맵과 동일한 차원을 갖게 된다. 스킵 연결(skip connection)을 사용해 두 텐서에서 나온 특징이 서로 합쳐진다(요소-단위 덧셈). 마지막으로 이 결과를 s=16인 또 다른 전치 합성곱을 사용해 입력 형상으로 크기를 되돌린다. FCN-8s에서는 동일한 절차가 반복되는데, 대신 결과 텐서가 세 번째 블록의 특징과 같은 차원을 갖게 되며 마지막 전치 합성곱에서 보폭은 s=8을 사용한다. 명확한 이해를 위해 전체 아키텍처를 그림 6-8에서 나타냈고 다음 예제에서 케라스로 구현한 코드를 제공한다.

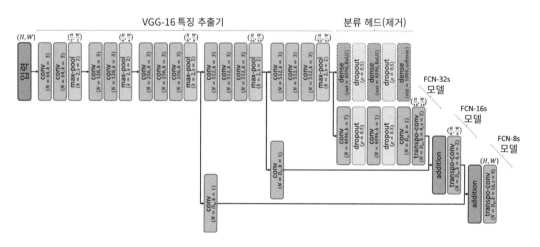

그림 6-8 FCN-8s 아키텍처. 각 블록 다음에 데이터 차원을 보여줌($H \times W$ 입력을 가정). D_o는 원하는 출력 채널 수를 나타냄.

그림 6-8은 어떻게 VGG-16이 특징 추출기/인코더 역할을 하는지와 어떻게 전치 합성곱이 디코딩에 사용되는지 보여준다. 또한 이 그림은 FCN-32s와 FCN-16s가 단 하나의 스킵 연결이 있거나 그마저도 없는 단순하고 가벼운 아키텍처임을 강조한다.

FCN-8s는 전치 학습을 사용하고 다양한 크기의 특징 맵을 결합함으로써 세부적인 부분까지 자세히 드러나는 이미지를 출력할 수 있다. 게다가 FCN의 본질 때문에 다양한 크기의 이미지를 인코딩/디코딩하는 데 FCN-8s를 적용할 수 있다. 성능이 뛰어나고 다재다능한 FCN-8s는 여러 다른 아키텍처에도 영감을 주면서 여전히 수많은 애플리케이션에서 보편적으로 사용된다.

U-Net

FCN으로부터 영감받은 솔루션 중 최초로 고안됐을 뿐만 아니라 가장 인기 있는 아키텍처는 U-Net일 것이다(올라프 로네베르거[Olaf Ronneberger], 필립 피셔[Philipp Fischer], 토머스 브룩스[Thomas Brox]가 같은 해 Springer에 게재한 「U-net: Convolutional networks for biomedical image segmentation」 논문에서 제안).

의미론적 분할(의학 촬영에 적용)을 위해 개발된 이 모델은 FCN과 여러 속성을 공유한다. 또한 특징 깊이를 증가시키면서 공간 차원은 축소시키는 다중블록 축소 인코더와 이미지 해상도를 복원하는 확장 디코더로 구성된다. 게다가 FCN처럼 스킵 연결은 인코딩 블록을 그에 대응하는 디코딩 블록과 연결한다. 따라서 디코딩 블록은 이전 블록으로부터 컨텍스트 정보를 제공받고 인코딩 경로에서 위치 정보를 제공받는다.

또한 U-Net은 두 가지 주요 이유에서 FCN과 다르다. FCN-8s와 달리 U-Net은 전통적인 U자 형태의 인코더-디코더 구조(여기에서 이름을 따왔다)로 돌아가 **대칭형**이다. 또한 스킵 연결에서 나온 특징 맵은 덧셈 대신 **연결**(채널 축을 따라)을 통해 결합된다. 그림 6-9에서 U-Net 아키텍처를 보여준다. FCN과 마찬가지로 U-Net을 처음부터 구현한 주피터 노트북을 확인할 수 있다.

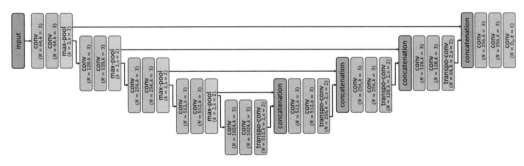

그림 6-9 U-Net 아키텍처

원래 디코딩 블록에는 업스케일링을 위해 $s=2$인 전치 합성곱 계층을 사용하지만, 그 대신 최근접 이웃 스케일링을 사용해 구현하는 경우도 일반적이다(앞의 설명 참조). U-Net은 그 인기를 감안하면 다양한 변형을 알고 있으며 여전히 수많은 아키텍처에 영감을 준다(예를 들어 U-Net 블록을 잔차 블록으로 대체하거나 내부 블록과 외부 블록 사이의 연결 밀도를 높이는 등).

중간 예제 – 이미지 해상도 개선

이 모델 중 하나를 새로운 문제인 이미지 해상도 개선 작업에 간단히 적용해 보자(전체 구현 코드와 추가 팁은 관련 노트북에서 확인할 수 있다).

FCN 구현

방금 설명했던 아키텍처를 기억한다면 FCN-8s의 단순화된 버전은 다음과 같이 구현될 수 있다(실제 모델에는 각 전치 합성곱 앞에 추가적인 합성곱이 놓인다).

```
inputs = Input(shape=(224, 224, 3))
# 인코더로 사전 훈련된 VGG-16 특징 추출기를 구성:
vgg16 = VGG16(include_top=False, weights='imagenet', input_tensor=inputs)
# 3개의 최종 블록 각각이 반환한 특징 맵을 복원:
f3 = vgg16.get_layer('block3_pool').output # shape: (28, 28, 256)
f4 = vgg16.get_layer('block4_pool').output # shape: (14, 14, 512)
f5 = vgg16.get_layer('block5_pool').output # shape: ( 7,  7, 512)
# VGG 밀집 계층을 합성곱 계층으로 대체하고 대신 합성곱/풀링 블록 다음에 "디코딩" 계층을 추가:
f3 = Conv2D(filters=out_ch, kernel_size=1, padding='same')(f3)
f4 = Conv2D(filters=out_ch, kernel_size=1, padding='same')(f4)
f5 = Conv2D(filters=out_ch, kernel_size=1, padding='same')(f5)
# `f4`와 결합시킬 수 있도록 'f5'를 14x14 맵으로 업스케일링:
f5x2 = Conv2DTranspose(filters=out_chh, kernel_size=4,strides=2,
padding='same', activation='relu')(f5)
# 2개의 특징 맵을 요소-단위 덧셈으로 통합:
m1 = add([f4, f5x2])
# `m1`과 `f3`을 28x28 map으로 통합하기 위해 이 연산을 반복:
m1x2 = Conv2DTranspose(filters=out_ch, kernel_size=4, strides=2,
                       padding='same', activation='relu')(m1)
m2 = add([f3, m1x2])
# 마지막으로 transp-conv를 사용해 원본 형상을 복원:
```

```
outputs = Conv2DTranspose(filters=out_ch, kernel_size=16, strides=8,
                          padding='same', activation='sigmoid')(m2)
fcn_8s = Model(inputs, outputs)
```

케라스로 구현한 VGG와 함수형 API를 재사용하면 최소한의 노력으로 FCN-8s 모델을 생성할 수 있다.

이미지 업스케일링에 적용

해상도 개선 작업을 위해 네트워크를 훈련시키는 간단한 요령으로는 이미지를 모델에 공급하기 전, 일부 전통적인 업스케일링 기법(양선형 보간법 같은)을 사용해 타깃 차원으로 척도를 맞추는 것이다. 이런 방식으로 네트워크는 업샘플링 아티팩트를 제거하고 손실된 세부 사항들을 복원하는 노이즈 제거 오토인코더로 훈련될 수 있다.

```
x_noisy = bilinear_upscale(bilinear_downscale(x_train)) # 의사 코드
fcn_8s.fit(x_noisy, x_train)
```

 이에 부합하는 코드와 이미지에 대한 전체 데모는 노트북에서 확인할 수 있다.

앞서 언급했듯이 방금 다룬 아키텍처는 컬러 이미지의 깊이 추정, 다음 프레임 예측(일련의 동영상 프레임을 입력으로 받아 다음 이미지의 콘텐츠로 무엇이 나올지 예측), 이미지 분할과 같은 광범위한 작업에 보편적으로 적용된다. 이 장의 두 번째 부분에서는 수많은 실생활 애플리케이션에서 매우 중요한 이미지 분할 작업을 개발할 것이다.

의미론적 분할 이해하기

의미론적 분할(semantic segmentation)은 이미지를 의미 있는 부분으로 분할하는 작업을 지칭하는 좀 더 포괄적인 용어다. 이것은 1장 '컴퓨터 비전과 신경망'에서 소개했던 객체 분할과 인스턴스 분할을 모두 아우른다. 앞에서 다뤘던 이미지 분류와 객체 탐지와는 달리, 분할 작업에는 밀도 높은 픽셀 단위의 예측을 반환하는, 즉 입력 이미지의 각 픽셀마다 레이블을 할당하는 기법이 필요하다.

인코더-디코더가 객체 분할에 탁월한 이유와 그 결과를 더 개선할 수 있는 방법을 자세히 설명한 다음, 더 복잡한 작업인 인스턴스 분할을 위한 솔루션들을 알아볼 것이다.

인코더-디코더를 사용한 객체 분할

이 장의 첫 번째 부분에서 봤듯이 인코딩-디코딩 네트워크는 한 도메인의 데이터 샘플을 다른 도메인으로 매핑(예를 들어 노이즈가 있는 데이터를 노이즈가 없는 데이터로, 컬러를 깊이로)하기 위해 훈련된다. 객체 분할을 컬러 도메인의 이미지를 클래스 도메인으로 매핑하는 것으로 보면 마찬가지 연산으로 볼 수 있다. 사진의 각 픽셀 값과 컨텍스트가 주어졌을 때 각 픽셀에 타깃 클래스 중 하나를 할당해 동일한 높이와 너비를 갖는 **레이블 맵**(label map)을 반환해야 한다.

이미지를 취해 레이블 맵을 반환하도록 인코더-디코더를 가르칠 때는 몇 가지 고려할 사항이 있는데, 이에 대해 지금부터 자세히 알아보겠다.

개요

다음 단락부터 U-Net 같은 네트워크가 객체 분할에 어떻게 사용되는지와 어떻게 그 출력을 더 처리해서 정제된 레이블 맵을 생성하는지 보여준다.

레이블 맵으로 디코딩하기

인코더-디코더를 각 픽셀 값이 클래스(예를 들어, 1은 '개', 2는 '고양이' 등)를 나타내는 레이블 맵을 바로 출력하도록 구성하면 그 결과의 품질이 현저히 떨어진다. 분류기를 사용할 때와 마찬가지로 범주형 값을 출력하는 더 나은 방식이 필요하다.

앞에서 이미지를 N개의 범주로 분류하기 위해 최종 계층에서 클래스당 예측된 점수를 나타내는 N개의 로짓을 출력하는 네트워크를 구성하는 방법을 배웠다. 또한 **소프트맥스** 연산을 사용해 이 점수를 확률로 전환하는 방법과 그중 가장 높은 점수를 선정해(예를 들어, **argmax**를 사용해) 가장 확률 높은 클래스를 반환하는 방법도 배웠다. 의미론적 분할에서도 동일한 기법을 사용할 수 있는데, 대신 이미지 단위가 아니라 픽셀 단위로 적용된다. 전체 이미지 단위로 각 이미지마다 클래스당 점수를 포함하는 N개 로짓의 컬럼 벡터를 출력하는 대신 이 네트워크는 픽셀 단위의 점수를 담고 있는 $H \times W \times N$ 텐서를 반환하도록 구성된다(그림 6-10 참조).

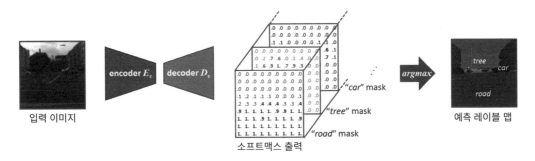

그림 6-10 차원이 $H \times W$인 입력 이미지가 주어졌을 때 네트워크는 $H \times W \times N$ 확률 맵을 반환하며 여기에서 N은 클래스 개수를 의미한다. 그런 다음 argmax를 사용해 예측 레이블 맵을 구할 수 있다.

이 장에서 보여준 아키텍처의 경우 이러한 출력 텐서를 얻으려면 모델을 구성할 때 $Do=N$으로, 즉 출력 채널의 개수를 클래스 개수와 동일하게 설정하기만 하면 된다(그림 6-8과 그림 6-9 참조). 그런 다음 분류기처럼 훈련시키면 된다. 소프트맥스 값과 실제 값을 원-핫 인코딩으로 나타낸 레이블 맵과 비교하기 위해 **교차-엔트로피 손실(cross-entropy loss)**을 사용한다(비교되는 텐서에는 분류를 위한 계산에서는 영향을 미치지 않는 차원들이 더 있다). 또한 이와 유사하게 $H \times W \times N$ 예측은 채널 축을 따라 가장 높은 값을 갖는 인덱스를 선택함으로써(즉, 채널 축에서 argmax를 적용) 픽셀별 레이블로 변환될 수 있다. 예를 들어 앞에서 보여준 FCN-8s 코드는 다음처럼 객체 분할을 위해 모델을 훈련시키도록 조정될 수 있다.

```python
inputs = Input(shape=(224, 224, 3))
out_ch = num_classes = 19 # Cityscapes 데이터셋에 객체 분할
# [...] FCN-8s 아키텍처 구성, 이전 코드와 비교해볼 것
outputs = Conv2DTranspose(filters=out_ch, kernel_size=16, strides=8,
                          padding='same', activation=None)(m2)
seg_fcn = Model(inputs, outputs)
seg_fcn.compile(optimizer='adam', loss='sparse_categorical_crossentropy')
# [...] 네트워크 훈련. 그런 다음 이를 사용해 레이블 맵을 예측:
label_map = np.argmax(seg_fcn.predict(image), axis=-1)
```

의미론적 분할을 위해 구성되고 훈련된 FCN-8s 모델의 전체 예제는 U-Net 모델과 함께 깃 저장소에 있다.

분할 손실과 지표를 사용해 훈련하기

FCN-8s와 U-Net 같은 최신 아키텍처를 사용하는 것이 의미론적 분할을 위해 우수한 시스템을 구성하는 핵심이다. 그렇지만 가장 진화된 모델에서도 여전히 최적의 수렴을 위해 적절한 손실이 필요하다. 교차-엔트로피는 성긴 분류와 조밀한 분류 모두를 위해 모델을 훈련시킬 때 기본 손실로 사용되지만, 조밀한 분류의 경우 몇 가지 예방책이 필요하다.

이미지 단위 분류와 픽셀 단위 분류 작업에서 보통 **클래스 불균형** 문제가 발생한다. 990개의 'cat'(고양이) 사진과 10개의 'dog'(개) 사진으로 구성된 데이터셋에서 모델을 훈련시킨다고 가정하자. 항상 고양이를 출력하도록 학습한 모델은 99%의 훈련 정확도를 보이지만 실제로 현장에서 유용하지는 않을 것이다. 이미지 분류에서는 모든 클래스가 동일한 비율로 등장하도록 사진을 추가 또는 삭제함으로써 이 문제를 피할 수 있다. 그렇지만 픽셀 단위 분류에서 이 문제는 해결하기가 까다롭다. 어떤 클래스는 모든 이미지에 나타날 수 있지만 소수의 픽셀에만 적용되는 반면 다른 클래스는 이미지 대부분을 차지할 수 있다(자율 주행 자동차 애플리케이션에서 'traffic sign'(교통 표지판)과 'road'(길) 클래스처럼). 이 데이터셋은 그러한 불균형을 보완하기 위해 편집될 수 없다.

대신 분할 모델이 더 큰 클래스로 편향되는 것을 방지하기 위해 그 손실 함수가 조정돼야 한다. 예를 들어 각 클래스의 교차 엔트로피 손실에 대한 기여도를 측정하는 것이 일반적이다. 자율 주행 자동차를 위한 의미론적 분류를 다루는 노트북과 그림 6-11에서 보여줬듯이 훈련 이미지에서 등장하는 클래스가 작을수록 손실에 대한 가중치가 높아진다. 이 방식으로 작은 클래스를 무시하기 시작하면 네트워크에 페널티가 크게 부과된다.

입력 이미지　　　　　실제 레이블 맵　　　　　클래스당 가중치 맵　　　　　윤곽 가중치 맵

그림 6-11 의미론적 분할을 위한 픽셀 가중치 측정 전략의 예(픽셀이 밝을수록 손실에 대한 가중치가 높다)

가중치 맵은 일반적으로 실제 레이블 맵으로부터 계산된다. 그림 6-11에서 보듯이 각 픽셀에 적용된 가중치는 클래스에 따라 설정될 뿐만 아니라 다른 요소와 상대적인 픽셀 위치 등에 따라 설정된다.

또 다른 해법으로는 교차 엔트로피 자체를 클래스 비율에 영향받지 않는 다른 비용 함수로 교체하는 것이 있다. 결국 교차 엔트로피는 정확도 함수를 대리하는 함수이며 만족스러운 수준으로 미분 가능하기 때문에 사용된다. 그렇지만 실제로 이 함수가 모델의 실제 목표인 영역에 관계없이 다른 클래스를 올바르게 분할하고 있는지를 표현하지 않는다. 따라서 수많은 연구원들이 이 목표를 제대로 달성했는지 명확하게 평가하기 위해 의미론적 분할에 특화된 여러 손실 함수와 지표를 제안해 왔다.

5장 '객체 탐지 모델'에서 설명한 IoU(Intersection-over-Union)는 이러한 일반적인 지표 중 하나다. 또 다른 지표로는 **쇠렌센-다이스 계수**(Sørensen-Dice coefficient, 대체로 간단하게 **다이스 계수**라고 부름)가 있다. IoU처럼 이 계수는 두 집합이 얼마나 잘 겹치는지 측정한다.

$$\text{Dice}(A, B) = \frac{2\,|A \cap B|}{|A| + |B|}$$

여기에서 $|A|$와 $|B|$는 각 집합의 크기를 나타내며(앞 장의 설명 참조), $|A \cap B|$는 두 집합이 공통으로 갖는 요소 개수를 나타낸다(두 집합의 교집합의 크기). IoU와 다이스 계수는 몇 가지 속성을 공유하며 실제로 하나가 다른 하나를 계산하는 데 도움이 될 수 있다.

$$\text{IoU}(A, B) = \frac{\text{Dice}(A, B)}{2 - \text{Dice}(A, B)} \quad ; \quad \text{Dice}(A, B) = \frac{2 \times \text{IoU}(A, B)}{1 + \text{IoU}(A, B)}$$

의미론적 분할에서 'Dice' 계수는 각 클래스에 대해 예측된 마스크가 실제 마스크와 얼마나 잘 겹치는지 측정하기 위해 사용된다. 한 클래스에 대해 분자는 정확하게 분류된 픽셀 개수를 나타내고 분모는 예측된 마스크와 실제 마스크 모두에서 이 클래스에 속한 전체 픽셀 개수를 나타낸다. 따라서 지표로서 'Dice' 계수는 한 클래스가 이미지에서 취하는 상대적 픽셀 수에 따라 달라지지 않는다. 다중 클래스 분할 작업에서 과학자는 일반적으로 각 클래스에 대한 'Dice' 계수를 계산한 다음(예측된 마스크와 실제 마스크 각 쌍을 비교해서) 그 결과의 평균을 낸다.

이 공식에서 'Dice' 계수는 0과 1 사이의 값으로 정의됨을 볼 수 있다. 그 값은 A와 B가 전혀 겹치지 않으면 0이고 완전히 겹치면 1이다. 따라서 네트워크가 최소화해야 할 손실 함수로 다이스 계수를 사용하려면 이 점수를 뒤집어야 한다. 대체로 N개의 클래스에 적용되는 의미론적 분할의 경우 '다이스' 손실은 일반적으로 다음과 같이 정의된다.

$$L_{Dice}(y,\ y^{true}) = 1 - \frac{1}{N} \sum_{k=0}^{N-1} \text{Dice}(y_k, y_k^{true}) \quad \text{여기에서 } \text{Dice}(a, b) = \frac{\epsilon + 2 \sum_{i,j} (a \odot b)_{i,j}}{\epsilon + \sum_{i,j} a_{i,j} + \sum_{i,j} b_{i,j}}$$

이 공식을 조금 명확히 하자. a와 b가 원-핫 인코딩된 두 개의 텐서라면 다이스 분자(즉, 둘의 교집합)는 둘 사이에 요소 단위 곱셈을 적용한 다음(1장 '컴퓨터 비전과 신경망' 참조) 결과 텐서의 값을 모두 더함으로써 근사될 수 있다. 분모는 a와 b의 요소를 모두 더함으로써 얻을 수 있다. 마지막으로 작은 값(예를 들어, $1e-6$보다 작은)을 분모에 더함으로써 텐서가 아무 것도 포함하지 않았을 때 0으로 나누는 경우를 피하고 마찬가지로 분자에 더함으로써 결과를 매끄럽게 한다.

실제 값을 담은 원-핫 인코딩된 텐서와 달리, 실제로 예측 텐서는 이진 값을 포함하지 않는다. 예측 텐서는 0부터 1사이 연속 범위에 포함되는 소프트맥스 확률로 구성된다. 따라서 이 손실을 종종 **소프트 다이스**(soft Dice)라고 부르기도 한다.

텐서플로에서 이 손실은 다음처럼 구현될 수 있다.

```
def dice_loss(labels, logits, num_classes, eps=1e-6, spatial_axes=[1, 2]):
    # 로짓을 확률로, 실제 값을 원-핫 인코딩된 텐서로 변환:
    pred_proba = tf.nn.softmax(logits, axis=-1)
    gt_onehot = tf.one_hot(labels, num_classes, dtype=tf.float32)
    # 다이스 계수의 분자와 분모 계산:
    num_perclass = 2 * tf.reduce_sum(pred_proba * gt_onehot, axis=spatial_axes)
    den_perclass = tf.reduce_sum(pred_proba + gt_onehot, axis=spatial_axes)
    # 배치와 클래스에 대한 평균과 다이스 계수 계산:
    dice = tf.reduce_mean((num_perclass + eps) / (den_perclass + eps))
    return 1 - dice
```

다이스 계수와 IoU 모두 분할 작업에 있어 중요한 도구이며 관련 주피터 노트북에서 이 도구들이 얼마나 유용한지 볼 수 있다.

조건부 랜덤 필드로 후처리

모든 픽셀에 레이블을 올바르게 지정하는 일은 복잡한 작업이며, 윤곽이 뚜렷하지 않고 부정확한 영역이 작은 예측 레이블 맵을 얻는 것이 일반적이다. 다행스럽게도 결과를 후처리해 명백한 단점들을 바로잡는 기법들이 있다. 이 기법들 중에 **조건부 랜덤 필드**(conditional random fields, CRFs) 기법이 전체 효율성 측면에서 가장 유명하다.

그 이론적 배경을 여기서 다루지는 않겠지만, CRF는 원본 이미지로 돌아가 각 픽셀의 컨텍스트를 고려함으로써 픽셀 단위의 예측을 개선할 수 있다. 두 개의 이웃한 픽셀 사이의 색 변화가 작으면(즉, 색이 갑자기 변하지 않으면) 이 둘은 동일한 클래스에 속할 가능성이 있다. 공간과 색 기반의 모델과 예측기가 제공하는 확률 맵(여기서는 CNN에서 출력한 소프트맥스 텐서)을 고려해 CRF 기법은 시각적 윤곽선 측면에서 더 나은 정교화된 레이블 맵을 반환한다.

예를 들어 필립 크라헨불(Philipp Krähenbühl)과 블라들렌 콜툰(Vladlen Koltun)이 제안한 (「Efficient inference in fully connected CRFs with gaussian edge potentials」, Advances in neural information processing systems, 2011 참조) 가우스 테두리 후보를 사용하는 고밀도 CRF의 파이썬 래퍼 함수로 루카스 바이엘(Lucas Beyer)이 개발한 pydensecrf(https://github.com/lucasbeyer/pydensecrf)와 같은 여러 가지 기존 구현물을 사용할 수 있다. 이 장의 마지막 주피터 노트북에서 이 프레임워크를 사용하는 방법을 보여준다.

고급 예제 - 자율 주행 자동차를 위한 이미지 분할

이 장 서두에서 제안했듯이, 이 새로운 지식을 복잡한 실생활(자율 주행 자동차를 위한 교통 이미지 분할)에 적용해 보자.

작업 설명

자율 주행 자동차는 사람처럼 환경을 이해하고 주변을 둘러싼 요소들을 인지해야 한다. 전방 카메라로부터 유입되는 동영상 이미지에 의미론적 분할을 적용함으로써 시스템은 다른 자동차가 주변에 있는지 또는 보행자나 자전거가 길을 건너고 있지는 않은지를 알 수 있고 차선과 교통 신호를 지킬 수 있다.

따라서 이 프로세스는 대단히 중요하며 연구원들은 모델을 정교화하기 위해 수많은 노력을 기울인다. 그런 이유로 활용할 수 있는 관련 데이터셋과 벤치마크가 많이 있다. 여기에서 데모를 위해 사용할 'Cityscapes' 데이터셋(https://www.cityscapes-dataset.com)도 가장 유명한 데이터셋 중 하나다. 마리우스 코츠 팀이 공유한(「The Cityscapes Dataset for Semantic Urban Scene Understanding」, Proceedings of the IEEE CVPR Conference) 이 데이터셋에는 19개 이상의 클래스(도로, 차, 나무 등)에 대해 의미상 레이블이 지정된 여러 도시의 동영상 시퀀스를 포함하고 있다. 이 벤치마크를 시작하는 데 이 장에 포함된 노트북 하나를 특별히 할애했다.

대표적인 솔루션

이 장에 포함된 마지막 두 개의 주피터 노트북에서는 이 작업을 해결하기 위해 FCN와 U-Net 모델을 이 절에서 보여주는 몇 가지 비결을 사용해 훈련시킨다. 손실을 계산할 때 각 클래스를 올바르게 평가하는 방법과 레이블 맵을 사후 처리하는 방법 등을 보여준다.

전체 솔루션은 상당히 길고 코드를 보여주기에는 노트북이 더 적합하기 때문에 계속해서 이 사례에 흥미가 있다면 노트북을 확인하기 바란다. 이로써 이 장의 남은 부분에서 또 다른 매력적인 문제인 인스턴스 분할에 전념할 수 있다.

더 까다로운 인스턴스 분할

객체 분할을 위해 훈련된 모델을 사용하면 '소프트맥스' 출력은 각 픽셀에 대해 N개 클래스 중 하나에 속할 확률을 나타낸다. 그렇지만 이 출력이 두 픽셀 혹은 픽셀 블롭(blob)이 한 클래스의 동일한 인스턴스에 속하는지 여부를 나타내지는 않는다. 예를 들어 그림 6-10에 표시된 예측 레이블 맵이 주어졌을 때 '나무'나 '빌딩' 인스턴스의 수를 계산할 방법이 없다.

이제부터는 앞에서 이미 해결한 두 가지 관련 작업인 객체 분할과 객체 탐지를 위한 솔루션을 확장함으로써 인스턴스 분할을 달성하는 두 가지 방식을 설명한다.

객체 분할에서 인스턴스 분할까지

우선 방금 다뤘던 분할 모델로부터 인스턴스 마스크를 얻기 위해 몇 가지 도구를 설명하겠다. U-Net의 저자는 인코더-디코더를 조정해서 그 출력을 인스턴스 세분화에 사용할 수 있도록 하는 아이디어를 대중화했다. 이 아이디어는 의료 애플리케이션용 인스턴스 분할을 촉진하기 위한 후원 대회인 캐글 2018 데이터 사이언스 볼(Kaggle's 2018 Data Science Bowl, https://www.kaggle.com/c/data-science-bowl-2018)에서 우승한 알렉산더 부슬라에프(Alexander Buslaev), 빅터 두르노프(Victor Durnov), 셀림 세페르베코프(Selim Seferbekov)에 의해 더 발전됐다.

경계를 고려하기

의미론적 마스크에 의해 포착된 요소가 잘 분리돼 겹치지 않는다면, 각 인스턴스를 식별하기 위해 마스크를 나누는 일은 그렇게 복잡한 작업이 아니다. 이진 행렬에서 개별 블롭의 윤곽선을 추정하거나 각 블롭에 대해 별도의 마스크를 제공하기 위해 다양한 알고리즘을 사용할 수 있다. 다중 클래스 인스턴스 분할의 경우, 객체 분할 기법에서 반환된 각 클래스 마스크에 대해 이 프로세스를 반복해 인스턴스로 더 분할할 수 있다.

하지만 정확한 의미론적 마스크를 먼저 구해야 하는데, 그렇지 않으면 서로 너무 가까운 요소는 단일 블롭으로 반환될 수 있기 때문이다. 어떻게 하면 분할 모델이 최소한 겹치지 않는 요소에 대해 정밀한 윤곽선으로 마스크를 생성하는 일에 충분히 주의를 기울이게 할까? 우리는 이미 그 대답을 알고 있다. 네트워크가 특정 작업을 하도록 가르치는 유일한 방법은 훈련 손실을 그에 맞게 조정하는 것이다.

U-Net은 생체의학 애플리케이션에서 현미경 이미지로부터 뉴런 구조를 분할하기 위해 개발됐다. 저자는 근접한 세포를 올바르게 분리하도록 네트워크를 가르치기 위해 여러 인스턴스의 경계에 위치한 잘못 분류된 픽셀에 더 큰 페널티를 부과하도록 손실 함수에 가중치를 주기로 결정했다. 또한 그림 6-11에서 보여주듯이, 이 전략은 앞에서 설명했던 클래스별 손실 가중치를 부여하는 것과 상당히 유사하지만, 여기에서 가중치는 특별히 픽셀별로 계산된다. U-Net 저자는 실제 클래스 마스크를 기반으로 이 가중치 맵을 계산하기 위한 공식을 제시한다. 각 픽셀에 대해, 그리고 각 클래스에 대해 이 공식은 두 개의 가장 가까운 클래스 인스턴스까지의 픽셀 거리를 계산에 넣는다. 두 거리가 작을수록 가중치가 커진다. 가중치 맵은 사전에 계산되고 실제 마스크와 함께 저장되어 훈련하는 동안 함께 사용될 수 있다.

이 픽셀별 평가는 다중 클래스 시나리오에서 클래스별 평가와 결합될 수 있다. 이미지의 특정 영역에 대해 네트워크에 더 무거운 페널티를 부과하는 아이디어는 다른 애플리케이션(예를 들어 제조된 객체의 핵심 부분을 더 정확하게 분할하기 위해)에 맞춰 조정될 수도 있다.

앞에서 이 아이디어에 주목할 만한 의견을 제시한 캐글 2018 데이터 사이언스 볼 우승자에 대해 언급했다. 이들이 만든 맞춤형 U-Net은 각 클래스에 대해 두 개의 마스크를 출력하는데, 하나는 픽셀별 클래스 확률을 예측하는 일반 마스크이며 두 번째는 클래스 경계를 잡아내는 마스크다. 실제 경계 마스크는 해당 클래스 마스크를 기반으로 사전에 계산된다. 적절한 훈련을 거친 다음 두 예측 마스크에서 얻은 정보는 각 클래스에 대해 잘 구분된 요소를 얻기 위해 사용될 수 있다.

사후 처리를 통해 인스턴스 마스크로 변환

앞에서 설명했듯이, 정확한 마스크를 구하면 적절한 알고리즘을 적용해 그로부터 겹치지 않는 인스턴스를 식별할 수 있다. 이 사후 처리는 일반적으로 **마스크 침식(mask erosion)**과 **팽창(dilation)** 같은 **모폴로지 함수(morphological functions)**를 사용해 이루어진다.

워터셰드 변환(Watershed transforms)은 클래스 마스크를 인스턴스로 더 분할하는 또 다른 일반적인 알고리즘군이다. 이 알고리즘은 채널이 하나인 텐서를 취해 이를 각 값이 고도를 나타내는 지형면으로 간주한다. 여기에서 더 자세히 다루지는 않겠지만, 다양한 기법을 사용해 인스턴스 경계를 나타내는 능선의 꼭대기를 추출한다. 이 변환의 구현물 몇 가지를 사용할 수 있으며 이 중 일부는 토론토 대학의 민 바이(Min Bai)와 라쿠엘 우터슨(Raquel Urtasun)이 제안한 「Deep watershed transform for instance segmentation」(Proceedings of the IEEE CVPR conference, 2017)처럼 CNN에 기반하고 있다. 이 네트워크는 FCN 아키텍처에 영감을 받아 예측된 의미론적 마스크와 원본 RGB 이미지를 모두 입력으로 가져와 능선을 식별하는 데 사용될 수 있는 에너지 맵을 반환한다. RGB 정보 덕분에 이 솔루션은 겹치는 인스턴스도 정확하게 분할할 수 있다.

객체 탐지부터 인스턴스 분할까지 – Mask R-CNN

인스턴스 분할을 해결하는 두 번째 방법은 객체 탐지 관점에서 비롯됐다. 5장 '객체 탐지 모델'에서 이미지에 등장하는 객체 인스턴스에 대한 경계 상자를 반환하는 솔루션을 설명했다. 다음 단락부터는 어떻게 이 결과들이 더 정교화된 인스턴스 마스크로 바뀌는지 보여준다. 더 정확히 말하면 **Faster R-CNN**을 확장한 네트워크인 **Mask R-CNN**을 설명한다.

의미론적 분할을 경계 상자에 적용하기

1장 '컴퓨터 비전과 신경망'에서 객체 탐지를 소개했을 때 이 프로세스는 종종 추가 분석을 위한 사전 준비 단계로 사용돼 단일 인스턴스를 포함한 이미지 패치를 제공한다고 설명했다. 이 점을 염두에 두면 인스턴스 분할은 다음 두 단계의 문제가 된다.

1. 객체 탐지 모델을 사용해 타깃 클래스의 각 인스턴스에 대한 경계 상자를 반환한다.
2. 각 패치를 의미론적 분할 모델에 제공해 인스턴스 마스크를 얻는다.

예측된 경계 상자가 정확하면(각 경계 상자가 하나의 전체 요소를 잡아내면) 분할 네트워크가 할 일은 단순하다. 해당 패치에서 어느 픽셀이 캡처된 클래스에 속하는지, 어느 픽셀이 배경의 일부이고 어느 픽셀이 다른 클래스에 속하는지 분류하면 된다.

인스턴스 분할을 해결하는 이 방식은 이미 구현에 필요한 모든 도구(객체 탐지와 의미론적 분할모델)가 있으므로 유리하다!

Faster R-CNN으로부터 인스턴스 분할 모델 구성하기

간단하게 사전 훈련된 탐지 네트워크와 그 뒤에 사전 훈련된 분할 네트워크를 배치해 사용할 수 있지만, 두 네트워크를 하나로 이어서 엔드-투-엔드 방식으로 훈련하면 전체 파이프라인의 성능이 확실히 나아진다. 공통 계층을 통해 분할 손실을 역전파하면 추출된 특징이 탐지와 분할 작업에서 모두 의미 있게 된다. 이것이 2017년 **Facebook AI Research(FAIR)**에서 카이밍 히(Kaiming He) 팀에서 제안한 (「Mask R-CNN」, Proceedings of the IEEE CVPR conference) 'Mask R-CNN'에 대한 원래 생각이다.

> 기억하겠지만, 카이밍 히는 ResNet과 Faster R-CNN의 주 저자이기도 하다.

Mask R-CNN은 주로 Faster R-CNN에 기반한다. Faster R-CNN처럼 Mask R-CNN은 하나의 영역 제안 네트워크로 구성되며 제안된 각 영역에 대한 클래스와 상자 오프셋을 예측하는 두 개의 분기가 그 뒤로 이어진다(5장 '객체 탐지 모델' 참조). 그렇지만 저자는 여기에 세 번째 병렬 분기를 추가해 확장함으로써 각 영역의 요소에 대한 이진 마스크를 출력한다(그림 6-12). 이 추가된 분기는 표준 합성곱과 전치 합성곱 한 쌍으로만 구성된다. 저자가 자신의 논문에서 강조했듯이, 이 병렬 처리는 Faster R-CNN의 정신을 따르며, 이것이 일반적으로 순차형인 다른 인스턴스 분할 기법과 대조되는 점이다.

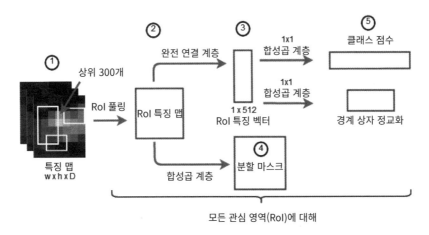

그림 6-12 Faster R-CNN(그림 5-12 참조)에 기반한 Mask R-CNN 아키텍처

이 병렬화 덕분에 히 팀은 분류와 분할을 분리할 수 있었다. 분할 분기는 N개의 이진 마스크(다른 일반적인 의미론적 분할 모델처럼 클래스당 한 개)를 출력하도록 정의되지만, 다른 분기에 의해 예측된 클래스에 대응하는 마스크만 최종 예측과 훈련 손실을 계산할 때 사용된다. 즉 인스턴스 클래스의 마스크만 분할 분기에 적용되는 교차 엔트로피 손실에 영향을 준다. 저자가 자세히 설명했듯이, 이렇게 함으로써 분할 분기는 클래스 간에 경쟁 없이 레이블 맵을 예측함으로써 그 작업을 단순화할 수 있다.

> Mask R-CNN 저자가 기여한 또 다른 유명한 기법으로는 Faster R-CNN의 **RoI 풀링 계층(RoI Pooling layer)**을 대체하는 **RoI 정렬 계층(RoI Align layer)**이 있다. 둘의 차이는 사실 상당히 미묘하지만 무시할 수 없는 수준의 정확도 향상을 제공한다. RoI 풀링은 예를 들면 서브윈도우 셀의 좌표를 이산화함으로써 양자화가 일어난다(5장 '객체 탐지 모델'과 그림 5-13 참조). 이 점이 분류 분기(미미한 수준의 오정렬에는 강하다)의 예측에는 실제로 영향을 미치지 않지만 분할 분기의 픽셀 단위의 예측 품질에는 영향을 줄 수 있다. 이 문제를 피하기 위해 히 팀은 해당 셀의 콘텐츠를 얻기 위해 단순히 '이산화 과정을 제거'하고 '양선형 보간법을 사용'했다.

Mask R-CNN은 COCO 2017 대회에서 유명해졌고 현재까지도 광범위하게 사용되고 있다. 다양한 구현을 온라인에서 찾아볼 수 있다. 예를 들면 객체 탐지와 인스턴스 분할을 전담하는 tensorflow/models 저장소 폴더(https://github.com/tensorflow/models/tree/master/research/object_detection)가 있다.

요약

이 장에서는 픽셀 단위의 정확도를 필요로 하는 애플리케이션을 위한 다양한 패러다임을 다뤘다. 인코더-디코더와 일부 특수 아키텍처를 소개했고 이를 이미지 노이즈 제거에서 의미론적 분할에 이르기까지 여러 작업에 적용해 봤다. 또한 인스턴스 분할처럼 진화된 문제를 해결하기 위해 다양한 솔루션을 결합하는 방법도 보여줬다.

점점 더 복잡한 작업을 해결할수록 새로운 도전 과제들이 등장한다. 예를 들어 의미론적 분할의 경우 모델을 훈련시키기 위해 이미지에 정확하게 주석을 다는 일은 시간이 많이 걸린다. 따라서 활용할 수 있는 데이터셋은 부족하기 때문에 과적합을 피하기 위해 특별한 측정 기준이 필요하다. 게다가 훈련 이미지와 해당 이미지의 실제 정보가 더 무겁기 때문에 효율적인 훈련을 위해서는 잘 설계된 데이터 파이프라인이 필요하다.

따라서 다음 장에서는 어떻게 텐서플로를 사용해 훈련 배치를 효과적으로 보강하고 제공할 수 있는지에 대해 깊이 있게 살펴보겠다.

질문

1. 오토인코더의 독특한 특징은 무엇인가?

2. FCN은 어느 분류 아키텍처에 기반하고 있는가?

3. 의미론적 분할 모델에서 작은 클래스를 무시하지 않기 위해 어떤 방식으로 훈련하는가?

참고 문헌

- 「Mask R-CNN」(http://openaccess.thecvf.com/content_iccv_2017/html/He_Mask_R-CNN_ICCV_2017_paper.html), Kaiming He, Georgia Gkioxari, Piotr Dollar, Ross Girshick:

  – 이 장에서 언급된 이 콘퍼런스 논문은 Mask R-CNN을 잘 설명하고 있으며 추가적인 그림과 함께 세부적인 내용에 대해서도 자세히 다루고 있어서 이 모델을 이해하는 데 훌륭한 교재가 될 것이다.

3부

컴퓨터 비전의 고급 개념 및 새 지평

이 책의 마지막 부분인 3부에서는 이 책에서 다뤘던 도메인에서 현대의 도전 과제들을 해결하고 컴퓨터 비전을 새로운 사례에 적용하고자 하는 사람들을 위한 핵심 기법을 제공한다. 먼저 대용량 데이터를 효율적으로 처리하도록 설계된 텐서플로 도구를 설명한다. 반대로 데이터가 매우 희박한 경우를 해결할 수 있게 컴퓨터 그래픽스, GAN, VAE를 사용한 이미지 생성과 함께 도메인 적응(domain adaptation) 기법도 소개한다. 동영상에서 정보를 추출하는 방법을 배우기 위해 한 단원을 할애해 순환 신경망과 그 원리 및 일부 애플리케이션을 설명한다. 마지막으로 온디바이스 컴퓨터 비전과 관련된 도전 과제들에 대해 생각해 보고 각자가 만든 솔루션을 모바일 폰과 웹 브라우저에 배포하는 방법에 대해 살펴보는 것으로 마무리한다.

각 장에서 다룰 내용은 다음과 같다.

- 7장 '복합적이고 불충분한 데이터셋에서 훈련시키기'
- 8장 '동영상과 순환 신경망'
- 9장 '모델 최적화 및 모바일 기기 배포'

07

복합적이고 불충분한
데이터셋에서 훈련시키기

데이터는 딥러닝 애플리케이션의 생명과 피다. 그렇게 훈련 데이터는 방해받지 않고 네트워크에 유입될 수 있어야 하고 목적한 작업을 위한 기법을 준비하기 위해 유의미한 정보를 모두 포함해야 한다. 그러나 데이터셋은 종종 복잡한 구조를 갖거나 이기종 디바이스에 저장되기도 해 그 콘텐츠를 모델에 효율적으로 공급하는 프로세스를 복잡하게 만들 수 있다. 다른 경우로는 관련 훈련 이미지나 주석을 구할 수 없어 모델이 학습하는 데 필요한 정보를 얻지 못할 수 있다.

다행스럽게도 전자의 경우 텐서플로는 최적화된 데이터 파이프라인을 설정하기 위한 풍부한 프레임워크로 tf.data를 제공한다. 후자의 경우 연구원들은 관련 훈련 데이터가 부족한 경우를 해결하기 위해 데이터 보강(data augmentation), 인공 데이터셋 생성, 도메인 적응 등 다양한 대안들을 제안하고 있다. 이러한 대안들을 살펴보면서 **변분 오토인코더**(variational autoencoders, VAEs)와 **생성적 적대 신경망**(generative adversarial networks, GANs) 같은 생성 모델도 함께 설명하겠다.

이 장에서는 다음 주제를 다룰 것이다.

- tf.data를 사용해 효율적인 입력 파이프라인을 구성해 모든 종류의 샘플을 추출하고 처리하는 방법

- 훈련 데이터가 충분하지 않은 경우를 보완하기 위해 이미지를 보강하고 렌더링하는 방법

- 도메인 적응 기법이 무엇인지, 그리고 그것이 어떻게 더 견고한 모델을 훈련시키는 데 도움이 되는지

- VAE와 GAN 같은 생성 모델을 사용해 새로운 이미지를 생성하는 방법

기술 요구사항

이 장에서 설명하는 내용을 보여주는 주피터 노트북과 관련 소스 파일은 이 책의 깃 저장소에서 확인할 수 있다(https://github.com/PacktPublishing/Hands-On-Computer-Vision-with-TensorFlow-2/tree/master/Chapter07).

3D 모델로부터 합성 이미지를 렌더링하는 방법을 보여주는 노트북에서는 vispy(http://vispy.org)와 plyfile(https://github.com/dranjan/python-plyfile) 같은 몇 가지 파이썬 패키지가 추가로 필요하다. 설치 방법은 노트북에서 바로 확인할 수 있다.

효율적인 데이터 제공

입력 파이프라인을 잘 정의해두면 모델을 훈련시키는 데 필요한 시간을 상당히 절약할 수 있을 뿐 아니라 네트워크 성능을 높일 수 있는 최적의 설정을 찾아가는 데 필요한 훈련 샘플의 전처리 과정을 수월하게 만들어준다. 이 절에서는 이러한 최적의 파이프라인을 구성하는 방법을 알아보고 텐서플로 tf.data API를 자세히 살펴본다.

텐서플로 데이터 API 소개

이미 주피터 노트북에서 tf.data가 여러 번 등장했지만, 아직 이 API와 그 다양한 면에 대해 제대로 소개하지 못했다.

텐서플로 데이터 API의 이해

tf.data를 자세히 알아보기 전에 딥러닝 모델 훈련에 필요한 몇 가지 경우를 생각해 보자.

빠르고 데이터가 많이 필요한 모델에 데이터 공급하기

신경망(neural networks, NNs)은 '데이터가 많이 필요한' 기법이다. 훈련하는 동안 신경망이 반복할 수 있는 데이터셋이 클수록 이 신경망은 더 정확하고 견고해진다. 이미 앞의 실험에서 알아봤듯이 네트워크를 훈련하는 일은 매우 힘든 일이어서 몇 시간이나 며칠이 걸릴 수 있는 작업이다.

GPU/TPU 하드웨어 아키텍처의 성능이 우수해질수록 훈련이 반복될 때마다 전방 전달 및 역전파에 필요한 시간이 계속 줄어들게 된다(그러한 기기를 구매할 형편이 되는 사람의 경우에 해당). 오늘날 속도가 그렇게 빨라지면서 NN은 전형적인 입력 파이프라인이 훈련 배치를 '생산'하는 것보다 더 빨리 '소비'하는 경향이 있다. 특히 컴퓨터 비전에서는 그렇다. 이미지 데이터셋은 보통 전체를 전처리하기에는 너무 무거우며, 그때그때 상황에 따라 이미지 파일을 읽고 디코딩하면 심각한 지연이 발생할 수 있다(특히 훈련당 수백만 회를 반복해야 한다면 말이다).

느긋한 구조에서 얻은 영감

더 일반적으로 몇 년 전 '빅데이터'의 상승세에 힘입어 모든 종류의 애플리케이션을 위한 '대용량 데이터를 처리하고 제공하기 위한' 새로운 솔루션을 제공하는 다양한 문헌, 프레임워크, 모범 사례 등이 등장했다. tf.data API는 신경망에 데이터를 공급하기 위한 명확하고 효율적인 프레임워크를 제공하기 위해 텐서플로 개발자가 이러한 프레임워크와 실습을 염두에 두고 개발했다. 엄밀하게 말하면 이 API의 목적은 '현재 단계를 완료하기 전에 다음 단계를 위해 데이터를 전달'할 수 있는 입력 파이프라인을 정의하는 데 있다(공식 API 가이드인 https://www.tensorflow.org/guide/performance/datasets 참조)

텐서플로를 만든 구글 전문가 중 하나인 데렉 머레이(Derek Murray)가 여러 온라인 프레젠테이션에서 설명했듯이(그의 프레젠테이션 중 하나를 https://www.youtube.com/watch?v=uIcqeP7MFH0에서 동영상으로 볼 수 있다), tf.data API로 구성된 파이프라인은 함수형 언어의 '느긋한 리스트(lazy list)'와 비슷하다. 이 파이프라인은 필요에 따라 호출되는 방식으로 거대하거나 무한한 데이터셋을 배치 단위로 반복할 수 있다('무한'하다는 것은 예를 들어 새로운 데이터 샘플이 그때그때 생성되는 경우를 말한다). 이 파이프라인은 데이터를 처리하고 그 흐름을 제어하기 위한 map(), reduce(), filter(), repeat() 등의 연산을 제공한다. 이 파이프라인은 파이썬 '제너레이터(generator)'와 비슷하지만 더 발전된 인터페이스를 제공하며, 더 중요하게는 계산 성능을 위한 C++ 백본을 갖추고 있다. 주 훈련 루프와 '병렬로' 배치를 처리하고 제공하기 위해 다중 스레드 파이썬 제너레이터를 직접 구현할 수 있지만, tf.data는 이 모든 일을 즉시 수행한다(그리고 아마도 더 최적화된 방식으로 수행할 것이다).

텐서플로 데이터 파이프라인 구조

바로 앞 단락에서 알 수 있듯이, 데이터 과학자들은 이미 대규모 데이터셋의 처리와 파이프라인 구성에 관한 광범위한 노하우를 개발했으며 tf.data 파이프라인의 구조는 이러한 모범 사례를 전적으로 따른다.

추출 - 변환 - 적재

실제로 이 API 가이드는 또한 훈련을 위한 데이터 파이프라인과 추출(Extract), 변환(Transform), 적재(Load)의 ETL 프로세스를 병렬로 만든다. ETL은 컴퓨터 사이언스에서 데이터 처리를 위한 일반적인 패러다임이다. 컴퓨터 비전에서 모델에 훈련 데이터를 공급하는 ETL 파이프라인은 일반적으로 다음 그림 7-1과 같다.

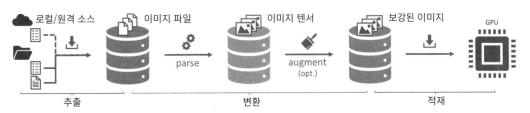

그림 7-1 컴퓨터 비전 모델 훈련을 위해 데이터를 제공하는 전형적인 ETL 파이프라인

추출 단계는 데이터 소스를 선택하고 그 콘텐츠를 추출하는 과정으로 구성된다. 이 소스는 문서로 명확하게 나열되거나(예를 들어, 모든 이미지에 대한 파일명을 포함하는 CSV 파일) 암묵적으로 나열될 수 있다(예를 들어, 이미 특정 폴더에 저장된 데이터셋의 모든 이미지로). 데이터 소스는 '다양한 기기(로컬 또는 원격)에 저장'될 수 있으며, 이 다양한 소스를 리스트로 만들고 그 콘텐츠를 추출하는 것도 추출기가 해야 할 일이다. 예를 들어 컴퓨터 비전에서는 여러 하드 드라이브에 저장돼야 할 정도로 큰 데이터셋을 사용하는 것은 일반적이다. 지도 학습 방식으로 NN을 훈련시키기 위해서는 '이미지를 따라 주석/실제 정보도 추출'해야 한다(예: CSV 파일에 포함된 클래스 레이블, 다른 폴더에 저장된 실제 분할 마스크 등).

가져온 데이터 샘플은 '변환'돼야 한다. 가장 보편적으로 사용되는 변환 중 하나는 추출된 데이터 샘플을 공통 포맷으로 파싱하는 것이다. 예를 들어, 이는 '이미지 파일로부터 읽어 들인 바이트를 행렬 표현으로 파싱'하는 것을 뜻한다(예: JPEG나 PNG 바이트를 이미지 텐서로 디코딩하는 것). 그 외에도, 이미지를 동일한 차원으로 '잘라내거나(cropping)/척도를 조정(scaling)하는 일'이나 다양한 랜덤 연산으로 이미지를 '보강(augmenting)'하는 등의 어려운 변환 기법들이 이 단계에 적용될 수 있다. 또한 지도 학습의 경우, 주석도 변환돼야 한다. 주석 또한 나중에 손실 함수에 전달될 수 있도록 텐서로 파싱돼야 한다.

준비가 끝났으면 데이터는 타깃 구조로 '적재'된다. 머신러닝 기법의 훈련을 위해 배치 샘플을 선택된 GPU 같이 '모델을 실행할 기기로' 전달하는 것을 뜻한다. 처리된 데이터셋은 또한 나중에 사용/재사용할 수 있게 어딘가에 저장되거나 캐시로 저장될 수 있다.

이 ETL 프로세스는 이미 앞에서 봤는데, 예를 들어 6장 '이미지 보강 및 분할'에서 'Cityscapes' 입력 파이프라인을 구성하는 주피터 노트북에서도 적용됐다. 입력 파이프라인은 제공된 입력/실제 정보 파일명에서 반복하고 파싱해서 그 콘텐츠를 보강한 다음 그 결과를 훈련 프로세스에 배치로 전달한다.

API 인터페이스

tf.data.Dataset은 tf.data API에서 제공하는 중심이 되는 클래스다(https://www.tensorflow.org/api_docs/python/tf/data/Dataset의 문서 참조). 이 클래스의 인스턴스(간단하게 **데이터셋**이라고도 함)는 데이터 소스를 나타내며 방금 설명했던 '느긋한 리스트' 패러다임을 따른다.

데이터셋은 최초에 그 콘텐츠가 어떻게 저장됐는지(파일, numpy 배열, 텐서 등)에 따라 다양한 방식으로 초기화될 수 있다. 예를 들어 데이터셋은 다음과 같이 이미지 파일 리스트에 기반할 수 있다.

```
dataset = tf.data.Dataset.list_files("/path/to/dataset/*.png")
```

데이터셋에는 변환된 데이터셋을 제공하기 위해 적용할 수 있는 다양한 메서드도 포함돼 있다. 예를 들어 다음 함수는 파일 콘텐츠가 균일하게 크기가 조정된 이미지 텐서로 변환된(즉, 파싱된) 새로운 데이터셋 인스턴스를 반환한다.

```
def parse_fn(filename):
    img_bytes = tf.io.read_file(filename)
    img = tf.io.decode_png(img_bytes, channels=3)
    img = tf.image.resize(img, [64, 64])
    return img # 또는 이 입력에 명명하려면 `{'image': img}`
dataset = dataset.map(map_func=parse_fn)
```

반복할 때 .map()에 전달된 함수는 데이터셋의 모든 샘플에 적용된다. 실제로 필요한 모든 '변환'이 적용됐으면 데이터셋은 다음처럼 느긋한 리스트/제너레이터로 사용될 수 있다.

```
print(tf.compat.v1.data.get_output_types(dataset)) # > "tf.uint8"
print(tf.compat.v1.data.get_output_shapes(dataset)) # > "(64, 64, 3)"
for image in dataset:
    # 이미지 관련 작업 수행
```

모든 데이터 샘플은 이미 Tensor로 반환되어 훈련할 기기에 쉽게 로딩될 수 있다. 이 일을 좀 더 간단하게 하기 위해, tf.estimator.Estimator와 tf.keras.Model 인스턴스는 다음과 같이 훈련 시 tf.data.Dataset 객체를 입력으로 직접 받을 수 있다(에스티메이터의 경우, 데이터셋 연산은 데이터셋을 반환하는 함수로 감싸야 한다).

```
keras_model.fit(dataset, ...) # 데이터에서 케라스 모델 훈련
def input_fn():
    # ... 데이터셋 구성
    return dataset
tf_estimator.train(input_fn, ...) # ... 또한 에스티메이터 훈련
```

tf.data API를 완벽하게 통합한 에스티메이터와 모델을 갖춘 텐서플로 2는 데이터 전처리와 데이터 로딩을 모듈화하고 명확하게 만든다.

입력 파이프라인 구성

이제 ETL 절차를 염두에 두고 적어도 컴퓨터 비전 애플리케이션에 적용할 tf.data에서 제공하는 가장 보편적이면서 중요한 메서드 중 일부를 개발하겠다. 전체 목록은 공식 문서를 참고하라(https://www.tensorflow.org/api_docs/python/tf/data).

추출 (소스: 텐서, 텍스트 파일, TFRecord 파일 등)

데이터셋은 일반적으로 특정 목적에 따른 필요(더 스마트한 알고리즘을 훈련하기 위해 이미지를 취합하는 기업, 벤치마크를 구성하는 연구원 등)에 의해 구성되므로 동일한 구조와 포맷을 갖는 데이터셋을 두 개를 찾기도 어렵다. 다행히도 텐서플로 개발자는 이를 잘 알고 있어 데이터를 나열하고 추출하는 수많은 도구를 제공한다.

NumPy와 텐서플로 데이터에서 추출

먼저 데이터 샘플이 어떤 방식으로든 프로그램에 의해 이미 적재됐으면(예를 들어, NumPy나 텐서플로 구조로) 이 샘플은 .from_tensors()이나 .from_tensor_slices() 정적 메서드를 사용해 tf.data에 바로 전달될 수 있다.

두 메서드는 모두 중첩된 배열/텐서 구조를 받아들이지만, `.from_tensor_slices()`는 다음과 같이 데이터를 첫 번째 축을 따라 샘플로 잘라낸다.

```
x, y = np.array([1, 2, 3, 4]), np.array([5, 6, 7, 8])
d = tf.data.Dataset.from_tensors((x,y))
print(tf.compat.v1.data.get_output_shapes(d)) # > (TensorShape([4]), TensorShape([4]))
d_sliced = tf.data.Dataset.from_tensor_slices((x,y))
print(tf.compat.v1.data.get_output_shapes(d_sliced)) # > (TensorShape([]), TensorShape([]))
```

여기에서 볼 수 있듯이 두 번째 데이터셋 d_sliced는 4쌍의 샘플을 포함하며 각각은 하나의 값만 포함한다.

파일에서 추출

이전 예제에서 보듯이 데이터셋은 `.list_files()` 정적 메서드를 사용해 파일에서 반복할 수 있다. 이 메서드는 목록의 파일 중 하나의 경로를 포함하는 문자열 텐서의 데이터셋을 생성한다. 그런 다음 tf.io.read_file()(tf.io는 파일 관련 연산을 포함한다)을 사용해 각 파일을 열 수 있다.

tf.data API는 이진 파일이나 텍스트 파일에서 반복하는 특수한 데이터셋도 제공한다. tf.data.TextLineDataset()는 문서를 한 줄씩 읽어 들일 때 사용될 수 있으며(텍스트 파일에 이미지 파일과 레이블이 나열된 일부 공공 데이터셋에서 유용하다), tf.data.experimental.CsvDataset()도 CSV 파일을 파싱해 그 콘텐츠를 줄 단위로 반환할 수 있다.

 tf.data.experimental을 사용한다고 해서 반드시 다른 모듈과 동일한 하위 호환성이 있는 것은 아니다. 이 책이 출간된 시점에 메서드들이 tf.data.Dataset으로 옮겨질 수도 있고 그냥 제거될 수도 있다(일부 텐서플로 제약사항으로 인해 임시로 제공되는 메서드의 경우). 따라서 주기적으로 관련 문서를 확인해 보기 바란다.

기타 입력에서 추출 (generator, SQL 데이터베이스, range 등)

여기에 전부 나열하지는 않았지만, tf.data.Dataset은 매우 다양한 입력 소스로부터 정의될 수 있다는 점을 알아두면 좋다. 예를 들어 단순히 숫자에서 반복하는 데이터셋은 정적 메서드인 .range()로 초기화될 수 있다. 또한 데이터셋은 .from_generator()를 사용해 파이썬 제너레이터를 기반으로 구성될 수 있다. 마지막으로 데이터가 SQL 데이터베이스에 저장된 경우에도 텐서플로는 다음을 포함해서 이를 쿼리할 수 있는 몇 가지 (실험적인) 도구를 제공한다.

```
dataset = tf.data.experimental.SqlDataset(
    "sqlite", "/path/to/my_db.sqlite3",
    "SELECT img_filename, label FROM images", (tf.string, tf.int32))
```

tf.data 문서를 보면 더 많은 데이터셋 인스턴스화 도구를 확인할 수 있다.

샘플 변환 (파싱, 보강 등)

ETL 파이프라인의 두 번째 단계는 **변환**이다. 변환은 두 가지 유형으로 나눌 수 있다. 하나는 데이터 샘플에 개별적으로 영향을 미치고, 다른 하나는 전체 데이터셋을 편집한다. 다음 단락부터는 전자에 해당하는 변환을 알아보고 샘플이 어떻게 전처리될 수 있는지 설명한다.

이미지와 레이블 파싱

dataset.map()을 다룬 이전 절에서 작성했던 parse_fn() 메서드에서 데이터셋에 의해 나열된 각 파일명에 대응하는 파일을 읽기 위해 tf.io.read_file()을 호출한 다음 tf.io.decode_png()를 사용해 바이트를 이미지 텐서로 전환했다.

 tf.io는 decode_jpeg(), decode_gif() 등도 포함하고 있다. 또한 이미지 포맷으로 무엇을 사용할지 추론할 수 있는 보다 일반적인 decode_image()도 제공한다(https://www.tensorflow.org/api_docs/python/tf/io 의 문서 참조).

게다가 다양한 기법이 컴퓨터 비전 레이블을 파싱하는 데 적용될 수 있다. 확실히 레이블도 이미지라면 (예를 들어 이미지 분할 혹은 편집의 경우), 방금 나열했던 메서드를 모두 동일하게 재사용할 수 있다. 레이블이 텍스트 파일에 저장된 경우, TextLineDataset이나 FixedLengthRecordDataset()를 사용해 텍스트 파일에서 반복할 수 있으며 tf.strings 같은 모듈을 사용해 텍스트 줄/레코드를 파싱할 수 있다. 예를 들어 각 줄에 이미지 파일명과 클래스 식별자를 쉼표로 구분해 작성한 텍스트 파일로 된 훈련 데이터셋을 가지고 있다고 가정하자. 각 이미지/레이블 쌍은 다음 방식으로 파싱될 수 있다.

```
def parse_fn(line):
    img_filename, img_label = tf.strings.split(line, sep=',')
    img = tf.io.decode_image(tf.io.read_file(img_filename))[0]
    return {'image': img, 'label': tf.strings.to_number(img_label)}
dataset = tf.data.TextLineDataset('/path/to/file.txt').map(parse_fn)
```

여기서 알 수 있듯이, 텐서플로는 문자열을 처리하고 전환하거나 이진 파일을 읽고 PNG나 JPEG 바이트를 이미지로 디코딩하는 등의 작업을 위한 다양한 헬퍼 함수를 제공한다. 이 함수를 사용하면 최소의 노력으로 이기종 데이터를 처리하는 파이프라인을 설정할 수 있다.

TFRecord 파일 파싱

모든 이미지 파일을 나열하고 이미지 파일을 열어 파싱하는 것이 가장 단순한 파이프라인 솔루션이지만, 이 방법이 최선은 아닐 수 있다. 이미지 파일을 하나씩 로딩해서 파싱하는 일은 자원을 많이 소비한다. 대용량 이미지를 하나의 이진 파일에 함께 저장하면 디스크에서 읽어 들이는 연산(원격 파일을 위한 스트리밍 연산)을 훨씬 더 효율적으로 만든다. 따라서 텐서플로 사용자라면 '구조화된 데이터를 직렬화하기 위해 언어 중립적이면서 플랫폼 중립적인 확장성 있는 매커니즘인 구글 프로토콜 버퍼'(https://developers.google.com/protocol-buffers의 문서 참조)를 기반으로 하는 'TFRecord' 파일 포맷을 사용하라는 조언을 종종 듣는다.

'TFRecord' 파일은 데이터 샘플(이미지, 레이블, 메타데이터 같은)을 모으는 이진 파일이다. 'TFRecord' 파일에는 기본적으로 샘플(예를 들어, {'img': image_sample1, 'label': label_sample1, ...})을 구성하는 각 데이터 요소(이 API에 따르면 **특징[feature]**이라고 함)를 명명하는 딕셔너리인 직렬화된 tf.train.**Example** 인스턴스가 포함돼 있다. 샘플에 포함된 각 요소/특징은 tf.train.**Feature** 인스턴스 또는 그 서브클래스의 인스턴스다. 이 객체는 데이터 콘텐츠를 바이트, 부동소수점, 정수 리스트로 저장한다(https://www. ensorflow.org//api_docs/python/tf/train의 문서 참조).

이 파일 포맷은 특별히 텐서플로를 위해 개발됐기 때문에 tf.data에서 매우 잘 지원된다. 입력 파이프라인을 위한 데이터 소스로 'TFRecord' 파일을 사용하기 위해서 텐서플로 사용자는 그 파일을 tf.data.**TFRecordDataset**(파일명)(https://www.tensorflow.org/api_docs/python/tf/data/TFRecordDataset의 문서 참조)으로 전달해 파일에 포함된 직렬화된 tf.train.Example 요소에서 반복할 수 있다. 그 콘텐츠를 파싱하기 위해 다음 작업이 이뤄져야 한다.

```python
dataset = tf.data.TFRecordDataset(['file1.tfrecords','file2.tfrecords'])
# 특징/tf.trainExample 구조를 설명하는 딕셔너리:
feat_dic = {'img': tf.io.FixedLenFeature([], tf.string), # 이미지의 바이트
            'label': tf.io.FixedLenFeature([1], tf.int64)} # 클래스 레이블
def parse_fn(example_proto): # 직렬화된 tf.train.Example을 파싱
    sample = tf.parse_single_example(example_proto, feat_dic)
```

```
    return tf.io.decode_image(sample['img'])[0], sample['label']
dataset = dataset.map(parse_fn)
```

tf.io.FixedLenFeature(shape, dtype, default_value)는 파이프라인에 직렬화된 샘플에서 어떤 종류의 데이터를 받을지 알려주며, 그런 다음 이 데이터는 단일 명령어로 파싱될 수 있다.

 주피터 노트북 중 하나에서 'TFRecord'를 자세히 다룬다. 거기서 데이터를 전처리하고 'TFRecord' 파일로 저장하는 방법과 그 다음으로 이 파일을 tf.data 파이프라인을 위한 데이터 소스로 사용하는 방법을 설명한다.

샘플 편집

.map() 메서드는 tf.data 파이프라인의 중심이다. 이 메서드는 샘플을 파싱하는 일 외에도 추가로 샘플을 편집하는 데 적용할 수 있다. 예를 들어, 컴퓨터 비전에서 일부 애플리케이션이 입력 이미지를 동일한 크기로 만들기 위해 자르거나/척도를 조정(예를 들어, tf.image.resize()를 적용)하거나 타깃 레이블을 원-핫 인코딩하는(tf.one_hot()) 일은 일반적이다.

이 장 뒷부분에서 자세히 다루듯이, 훈련 데이터를 선택적으로 보강하는 연산을 .map()에 전달되는 함수로 감싸는 것도 추천한다.

데이터셋 변환(뒤섞기, 압축, 병렬화 등)

이 API도 데이터셋을 다른 데이터셋으로 변환하거나 데이터셋 구조를 조정하거나 다른 데이터 소스와 병합하는 다양한 함수도 제공한다.

데이터셋 구조화

데이터 사이언스와 머신러닝에서 데이터 필터링, 샘플 뒤섞기, 샘플을 배치로 묶기 등의 연산은 극히 일반적이다. tf.data API는 이 대부분에 대해 간단한 솔루션을 제공한다(https://www.tensorflow.org/api_docs/python/tf/data/Dataset의 문서 참조). 예를 들어 데이터셋의 메서드 중 가장 자주 사용되는 것을 정리해 보면 다음과 같다.

- **.batch**(batch_size, ...): 데이터 샘플을 설정에 따라 배치로 만들어 새로운 데이터셋을 반환한다(tf.data.experimental.unbatch()는 그 반대를 수행한다). .batch() 다음에 .map()이 호출되면 매핑 함수는 배치된 데이터를 입력으로 받게 된다.

- **.repeat**(count=None): 데이터를 count 횟수만큼 반복한다(count = None인 경우 무한 반복한다).

- **.shuffle**(buffer_size, seed, ...): 버퍼를 설정에 따라 채운 다음 요소를 뒤섞는다(예를 들어 buffer_size = 10이면 데이터셋을 수직으로 10개 요소씩 서브세트로 나눈 다음 각 서브세트에서 요소의 순서를 임의로 바꾸어 이를 하나씩 반환한다). 버퍼 크기가 클수록 뒤섞는 일은 확률이 높아지지만 그 프로세스는 더 무거워진다.

- **.filter**(predicate): 제공된 predicate 함수의 부울형 출력에 따라 요소를 보존/제거한다. 예를 들어, 온라인에 저장된 요소를 제거하기 위해 데이터셋을 필터링해야 하면 이 메서드를 다음과 같이 사용하면 된다.

```
url_regex = "(?i)([a-z][a-z0-9]*)://([^ /]+)(/[^ ]*)?|([^ @]+)@([^
@]+)"
def is_not_url(filename): # NB: 정규 표현식이 100% 확실하거나 모든 경우를 포괄하지 않음
    return ~(tf.strings.regex_full_match(filename, url_regex))
dataset = dataset.filter(is_not_url)
```

- **.take**(count): 최대로 처음 count개 요소를 포함하는 데이터셋을 반환한다.

- **.skip**(count): 처음 count 개수 요소를 제외한 나머지 데이터셋을 반환한다. .take 메서드와 함께 이 두 메서드는 데이터셋을 예를 들어 다음과 같이 훈련 세트와 검증 세트로 나눌 때 사용될 수 있다.

```
num_training_samples, num_epochs = 10000, 100
dataset_train = dataset.take(num_training_samples)
dataset_train = dataset_train.repeat(num_epochs)
dataset_val = dataset.skip(num_training_samples)
```

그 외에도 데이터를 구조화하거나 그 흐름을 제어하는 데 사용할 수 있는 메서드가 많으며 일반적으로 다른 데이터 처리 프레임워크에서 영감을 받아 만들어졌다(예: .unique(), .reduce(), .group_by_reducer())

데이터셋 병합

일부 메서드는 데이터셋을 함께 병합하는 데 사용될 수도 있다. 가장 간단한 메서드로는 **.concatenate**(dataset)와 정적 메서드인 **.zip**(datasets)가 있다(https://www.tensorflow.org/api_docs/python/tf/data/Dataset의 문서 참조). 전자는 제공된 데이터셋의 샘플과 현재 데이터셋의 샘플을 연결하고 후자는 다음과 같이 데이터셋의 요소를 튜플로 결합(파이썬 zip()과 유사함)한다.

```
d1 = tf.data.Dataset.range(3)
d2 = tf.data.Dataset.from_tensor_slices([[4, 5], [6, 7], [8, 9]])
d = tf.data.Dataset.zip((d1, d2))
# d 는 [0, [4, 5]], [1, [6, 7]], [2, [8, 9]]를 반환함
```

여러 소스에서 비롯된 데이터를 병합하기 위해 종종 사용되는 또 다른 메서드로는 **.interleave**(map_func, cycle_length, block_length, ...)가 있다(https://www.tensorflow.org/api_docs/python/tf/data/Dataset#interleave의 문서 참조). 이 메서드는 map_func 함수를 데이터셋의 요소에 적용하고 결과를 '끼워 넣는다'. '이미지와 레이블 파싱' 단락에서 보여줬던 텍스트 파일에 나열된 이미지 파일과 클래스를 사용하는 예제로 돌아가보자. 그러한 텍스트 파일이 여러 개 있고 그 안의 이미지를 단일 데이터셋에 모두 결합해야 한다면 .interleave()는 다음처럼 적용될 수 있다.

```
filenames = ['/path/to/file1.txt', '/path/to/file2.txt', ...]
d = tf.data.Dataset.from_tensor_slices(filenames)
d = d.interleave(lambda f: tf.data.TextLineDataset(f).map(parse_fn),
                 cycle_length=2, block_length=5)
```

cycle_length 매개변수는 동시에 처리되는 요소 개수를 고정한다. 이전 예제에서 사용한 cycle_length = 2는 함수가 처음 두 파일의 행에서 동시에 반복한 다음 세 번째와 네 번째 파일의 행에서 반복하는 방식으로 이어간다. block_length 매개변수는 요소별 반환되는 연속 샘플 수를 제어한다. 여기에서 block_length = 5로 설정했는데, 이는 이 메서드가 한 파일에서 최대 5개의 연속 행을 생성하고 그 다음을 반복한다는 뜻이다.

이 모든 메서드와 그 외에 가능한 모든 메서드를 사용해 일부 이전 노트북(예: 'CIFAR'와 'Cityscapes' 데이터셋)에서 이미 보여줬던 대로 최소한의 노력으로 데이터 추출과 변환을 위한 복잡한 파이프라인을 설정할 수 있다.

적재

tf.data의 또 다른 이점은 그 모든 연산이 텐서플로 연산 그래프에 등록돼 추출되어 처리된 샘플이 Tensor 인스턴스로 반환된다는 점이다. 따라서 ETL의 마지막 단계인 '적재'와 관련해서는 '크게 할 일이 없다'. 기타 텐서플로 연산이나 텐서와 마찬가지로 이 라이브러리는 직접 선택하지 않으면 대상 기기에 데이터 샘플을 적재한다(예를 들어 데이터셋 생성 연산을 tf.device()로 감쌈). tf.data 데이터셋을 반복하기 시작하면 생성된 샘플은 모델에 바로 전달될 수 있다.

입력 파이프라인 최적화 및 모니터링

이 API가 효율적인 입력 파이프라인을 설정하는 일을 단순화하지만, 그 기능을 완벽하게 활용하려면 몇 가지 모범 사례를 따라야 한다. 텐서플로 제작자의 권장 사항을 몇 가지 공유한 다음 파이프라인을 모니터링하고 재사용하는 방법도 설명하겠다.

최적화를 위한 모범 사례 따르기

이 API는 데이터 처리와 흐름을 최적화하기 위한 메서드와 옵션을 몇 가지 제공하는데, 이에 대해 자세히 살펴보자.

병렬화와 프리페치

기본적으로 데이터셋 메서드 대부분은 병렬화 없이 샘플을 하나씩 처리한다. 그렇지만 이 행위는 예를 들어 '다중 CPU 코어를 활용하기 위해' 쉽게 바뀔 수 있다. 예를 들어 .interleave()와 .map() 메서드에는 모두 num_parallel_calls 매개변수가 있어 이 메서드가 생성할 수 있는 스레드 수를 지정할 수 있다 (https://www.tensorflow.org/api_docs/python/tf/data/Dataset의 문서 참조). 이미지 추출과 변환을 **병렬화**하면 훈련 배치 생성에 필요한 시간을 크게 줄일 수 있으므로 num_parallel_calls를 적절하게 설정(예: 처리 시스템이 갖는 CPU 코어 수)하는 것이 항상 중요하다.

텐서플로는 .interleave()의 병렬화된 버전으로 몇 가지 추가 옵션을 함께 제공하는 tf.data.experimental.parallel_interleave()도 제공한다(https://www.tensorflow.org/versions/r2.0/api_docs/python/tf/data/experimental/parallel_interleave의 문서 참조). 예를 들어 이 메서드에는 sloppy 매개변수가 있어 True로 설정하면 각 스레드는 준비되는 대로 그 출력을 반환한다. 이 경우 데이터가 더이상 정해진 순서로 반환되지 않지만, 다른 한편으로는 파이프라인 성능을 더 개선할 수 있다.

또 다른 tf.data의 성능 관련 특징은 데이터 샘플을 프리페치할 확률이 있다는 점이다. 데이터셋의 .prefetch(buffer_size) 메서드를 통해 적용되면 이 특징으로 입력 파이프라인이 현재 샘플이 소비되는 동안 다음 데이터셋 호출을 기다리는 대신 다음 샘플 준비를 시작한다. 구체적으로 텐서플로는 이 메서드를 사용해 GPU에서 실행 중인 모델이 현행 배치를 사용하는 동안 CPU에서 다음 훈련 배치를 준비하기 시작한다.

프리페치는 기본적으로 '생산자—소비자 방식'으로 '데이터 준비 및 훈련 연산을 병렬화'할 수 있다. 따라서 약간의 변경만으로 병렬 호출 및 프리페치를 가능하게 함으로써 다음처럼 훈련 시간을 크게 줄일 수 있다.

```
dataset = tf.data.TextLineDataset('/path/to/file.txt')
dataset = dataset.map(parse_fn, num_threads).batch(batch_size).prefetch(1)
```

텐서플로 공식 가이드(https://www.tensorflow.org/guide/performance/datasets)에서 영감을 얻은 그림 7-2는 이러한 모범 사례로 얼마만큼의 성능 향상을 이룰 수 있는지 보여준다.

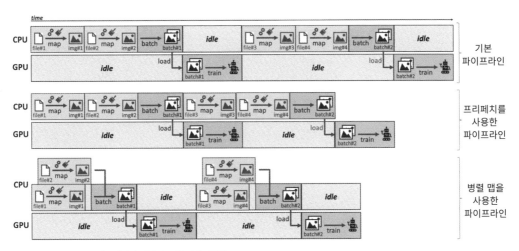

그림 7-2 병렬화 및 프리페치에서 얻을 수 있는 성능 향상

이 다양한 최적화 기법을 결합함으로써 CPU/GPU 유휴 시간은 더 줄어들 수 있다. 이 장의 주피터 노트북 중 하나에서 알 수 있듯이 전처리 시간 측면에서 성능이 크게 향상될 수 있다.

연산 결합

tf.data는 성능을 더 향상시키거나 더 신뢰할 수 있는 결과를 얻기 위해 일부 핵심 연산을 결합하는 함수를 제공한다는 사실을 알아두는 것도 유용하다.

예를 들어, tf.data.experimental.**shuffle_and_repeat**(buffer_size, count, seed)를 사용하면 뒤섞기와 반복 연산을 결합해 세대마다 다르게 뒤섞인 데이터셋을 쉽게 만들 수 있다(https://www.tensorflow.org/versions/r2.0/api_docs/python/tf/data/experimental/shuffle_and_repeat의 문서 참조).

최적화 문제로 돌아가 tf.data.experimental.**map_and_batch**(map_func, batch_size, num_parallel_batches, ...)(https://www.tensorflow.org/versions/r2.0/api_docs/python/tf/data/experimental/map_and_batch의 문서 참조)는 map_func 함수를 적용한 다음 그 결과를 함께 배치로 구성한다. 이 두 연산을 결합함으로써 이 솔루션은 일부 계산 오버헤드를 피하므로 선호된다.

텐서플로 2는 tf.data 연산을 자동으로 최적화하기 위한 도구를 몇 가지 구현했으므로 map_and_batch()는 사장될 것이다. 이 도구에는 여러 .map() 호출을 그룹으로 묶고 .map() 연산을 벡터화해서 .batch()로 직접 이 연산을 결합하거나 .map()과 .filter()를 결합하는 등이 포함된다. 이 자동 최적화가 모두 구현되고 텐서플로 커뮤니티에서 검증이 끝나면 더이상 map_and_batch()가 필요 없게 된다(다시 말하지만, 이 장을 읽게 될 때쯤 이미 끝났을지도 모른다).

전역 속성을 설정하기 위한 옵션 전달

텐서플로 2에서는 모든 연산에 영향을 줄 '전역 옵션을 설정'하여 데이터셋을 구성할 수도 있다. tf.data. Options는 .with_options(options) 메서드를 통해 데이터셋에 전달될 수 있고 데이터셋을 매개변수화하기 위한 몇 가지 특성을 갖는 구조다(https://www.tensorflow.org/api_docs/python/tf/data/Options의 문서 참조).

예를 들어, 부울 속성인 .experimental_autotune을 True로 설정하면 텐서플로는 모든 데이터셋 연산에 적용할 num_parallel_calls 값을 타깃 시스템의 능력에 맞춰 자동으로 튜닝한다.

.experimental_optimization 특성에는 데이터셋 연산을 자동 최적화하는 일과 관련된 일련의 하위 옵션들이 포함돼 있다(앞의 정보 박스 참조). 일부 예를 들면 다음 코드처럼 .map_and_batch_fusion 특성을 True로 설정하면 텐서플로가 자동으로 .map()과 .batch() 호출을 결합하고 .map_parallelization을 True로 설정하면 텐서플로는 자동으로 매핑 함수 중 일부를 자동으로 병렬화할 수 있다.

```
options = tf.data.Options()
options.experimental_optimization.map_and_batch_fusion = True
dataset = dataset.with_options(options)
```

이 외에도 다양한 옵션들이 많이 있으며 앞으로 더 많아질 것이다. 따라서 특히 입력 파이프라인의 성능이 중요한 문제일 경우 관련 문서를 살펴보는 것이 좋다.

데이터셋 모니터링 및 재사용

지금까지 tf.data 파이프라인을 최적화하기 위한 여러 도구를 설명했지만, 이 도구들이 성능에 긍정적으로 영향을 미칠지 어떻게 확인할 수 있을까? 어떤 연산이 데이터 흐름 속도를 늦추는지 알아낼 다른 도구들은 없을까? 다음 단락부터는 입력 파이프라인을 모니터링하는 방법과 함께 나중에 사용하기 위해 캐시에 저장하고 복원하는 방법을 보여줌으로써 이 질문에 답할 것이다.

성능 통계 집계

텐서플로 2의 새로운 기능 중 하나는 지연 시간(전체 프로세스 또는 각 연산에 대해)이나 각 요소에 의해 생산된 바이트 수와 같은 tf.data 파이프라인과 관련된 일부 통계를 집계할 수 있다는 것이다.

전역 옵션을 통해 데이터셋에 대해 이 지표 값을 모으도록 텐서플로에 통보할 수 있다(이전 단락 참조). tf.data.Options 인스턴스에는 tf.data.experimental.StatsOption 클래스의 .experimental_stats 필드가 있다(https://www.tensorflow.org/versions/r2.0/api_docs/python/tf/data/experimental/StatsOptions의 문서 참조). 이 클래스는 앞서 언급한 데이터셋 지표와 관련된 몇 가지 옵션을 정의한다(예를 들어, 지연 시간을 측정할 수 있게 .latency_all_edges를 True로 설정). 또한 .aggregator 속성이 있어 tf.data.experimental.StatsAggregator의 인스턴스를 받을 수 있다(https://www.tensorflow.org/versions/r2.0/api_docs/python/tf/data/experimental/StatsAggregator의 문서 참조). 그 이름에서도 알 수 있듯이 이 객체는 다음 코드 샘플에서처럼 데이터셋에 추가돼 요청받은 통계를 집계할 수 있고, 기록해서 텐서보드에 시각화할 수 있는 요약정보를 제공한다.

 이 책을 쓸 당시 이 기능은 아직 상당히 실험적이며 완전히 구현되지 않았다. 예를 들어, 집계된 통계를 포함한 요약 정보를 기록하는 쉬운 방법은 없다. 여기서는 모니터링 도구가 얼마나 중요한지 고려할 때 곧 이 모든 기능을 완전히 사용할 수 있게 될 거라는 믿음으로 이 기능들을 다뤘다.

따라서 데이터셋 통계를 다음처럼 집계하고 저장할 수 있다(예를 들어 텐서보드에서 사용하도록).

```
# 유틸리티 함수를 사용해 TF에 이 데이터셋에 대한 지연 통계를 수집하도록 지시함:
dataset = dataset.apply(tf.data.experimental.latency_stats("data_latency"))
# 전역 옵션을 통해 통계 집계 기능을 데이터셋과 연결:
stats_aggregator = tf.data.experimental.StatsAggregator()
options = tf.data.Options()
options.experimental_stats.aggregator = stats_aggregator
dataset = dataset.with_options(options)
# 나중에 집계된 통계는 이를 기록하기 위해 요약 정보로 얻을 수 있음:
summary_writer = tf.summary.create_file_writer('/path/to/summaries/folder')
with summary_writer.as_default():
    stats_summary = stats_aggregator.get_summary()
    # ... 텐서보드를 위해 `summary_writer`로 요약 정보 기록 (TF2 에서곧 지원 예정)
```

입력 파이프라인 전체뿐 아니라 아니라 그 내부 연산 각각에 대해서도 통계를 얻을 수 있다.

데이터셋 캐시 저장 및 재사용

마지막으로 텐서플로는 생성된 샘플을 '캐시에 저장'하거나 tf.data 파이프라인 통계를 저장하기 위해 몇 가지 함수를 제공한다.

데이터셋의 .cache(filename) 메서드를 호출함으로써 샘플을 캐시에 저장할 수 있다. 데이터가 캐시에 저장되면 데이터를 다시 반복할 때(즉, 다음 훈련 세대를 위해) 동일한 변환 과정을 거칠 필요가 없다. 캐시에 저장된 데이터의 콘텐츠는 해당 메서드가 언제 적용되는지에 따라 동일하지 않을 수 있다. 다음 예제를 보자.

```
dataset = tf.data.TextLineDataset('/path/to/file.txt')
dataset_v1 = dataset.cache('cached_textlines.temp').map(parse_fn)
dataset_v2 = dataset.map(parse_fn).cache('cached_images.temp')
```

첫 번째 데이터셋은 TextLineDataset에 의해 반환된 샘플, 즉 텍스트 행을 캐시에 저장할 것이다(캐시에 저장된 데이터는 지정된 파일인 cached_textlines.temp에 저장된다). parse_fn에서 이뤄진(예를 들어, 각 텍스트 행에 대해 대응하는 이미지 파일을 열고 디코딩함) 변환은 세대마다 반복돼야 한다. 반면 두 번째 데이터셋은 parse_fn에 의해 반환된 샘플, 즉 이미지를 캐시에 저장한다. 이렇게 하면 다음 세대를 위해 귀한 계산 시간을 절약할 수 있지만, 결과 이미지를 모두 캐시에 저장해야 하기 때문에 메모리 활용이 비효율적이다. 따라서 캐시에 저장하는 일은 신중하게 그리고 충분히 고려돼야 한다.

마지막으로 훈련이 중단되면 이전 입력 배치를 다시 반복하지 않고 훈련을 재개할 수 있도록 '데이터셋의 상태를 저장'할 수도 있다. 문서에 언급했듯이 이 기능은 적은 수의 다양한 배치에서 훈련받는(따라서 과적합의 위험이 있다) 모델에 긍정적인 영향을 미칠 수 있다. 에스티메이터의 경우 데이터셋의 반복자 상태를 저장하기 위한 한 가지 방법은 훅(hook), tf.data.experimental.CheckpointInputPipelineHook 을 설정하는 것이다(https://www.tensorflow.org/api_docs/python/tf/data/experimental/ CheckpointInputPipelineHook의 문서 참조)

텐서플로 개발자는 데이터 흐름을 설정하고 최적화하는 일이 머신러닝 애플리케이션에 얼마나 중요한지 알기 때문에 tf.data API를 정교화하기 위해 새로운 기능을 꾸준히 제공하고 있다. 바로 앞 절에서 다루고 관련 주피터 노트북에서 보여줬듯이 이 기능들을 활용하면(실험적인 기능이더라도) 구현 오버헤드와 훈련 시간을 상당히 줄일 수 있다.

데이터가 부족하면 어떻게 처리할까?

근본적으로 복잡한 애플리케이션을 훈련시키기 위해 데이터를 효율적으로 추출하고 변환할 수 있어야 하지만, 이 또한 우선 그러한 작업을 위한 '데이터가 충분하다'고 가정한다. 결국 NN은 '데이터가 많이 필요한' 기법이며, 우리가 빅데이터 시대를 살고 있더라도 '데이터를 수집하고 주석을 달기에 충분히 큰 데이터셋은 여전히 부족하다'. 하나의 이미지에 주석을 다는(예를 들어, 의미론적 분할 모델을 위해 실제 정보 레이블 맵을 생성하기 위해) 데 몇 분이 소요될 수 있고, 일부 주석은 전문가에게 검증/교정 받아야 할 수 있다(예를 들어, 의료 사진에 레이블을 지정하는 경우). 때에 따라 이미지 자체를 쉽게 얻지 못할 수도 있다. 예를 들어, 산업 플랜트의 자동화 모델을 구축할 때 제조된 객체와 그 구성요소를 모두 사진으로 찍는 것은 시간과 돈이 많이 드는 일이다.

따라서 **데이터 부족**은 컴퓨터 비전 분야에서는 공통된 문제이며 훈련 이미지나 정확한 주석이 부족함에도 불구하고 견고한 모델을 훈련시키기 위해 수많은 노력이 들었다. 이 절에서는 수년에 걸쳐 제안된 여러 해결책을 다루고 다양한 작업에서 각 방법의 이점과 제약 사항을 보여준다.

데이터셋 보강

4장 '유력한 분류 도구' 이후로 이 첫 번째 방법을 언급해왔으며, 이전 노트북에서 일부 애플리케이션을 위해 이미 이 방법을 사용해왔다. tf.data처럼 지금이 **데이터 보강**이 무엇인지, 텐서플로 2로 어떻게 적용할지를 제대로 설명할 수 있는 절호의 기회다.

개요

이전에 보여줬듯이 데이터셋을 '보강한다'는 것은 각 이미지에서 다르게 보이는 이미지를 얻기 위해 그 콘텐츠에 랜덤 변환을 적용하는 것을 뜻한다. 여기에서는 이 절차의 이점과 함께 관련 모범 사례를 소개한다.

왜 데이터셋을 보강하는가?

데이터 보강은 아마 너무 작은 훈련 세트를 다루기 위한 가장 일반적이고 단순한 기법일 것이다. 각 이미지를 다른 모양의 버전으로 제공함으로써 '이미지 수를 거의 몇 배로 만들 수 있다'. 이 다양한 버전은 '크기 변경(scale jittering)', 무작위 반전(random flipping), 회전(rotation), 색 변경(color shift) 등과 같은 랜덤 변환의 조합을 적용함으로써 얻는다. 부수적으로 데이터 보강은 작은 이미지 집합에서 큰 모델을 훈련할 때 일반적으로 발생하는 '과적합을 방지'할 수 있다.

하지만 충분한 훈련 이미지를 사용할 수 있더라도 여전히 이 절차를 고려해야 한다. 사실 데이터 보강을 사용하면 다른 이점들이 있다. 데이터셋이 크더라도 '편향' 문제가 있을 수 있는데 데이터 보강 기법을 사용하면 이를 어느 정도는 보완할 수 있다. 이 개념을 예제를 통해 알아보자. '붓(brush)' 사진과 '펜(pen)' 사진 분류기를 구성해야 한다고 상상해 보자. 하지만 각 클래스에 대한 사진은 정확한 획득 방식(예를 들어, 어떤 카메라 모델을 쓸지, 조명은 어떻게 쓸 것인지)에 대한 사전 합의 없이 두 개의 다른 팀에 의해 수집됐다. 그 결과 '붓' 사진 훈련 이미지는 '펜' 사진보다 어둡고 노이즈가 많다. NN은 모든 시각적 신호를 사용해 정확하게 예측하도록 훈련되기 때문에 이러한 데이터셋에서 학습한 모델은 객체를 분류하기 위해 순수하게 객체 표현(모양과 질감 같은)에 초점을 맞추는 대신 이와 같이 분명한 조명/노이즈 차이에 기반하게 된다. 실제 운영 환경 적용되면 이 모델은 형편없어져서 더이상 이 편향성에 의존할 수 없게 된다. 이 예제를 다음 그림 7-3에서 보여준다.

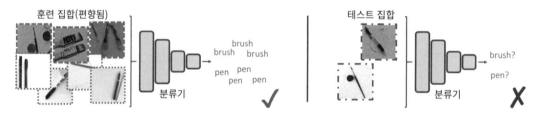

그림 7-3 편향된 데이터셋에서 훈련된 분류기 예제. 분류기 지식을 타깃 데이터에 적용할 수 없음.

노이즈를 사진에 무작위로 추가하거나 밝기를 무작위로 조정하면 네트워크는 이 시각적 신호에 의지할 수 없게 된다. 따라서 이러한 보강은 부분적으로 데이터셋의 편향성을 보완하게 되고 네트워크에서 사용하기에는 '이러한 시각적 차이를 너무 예측할 수 없게' 만든다(즉, 모델이 편향된 데이터셋에 과적합되는 것을 방지한다).

또한 보강은 '데이터셋 범위를 개선'하기 위해 사용될 수도 있다. 훈련 데이터셋이 모든 이미지 변형을 다 포괄할 수는 없다(그렇지 않다면 다른 새로운 이미지를 다루기 위해 머신러닝 모델을 구성할 필요가 없다). 예를 들어 데이터셋의 모든 이미지가 동일한 조명 아래 찍혔다면 그 데이터셋에서 훈련된 인식 모델은 다른 조명 조건 아래 찍힌 이미지에서는 형편없게 동작할 것이다. 이 모델은 '조명 조건이 중요하며' 이를 무시하고 실제 이미지 콘텐츠에 초점을 맞추는 법을 배워야 한다는 점을 기본적으로 배우지 못했다. 따라서 훈련 이미지의 밝기를 무작위로 편집한 다음 네트워크에 전달하면 네트워크를 이 시각적 속성에서 교육시키게 된다. 데이터 보강 기법을 사용하면 '타깃 이미지의 가변성에 맞게 데이터셋을 더 잘 준비'할 수 있어 더 강력한 솔루션을 훈련하는 데 도움이 된다.

고려사항

데이터 보강은 여러 형식을 취할 수 있으며 이 절차를 추가할 때 여러 옵션을 고려해야 한다. 우선 데이터 보강은 '오프라인'이나 '온라인'으로 이루어질 수 있다. '오프라인' 보강은 훈련이 시작되기 전에 모든 이미지를 변환하고 나중에 사용할 수 있게 다양한 버전을 저장하는 것을 의미한다. '온라인'은 훈련 입력 파이프라인 내부에서 새로운 배치를 생성할 때마다 변환을 적용하는 것을 뜻한다.

데이터 보강 연산은 계산이 무겁기 때문에 사전에 적용하고 그 결과를 저장하는 것이 입력 파이프라인의 지연 측면에서는 이로울 수 있다. 그렇지만 이것은 보강된 데이터셋을 저장할 충분한 메모리 공간이 있음을 뜻하며 이는 종종 생성되는 다른 버전의 수를 제한한다. 온라인 방식은 그때그때 이미지를 무작위로 변환함으로써 세대마다 다른 모양의 버전을 제공할 수 있다. 계산적으로는 비용이 더 많이 들지만, 네트워크에 더 다양한 변형을 제시한다. 오프라인과 온라인 보강 중 무엇을 선택할지는 사용할 수 있는 기기의 메모리/처리 용량과 원하는 가변성에 따라 결정된다.

가변성은 어떤 변환을 적용할지 선택하는 것에 따라 달라진다. 예를 들어 무작위로 좌우/상하 반전 연산만 적용하면 이미지당 최대 4가지 다른 버전이 만들어진다는 것을 뜻한다. 원본 데이터셋의 크기에 따라 오프라인 변환을 적용하고 네 배 큰 데이터셋을 저장하는 것을 고려할 수 있다. 반면에 무작위 자르기, 무작위 색 변경 등도 고려해볼 수 있으며 그럴 경우 가능한 변형의 수는 거의 무한대가 될 수 있다.

따라서 데이터 보강을 설정할 때 처음으로 할 일은 관련 변환(해당되는 경우 매개변수도)을 후보로 올리는 것이다. 가능한 연산 목록이 크지만, 타깃 데이터와 사례에 따라 모든 연산이 합리적인 것은 아니다. 예를 들어, 이미지 콘텐츠가 자연스럽게 상하가 거꾸로 된 형태로 발견될 수 있다면(대규모 시스템의 클로즈업 이미지나 조감도/위성 이미지 같은) 상하 반전만 고려해야 한다. 도시 장면('Cityscapes' 이미지 같은)에서는 그처럼 위아래가 거꾸로 된 이미지를 만날 일이 없으므로 상하 반전이 적용된 이미지는 모델에 전혀 도움이 되지 않는다.

이와 유사하게 자르거나 밝기 조정 같은 일부 변환은 신중하게 제대로 매개변수화해야 한다. 이미지가 콘텐츠를 더이상 식별할 수 없을 만큼 너무 어둡거나 밝아지면, 또는 핵심 요소가 잘려 나가면 모델은 이 편집된 사진에서 훈련하는 것으로는 어떤 것도 학습할 수 없다(심지어 너무 많은 사진이 부적절하게 보강되면 오히려 네트워크에 혼란을 줄 수 있다). 따라서 '의미론적 콘텐츠를 보존하면서 데이터셋에 의미 있는 변형을 추가하는'(목표로 한 용도와 관련해) 변환을 후보로 올리고 매개변수화하는 것이 중요하다.

다음 그림 7-4는 자율 주행 애플리케이션에서 어떤 보강 기법이 유효하고 유효하지 않은지를 보여주는 예제를 제공한다.

그림 7-4 자율 주행 애플리케이션에서 유효한 보강 기법과 유효하지 않은 보강 기법

또한 데이터 보강이 데이터 부족을 완전히 보완해줄 수 없다는 사실도 알아두는 것이 중요하다. 고양이를 인식하는 모델을 만들어야 하는데, 훈련 이미지로 페르시안 고양이만 있다면 단순한 이미지 변환으로는 모델이 다른 고양이 종(예를 들어, 스핑크스 고양이)을 식별하는 데 도움이 안 될 것이다.

 일부 고급 데이터 보강 방법은 이미지를 수정하기 위해 컴퓨터 그래픽스나 인코더-디코더 기법을 적용한다. 예를 들어 컴퓨터 그래픽스 알고리즘은 가짜 태양광이나 모션 블러(motion blur, 움직임에 따른 잔상)를 추가하는 데 사용될 수 있고 CNN은 낮 이미지를 밤 이미지로 변환하기 위해 훈련될 수 있다. 이 장의 뒷부분에서 이러한 기법 중 일부를 개발할 것이다.

마지막으로, 해당되는 경우 레이블을 적절히 변환하는 것을 잊지 말아야 한다. 이는 특히 기하학적 변환이 수행될 때 탐지 및 분할 레이블에 있어 중요하다. 이미지 크기가 조정되거나 회전되면 관련 레이블 맵이나 경계 상자도 그에 맞추기 위해 동일한 연산을 거쳐야 한다(6장 '이미지 보강 및 분할'의 'Cityscapes' 실험 참조).

텐서플로로 이미지 보강하기

이미지를 보강해야 하는 '이유'와 '경우'에 대해 알아봤으니 명확히 했으면 이제 그 '방법'을 자세히 살펴보자. 이미지를 변환하기 위해 일부 구체적인 예와 함께 텐서플로가 제공하는 유용한 도구를 소개하겠다.

텐서플로 이미지 모듈

파이썬은 이미지를 조작하고 변환하는 데 매우 다양한 프레임워크를 제공한다. 'OpenCV'(https://opencv.org)와 'Python Imaging Library'(PIL - http://effbot.org/zone/pil-index.htm) 같은 일반적인 프레임워크 외에 머신러닝 시스템을 위한 데이터 보강 기법을 제공하는 데 특화된 패키지도 있다. 알렉산더 융(Alexander Jung)이 개발한 imgaug(https://github.com/aleju/imgaug)와 마커스 D. 블로이스(Marcus D. Bloice)가 개발한 Augmentor(https://github.com/mdbloice/Augmentor)가 가장 광범위하게 사용되며 모두 다양한 연산과 깔끔한 인터페이스를 제공한다. 케라스에서도 이미지 데이터셋을 전처리하고 보강하는 함수를 제공한다. 케라스의 ImageDataGenerator(https://keras.io/preprocessing/image)는 데이터 보강(이미지 회전, 줌, 채널 변경 등)을 다루는 이미지 배치 제너레이터를 인스턴스화하는 데 사용될 수 있다.

하지만 텐서플로에는 티나지 않게 tf.data 파이프라인을 통합할 수 있는 이미지 처리를 위한 자체 모듈인 tf.image가 있다(https://www.tensorflow.org/api_docs/python/tf/image의 문서 참조). 이 모듈은 모든 종류의 함수를 포함하고 있다. 그중 일부는 이미지와 관련된 공통의 지표를 구현하고(예: tf.image.psnr()과 tf.image.ssim()) 나머지는 이미지를 한 포맷에서 다른 포맷으로 전환하는 데 사용된다(예: tf.image.rgb_to_grayscale()). 하지만 우선 첫째로, tf.image는 여러 이미지 변환을 구현한다. 이 함수 대부분은 쌍으로 존재한다. 즉, 하나는 연산을 고정된 버전으로 구현하고(예: tf.image.central_crop(), tf.image.flip_left_right(), tf.image.adjust_jpeg_quality()) 다른 하나는 랜덤 버전으로 구현한다(예: tf.image.random_crop(), tf.image.random_flip_left_right(), tf.image.random_jpeg_quality()). 랜덤 버전의 함수는 일반적으로 어떤 변환 특성이 무작위로 샘플링되는지부터 값의 범위를 인수로 취한다(tf.image.random_jpeg_quality() 매개변수에 대해 min_jpeg_quality와 max_jpeg_quality처럼).

tf.image 함수는 이미지 텐서(단일 또는 배치로 묶인)에 직접 적용될 수 있으므로 tf.data 파이프라인 내에서 온라인 보강을 위해 사용하는 것이 좋다(연산을 .map()에 전달되는 함수로 묶어서).

예제: 자율 주행 애플리케이션을 위한 이미지 보강

이전 장에서 의미론적 분할을 위해 최신 모델을 소개했고 자율 주행 자동차를 안내하기 위해 도시 장면에 이 모델을 적용했다. 관련 주피터 노트북에서 사진과 실제 레이블 맵을 보강하기 위해 dataset.map()에 전달되는 _augmentation_fn(img, gt_img) 함수를 제공했다. 거기에서 자세한 설명을 하지는 않았지만, 이 보강 함수는 tf.image가 복합적인 데이터를 보강하는 방법을 잘 보여준다.

예를 들어, 이 함수는 입력 이미지와 그 밀도 높은 레이블 모두를 변환하는 문제를 간단하게 해결한다. 가령 무작위로 좌우 반전된 샘플 일부가 필요하다고 하자. tf.image.random_flip_left_right()를 입력 이미지에 대해 한 번 호출하고 실제 레이블 맵에 대해 한 번 호출하면 두 이미지가 모두 동일한 변환을 겪을 확률은 절반뿐이다.

이미지 쌍에 동일한 일련의 기하학적 변환이 적용되게 하는 해법은 다음과 같다.

```
img_dim, img_ch = tf.shape(img)[-3:-1], tf.shape(img)[-1]
# channel 축 따라 이미지 쌍을 결합/연결:
stacked_imgs = tf.concat([img, tf.cast(gt_img, img.dtype)], -1)
# 랜덤 연산, 예를 들어 좌우 반전을 적용:
stacked_imgs = tf.image.random_flip_left_right(stacked_imgs)
# ... 또는 무작위로 자르기(예를 들어, 이미지의 80 ~ 100% 유지):
rand_factor = tf.random.uniform([], minval=0.8, maxval=1.)
crop_shape = tf.cast(tf.cast(img_dim, tf.float32) * rand_factor, tf.int32)
crop_shape = tf.concat([crop_shape, tf.shape(stacked_imgs)[-1]], axis=0)
stacked_imgs = tf.image.random_crop(stacked_imgs, crop_shape)
# [...] (추가로 기하학적 변환을 적용)
# 두 개의 보강된 텐서를 복원하기 위해 연결 해제:
img = stacked_imgs[..., :img_ch]
gt_img = tf.cast(stacked_imgs[..., img_ch:], gt_img.dtype)
# 예를 들어, 픽셀 도메인에서 다른 변환을 적용:
img = tf.image.random_brightness(image, max_delta=0.15)
```

tf.image의 기하학적 함수 대부분은 이미지가 가질 수 있는 채널 수에 관련한 제약사항이 전혀 없기 때문에 이미지에 동일한 기하 연산을 수행하기 위해 간단히 '사전에 채널 축을 따라 이미지를 연결'하기만 하면 된다.

마지막으로 이 예제는 모든 변환이 입력 이미지와 그 레이블 맵 모두에 적용돼야 하는 것은 아니라는 것을 일깨워준다. 레이블 맵의 밝기나 채도를 조정하려고 하는 일은 이치에 맞지 않는다(그리고 경우에 따라서는 예외를 발생시킨다).

마지막으로 다시 한 번 강조하지만, 항상 데이터 보강 절차를 고려해야 한다. 대규모 데이터셋에서 훈련할 때도 이미지를 보강하면 모델을 더 견고하게 만들 수 있다. 랜덤 변환을 신중하게 선택하고 적용한다면 말이다.

합성 데이터셋 렌더링하기

그렇지만 훈련할 이미지가 전혀 없다면 어떻게 해야 할까? 컴퓨터 비전에서는 보통 '합성 데이터셋'를 사용한다. 다음 절에서는 합성 이미지가 무엇인지, 어떻게 생성되는지, 그 제약사항은 무엇인지에 대해 알아본다.

개요

우선 '합성 이미지'가 무엇인지, 그리고 컴퓨터 비전에서 왜 그렇게 자주 사용되는지 알아보자.

3D 데이터베이스의 부상

이 절에서 데이터 부족에 대해 소개할 때 언급했듯이 '훈련 이미지가 완전히 없는' 상황은 특히 산업 분야에서는 보편적이지 않다. 인식할 새로운 요소마다 수백 개의 이미지를 수집하는 일은 비용이 많이 들고 때로는 전혀 실용적이지 않다(예를 들어, 타깃 객체가 아직 생산되지 않았거나 일부 원격 위치에서만 접근할 수 있다면).

그러나 산업 애플리케이션과 그 밖의 경우에 타깃 객체나 장면의 '3D 모델'에 접근하는 것이 점점 더 일반적인 사례가 되고 있다(깊이 센서로 캡처한 3D **CAD** 청사진이나 3D 장면). 3D 모델의 대규모 데이터셋은 웹상에서 크게 증가하고 있다. 그와 동시에 컴퓨터 그래픽스가 개발되어 점점 더 많은 전문가들이 3D 데이터베이스를 사용해 합성 이미지를 '렌더링'하고 인식 모델을 훈련할 수 있게 됐다.

합성 데이터의 이점

따라서 **합성 이미지**는 3D 모델에서 컴퓨터 그래픽스 라이브러리에 의해 생성된 이미지다. 수익성 높은 엔터테인먼트 산업 덕분에 컴퓨터 그래픽스가 크게 발전했고, 요즘 렌더링 엔진은 3D 모델로부터 상당히 현실적인 이미지를 생성할 수 있다(비디오 게임, 3D 애니메이션 영화, 특수 효과 같은). 과학자들이 거기서 컴퓨터 비전의 가능성을 발견하기까지는 그리 오래 걸리지 않았다.

타깃 객체와 장면에 대한 자세한 3D 모델이 주어지면 최신 3D 엔진을 사용해 '유사-현실 이미지의 거대한 데이터셋'를 렌더링할 수 있다. 예를 들어 적절한 스크립팅을 통해 타깃 객체의 이미지를 모든 각도에서, 다양한 거리에서, 다양한 조명 조건이나 배경 등으로 렌더링할 수 있다. 다양한 렌더링 기법을 사용해 '다양한 유형의 카메라와 센서(마이크로소프트 키넥트[Kinect]나 Occipital Structure 같은 깊이 센서)를 시뮬레이션하는 것'도 가능하다.

장면/이미지 콘텐츠를 완벽하게 제어할 수 있으므로 각 합성 이미지에 대해 '모든 종류의 실제 레이블도 쉽게 얻을 수 있다'. 예를 들어 운전 시나리오를 목표로 바르셀로나 자치 대학(Universitat Autònoma de Barcelona, UAB) 연구팀은 도시 환경의 가상 복제본을 구축하고 이를 사용해 'SYNTHIA'(http://synthiadataset.net)라는 도시 장면의 여러 데이터셋을 렌더링했다. 이 데이터셋은 'Cityscapes'(https://www.cityscapes-dataset.com)와 유사한데, 좀 더 크다.

다름슈타트 공과대학교(Technical University of Darmstadt)와 인텔 연구소의 또 다른 팀은 현실적으로 보이는 비디오 게임인 '그랜드 테프트 오토 V(Grand Theft Auto V, GTA 5)'에서 취한 이미지에서 훈련된 자율 주행 모델을 성공적으로 보여줬다(https://download.visinf.tu-darmstadt.de/data/from_games).

그림 7-5에서 이 세 개의 데이터셋을 보여준다.

 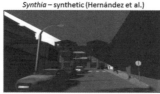 

그림 7-5 Cityscapes, SYNTHIA, Playing for Data 데이터셋의 샘플 (데이터셋 링크는 본문에서 제공한다). 이미지와 그 클래스 레이블이 겹쳐진다.

정적 데이터셋의 생성 외에 3D 모델과 게임 엔진은 '대화형 시뮬레이션 환경'을 생성하기 위해서도 사용될 수 있다. 결국 '시뮬레이션 기반의 학습'은 일반적으로 예를 들어 실제 조건에서 학습하기에 너무 위험하거나 복잡할 때 사람에게 복합적인 기술을 가르치기 위해 사용된다(예를 들어 우주 비행사에게 우주 공간에서 한 번에 몇 가지 작업을 수행하는 방법을 가르치기 위한 무중력 환경 시뮬레이션, 외과의사가 가상 환자를 대상으로 학습하는 것을 돕기 위한 게임 기반의 플랫폼 구축 등). 이런 일이 사람에게 통한다면 기계에 통하지 않을 이유가 있을까? 기업과 연구소는 다양한 애플리케이션(로봇 공학, 자율 주행, 감시 등)을 다루는 다수의 시뮬레이션 프레임워크를 개발해 왔다.

이러한 가상 환경에서 사람들은 자신의 모델을 훈련하고 테스트할 수 있다. 각 시간 단계마다 모델이 이 환경으로부터 일부 시각적 입력을 받아 추가 조치를 취하고 시뮬레이션에 다시 영향을 미치는 등의 방식으로 사용할 수 있다(이러한 종류의 대화형 훈련은 실제로 1장 '컴퓨터 비전과 신경망'에서 언급했듯이 '강화 학습'의 핵심이다).

합성 데이터셋과 가상 환경은 실제 훈련 데이터의 부족을 보완하고 복잡하거나 위험한 환경에 미완성의 솔루션을 직접 적용함으로써 발생할 수 있는 결과를 피하기 위해 사용된다.

3D 모델에서 합성 이미지 생성하기

컴퓨터 그래픽스는 그 자체로 방대하면서 대단히 흥미로운 영역이다. 다음 단락부터는 애플리케이션을 위해 데이터를 렌더링할 필요가 있는 사람에게 유용한 도구와 즉시 사용할 수 있는 프레임워크를 간단히 설명하겠다.

3D 모델로부터 렌더링하기

3D 모델에서 이미지를 생성하는 일은 여러 단계를 거쳐야 하는 복잡한 프로세스다. 대부분의 3D 모델은 모델의 표면을 표현하는 '정점'(즉, 3D 공간의 점)으로 구분된 작은 '면'(일반적으로 삼각형)의 집합인 '메시(mesh)'에 의해 표현된다. 일부 모델에서는 '질감이나 색상 정보'도 포함해서 각 정점 또는 작은 면이 어떤 색깔이어야 하는지 가리킨다. 마지막으로 모델은 더 큰 3D 장면에 (변환/회전되어) 배치될 수 있다. 3D 장면에서 **고유 매개변수**(초점 길이와 주점 등)에 의해 정의된 가상 카메라와 3D 장면에서의 카메라 위치가 주어지면 카메라가 그 장면을 보는 것을 렌더링한다. 다음 그림 7-6에서 이 절차를 단순화해 보여준다.

그림 7-6 3D 렌더링 파이프라인을 단순화한 표현 (3D 모델은 LineMOD 데이터셋에서 비롯됨—http://campar.in.tum.de/ Main/StefanHinterstoisser)

3D 장면을 2D 이미지로 전환하는 일은 다수의 변환 과정이 필요함을 뜻한다. 객체와 관련된 3D 좌표로부터 각 모델의 면을 전체 장면에 관련된 좌표(월드 좌표)에 투영하고 그런 다음 카메라와 관련된 좌표에(카메라 좌표) 투영하고 마지막으로 이미지 공간에 관련된 2D 좌표(이미지 좌표)에 투영한다. 이 모

든 투영법은 직접 '행렬 곱셈'으로 표현될 수 있지만, 렌더링 프로세스의 작은 부분만 구성할 수 있다. 표면 색깔도 적절하게 채워져야 하고 '가시성'을 방해하지 말아야 하며(다른 요소에 의해 가려진 요소를 뽑지 않는다) 현실적인 조명 효과(예: 조도, 반사, 굴절)가 적용돼야 한다.

연산은 다양하고 계산적으로 무겁다. 다행히도 GPU는 원래 이 연산을 효율적으로 수행하기 위해 구성됐고 'OpenGL'(https://www.opengl.org) 같은 프레임워크는 컴퓨터 그래픽스에서 GPU와 인터페이스(예를 들어, 정점/면을 GPU에 '버퍼'로 로딩하거나 장면을 투영하고 색을 입히는 방법을 지정하는 데 사용할 프로그램명 '셰이더[shaders]'를 정의하기 위해)를 지원하고 프로세스 중 일부를 간소화하기 위해 개발됐다.

대부분의 현대 컴퓨터 언어는 PyOpenGL(http://pyopengl.sourceforge.net), 파이썬을 위한 객체 지향 vispy(http://vispy.org)처럼 'OpenGL'을 기반으로 구성된 라이브러리를 제공한다. '블렌더'(Blender – https://www.blender.org) 같은 애플리케이션은 3D 장면을 구성하고 렌더링하기 위해 그래픽 인터페이스를 제공한다. 이 모든 도구를 마스터하려면 약간의 노력이 필요하지만, 그것들은 상당히 다양하게 쓰이고 모든 종류의 합성 데이터를 렌더링하는 데 큰 도움이 될 수 있다.

그렇지만 앞서 언급했듯이 연구소와 기업에서 특별히 머신러닝 애플리케이션을 위해 합성 데이터셋을 렌더링하는 더 높은 차원의 프레임워크를 많이 공유해왔다는 점을 기억하는 것이 좋다. 예를 들어, 잘츠부르크 대학의 마이클 그슈반트너(Michael Gschwandtner)와 롤랜드 위트(Roland Kwitt)는 모든 종류의 센서를 시뮬레이션하기 위해 블렌더 기반의 애플리케이션인 'BlenSor'(https://www.blensor.org)를 개발했다(「BlenSor: blender sensor simulation toolbox」, Springer, 2011). 더 최근에는 사이먼 브로더(Simon Brodeur)와 다양한 배경을 갖고 있는 연구팀이 지능형 시스템을 위한 다양한 실내 환경을 시뮬레이션하는 'HoME-Platform'을 공유했다(「HoME: A household multimodal environment」, ArXiv, 2017).

직접 전체 렌더링 파이프라인을 구성하거나 특정 시뮬레이션 시스템을 사용하는 두 경우 모두 최종 목표는 실제 정보와 충분한 변형(관찰 위치, 조명 조건, 질감 등)을 갖춘 대용량의 훈련 데이터를 렌더링하는 것이다.

 이 개념을 잘 보여주기 위해 '3D 메시', '셰이더', '뷰 행렬' 같은 개념을 간략하게 다루는 3D 모델에서 합성 데이터셋을 렌더링하기 위해 노트북 하나를 전부 할애했다. 간단한 렌더링 기능을 vispy를 사용해 구현했다.

합성 이미지 사후 처리

타깃 객체의 3D 모델은 산업 환경에서 종종 사용될 수 있지만 이 객체가 발견될 환경을 3D로 표현하는 경우는 드물다(예를 들어 산업 플랜트의 3D 모델). 그다음 3D 객체/장면이 적절한 배경 없이 분리되어 나타난다. 하지만 다른 모든 시각 콘텐츠와 마찬가지로 모델이 배경/잡동사니를 다루는 법을 훈련받지 않았다면 실제 이미지를 만났을 때 모델이 제대로 수행될 수 없을 것이다. 따라서 연구원들이 '합성 이미지를 관련된 배경 사진과 병합'(빈 배경을 관련 환경의 이미지에서 가져온 픽셀 값으로 대체)하는 등의 사후 처리를 하는 것이 일반적이다.

일부 '보강 연산'은 렌더링 파이프라인에 의해 처리될 수 있지만(밝기 변화나 모션 블러 같은), 기타 2D 변환은 여전히 훈련하는 동안 합성 이미지에 적용되는 것이 일반적이다. 이 추가적인 사후 처리는 과적합 위험을 줄이고 모델의 견고성을 증가시키기 위해 다시 한 번 이뤄진다.

2019년 5월에 **텐서플로 그래픽스(TensorFlow Graphics)**가 출시됐다. 이 모듈은 3D 모델로부터 이미지를 생성하기 위한 컴퓨터 그래픽스 파이프라인을 제공한다. 이 렌더링 파이프라인은 새로운 미분 가능한 연산으로 구성되므로 NN과 밀접하게 연결/통합될 수 있다(이 그래픽스 연산은 미분 가능하기 때문에 훈련 손실은 다른 모든 NN 계층처럼 역전파될 수 있다). 텐서플로 그래픽스에 더 많은 기능이 추가되면서(예: 텐서보드용 3D 시각화 애드온과 추가 렌더링 옵션) 확실히 3D 애플리케이션이나 합성 훈련 데이터에 기반한 애플리케이션을 다루는 핵심 구성 요소가 될 것이다. 더 많은 정보와 자세한 튜토리얼은 관련 깃허브 저장소에서 찾아볼 수 있다(https://github.com/tensorflow/graphics).

문제점 – 현실성과의 격차

합성 이미지 렌더링이 다양한 컴퓨터 비전 애플리케이션을 가능하게 했지만, 그렇더라도 데이터 부족에 대한 완벽한 해결책은 되지 못했다(적어도 아직까지는). 오늘날 컴퓨터 그래픽스 프레임워크는 초현실적인 이미지를 렌더링할 수 있지만 이를 위한 '자세한 3D 모델'이 필요하다(정밀한 표면, 고품질 질감 정보를 가진). 그러한 모델을 구성하기 위해 데이터를 모으는 일은 타깃 객체에 대한 실제 이미지의 데이터셋을 직접 구성하는 것 이상은 아니더라도 그만큼 '비용이 많이 드는' 일이다.

3D 모델이 때로는 단순화된 기하학적 구조를 갖거나 질감 정보가 부족하기 때문에 현실적인 합성 데이터셋은 그렇게 일반적이지 않다. 이같이 렌더링된 훈련 데이터와 실제 타깃 이미지 사이의 현실성과의 격차는 모델 성능을 훼손한다. 합성 데이터에 대해 훈련하는 동안 그들이 학습한 시각 신호는 실제 이미지(색이 다르거나, 질감이나 표면이 더 복잡할 수 있는)에는 나타나지 않을 수 있다.

3D 모델이 원본 객체를 제대로 묘사하더라도 시간이 지남에 따라 이러한 객체의 모양이 변하는 경우(예: 마모로 인해)가 종종 있다.

현재 컴퓨터 비전을 위한 현실성과의 격차를 해결하기 위해 많은 노력을 기울이고 있다. 어떤 전문가들은 더 현실적인 3D 데이터베이스를 구축하거나 더 진화된 시뮬레이션 도구를 개발하지만, 다른 전문가들은 합성 환경에서 얻은 지식을 실제 상황에 전이시킬 수 있는 새로운 머신러닝 모델을 제안한다. 후자의 접근 방식이 이 장에서 다룰 마지막 주제다.

도메인 적응과 생성 모델(VAE와 GAN) 활용

도메인 적응 기법은 4장 '유력한 분류 도구'에서 전이학습 전략을 다루면서 간략하게 언급했다. 이 기법의 목표는 하나의 '소스 도메인'(즉, 하나의 데이터 분포)에서 모델이 획득한 지식을 다른 '타깃 도메인'으로 이동시키는 것이다. 그 결과로 얻은 모델은 새로운 분포에서 직접 훈련되지 않더라도 샘플을 정확하게 인식할 수 있어야 한다. 이는 타깃 도메인의 훈련 샘플이 없는 경우에 적합하지만 관련된 다른 데이터셋은 훈련 대체재로 간주된다.

실제 장면에서 가재도구를 분류하기 위해 모델을 훈련시켜야 하는데, 생산 공장에서 제공하는 깔끔한 제품 사진만 접근할 수 있다고 가정하자. 도메인 적응 기법 없이 이 광고 사진에서 훈련된 모델은 실제 잡동사니가 많고 형편없는 조명이나 그 밖의 차이가 있는 타깃 이미지에서 제대로 동작하지 않을 것이다.

합성 데이터에 인식 모델을 실제 이미지에 적용할 수 있게 훈련시키는 것도 도메인 적응 기법의 일반적인 응용이 됐다. 사실 동일한 의미론적 콘텐츠의 합성 이미지와 실제 사진은 두 개의 서로 다른 데이터 분포 즉, 다른 수준의 세부사항과 잡음 등을 갖는 두 도메인으로 간주할 수도 있다.

이 절에서는 다음 두 가지 접근 방식을 생각해볼 것이다.

- '소스 및 타깃 도메인에서 차이 없이 수행'할 수 있게 모델을 훈련시키는 것을 목표로 하는 도메인 적응 기법
- '훈련 이미지를 타깃 이미지와 더 비슷하게 만들기 위해 조정'하는 기법

도메인 변경에도 견고하게 모델 훈련시키기

도메인 적응의 첫 번째 방식은 모델이 소스 도메인과 타깃 도메인 모두에서 발견될 수 있는 견고한 특징에 초점을 맞추게 하는 것이다. 훈련하는 동안 타깃 데이터의 가용성에 따라 이 방식을 따르는 여러 솔루션이 제안됐다.

지도 방식의 도메인 적응

때로는 운이 좋아서 큰 소스 데이터셋(예를 들어: 합성 이미지로 구성된) 외에 타깃 도메인과 관련 주석으로부터 일부 사진에 접근할 수도 있다. 이는 일반적으로 기업이 인식 모델을 훈련하기 위해 충분한 타깃 이미지를 수집하는 데 드는 높은 비용과 모델이 합성 데이터에서만 학습되면 경험하게 될 성능 저하 사이에서 절충안을 찾아야 하는 산업 분야에 해당한다.

다행히도 여러 연구를 통해 '훈련 집합에 소수라도 타깃 샘플을 추가하면' 알고리즘 최종 성능을 향상할 수 있음을 보여줬다. 이는 일반적으로 다음 두 가지 이유 때문이다.

- 타깃 샘플이 부족하더라도 '타깃 도메인에 대한 일부 정보'를 모델에 제공한다. 모든 샘플에 대한 훈련 손실을 최소화하기 위해 네트워크는 이 몇 안 되는 추가 이미지를 처리하는 방법을 학습해야 한다(이 이미지에 대한 손실을 더 많이 측정할수록 최소화될 수 있다).

- 정의에 따라 소스와 타깃 분포는 다르지만, 혼합된 데이터셋은 '시각적 변동성을 더 크게' 드러낸다. 이전에 설명했듯이 모델은 더 견고한 특징을 학습해야 하므로 타깃 이미지에만 적응되면 유리할 수 있다(예를 들어, 모델은 다양한 데이터를 처리하기 위해 더 잘 준비되고 따라서 타깃 이미지 분포가 어떻든지 더 잘 준비될 수 있다).

4장 '유력한 분류 도구'에서 살펴봤던 전이학습 기법(처음에는 큰 소스 데이터셋에서 모델을 훈련시키고 그다음에 더 작은 타깃 훈련 집합에서 모델을 미세 조정한다)과 직접 비교할 수도 있다. 그 때 말했듯이 소스 데이터가 타깃 도메인에 가까울수록 이러한 훈련 체계의 효율성이 높아지고 그 반대의 경우도 해당된다(주피터 노트북에서는 타깃 분포로부터 한참 떨어진 합성 이미지에서 자율 주행 자동차를 위한 분할 모델을 훈련시키는 과정을 통해 이러한 제약 사항을 분명하게 보여준다).

비지도 방식의 도메인 적응

훈련 데이터셋을 준비할 때 이미지 수집이 주요 문제가 아닌 경우가 많다. 이 이미지에 적절하게 주석을 다는 일 역시 지루하고 비용이 많이 드는 절차다. 따라서 수많은 도메인 적응 기법은 소스 이미지와 그에 대응하는 주석 그리고 타깃 이미지만 사용할 수 있는 시나리오를 목표로 한다. 실제 정보가 없으면 이러한 타깃 샘플을 직접 사용해 일반적인 '지도' 방식으로 모델을 훈련시킬 수 없다. 대신 연구원들은 이 이미지가 여전히 타깃 도메인에 대해 알려주는 시각 정보를 활용하기 위한 '비지도' 방식을 연구하고 있다.

예를 들어 중국 청화대(Tsinghua University, China)의 밍셩 롱(Mingsheng Long) 팀이 제안한 "Learning Transferable Features with Deep Adaptation Networks" 같은 연구에서는 모델의 일

부 계층에 제약 사항을 추가해 '거기에서 생성한 특징 맵이 입력 이미지가 어느 도메인에 속하더라도 동일한 분포를 갖게 해준다'. 이러한 방식으로 제안된 훈련 체계를 상당히 단순화하면 다음과 같이 정리할 수 있다.

1. 몇 회 반복하는 동안 지도 방식으로 소스 배치에서 모델을 훈련한다.

2. 가끔 훈련 집합을 모델에 공급하고 적응하고자 하는 계층에 의해 생성된 특징 맵의 분포(예를 들어, 평균과 표준편차)를 계산한다.

3. 이와 유사하게, 타깃 이미지의 집합을 모델에 공급하고 결과 특징 맵의 분포를 계산한다.

4. 각 계층을 최적화해 두 분포 사이의 거리를 최소화한다.

5. 수렴할 때까지 전체 프로세스를 반복한다.

타깃 레이블이 필요하지 않은 이 솔루션은 네트워크가 소스 데이터에서 훈련되지만, 두 도메인을 옮겨 다닐 수 있는 특징을 학습할 수 있게 한다(첫 번째 계층은 대체로 이미 충분히 일반적이므로 이 제약사항은 일반적으로 특징을 추출하는 마지막 합성곱 계층에 추가된다).

다른 기법은 이 훈련 시나리오에서 항상 사용할 수 있는 암묵적인 레이블인 각 이미지가 속한 도메인('소스' 또는 '타깃')을 사용한다. 이 정보는 지도 방식의 이진 분류기를 훈련하기 위해 사용될 수 있다. 이 분류기는 이미지나 특징 볼륨이 주어졌을 때 그것이 '소스나 타깃 도메인 중 어디에서 온 것인지 예측'한다. 이 보조 모델은 주 모델과 함께 훈련되어 두 도메인 중 하나에 속할 수 있는 특징을 추출하게 안내할 수 있다.

예를 들어, 하나 아자칸(Hana Ajakan), 야로슬라프 가닌(Yaroslav Ganin) 팀이 **Domain-Adversarial Neural Networks (DANN)** 논문(JMLR, 2016 발표)에서 훈련을 위해 모델에 입력 데이터의 도메인을 식별하는(이진 분류) 보조 헤드를 추가(특징 추출 계층 바로 다음에)할 것을 제안했다. 그런 다음, 다음처럼 훈련을 이어 나간다(역시 간단하게 정리했다).

1. 주요 네트워크를 훈련하기 위해 소스 이미지와 작업 관련 실제 정보의 배치를 생성한다(주 분기를 통해 일반적인 전방 전달과 역전파를 수행함).

2. 소스와 타깃 이미지를 섞어 그 도메인 레이블과 함께 배치를 생성해서 특징 추출기와 보조 분기를 통해 전방전달해서 각 입력('소스' 또는 '타깃')에 대한 정확한 도메인을 예측한다.

3. 도메인 분류 손실을 보조 분기의 계층을 통해 일반적으로 역전파한 다음, '경사를 역으로 해서' 특징 추출기를 통해 역전파한다.

4. 수렴할 때까지, 즉 주 네트워크가 예상대로 자신의 작업을 수행할 수 있는 반면 도메인 분류 분기가 더이상 도메인을 제대로 예측할 수 없을 때까지 전체 프로세스를 반복한다.

그림 7-7은 이 훈련 절차를 보여준다.

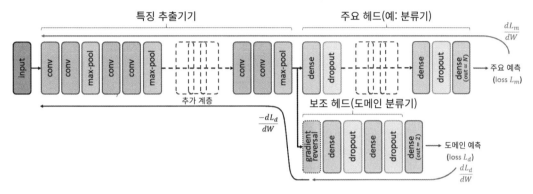

그림 7-7 분류기 훈련에 적용된 DANN 개념

 데이터 흐름을 제대로 제어하거나 주요 손실의 가중치를 적용하면 세 단계를 한 번에 수행할 수 있다. 이 기법을 설명한 주피터 노트북에서 이에 대해 보여준다.

이 훈련 체계는 그 영리함 때문에 많은 관심을 받았다. 도메인 분류 손실의 경사를 '역으로 계산'한(즉, −1을 곱해서) 다음 특징 추출기를 통해 역전파함으로써 특징 추출기의 계층이 '이 손실을 최소화하지 않고 최대화하는 방법'을 학습하게 된다. 이 기법에서는 보조 헤드가 도메인을 올바르게 예측하려고 계속 시도하는 반면, 업스트림 특징 추출기는 '혼동시키는' 법을 배우기 때문에 **적대적**(adversarial)이라고 부른다. 구체적으로 이것은 특징 추출기가 입력 이미지의 도메인을 '구별'하는 데 '사용될 수 없지만' 네트워크의 주요 작업에는 유용한(주 헤드의 일반 훈련 과정이 병렬로 이뤄지기 때문에) 특징을 학습하게 한다. 훈련 후 도메인 분류 헤드는 단순히 폐기될 수 있다.

텐서플로 2를 사용하면 특정 연산의 경사를 조작하는 일이 다소 간단하다. 이 작업은 함수에 @tf.**custom_gradient** 데코레이터(https://www.tensorflow.org/api_docs/python/tf/custom_gradient의 문서 참조)를 적용하고 맞춤형 경사 연산을 제공함으로써 이뤄진다. 그렇게 함으로써 역전파하는 동안 그 시점에 경사를 역으로 계산하기 위해 특징 추출기 다음과 도메인 분류 계층 전에 호출되는 다음 연산을 'DANN'에 대해 구현할 수 있다.

```
# 이 데코레이터는 메서드에 맞춤형 경사가 있다고 지정한다. 이 메서드는 정규 출력과 함께 그 경사를
계산하는 함수를 반환해야 한다:
@tf.custom_gradient

def reverse_gradient(x): # 경사의 기호를 반대로 함
    y = tf.identity(x) # 텐서의 값 자체는 변경되지 않음.
    return y, lambda dy: tf.math.negative(dy) # 출력 + 경사 메서드
```

'DANN' 이후 유사한 적대적 체계를 따르는 다양한 도메인 적응 기법(예를 들면, 'ADDA'와 'CyCaDa')
이 출시됐다.

 경우에 따라 타깃 이미지의 주석을 사용할 수 있지만 원하는 수준의 '밀도'로는 사용할 수 없다(예를 들어, 픽셀 수준
의 의미론적 분할 작업을 목표로 하는데, 이미지 수준의 클래스 레이블만 사용 가능한 경우). 이러한 시나리오를 위해
자동 레이블링(auto-labeling) 기법이 제안됐다. 예를 들어, 소스 데이터에서 희소 레이블의 안내에 따라 훈련된 모
델이 타깃 훈련 이미지의 밀도가 더 높은 레이블을 예측하는 데 사용된다. 그런 다음 이 소스 레이블은 훈련 집합에
추가돼 모델을 정교화한다. 이 프로세스는 타깃 레이블이 충분히 정확해 보이고, 혼합된 데이터에서 훈련된 모델이
수렴될 때까지 반복된다.

도메인 랜덤화

마지막으로 훈련에 사용할 '데이터가 전혀 없을 수도 있다'(이미지도 주석도 없는 경우). 그러면 모델의
성능은 전적으로 소스 데이터셋의 관련성에 의존한다(예를 들어, 렌더링된 합성 이미지가 얼마나 현실감
있고 작업과 관련이 있는지).

합성 이미지에 대한 데이터 보강 개념을 극대화해 '도메인 랜덤화'도 고려할 수 있다. 주로 산업 전
문가들이 연구한 이 아이디어는 대규모 데이터 변형에서 모델을 훈련시키는 것이다(예: 「Domain
randomization for transferring deep neural networks from simulation to the real world」,
IEEE, 2017). 예를 들어, 네트워크가 인식하고자 하는 객체의 3D 모델에만 접근할 수 있고 이 객체가
어떤 종류의 장면에서 나타날지 모른다면 3D 시뮬레이션 엔진을 사용해 상당 수의 '무작위' 배경, 조명,
장면 배치를 사용해 이미지를 생성할 수 있다. 시뮬레이션에 충분한 변동성이 주어지면 실제 데이터가
모델에게는 또 다른 변형처럼 보일 것이다. 타깃 도메인이 랜덤화된 훈련 도메인과 어느 정도 겹치는 한,
훈련이 끝난 뒤 네트워크가 전혀 실마리를 못 찾을 수는 없다.

분명히 그러한 NN이 타깃 샘플에서 훈련된 것만큼 잘 수행할 거라는 기대는 할 수 없지만, 도메인 랜덤화는 절박한 상황에서는 괜찮은 해결책이다.

VAE와 GAN으로 더 크고 현실적인 데이터셋 생성

이 장에서 다룰 두 번째 주요 유형의 도메인 적응 기법은 '지난 몇 년 간 머신러닝에서 가장 흥미로운 개발'이라고 할 수 있는 '생성' 모델, 더 정확하게는 'VAE'와 'GAN'이다. 이 모델은 제안된 이래로 인기가 높았으며, 이후 다양한 솔루션이 파생됐다. 따라서 이 모델이 데이터셋 생성과 도메인 적응에 어떻게 적용되는지 보여주기 전에 여기서 일반적인 소개를 먼저 하겠다.

판별 모델과 생성 모델

지금까지 우리가 살펴봤던 대부분 모델은 **판별(discriminative)** 모델이다. 입력 x가 주어졌을 때 이 모델은 고려 대상 중 '정확한 레이블 y를 반환/판별'하기 위해 적절한 매개변수 W를 학습한다(예를 들어, 입력 이미지 x와 이미지 클래스 레이블 y). 판별 모델은 함수 $f(x\,;\,W){=}y$로 해석될 수 있다. 또한 조건부 확률 분포 $p(y|x)$(x가 주어졌을 때 y의 확률을 뜻한다. 예를 들어 특정 사진 x가 주어졌을 때 그 레이블이 y="고양이 사진"일 확률은 얼마인가?)를 학습하려고 하는 모델로 해석될 수도 있다.

두 번째로 소개할 모델은 '생성' 모델(generative model)이다. 알 수 없는 확률 분포 $p(x)$에서 뽑아낸 샘플 x가 주어졌을 때 생성 모델은 '이 분포를 모델링한다'. 예를 들어 고양이를 나타내는 이미지 x가 주어졌을 때 생성 모델은 x와 동일한 집합에 속할 수 있는 새로운 고양이 이미지를 생성하기 위해 데이터 분포를 추론한다(모든 가능한 픽셀 조합에서 무엇이 이 '고양이' 사진을 '만드는지').

달리 말하면, 판별 모델은 특정 특징을 기반으로 사진을 인식하는 법을 학습한다(예를 들어, '이 사진은 수염, 발, 꼬리 등을 묘사하기 때문에 고양이 사진일 수 있다'). 생성 모델은 '입력 도메인에서 전형적인 특징을 재생산해 새로운 이미지를 샘플링'하는 법을 학습한다(예를 들어, '전형적인 고양이 특징을 생성하고 결합해 얻은 그럴듯한 새로운 고양이 사진이 여기에 있다').

함수로서 생성적 CNN은 새로운 사진을 만들기 위해 처리할 수 있는 입력이 필요하다. 종종 '노이즈 벡터', 즉 랜덤 분포에서 샘플링된 텐서 z(예: $z{\sim}N(0,1)$. 평균이 $\mu{=}0$이고 표준편차가 $\sigma{=}1$인 정규 분포에서 무작위로 샘플링된 z)에 의해 '훈련된다'. 모델은 자신이 받은 무작위 입력 각각에 대해 모델링을 위해 학습한 분포로부터 새로운 이미지를 제공한다. 가능한 경우 생성적 네트워크도 '레이블 y에 반응하도

록 훈련'될 수 있다. 이러한 경우 조건부 분포 $p(x|y)$를 모델링해야 한다(예를 들어 레이블 y="cat"이면 특정 이미지 x를 샘플링할 확률은 얼마일까?).

 대다수의 전문가에 따르면, 생성 모델은 다음 세대 머신러닝의 핵심이다. 제한된 수의 매개변수에도 불구하고 대규모의 다양한 새로운 데이터를 생성할 수 있으려면 네트워크는 데이터셋에서 구조와 핵심 특징 등을 추출해야 한다. 네트워크가 데이터를 '이해'해야 한다.

VAE

오토인코더 또한 데이터 분포의 일부 측면을 학습할 수 있지만, 그 목표는 인코딩된 샘플을 재구성, 즉 인코딩된 특징에 기반해 가능한 모든 픽셀 조합으로부터 원본 이미지를 '판별'하는 것뿐이다. 일반적인 오토인코더는 새로운 샘플을 '생성'하도록 설계되지 않았다. 잠재 공간에서 '코드' 벡터를 무작위로 샘플링하면 디코더에서 쓸데없는 이미지를 얻게 될 확률이 높다. 이는 오토인코더의 잠재 공간이 제한이 없고 일반적으로 '연속적이지 않기' 때문이다(즉, 일반적으로 잠재 공간에서 어떤 유효한 이미지에도 해당하지 않는 영역이 크기 때문이다).

변분 오토인코더(Variational auto-encoder, VAE)는 연속된 잠재 공간을 갖게끔 설계된 특수 오토인코더이며, 따라서 생성 모델로 사용된다. 이미지 x에 대응하는 코드를 직접 추출하는 대신 VAE의 인코더는 이미지가 속한 잠재 공간에서 '분포를 단순화한 추정값'을 제공해야 한다.

일반적으로 인코더는 두 개의 벡터를 반환하도록 구성되며 각각은 다변량 정규분포의 평균 $\mu \in \mathbb{R}^n$과 표준 편차 $\sigma \in \mathbb{R}^n$를 나타낸다(n 차원 잠재 공간에서). 비유적으로 말하자면 평균은 잠재 공간에서 '가장 이미지가 있을 법한' 위치를 나타내고 평균 편차는 '이미지가 있을 수 있는' 해당 위치 주변의 원형 면적의 크기를 제어한다. 인코더에 의해 정의된 이 분포로부터 랜덤 코드 z가 선택되고 디코더에 전달된다. 그런 다음 디코더가 z를 기반으로 이미지 x를 복원한다. z가 동일한 이미지에 대해 약간씩 달라질 수 있으므로 디코더는 입력 이미지를 반환하기 위해 이 변형을 다루는 법을 학습해야 한다.

그 차이를 보여주기 위해 그림 7-8에서 AE와 VAE를 나란히 보여줬다.

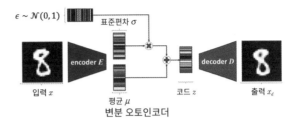

오토인코더

변분 오토인코더

그림 7-8 일반적인 오토인코더와 변분 오토인코더 비교

경사는 랜덤 샘플링 연산을 통해 거꾸로 흐를 수 없다. Z를 샘플링했음에도 불구하고 인코더를 통해 손실을 역전파할 수 있도록 **재매개변수화**(reparaeterization trick)를 사용한다. 이 연산은 직접적으로 $z \sim \mathcal{N}(\mu, \sigma^2)$를 샘플링하는 대신 $z = \mu + \epsilon\sigma$(이때, $\epsilon \sim \mathcal{N}(0,1)$)에 의해 근사된다. 이 방식으로 모델에 추가 입력으로 전달된 랜덤 벡터 ϵ를 고려해 유도 가능한 연산을 통해 z를 얻을 수 있다.

훈련하는 동안 일반 오토인코더에서 했듯이 손실(일반적으로 **평균제곱오차, MSE**)은 출력 이미지가 입력 이미지와 얼마나 비슷한지를 측정한다. 하지만 또 다른 손실이 VAE 모델에 추가돼 인코더에서 추정한 분포가 명확하게 정의된다. 이러한 제한이 없으면 VAE는 일반 AE처럼 행동해서 σ를 널로, μ를 이미지 코드로 반환할 수 있다. 이 두 번째 손실은 **쿨백-라이블러 발산**(Kullback–Leibler divergence, 제작자에서 이름을 따왔으며 일반적으로 'KL 발산'으로 줄여 부른다)을 기반으로 한다. KL 발산은 두 확률 분포 사이의 차이를 측정한다. KL 발산은 인코더에 의해 정의된 분포가 표준 정규 분포 $\mathcal{N}(0,1)$에 충분히 가깝도록 손실에 맞춰 조정된다.

$$\mathcal{L}_{KL}\big(\mathcal{N}(\mu, \sigma), \mathcal{N}(0,1)\big) = \frac{1}{2}\big(\sigma^2 + \mu^2 - \log(\sigma^2) - 1\big)$$

이 재매개변수화와 KL 손실을 사용해 오토인코더는 강력한 생성 모델이 된다. 모델이 훈련되면 인코더는 폐기될 수 있고, 디코더는 랜덤 벡터 $z \sim \mathcal{N}(0,1)$이 입력으로 주어지면 새로운 이미지를 생성하기 위해 바로 사용될 수 있다. 예를 들어 그림 7-9는 MNIST처럼 생긴 이미지를 생성하기 위해 훈련된, 차원이 $n=2$인 잠재 공간을 갖는 간단한 합성곱 VAE에 대한 결과 그리드를 보여준다(추가적인 세부사항과 소스코드는 주피터 노트북에서 확인할 수 있다).

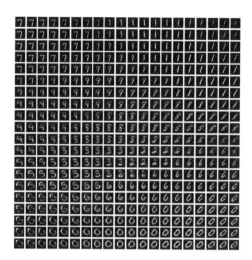

그림 7-9 MNIST와 닮은 결과를 생성하도록 훈련된 간단한 VAE에 의해 생성된 이미지 그리드

이 그리드를 생성하기 위해 서로 다른 벡터 z가 무작위로 선택되지는 않지만, 2D 잠재 공간의 일부를 균일하게 다루게 샘플링되므로 z에 대한 출력 이미지를 보여주는 그리드 그림은 $(-1.5,-1.5)$에서 $(1.5,1.5)$까지 변화를 준다.

GAN

2014년 몬트리올 대학의 이안 굿펠로(Ian Goodfellow) 팀이 최초로 제안한 **생성적 적대 신경망**(**generative adversarial networks, GAN**)은 생성 작업에서 단연코 가장 유명한 솔루션이다.

그 이름에서 알 수 있듯이, GAN은 적대적 체계를 사용하므로 비지도 방식으로 훈련될 수 있다(이 체계는 이 장의 앞 부분에서 소개했던 'DANN' 메서드에서 영감을 얻었다). 일부 이미지 x만 가지고 있을 때 $p(x)$를 모델링하기 위해, 즉 유효한 새로운 이미지를 생성하기 위해 '생성자' 네트워크를 훈련시키고자 한다. 따라서 새로운 이미지와 직접 비교할 제대로 된 실제 데이터가 없다(이미지가 새롭게 생성된 것이기 때문에). 전형적인 손실 함수를 사용할 수 없으므로 이때는 생성자 네트워크를 또 다른 네트워크인 **판별자**와 겨루게 한다.

판별자는 이미지가 원본 데이터셋에서 나온 것인지('실제' 이미지) 아니면 다른 네트워크에 의해 생성됐는지('가짜' 이미지)를 평가한다. 'DANN'의 도메인-판별 헤드처럼 판별기는 암묵적 이미지 레이블('실제', '가짜')을 사용해 이진 분류로 지도 방식으로 훈련된다. 이 판별기에 대항해 생성기는 노이즈 벡터

z에 의해 조절된 새로운 이미지를 생성해 이 이미지가 '실제' 이미지라고(즉, $p(x)$에서 샘플링됐다고) 믿도록 판별기를 속이려 한다.

판별기가 생성된 이미지의 이진 클래스를 예측할 때 그 결과는 생성기 방향으로 줄곧 역전파된다. 따라서 생성기는 순수하게 '판별기의 피드백'으로부터 학습한다. 예를 들어 판별기가 이미지에 수염이 포함됐는지를 확인해 실제로 레이블을 지정하도록 학습하면 생성기는 역전파로부터 이 피드백을 받아 수염을 그리는 법을 학습한다(판별기에만 실제 고양이 이미지를 제공했더라도 말이다!). 그림 7-10은 손으로 쓴 숫자 이미지를 생성하는 GAN의 개념을 묘사했다.

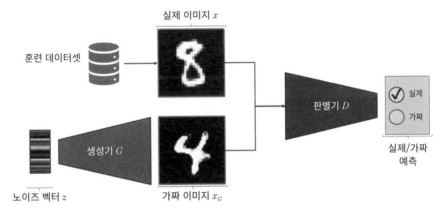

그림 7-10 GAN 개념

GAN은 '게임 이론'에서 영감을 받았으며 이 네트워크를 훈련하는 과정은 '2인용 제로섬 최소극대화 게임'으로 해석될 수 있다. 게임의 각 단계(즉, 훈련 반복)는 다음과 같이 수행된다.

1. 생성기 G는 N개의 노이즈 벡터 z를 받아 그만큼의 이미지 x_G를 출력한다.

2. 이 N개의 '가짜' 이미지는 훈련 집합에서 선정된 N개의 '실제' 이미지 x와 혼합된다.

3. 판별기 D는 이 혼합된 배치에서 훈련돼 어느 이미지가 '실제'이고 어느 이미지가 '가짜'인지 추정하려고 한다.

4. 생성기 G는 또 다른 N개의 노이즈 벡터로 이루어진 배치에서 훈련돼 D가 그것들이 실제라고 여길 수 있도록 이미지를 생성하려고 한다.

따라서 이 과정을 반복할 때마다 판별기 $D(P_D$로 표시)는 게임 보상 $V(G,D)$을 최대화하려고 하는 반면, 생성기 $G(P_G$로 표시)는 이를 최소화하려고 한다.

$$\min_{G} \max_{D} V(G, D) = \min_{G} \max_{D} \mathbb{E}_x \big[\log D(x, P_D) \big] + \mathbb{E}_z \big[1 - \log D\big(G(z, P_G), P_D\big) \big]$$

이 공식에서 '실제' 이미지 레이블을 1, '가짜' 이미지 레이블을 0으로 가정한다. 첫 번째 항인 $V(G,D)$는 판별기 D에서 이미지 x가 '실제' 이미지라고 추정할(D가 각각에 대해 1을 반환) 평균 로그 확률을 나타낸다. 두 번째 항은 D가 생성기의 출력이 '가짜'라고 추정할(D가 각각에 대해 0을 반환) 평균 로그 확률을 나타낸다. 따라서 이 보상 $V(G,D)$는 분류기 D를 훈련시키기 위해 D가 최대화해야 할 분류 지표로 사용된다(실제로 사람은 손실을 줄이려는 습관에 따라 $-V(G,D)$를 최소화하기 위해 네트워크를 훈련시키지만).

이론적으로 $V(G,D)$는 생성기 G를 훈련시키기 위해서도 사용되는데, 이번에는 최소화할 값으로 사용된다. 그렇지만 D가 매우 확신에 차면 두 번째 항의 경사는 0으로 '소실'될 것이다(그리고 P_G가 훈련 과정에서 아무런 역할도 하지 않기 때문에 P_G에 관한 첫 번째 항의 도함수는 항상 널 값이다). 이 경사 소실 문제는 G를 훈련시킬 때 다음 손실을 대신 사용하도록 수식을 약간만 변경해 피할 수 있다.

$$\mathcal{L}(G) = -\mathbb{E}_z \big[\log D\big(G(z, P_G), P_D\big) \big]$$

게임 이론에 따라 '최소극대화 게임'의 결과는 G와 D사이의 '균형'이다(**내시 균형, Nash equilibrium** 이라고도 함 – 이 개념을 정의한 수학자 존 포브스 내시 주니어[John Forbes Nash Jr.] 이름을 따랐다). 실제로 GAN을 사용해 달성하기 어렵지만, 훈련 과정은 D가 '실제'와 '가짜'를 구별할 수 없고(즉, 모든 샘플에 대해 $D(x) = 1/2$이고 $D(G(z)) = 1/2$) G가 타깃 분포 $p(x)$를 모델링하는 것으로 마무리된다.

GAN이 훈련시키기는 어렵지만 상당히 현실적인 결과를 만들어내므로 새로운 데이터 샘플을 생성하기 위해 일반적으로 사용된다(GAN은 어떤 데이터 양식, 즉 이미지, 동영상, 음성, 텍스트 등에도 적용될 수 있다).

'VAE가 훈련시키기 더 쉽지만, 일반적으로 GAN이 더 명확한 결과를 반환한다'. MSE를 사용해 생성된 이미지를 평가하면 VAE 결과는 이 손실을 최소화하기 위해 평균 이미지를 반환하는 경향이 있기 때문에 약간 흐릿하다. 판별기가 흐릿한 이미지는 쉽게 '가짜'임을 알아채기 때문에 GAN의 생성기는 이 방식으로 속일 수 없다. VAE와 GAN 모두 이미지 단위 인식에 사용할 더 큰 훈련 데이터셋을 생성하기 위해 사용될 수 있다(예를 들어, 더 큰 데이터셋에서 '개'와 '고양이'를 분류하는 모델을 훈련시키기 위해 새로운 '개' 이미지를 생성하기 위한 GAN과 새로운 '고양이' 이미지를 생성하기 위한 또 다른 GAN을 준비한다).

VAE와 GAN은 모두 제공된 주피터 노트북에 구현돼 있다.

조건부 GAN으로 데이터셋 보강하기

GAN이 갖는 또 다른 큰 장점은 어떤 종류의 데이터로도 조건을 조정할 수 있다는 것이다. **조건부 GAN**(conditional GAN, cGAN)은 입력값 y의 집합으로 조건이 지정된 이미지를 생성하는 조건부 분포 $p(x|y)$를 모델링하기 위해 훈련될 수 있다(생성 모델 소개 참조). 조건부 입력 y는 이미지, 범주형/연속형 레이블, 노이즈 벡터 또는 이들의 조합일 수 있다.

조건부 GAN에서 판별기는 이미지 x(실제 또는 가짜)와 그에 대응하는 조건부 변수 y를 한 쌍의 입력(즉 $D(x,y)$)으로 받도록 편집된다. 조건부 GAN이 입력 이미지가 얼마나 '진짜' 같은지를 측정하는 0과 1 사이의 값을 출력하지만, 그 과정은 GAN과 약간 다르다. '실제' 이미지로 간주되려면 훈련 데이터셋에서 가져온 것처럼 보여야 할뿐더러 그와 쌍을 이루는 변수도 일치해야 한다.

예를 들어, 손으로 쓴 글자 이미지를 생성하기 위해 생성기 G를 훈련해야 한다고 해보자. 그러한 생성기는 임의의 숫자 이미지를 출력하는 대신 요청받은 숫자 이미지를 출력하도록 조건을 부여할 수 있다면(즉, 범주형 숫자 레이블인 y=3인 이미지를 그리도록) 훨씬 더 유용할 것이다. 판별기에 y를 제공하지 않으면 생성기는 현실적인 이미지를 생성하도록 학습하지만, 이 이미지가 원하는 숫자를 그릴지는 확신할 수 없다(예를 들어, G로부터 3 대신 5에 해당하는 현실적 이미지를 받을 수도 있다). 조건 정보를 D에 제공하면 이 네트워크는 즉각적으로 그 y에 해당하지 않는 가짜 이미지를 가려 냄으로써 G가 $p(x|y)$를 효과적으로 모델링하게 한다.

버클리 인공지능 연구소(Berkeley AI Research)의 필립 아이솔라(Phillip Isola) 팀이 제안한 'Pix2Pix' 모델은 손으로 그린 스케치를 사진으로 변환하거나 의미 레이블(semantic label)을 실제 사진으로 전환하는 등의 여러 작업에서 시연을 보여줬던 유명한 이미지-이미지 조건부 GAN(즉, y도 이미지)이다(「Image-to-image translation with conditional adversarial networks」, IEEE, 2017). 'Pix2Pix'는 타깃 이미지를 사용해 MSE 손실을 GAN 목표에 추가할 수 있을 때, 즉 지도 방식에서 가장 잘 동작한다. 최신 솔루션에서는 이 제약조건을 제거했다. 예를 들면, 버클리 인공지능 연구소의 준옌주(Jun-Yan Zhu) 팀이 제안한 'CycleGAN'(2017년 IEEE에서 Pix2Pix 저자와 공동으로 발표)이나 구글 브레인(Google Brain)의 콘스탄티노스 부스말리스(Konstantinos Bousmalis) 팀이 제안한 'PixelDA'(「Unsupervised pixel-level domain adaptation with generative adversarial networks」, IEEE, 2017)가 있다.

다른 최신의 조건부 GAN과 마찬가지로 'PixelDA'는 '소스 도메인의 훈련 이미지를 타깃 도메인으로 매핑'하기 위한 도메인 적응 기법으로 사용될 수 있다. 예를 들어 PixelDA 생성기는 작은 규모의 레이블이 없는 실제 이미지 집합에서 학습해 현실적으로 보이는 합성 이미지를 생성하는 데 적용될 수 있다. 따라서 합성 데이터셋을 보강하기 위해 사용될 수 있으므로 거기에서 훈련된 모델은 현실성과의 격차로 인해 큰 어려움을 겪지 않는다.

예술적 애플리케이션으로 널리 알려져 있지만(GAN으로 생성된 인물 사진은 이미 많은 아트 갤러리에서 전시되고 있다), 생성 모델은 장기적으로 복잡한 데이터셋을 이해하는 데 핵심이 될 수 있는 강력한 도구다. 하지만 오늘날에는 기업에서 훈련 데이터가 부족하더라도 더 견고한 인식 모델을 훈련하기 위해 사용되고 있다.

요약

계산 능력이 기하급수적으로 증가하고 더 큰 데이터셋을 사용할 수 있게 되면서 딥러닝 시대가 왔지만, 그렇다고 해서 데이터 사이언스의 모범 사례를 무시해도 된다거나 모든 애플리케이션에서 관련 데이터셋을 쉽게 사용할 수 있음을 의미하지는 않는다.

이 장에서는 데이터 흐름을 최적화하는 방법을 배우면서 tf.data API를 자세히 알아봤다. 그런 다음 데이터 보강, 합성 데이터 생성, 도메인 적응처럼 데이터 부족 문제를 해결하기 위해 서로 다르지만 호환 가능한 솔루션을 다뤘다. 도메인 적응 기법을 설명하면서 강력한 생성 모델인 VAE와 GAN도 함께 살펴봤다.

다음 장에서는 이미지 시퀀스와 동영상처럼 차원이 높은 데이터에 NN을 적용하기 때문에 잘 정의된 입력 파이프라인이 얼마나 중요한지 확실히 알게 될 것이다.

질문

1. 텐서 a = [1,2,3]과 텐서 b = [4,5,6]이 주어졌을 때, 1부터 6까지 각 값을 개별적으로 출력하는 tf.data 파이프라인을 어떻게 구성할 것인가?

2. tf.data.Options의 문서를 바탕으로 할 때, 어떻게 하면 실행할 때마다 항상 동일한 순서로 샘플을 반환할 수 있을까?

3. 훈련을 위해 타깃 주석을 사용할 수 없다면 이 장에서 소개했던 도메인 적응 기법 중 어떤 것을 사용할 수 있을까?

4. GAN에서 판별기의 역할은 무엇인가?

참고 문헌

- 『Learn OpenGL』(https://www.packtpub.com/game-development/learn-opengl), Frahaan HussainMask:

  – 컴퓨터 그래픽스에 관심이 있고 OpenCV를 사용하는 법을 배우고 싶다면 이 책이 훌륭한 길라잡이가 될 것이다.

- 『Hands-On Artificial Intelligence for Beginners』(https://www.packtpub.com/big-data-and-business-intelligence/hands-artificial-intelligencebeginners), Patrick D. Smith:

  – 텐서플로 1 용도로 쓴 책이지만 한 단원을 할애해 생성망을 설명했다.

08

동영상과
순환 신경망

지금까지 이 책에서는 스틸 이미지만 고려했다. 이 장에서는 동영상 분석에 적용되는 기법을 소개한다. 자율 주행 자동차부터 동영상 스트리밍 웹사이트에 이르기까지 컴퓨터 비전 기술은 이미지 시퀀스를 처리할 수 있게 개발됐다.

여기서는 동영상 같은 순차적 입력을 위해 특별히 설계된 새로운 유형의 신경망인 **순환 신경망**(recurrent neural network, RNN)을 소개한다. 실용적인 애플리케이션으로 동영상 클립에 포함된 동작을 감지하기 위해 RNN을 **합성곱 신경망**(convolutional neural network, CNN)과 결합할 것이다.

이 장에서는 다음 주제를 다룰 것이다.

- RNN 소개
- 장단기 메모리 네트워크의 내부 동작
- 컴퓨터 비전 모델을 동영상에 적용

기술 요구사항

이 장에서 언급된 코드는 주피터 노트북 형태로 이 책의 깃허브 저장소에서 확인할 수 있다. https://github.com/PacktPublishing/Hands-On-Computer-Vision-with-TensorFlow-2/tree/master/Chapter08

RNN 소개

RNN은 '순차적'(또는 '순환적') 데이터에 적합한 유형의 신경망이다. 순차적 데이터의 예에는 문장(단어 시퀀스), 시계열(예: 주가 시퀀스), 동영상(프레임 시퀀스)가 포함된다. 각 시간 단계가 '이전 단계와 관련되기' 때문에 순환 데이터로 볼 수 있다.

RNN은 원래 시계열 분석과 자연어 처리 작업을 위해 개발됐지만 지금은 다양한 컴퓨터 비전 작업에 적용된다.

먼저 RNN의 기본 개념을 소개한 다음 그 작동 방식을 전반적으로 알아보겠다. 그런 다음 RNN의 가중치가 어떻게 학습되는지 설명한다.

기본 형식

RNN 소개를 위해 동영상 인식을 예제로 살펴보자. 동영상은 N개의 프레임으로 구성된다. 동영상을 분류하는 가장 원초적인 방법은 각 프레임에 CNN을 적용한 다음 그 출력의 평균을 구하는 것이다.

이 원초적인 방식은 적절한 결과를 제공하지만, 동영상의 일부가 다른 부분보다 더 중요하다는 사실을 반영하지는 않는다. 또한 중요한 부분이 의미 없는 부분보다 항상 더 많은 프레임을 차지하지는 않는다. 따라서 출력의 평균을 구하면 중요한 정보를 잃어버릴 위험이 있다.

이 문제를 피하기 위해 RNN은 동영상의 모든 프레임에 첫 번째부터 마지막 프레임까지 차례대로 적용된다. RNN의 주요 특성은 의미 있는 결과를 생성하기 위해 모든 프레임에서 얻은 특징을 적절하게 결합한다는 데 있다.

 여기서는 RNN을 프레임의 원시 픽셀에 직접 적용하지 않는다. 이 장 뒷부분에서 설명하겠지만, 먼저 CNN을 사용해 특징 볼륨(특징 맵의 스택)을 생성한다. 특징 볼륨의 개념은 3장 '현대 신경망'에서 자세히 설명했다. 특징 볼륨은 CNN의 출력으로 일반적으로 더 작은 차원으로 입력을 나타낸다는 점을 기억할 것이다.

그러기 위해서 RNN은 **상태(state)**라는 새로운 개념을 도입한다. '상태'는 RNN의 메모리로 볼 수 있다. 실제로 '상태'는 부동소수점 행렬이다. 상태는 영행렬(zero matrix)로 시작해 동영상의 각 프레임을 사용해 업데이트된다. 프로세스가 끝나면 최종 상태는 RNN의 출력을 생성하는 데 사용된다.

RNN의 주요 구성요소는 **RNN 셀(RNN cell)**로, 모든 프레임에 적용된다. 셀은 '현재 프레임'과 '이전 상태'를 모두 입력으로 받는다. N개의 프레임으로 구성된 동영상에 대한 간단한 순환 신경망을 펼쳐보면 그림 8-1과 같다.

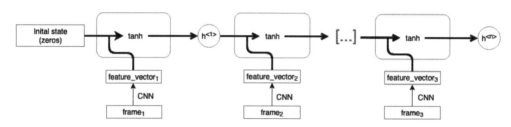

그림 8-1 기본적인 RNN 셀

자세하게 살펴보면, 널 상태 ($h^{<0>}$)로 시작한다. 첫 번째 단계에서 셀은 현재 상태($h^{<0>}$)를 현재 프레임 ($frame_1$)과 결합해 새로운 상태 ($h^{<1>}$)을 생성한다. 그런 다음 동일한 프로세스를 다음 프레임에 적용한다. 이 프로세스가 끝나면 최종 상태 ($h^{<n>}$)이 된다.

 여기서 용어에 주의하자. 'RNN'은 이미지를 받아들이고 최종 출력을 반환하는 구성 요소를 나타낸다. 'RNN 셀'은 프레임과 현재 상태를 결합해서 다음 상태를 반환하는 하위 구성요소를 나타낸다.

실제로 셀은 현재 상태와 프레임을 결합해 새로운 상태를 생성한다. 현재 상태와 프레임은 다음 공식에 따라 결합한다.

$$h^{<t>} = \tanh\left(W_{rec}h^{<t-1>} + W_{input}x^{<t>} + b\right)$$

이 공식에는 다음이 적용된다.

- b는 편향값이다.
- W_{rec}은 순환 가중치 행렬이고 W_{input}은 가중치 행렬이다.

- $x^{<t>}$는 입력이다.

- $h^{<t-1>}$은 현재 상태이고 $h^{<t>}$는 새로운 상태다.

은닉 상태(hidden state)는 그대로 사용되지 않는다. 가중치 행렬 V가 최종 예측을 계산하는 데 사용된다.

$$\hat{y}^{<t>} = \text{softmax}\left(Vh^{<t>}\right)$$

 이 장에서는 시간 정보를 표시하기 위해 홑화살괄호(<>)를 사용한다. 다른 곳에서는 다른 표기법을 사용할 수 있다. 그렇지만 햇 표시가 있는 $\hat{y}$는 일반적으로 신경망의 예측을 나타내고 y는 실제 정보를 나타낸다.

RNN을 동영상에 적용하면 전체 동영상 또는 모든 단일 프레임을 분류할 수 있다. 예를 들어, 전자의 경우 동영상이 폭력적인지 아니지를 예측할 때 최종 예측, $\hat{y}^{<t>}$만 사용된다. 후자의 경우 어떤 프레임에 누드가 포함돼 있는지 탐지하려면 각 시간 단계에 대한 예측을 사용할 것이다.

RNN에 대한 일반적인 이해

네트워크가 W_{input}, W_{rec}, V의 가중치를 학습하는 방법을 자세히 설명하기 전에 먼저 기본 RNN이 어떻게 동작하는지 넓게 이해해 보자. 일반적으로 입력에서 추출한 특징 일부가 은닉 상태가 되면 W_{input}이 결과에 영향을 미치게 되고, 일부 특징이 은닉 상태에 남아 있으면 W_{rec}이 결과에 영향을 미친다.

폭력적인 동영상과 댄스 동영상을 분류하는 구체적인 예를 가지고 살펴보자.

총성은 매우 갑자기 발생할 수 있기 때문에 동영상 전체 프레임 중 몇 프레임에 나타날 것이다. 네트워크가 W_{input}을 학습해서 $x^{<t>}$에 총성 정보가 포함된 경우 상태에 '폭력적인 동영상'의 개념을 추가하는 것이 이상적이다. 또한 W_{rec}(이전 공식에서 정의했다)은 상태에서 '폭력'의 개념이 사라지지 않게 하는 방식을 학습해야 한다. 이렇게 하면 총성이 처음 몇 프레임에만 등장하더라도 이 동영상은 폭력물로 분류될 것이다(그림 8-2 참조).

그러나 댄스 동영상을 분류하는 데는 다른 방식을 채택한다. 네트워크가 W_{input}을 학습해서 $x^{<t>}$에 춤추고 있는 것 같은 사람들이 포함돼 있는 경우 상태에서 '춤'의 개념을 살짝만 증가시키는 것이 이상적이다 (그림 8-2 참조).

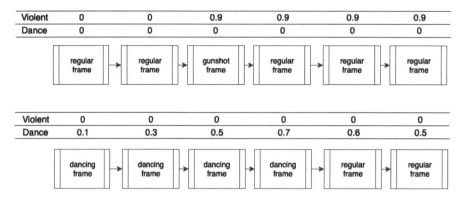

그림 8-2 동영상 콘텐츠에 따라 은닉 상태가 어떻게 발전해야 하는지 단순화한 표현

실제로 입력이 스포츠 동영상인 경우 '춤추는 사람들'로 잘못 분류된 하나의 프레임으로 상태를 '춤'으로 바꿔서는 안 된다. 춤추는 동영상은 대부분 춤추는 사람들을 포함한 프레임으로 구성되기 때문에 상태를 조금씩 증가시킴으로써 오분류를 피할 수 있다.

또한 W_{rec}은 상태에서 '춤' 개념이 점진적으로 사라지게 학습돼야 한다. 이 방식을 적용하면 동영상을 춤 동영상으로 소개했지만 전체 동영상이 그렇지 않다면 춤 동영상으로 분류되지 않는다.

RNN 가중치 학습

실제로 네트워크의 상태는 이전 예제처럼 각 클래스에 대한 가중치를 포함하는 벡터보다 훨씬 더 복잡하다. W_{input}, W_{rec}, V의 가중치는 직접 설계될 수 없다. 다행히도 이 가중치는 **역전파**를 통해 학습될 수 있다. 이 기술은 1장 '컴퓨터 비전과 신경망'에서 자세히 설명했다. 일반적인 개념은 네트워크가 만들어낸 오차를 기반으로 가중치를 수정함으로써 가중치를 학습하는 것이다.

시간을 통한 역전파

RNN의 경우 오차는 네트워크의 깊이를 통해 역전파될 뿐만 아니라 시간을 통해서도 전파된다. 우선 모든 시간 단계에서 개별 손실 (L)을 모두 더해 총 손실을 계산한다.

$$L^{<t>}(y, \hat{y}) = \sum_t L\left(y^{<t>}, \hat{y}^{<t>}\right)$$

이는 각 시간 단계에 대해 경사를 별도로 계산할 수 있다는 것을 뜻한다. 계산을 크게 단순화시키기 위해 $tanh=identity$라고 가정한다(즉, 활성화 함수가 없다고 가정한다). 예를 들면 $t=4$에서 연쇄 법칙을 적용해 경사를 계산한다.

$$\frac{\partial L^{<4>}}{\partial W_{rec}} = \frac{\partial L^{<4>}}{\partial \hat{y}^{<4>}} \frac{\partial \hat{y}^{<4>}}{\partial h^{<4>}} \boldsymbol{\frac{\partial h^{<4>}}{\partial W_{rec}}}$$

여기서 우연히 복잡성을 발견하게 된다. 이 등식의 오른쪽 세 번째 항(굵은 글씨)은 쉽게 유도할 수 없다. 실제로 W_{rec}과 관련해 $h^{<4>}$의 도함수를 구하려면 다른 모든 항이 W_{rec}에 의존해서는 안 된다. 그러나 $h^{<4>}$는 $h^{<3>}$에도 의존한다. 그리고 $h^{<3>}=\tanh(W_{rec}h^{<2>}+W_{input}x^{<3>}+b)$이기 때문에 $h^{<3>}$은 W_{rec}에 의존한다. 이렇게 모두 0으로 구성된 $h^{<0>}$에 도달할 때까지 계속된다.

이 항을 제대로 유도하기 위해 이 편도함수(partial derivative)에 전도함수(total derivative) 공식을 적용한다.

$$\frac{\partial h^{<4>}}{\partial W_{rec}} \rightarrow \frac{\partial h^{<4>}}{\partial W_{rec}} + \frac{\partial h^{<4>}}{\partial h^{<3>}} \frac{\partial h^{<3>}}{\partial W_{rec}} + \frac{\partial h^{<4>}}{\partial h^{<3>}} \frac{\partial h^{<3>}}{\partial h^{<2>}} \frac{\partial h^{<2>}}{\partial W_{rec}}$$

 어떤 항이 그 항에 널이 아닌 다른 항을 더한 것과 같다는 것이 이상하게 보일 수 있다. 그렇지만 편도함수의 전도함수를 취하기 때문에 경사를 생성하려면 모든 항을 계산에 넣어야 한다.

다른 모든 항이 일정하게 유지된다는 점을 생각하면 다음 방정식을 얻을 수 있다.

$$\frac{\partial h^{<n+1>}}{\partial h^{<n>}} = W \quad \text{and} \quad \frac{\partial h^{<t>}}{\partial W_{rec}} = h^{<t>}$$

따라서 이전에 보여줬던 편도함수는 다음과 같이 표현할 수 있다.

$$\frac{\partial h^{<4>}}{\partial W_{rec}} = h^{<3>} + h^{<2>} W_{rec} + h^{<1>} (W_{rec})^2$$

결론적으로 경사는 이전의 모든 상태와 W_{rec}에 따라 달라진다. 이 개념을 **시간을 통한 역전파**(backpropagation through time, BPTT)라고 한다. 최신 상태는 이전의 모든 상태에 따라 달라지므로 이 모두를 고려해 오차를 계산해야만 한다. 전체 경사를 계산하기 위해 각 시간 단계의 경사를 모두 더해야 하고, 각 시간 단계마다 경사를 계산하기 위해 첫 번째 시간 단계까지 돌아가야 하므로 많은 양의 계산이 필요하다. 이러한 이유로 RNN은 훈련 속도가 느리기로 악명이 높다.

또한 이전 공식을 일반화해서 $\frac{\partial L^{<t>}}{\partial W_{rec}}$가 W_{rec}의 $(t-2)$ 제곱에 의존한다는 것을 보여줄 수 있다. 이것은 T가 클 때 매우 심각한 문제가 된다. 실제로 W_{rec}의 항이 1보다 작으면 지수가 커질수록 그 값이 매우 작아진다. 더 나쁜 것은 그 항이 1보다 크면 경사는 무한대로 향하는 경향이 있다는 것이다. 이러한 현상을 각각 **경사 소실**과 **경사 폭발**이라고 한다(이에 대해서는 4장 '유력한 분류 도구'에서 설명했다). 다행히도 이 문제를 피하기 위한 해결책이 있다.

부분 역전파

훈련 시간이 길어지는 것을 피하기 위해 모든 단계가 아니라 k_1 시간 단계마다 경사를 계산할 수 있다. 경사를 계산하는 횟수를 k_1으로 나눔으로써 네트워크 훈련 속도가 빨라진다.

모든 시간 단계를 쭉 역전파하는 대신 이전 k_2 단계까지만 역전파하도록 제한할 수도 있다. 이 방법을 사용하면 경사가 최대 W^{k_2}에 의존하기 때문에 경사 소실을 효과적으로 제한한다. 또한 경사를 계산하는 데 필요한 계산양을 제한한다. 그렇지만 네트워크가 장기적인 시간 관계를 학습할 가능성은 적다.

이 두 기술을 조합한 것을 **부분 전파**(truncated propagation)라고 하며, 두 매개변수를 일반적으로 k_1과 k_2라고 한다. 이 두 매개변수는 훈련 속도와 모델 성능 사이의 균형이 잘 맞게 조정돼야 한다.

이 기술은 강력하지만, 여전히 기본적인 RNN 문제에 대한 차선책일 뿐이다. 다음 절에서는 이 문제를 완전히 해결하기 위해 아키텍처를 변경하는 방법을 소개한다.

장단기 메모리 셀

앞에서 봤듯이, 일반 RNN은 경사 폭발 문제를 안고 있다. 따라서 데이터 시퀀스에서 장기적인 관계를 가르치기가 때로는 어려울 수 있다. 게다가 RNN은 단일 상태 행렬에 정보를 저장한다. 예를 들어 길이가 긴 동영상에서 맨 처음 총성이 발생하면 동영상 끝에 도달했을 때 RNN의 은닉 상태가 노이즈로 무시될 가능성이 높다. 따라서 동영상이 폭력적인 것으로 분류되지 않을 수 있다.

이 두 문제를 피하기 위해 세프 호흐라이터(Sepp Hochreiter)와 유르겐 슈미트후버(Jürgen Schmidhuber)는 자신의 논문(「Long Short-Term Memory」, Neural Computation, 1997)에서 기본 RNN의 변형인 **장단기 메모리(Long Short-Term Memory, LSTM)** 셀을 제안했다. 이 제안은 수년에 걸쳐 다양한 변형이 도입되면서 크게 개선됐다. 이 절에서는 LSTM 내부 동작에 대해 간략히 살펴보고 경사 소실이 문제가 되지 않는 이유를 보여준다.

LSTM 일반 원리

LSTM의 근간이 되는 수학을 자세히 설명하기 전에 그것이 어떻게 동작하는지 전반적으로 이해해 보자. 그러기 위해 올림픽 게임에 적용되는 라이브 분류 시스템을 예로 들어보자. 이 시스템은 모든 프레임에 대해 올림픽의 긴 동영상에서 어떤 스포츠 경기를 하는지 탐지해야 한다.

네트워크가 사람이 일렬로 서 있는 것을 본다면 어떤 스포츠로 추론할 수 있을까? 축구 선수가 국가를 부르고 있는 것일까? 아니면 선수들이 100미터 경주를 준비하고 있는 것일까? 직전 프레임에서 어떤 일이 발생했는지에 대한 정보가 없으면 예측이 정확하지 않을 것이다. 앞서 설명했던 기본 RNN 아키텍처는 이 정보를 은닉 상태에 저장할 수 있다. 그렇지만 스포츠가 교대로 번갈아 나오면 훨씬 더 어려워진다. 실제로 이 상태가 현재 예측을 생성하는 데 사용된다. 기본 RNN에서는 즉시 사용하지 않을 정보를 저장할 수 없다.

LSTM 아키텍처는 $C^{<t>}$로 표시하고 **셀 상태**라고 부르는 메모리 행렬을 저장함으로써 이 문제를 해결한다. 모든 시간 단계에서 $C^{<t>}$는 현재 상태에 대한 정보를 포함한다. 그렇지만 이 정보는 출력을 생성하는 데 직접 사용되지는 않는다. 대신 '게이트'에 의해 필터링된다.

 다음 방정식에서 보여주듯이, LSTM의 셀 상태는 간단한 RNN 상태와는 다르다. LSTM의 셀 상태는 최종 상태로 변환되기 전에 필터링된다.

게이트는 LSTM의 핵심 개념이다. 하나의 게이트는 LSTM의 또 다른 요소에 항별로 곱해질 행렬이다. 게이트의 모든 값이 0이면 다른 쪽 요소의 어떤 정보도 전달되지 않는다. 반면 게이트 값이 모두 1이면 다른 요소의 모든 값이 통과할 것이다.

항별 곱셈(**요소 단위 곱셈** 또는 **하다마드 곱**[Hadamard product]이라고 함)은 다음과 같이 나타낼 수 있음을 기억할 것이다.

$$\begin{bmatrix} a & b \\ c & d \end{bmatrix} \odot \begin{bmatrix} e & f \\ g & h \end{bmatrix} = \begin{bmatrix} a*e & b*f \\ c*g & d*h \end{bmatrix}$$

시간 단계마다 3개의 게이트 행렬이 현재 입력과 이전 출력을 사용해 계산된다.

- **입력 게이트(input gate)**: 입력에 적용돼 어떤 정보가 통과되는지 결정한다. 예제에서 동영상이 관객들을 보여준다면 예측을 생성하는 데 이 입력을 사용해서는 안 된다. 이 경우 게이트는 대부분 0이 된다.

- **망각 게이트(forget gate)**: 셀 상태에 적용해 어느 정보를 잊어버릴지 결정한다. 예제에서 동영상이 발표자가 말하는 모습을 보여준다면 다음에 새로운 스포츠를 보게 될 것이므로 현재 스포츠에 대한 정보는 잊어야 한다.

- **출력 게이트(output gate)**: 셀 상태와 곱해 출력할 정보를 결정한다. 이전 스포츠가 축구였다는 셀 상태는 유지해야겠지만, 이 정보가 현재 프레임에는 유용하지 않다. 이 정보를 출력하면 다가오는 시간 단계를 혼란스럽게 만들 수 있다. 이 게이트를 0으로 설정함으로써 이 정보를 나중에 사용할 수 있게 효과적으로 유지할 수 있다.

다음 절에서는 게이트와 후보 상태를 계산하는 방법을 학습하고 LSTM이 경사 소실로 인한 영향을 덜 받는 이유를 알아보겠다.

LSTM 내부 작동 방식

먼저 게이트가 계산되는 방식을 자세히 살펴보자.

$$i^{<t>} = \sigma\left(W_i \cdot \left[h^{<t-1>}, x^{<t>}\right] + b_i\right)$$
$$f^{<t>} = \sigma\left(W_f \cdot \left[h^{<t-1>}, x^{<t>}\right] + b_f\right)$$
$$o^{<t>} = \sigma\left(W_o \cdot \left[h^{<t-1>}, x^{<t>}\right] + b_o\right)$$

이전 공식에서 자세히 설명했듯이, 세 개의 게이트는 동일한 원리를 사용해 가중치 행렬(W)을 이전 출력($h^{<t-1>}$)과 현재 입력($x^{<t>}$)에 곱해 계산된다. 활성화 함수로 $sigmoid$ (σ)를 사용한다. 그 결과 게이트는 항상 0과 1 사이의 값을 갖는다.

후보 상태($\tilde{C}^{<t>}$)는 비슷한 방식으로 계산된다. 그렇지만 활성화 함수로 시그모이드 대신 쌍곡 탄젠트(hyperbolic tangent) 함수를 사용한다.

$$\tilde{C}^{<t>} = \tanh\left(W_C \cdot \left[h^{<t-1>}, x_t\right] + b_C\right) \quad (1)$$

이 공식은 기본 RNN 아키텍처에서 $h^{<t>}$를 계산하는 데 사용했던 공식과 정확히 일치한다. 그렇지만 거기서는 $h^{<t>}$가 은닉 상태였지만, 이 경우에는 **후보 셀 상태**를 계산한다. 새로운 셀 상태를 계산하기 위해 이전 셀 상태를 후보 셀 상태와 결합한다. 두 상태는 각각 망각 게이트와 입력 게이트를 통과한다.

$$C^{<t>} = f^{<t>} \odot C^{<t-1>} + i^{<t>} \odot \tilde{C}^{<t>} \quad (2)$$

마지막으로 LSTM 은닉 상태(출력)는 다음과 같이 셀 상태에서 계산된다.

$$h^{<t>} = o^{<t>} \odot \tanh\left(C^{<t>}\right) \quad (3)$$

그림 8-3에서 LSTM 셀을 단순화해 표현했다.

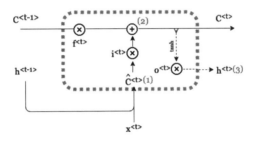

그림 8-3 LSTM 셀을 단순화한 표현(게이트 계산은 생략)

LSTM 가중치도 시간을 통한 역전파를 사용해 계산된다. LSTM 셀의 수많은 정보 경로로 인해 경사 계산은 훨씬 더 복잡하다. 그렇지만 망각 게이트 $f^{<t>}$의 항이 1에 가까우면 다음 공식처럼 정보가 하나의 셀 상태에서 다른 셀 상태로 전달될 수 있음을 알 수 있다.

$$\frac{\partial C^{<t>}}{\partial C^{<t-1>}} = f^{<t>}$$

이런 이유로 망각 게이트 편향값을 일벡터(모든 원소 값이 1인 벡터−옮긴이)로 초기화함으로써, 정보가 수많은 시간 단계를 통해 확실히 역전파할 수 있다. 따라서 LSTM은 경사 소실 문제로 인한 영향을 덜 받게 된다.

이것으로 RNN 소개를 마친다. 이제 동영상을 실제로 분류할 수 있다.

동영상 분류

텔레비전에서 웹 스트리밍에 이르기까지 동영상 포맷은 점점 더 대중화되고 있다. 컴퓨터 비전이 시작된 이래 연구원들은 한 번에 여러 이미지에 컴퓨터 비전을 적용하려고 시도했다. 처음에는 컴퓨팅 성능에 의해 제약 받았지만, 최근에는 동영상 분석을 위한 강력한 기술이 개발됐다. 이 절에서는 동영상 관련 작업을 소개하고 그중 하나인 동영상 분류에 대해 자세히 알아본다.

컴퓨터 비전을 동영상에 적용하기

초당 30프레임 속도로 동영상의 모든 프레임을 처리한다는 것은 분당 $30 \times 60 = 1,800$프레임을 분석한다는 의미다. 이것은 딥러닝이 부상하기 전 컴퓨터 비전 초기에 실제로 직면했던 문제다. 그 후에 동영상을 효율적으로 분석하기 위한 기술이 고안됐다.

가장 확실한 기술은 **샘플링**이다. 모든 프레임을 분석하는 대신 초당 하나 또는 두 개의 프레임만 분석할 수 있다. 이 방법이 더 효율적이지만, 앞서 언급했던 총성처럼 중요한 장면이 매우 잠깐 등장하면 정보가 손실될 수 있다.

이보다 진화된 기술은 **장면 추출**이다. 이 기술은 특히 영화 분석에서 인기가 있다. 알고리즘은 동영상이 한 장면에서 다른 장면으로 바뀌는 시점을 탐지한다. 예를 들어 카메라가 클로즈업 장면에서 넓은 화면으로 이동하면 구성마다 한 프레임을 분석한다. 클로즈업 장면이 정말 짧고, 넓은 화면이 수많은 프레임에 걸쳐 등장해도 각 샷에서 하나의 프레임만 추출한다. '장면 추출'은 빠르고 효율적인 알고리즘을 사용해 수행된다. 이 기술은 이미지 픽셀을 처리하고 두 개의 연속된 프레임 사이의 변화를 평가한다. 변화가 크다는 것은 장면이 바뀐다는 것을 가리킨다.

게다가 1장 '컴퓨터 비전과 신경망'에서 설명한 이미지 관련 작업은 전부 동영상에도 적용된다. 예를 들어 해상도 개선, 분할, 스타일 전이는 일반적으로 동영상을 대상으로 한다. 그렇지만 동영상이 시간의 흐름을 담고 있다는 측면은 다음과 같은 동영상에 특화된 작업 형태로 새로운 애플리케이션을 만든다.

- **동작 감지**: 동영상 분류의 변형으로, 여기에서 목표는 사람이 어떤 동작을 취하고 있는지 분류하는 것이다. 동작은 달리기부터 축구에 이르기까지 다양하지만, 어떤 종류의 춤을 추는지 어떤 악기를 연주하는지를 알아낼 만큼 정확할 수도 있다.

- **다음 프레임 예측**: N개의 연속된 프레임이 주어지면 이 작업은 $N+1$번째 프레임이 어떻게 보일지 예측한다.

- **울트라 슬로 모션:** 프레임 보간법이라고도 한다. 이 모델은 슬로 모션이 덜 흔들려 보이도록 중간 프레임을 생성해야 한다.

- **객체 추적:** 역사적으로 이 기술은 설명자 같은 고전적인 컴퓨터 비전 기술을 사용해 수행된다. 그렇지만 이제 동영상에서 객체를 추적하는 데 딥러닝을 적용한다.

이러한 동영상에 특화된 작업 중 동작 감지에 대해 중점적으로 알아보겠다. 다음 절에서 액션 동영상 데이터셋을 소개하고 동영상에 LSTM을 적용하는 방법을 알아본다.

LSTM으로 동영상 분류하기

여기에서는 K. 숨로(K. Soomro) 팀에서 함께 만든(『UCF101: A Dataset of 101 Human Actions Classes From Videos in The Wild』, CRCV-TR-12-01, 2012 참조) 'UCF101' 데이터셋(https://www.crcv.ucf.edu/data/UCF101.php)을 사용할 것이다.

그림 8-4 UCF101 데이터셋의 예제 이미지

이 데이터셋은 13,320개의 동영상 세그먼트로 구성된다. 각 세그먼트에는 101가지의 가능한 동작 중 하나를 수행하는 사람이 포함돼 있다.

동영상을 분류하기 위해 2단계 프로세스를 사용한다. 실제로 순환 신경망에는 원시 픽셀 이미지가 공급되지 않는다. 엄밀히 말해 순환 신경망에 전체 이미지를 제공할 수 있지만, 그 전에 CNN 특징 추출기를 사용해 차원을 줄여 LSTM에서 수행하는 계산을 줄인다. 이 네트워크 아키텍처는 그림 8-5로 나타낼 수 있다.

그림 8-5 동영상을 분류하기 위한 CNN과 RNN의 조합. 이 간단한 예제에서 시퀀스 길이는 3이다.

앞서 언급했듯이 RNN을 통해 오차를 역전파하기는 어렵다. CNN을 처음부터 훈련시킬 수 있지만, 평균에 못 미치는 결과를 내면서 막대한 시간이 걸린다. 따라서 4장 '유력한 분류 도구'에서 소개했던 전이 학습 기법을 적용해 사전에 훈련된 네트워크를 사용한다.

같은 이유로 성능 향상을 기대할 수 없으므로 CNN을 미세 조정하지 않고 그 가중치를 그대로 유지하는 것이 일반적이다. CNN은 훈련의 전 세대에 걸쳐 변경 없이 유지되기 때문에 특정 프레임은 항상 동일한 특징 벡터를 반환하게 된다. 이 덕분에 특징 벡터를 '캐시에 저장'할 수 있다. CNN 단계가 시간이 가장 많이 걸리므로 그 결과를 캐시에 저장한다는 것은 세대마다 특징 벡터를 계산하는 대신 단 한 번만 계산함을 뜻하며 따라서 훈련 시간을 상당히 절약하게 된다.

따라서 동영상을 두 단계에 거쳐 분류할 것이다. 먼저 특징을 추출하고 캐시에 저장한다. 이 작업이 완료되면 추출된 특징에서 LSTM을 훈련시킨다.

동영상에서 특징 추출하기

특징 벡터를 생성하기 위해 ImageNet 데이터셋에서 사전에 훈련된 Inception 네트워크를 사용해 이미지를 다양한 카테고리로 분류하겠다.

여기서 마지막 계층(완전 연결 계층)을 제거하고 최대-풀링 연산 이후 생성된 특징 벡터만 유지한다.

또 다른 옵션은 평균-풀링 직전에 계층의 출력, 즉 차원이 더 높은 특징 맵을 유지하는 것이다. 그렇지만 이 예제에서는 공간 정보가 필요하지 않다. 즉 동작이 프레임 중간에서 발생하든 모서리에서 발생하든 예측은 동일하다. 따라서 여기서는 2차원 최대-풀링 계층의 출력을 사용한다. 이렇게 하면 LSTM 입력이 64배 더 작아지기 때문에(64=8×8= 크기가 299×299인 입력 이미지에 대한 특징 맵의 크기) 학습 속도가 빨라진다.

텐서플로를 사용하면 4장 '유력한 분류 도구'에서 설명했듯이 코드 한 줄로 사전 훈련된 모델에 접근할 수 있다.

```
inception_v3 = tf.keras.applications.InceptionV3(include_top=False, weights='imagenet')
```

최대–풀링 연산을 추가해 8×8×2,048 특징 맵을 1×2,048 벡터로 변환한다.

```
x = inception_v3.output
pooling_output = tf.keras.layers.GlobalAveragePooling2D()(x)

feature_extraction_model = tf.keras.Model(inception_v3.input, pooling_output)
```

여기에서 tf.data API를 사용해 동영상에서 프레임을 로딩한다. 여기에서 첫 번째 문제가 발생하는데, 모든 동영상의 길이가 다르다는 것이다. 프레임 수의 분포는 다음과 같다.

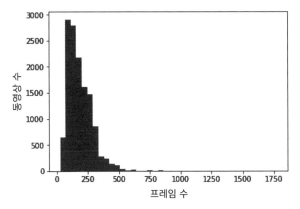

그림 8–6 UCF101 데이터셋에서 동영상당 프레임 수 분포

 데이터를 사용하기 전에 빠르게 데이터를 분석하는 것이 항상 좋다. 직접 검토하고 분포를 그래프로 그려보면 실험에 소요되는 시간을 상당히 절약할 수 있다.

대부분의 딥러닝 프레임워크와 마찬가지로 텐서플로를 사용하면 배치에 포함된 모든 예제의 길이가 동일해야 한다. 이 요구사항에 맞는 가장 일반적인 솔루션은 '패딩(padding)'이다. 첫 번째 시간 단계는 실제 데이터로 채우고 마지막 단계는 0으로 채운다.

여기에서 동영상 프레임을 전부 사용하지는 않는다. 초당 25개 프레임에서 대부분의 프레임은 같아 보인다. 그 프레임 중 하위 집합만 사용함으로써 입력 크기를 줄이고 그 결과 훈련 프로세스 속도가 빨라진다. 이 하위집합을 선택하기 위해 다음 옵션 중 하나를 사용할 수 있다.

- 초당 N개 프레임을 추출한다.

- 전체 프레임에서 N개 프레임을 샘플링한다.

- 다음 다이어그램처럼 장면으로 동영상을 분할하고 장면당 N개 프레임을 추출한다.

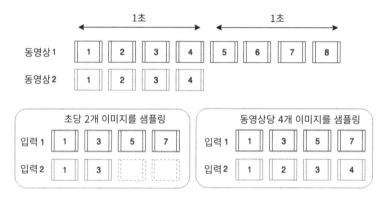

그림 8-7 두 샘플링 기술 비교. 점선으로 된 직사각형은 0으로 패딩했음을 가리킴.

동영상 길이가 크게 다르기 때문에 초당 N개의 프레임을 추출하면 입력 길이도 크게 달라진다. 이 문제는 패딩으로 해결될 수 있지만, 이렇게 되면 일부 입력은 대부분 0으로 구성되고 그로 인해 훈련 성능이 저하될 수 있다. 따라서 여기서는 동영상당 N개의 이미지를 샘플링할 것이다.

여기서는 텐서플로의 데이터셋 API를 사용해 입력을 특징 추출 네트워크에 공급한다.

```
dataset = tf.data.Dataset.from_generator(frame_generator,
            output_types=(tf.float32, tf.string),
            output_shapes=((299, 299, 3), ()))
```

앞의 코드에서는 입력 타입과 입력 형상을 지정한다. 이 생성기는 3개 채널을 가진 형상이 299×299인 이미지와 함께 파일명을 나타내는 문자열을 반환한다. 파일명은 나중에 동영상별로 프레임을 그룹화하는 데 사용될 것이다.

frame_generator는 네트워크에서 처리할 프레임을 선택한다. 동영상 파일을 읽어 들이기 위해 OpenCV 라이브러리를 사용한다. 각 동영상에 대해 N개 프레임마다 이미지를 샘플링한다. 여기에서 N은 num_frames/SEQUENCE_LENGTH과 같고 SEQUENCE_LENGTH는 LSTM의 입력 시퀀스의 크기다. 이 제너레이터를 단순화하면 다음과 같이 나타낼 수 있다.

```python
def frame_generator():
    video_paths = tf.io.gfile.glob(VIDEOS_PATH)
    for video_path in video_paths:
        capture = cv2.VideoCapture(video_path)
        num_frames = int(cap.get(cv2.CAP_PROP_FRAME_COUNT))
        sample_every_frame = max(1, num_frames // SEQUENCE_LENGTH)
        current_frame = 0

        label = os.path.basename(os.path.dirname(video_path))
        while True:
            success, frame = capture.read()
            if not success:
                break

            if current_frame % sample_every_frame == 0:
                img = preprocess_frame(frame)
                yield img, video_path

            current_frame += 1
```

동영상 프레임을 반복하면서 하나의 하위 집합만 처리한다. 동영상이 끝나면 OpenCV 라이브러리는 success를 False로 반환하고 루프는 종료된다.

파이썬 제너레이터와 마찬가지로 return 키워드를 사용하는 대신 yield 키워드를 사용한다. 이를 통해 루프가 끝나기 전에 프레임을 반환할 수 있다. 이런 방식으로 네트워크는 모든 프레임이 사전처리 되는 것을 기다리지 않고도 훈련을 시작할 수 있다.

마지막으로 데이터셋을 반복해 동영상 특징을 생성한다.

```python
dataset = dataset.batch(16).prefetch(tf.data.experimental.AUTOTUNE)
current_path = None
```

```
all_features = []

for img, batch_paths in tqdm.tqdm(dataset):
    batch_features = feature_extraction_model(img)
    for features, path in zip(batch_features.numpy(), batch_paths.numpy()):
        if path != current_path and current_path is not None:
            output_path = current_path.decode().replace('.avi', '')
            np.save(output_path, all_features)
            all_features = []
        current_path = path
        all_features.append(features)
```

이전 코드에서는 배치 출력을 반복하고 비디오 파일명을 비교한다. 배치 크기가 N(동영상당 샘플링한 프레임 수)과 반드시 같을 필요는 없으므로 배치에는 여러 연속된 시퀀스의 프레임이 포함될 수 있다.

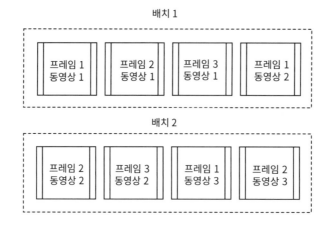

그림 8-8 동영상별로 샘플링된 3개 프레임과 배치 크기가 4인 입력

네트워크의 출력을 읽다가 다른 파일명을 만나면 동영상 특징을 파일에 저장한다. 이 기술은 프레임 순서가 올바른 경우에만 작동한다. 데이터셋이 섞여 있으면 더이상 작동하지 않는다. 동영상 특징은 동영상과 동일한 위치에 저장되지만 확장자가 다르다(.avi 대신 .npy).

이 단계에서는 데이터셋의 13,320개의 동영상을 반복하고 동영상마다 특징을 생성한다. 최신 GPU에서는 동영상당 40개 프레임을 샘플링하는 데 약 한 시간이 걸린다.

LSTM 훈련시키기

이제 동영상 특징이 생성됐으니 이를 사용해 LSTM을 학습시킬 수 있다. 이 단계는 이 책 앞에서 설명했던 훈련 단계와 매우 비슷하다. 모델과 입력 파이프라인을 정의하고 훈련을 시작하면 된다.

모델 정의

여기에서 사용하는 모델은 케라스 계층을 사용해 정의된 단순한 순차형 모델이다.

```
model = tf.keras.Sequential([
    tf.keras.layers.Masking(mask_value=0.),
    tf.keras.layers.LSTM(512, dropout=0.5, recurrent_dropout=0.5),
    tf.keras.layers.Dense(256, activation='relu'),
    tf.keras.layers.Dropout(0.5),
    tf.keras.layers.Dense(len(LABELS), activation='softmax')
])
```

여기서는 3장 '현대 신경망'에서 소개한 개념인 드롭아웃을 적용한다. LSTM의 dropout 매개변수는 입력 가중치 매트릭스에 적용되는 드롭아웃 양을 제어한다. recurrent_dropout 매개변수는 이전 상태에 적용되는 드롭아웃 양을 제어한다. 마스크와 유사하게 recurrent_dropout은 과적합을 피하기 위해 이전 상태 활성화의 일부를 무작위로 무시한다.

모델의 제일 첫 계층은 Masking 계층이다. 이미지 시퀀스를 배치로 묶기 위해 빈 프레임으로 이미지 시퀀스를 채우면 LSTM은 이 추가된 프레임을 불필요하게 반복하게 된다. Masking 계층을 추가하면 LSTM 계층은 영 행렬을 만나기 전 실제 시퀀스가 끝난 지점에서 중지한다.

이 모델은 '카약', '래프팅', '펜싱'과 같은 101개 범주로 동영상을 분류한다. 그렇지만 이 모델은 예측을 나타내는 벡터만 예측한다. 이 101개 범주를 벡터 형식으로 변환할 방법이 필요하다. 여기서는 1장 '컴퓨터 비전과 신경망'에서 설명한 **원-핫 인코딩**이라는 기술을 사용할 것이다. 서로 다른 레이블이 101개가 있으므로 크기가 101인 벡터를 반환하게 된다. '카약'의 경우 첫 번째 항목만 1로 설정하고 나머지를 모두 0으로 채운다. '래프팅'의 경우 두 번째 요소만 1로 설정하고 나머지는 0으로 채운다. 나머지 범주들도 동일한 방식으로 설정한다.

데이터 적재

제너레이터를 사용해 프레임 특징을 생성할 때 만들어진 .npy 파일을 적재한다. 이 코드를 사용하면 필요에 따라 입력 시퀀스를 0으로 패딩하기 때문에 모든 입력 시퀀스의 길이가 같아진다.

```python
def make_generator(file_list):
    def generator():
        np.random.shuffle(file_list)
        for path in file_list:
            full_path = os.path.join(BASE_PATH, path)
            full_path = full_path.replace('.avi', '.npy')

            label = os.path.basename(os.path.dirname(path))
            features = np.load(full_path)

            padded_sequence = np.zeros((SEQUENCE_LENGTH, 2048))
            padded_sequence[0:len(features)] = np.array(features)

            transformed_label = encoder.transform([label])
            yield padded_sequence, transformed_label[0]
    return generator
```

앞의 코드에서 파이썬 **클로저 함수**(closure function, 다른 함수를 반환하는 함수)를 정의했다. 이 기술을 사용하면 제너레이터 함수 하나만으로 훈련 데이터를 반환하는 train_dataset과 검증 데이터를 반환하는 validation_dataset을 생성할 수 있다.

```python
train_dataset = tf.data.Dataset.from_generator(make_generator(train_list),
                output_types=(tf.float32, tf.int16),
                output_shapes=((SEQUENCE_LENGTH, 2048), (len(LABELS))))
train_dataset = train_dataset.batch(16)
train_dataset = train_dataset.prefetch(tf.data.experimental.AUTOTUNE)

valid_dataset = tf.data.Dataset.from_generator(make_generator(test_list),
                output_types=(tf.float32, tf.int16),
                output_shapes=((SEQUENCE_LENGTH, 2048), (len(LABELS))))
valid_dataset = valid_dataset.batch(16)
valid_dataset = valid_dataset.prefetch(tf.data.experimental.AUTOTUNE)
```

여기서도 7장 '복합적이고 불충분한 데이터셋에서 훈련시키기'에서 설명했던 모범 사례에 따라 데이터를 배치로 나누어 프리페치한다.

모델 훈련

훈련 절차는 이전에 책에서 설명한 것과 매우 유사하며 이 장에 포함된 노트북을 참조하기 바란다. 이전에 설명한 모델을 사용하면 검증 세트에서 72%의 정밀도에 도달한다.

이 결과는 그보다 진화된 기술을 사용해 얻을 수 있는 94% 정밀도와 비교될 수 있다. 여기서 만든 이 단순한 모델은 프레임 샘플링을 개선하거나 데이터 보강을 사용하거나 다양한 시퀀스 길이를 사용하거나 계층의 크기를 최적화함으로써 성능이 개선될 수 있다.

요약

이 장에서는 RNN의 일반 원칙을 알아보면서 신경망에 대한 지식을 확장했다. 기본 RNN의 내부 작동 방식을 다룬 다음 역전파를 확장해 이를 순환 신경망에 적용한다. 이 장에서 설명했듯이 BPTT는 RNN에 적용되면 경사 소실로 인한 문제가 발생한다. 이 문제는 부분 역전파를 사용하거나 다른 유형의 아키텍처인 장단기 메모리 네트워크를 사용해 해결할 수 있다.

그런 다음 이러한 이론적 원리를 동영상에서 동작을 인식하는 실용적인 문제에 적용했다. CNN과 LSTM을 결합함으로써 동영상을 101개 범주로 분류하는 네트워크를 성공적으로 훈련시키면서 프레임 샘플링과 패딩 같은 동영상에 특화된 기술을 소개했다.

다음 장에서는 모바일 기기와 웹 브라우저 같은 새로운 플랫폼을 다룸으로써 신경망 애플리케이션에 대한 지식을 넓혀 나갈 것이다.

질문

1. 간단한 RNN 아키텍처에 비해 LSTM의 주요 장점은 무엇인가?

2. CNN을 LSTM 이전에 적용할 때 CNN의 용도는 무엇인가?

3. 경사 소실이란 무엇이며 왜 발생하는 것인가? 이것이 문제인 이유는 무엇인가?

4. 경사 소실을 해결할 수 있는 방법에는 어떤 것들이 있는가?

참고 문헌

- 「RNNs with Python Quick Start Guide」(`https://www.packtpub.com/big-data-and-business-intelligence/recurrent-neural networks python-quick startguide`), Simeon Kostadinov:

  – 이 책은 RNN 아키텍처를 자세히 설명하고 텐서플로 1을 사용해 다양한 예제에 이 아키텍처를 적용한다

- 「A Critical Review of RNNs for Sequence Learning」(`https://arxiv.org/abs/1506.00019`), Zachary C. Lipton et al:

  – 이 자료는 30년간의 RNN 아키텍처를 검토하고 종합한다.

- 「Empirical Evaluation of Gated RNNs on Sequence Modeling」(`https://arxiv.org/abs/1412.3555`), Junyoung Chung et al:

  – 이 논문은 다양한 RNN 아키텍처 성능을 비교한다.

09

모델 최적화 및
모바일 기기 배포

컴퓨터 비전 애플리케이션은 다양하고 다각적이다. 대부분의 훈련 단계는 서버나 컴퓨터에서 수행되지만 딥러닝 모델은 휴대전화, 자율 주행 자동차, **사물 인터넷(IoT)** 장치 같은 다양한 프런트 엔드 장치에서 사용된다. 이러한 프런트 엔드 장치는 컴퓨팅 성능이 제한돼 있어 성능 최적화가 가장 중요하다.

이 장에서는 예측 품질은 좋은 상태로 유지하면서 모델 크기를 제한하고 추론 속도를 향상시키는 기술을 소개한다. 실용적인 예로 브라우저뿐만 아니라 iOS와 안드로이드 기기에서 얼굴 표정을 인식하는 간단한 모바일 애플리케이션을 만들 것이다.

이 장에서는 다음 주제를 다룰 것이다.

- 정확도에 영향을 주지 않으면서 모델 크기를 줄이고 속도를 높이는 방법

- 모델 계산 성능 상세 분석

- 휴대전화(iOS와 안드로이드)에서 모델 실행

- 브라우저에서 모델을 실행하기 위한 TensorFlow.js 소개

기술 요구사항

이 장의 코드는 https://github.com/PacktPublishing/Hands-On-Computer-Vision-with-TensorFlow-2/tree/master/Chapter09에서 내려 받을 수 있다.

휴대전화용 애플리케이션을 개발할 때는 **Swift**(iOS) 또는 **Java**(안드로이드)에 대한 지식이 필요할 것이다. 브라우저에서 컴퓨터 비전을 적용할 때 **JavaScript**에 대한 지식이 필요하다. 이 장의 예제는 간단하고 꼼꼼하게 설명돼 있어 파이썬에 익숙한 개발자라면 더 쉽게 이해할 수 있을 것이다.

또한 예제 iOS 앱을 실행하려면 Xcode가 설치된 Mac 컴퓨터와 함께 호환 가능한 기기가 필요할 것이다. 안드로이드 앱을 실행하려면 안드로이드 기기가 필요하다.

계산 및 디스크 용량 최적화

컴퓨터 비전을 사용할 때 일부 특성은 상당히 중요하다. '속도'에 대해 모델을 최적화하면 실시간으로 실행할 수 있어 새로운 사례에 적용할 기회가 열린다. 모델 '정확도'를 단 몇 퍼센트만 개선해도 실용적이지 않은 모델과 실생활 애플리케이션 사이의 차이를 만들 수 있다.

또 다른 중요한 특성은 '크기'로, 이는 모델이 사용할 스토리지 양과 모델을 다운로드하는 데 걸리는 시간에 영향을 준다. 휴대전화나 웹 브라우저처럼 일부 플랫폼에서는 모델 크기가 최종 사용자에게 중요하다.

이 절에서는 모델 추론 속도를 개선하고 모델 크기를 줄이는 방법을 설명한다.

추론 속도 측정하기

추론은 딥러닝 모델을 사용해 예측을 얻는 프로세스를 말한다. 추론은 초당 이미지 수나 이미지당 초 단위로 측정된다. 모델은 초당 5~30개 이미지를 실행해야 실시간으로 간주된다. 추론 속도를 향상시키기 전에 제대로 측정해야 한다.

모델이 초당 i개 이미지를 처리할 수 있다면 N개의 추론 파이프라인을 동시에 실행해 성능을 향상시킬 수 있다. 그렇게 되면 모델은 초당 $N \times i$개 이미지를 처리할 수 있게 된다. 병렬 처리는 많은 애플리케이션에 도움이 되지만, 실시간 애플리케이션에서는 제대로 작동하지 않는다.

자율 주행 자동차와 같은 실시간 상황에서는 얼마나 많은 이미지를 병렬로 처리할 수 있는지와 상관없이 하나의 이미지에 대한 예측을 계산하는 데 걸리는 시간인 **지연 시간**(latency)이 중요하다. 따라서 실시간 애플리케이션의 경우, 모델의 지연 시간('단일 이미지를 처리'하는 데 걸리는 시간)만 측정한다.

실시간 애플리케이션이 아니라면 필요한 만큼 많은 추론 프로세스를 병렬로 실행할 수 있다. 예를 들어 동영상의 경우, N개의 동영상 청크(chunk)를 병렬로 분석하고 프로세스 끝에 예측을 연결할 수 있다. 이렇게 프레임을 병렬로 처리하려면 더 많은 하드웨어가 필요하므로 재무 비용 측면에서만 영향을 미친다.

지연 시간 측정

앞에서 말했듯이 모델이 얼마나 **빠른지** 측정하려면 '단일 이미지'를 처리하는 데 걸리는 시간을 계산해야 한다. 그렇지만 측정 오류를 최소화하기 위해 실제로는 여러 이미지를 처리하는 시간을 측정할 것이다. 그런 다음 그 시간을 이미지 수로 나눈다.

여러 가지 이유로 단일 이미지에서 계산한 시간을 측정하지 않는다. 첫 번째 이유는 측정 오차를 제거해야 하기 때문이다. 추론을 처음 실행할 때 시스템이 사용 중이거나 GPU가 아직 초기화되지 않았거나 그 외 많은 세부적인 사항으로 속도가 느려질 수 있다. 이 오차는 여러 번 실행함으로써 최소화할 수 있다.

두 번째 이유는 텐서플로와 쿠다는 예열 과정이 필요하기 때문이다. 처음으로 연산을 실행할 때 딥러닝 프레임워크는 일반적으로 더 느리다. 이 프레임워크는 변수를 초기화하고 메모리를 할당하고 데이터를 이동하는 등의 작업이 필요하다. 게다가 연산을 반복적으로 실행하면 일반적으로 이 프레임워크는 그 반복 연산을 자동으로 최적화한다.

이러한 이유로 실제 환경을 시뮬레이션하려면 여러 이미지를 사용해 추론 시간을 측정하는 것이 좋다.

 추론 시간을 측정할 때는 데이터 적재, 전처리, 사후 처리 시간을 포함하는 것 또한 매우 중요하다.

트레이싱 도구를 사용해 계산 성능 이해하기

모델의 총 추론 시간을 측정하면 애플리케이션의 실행 가능성을 알 수 있지만, 때로는 더 자세한 성능 보고서가 필요할 수 있다. 그러기 위해 텐서플로는 몇 가지 도구를 제공한다. 이 절에서는 텐서플로 요약 패키지의 일부인 **트레이싱 도구**(tracing tool)를 자세히 설명한다.

7장 '복합적이고 불충분한 데이터셋에서 훈련시키기'에서 입력 파이프라인 성능을 분석하는 방법을 설명했다. 전처리와 데이터 수집 성능을 모니터링하려면 이 장을 참조하라.

트레이싱 도구를 사용하기 위해서는 trace_on을 호출하고 profiler를 True로 설정하면 된다. 그런 다음 텐서플로 또는 케라스 연산을 실행하고 트레이싱 결과를 폴더로 내보내면 된다.

```
logdir = './logs/model'
writer = tf.summary.create_file_writer(logdir)

tf.summary.trace_on(profiler=True)
model.predict(train_images)
with writer.as_default():
    tf.summary.trace_export('trace-model', profiler_outdir=logdir)
```

 create_file_writer와 with writer.as_default() 호출을 생략해도 여전히 연산의 트레이싱 결과를 생성한다. 그렇지만 모델을 그래프로 표현한 결과는 디스크에 기록되지 않는다.

트레이싱이 활성화된 상태에서 모델이 실행되면 명령줄에서 다음 명령어를 실행해 텐서보드가 이 폴더를 가리킬 수 있다.

```
$ tensorboard --logdir logs
```

브라우저에서 텐서보드를 열고 **Profile** 탭을 클릭한 다음 연산을 검토하면 된다.

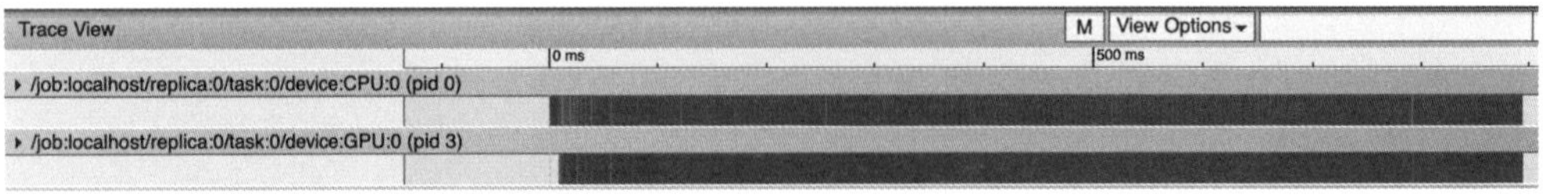

그림 9-1 여러 데이터 배치에서 수행된 단순한 완전 연결 모델의 연산 추적

앞의 타임라인에서 볼 수 있듯이 모델은 작은 연산들이 많이 모여 구성된다. 연산을 클릭하면 그 이름과 수행 시간을 얻을 수 있다. 예를 들어 다음은 밀도가 높은 행렬 곱셈(완전 연결 계층)에 대한 세부 정보다.

Title	dense/MatMul:MatMul#id=0#
User Friendly Category	other
Start	17,582,000 ns
Wall Duration	16,000 ns

그림 9-2 행렬 곱셈 연산의 상세

 텐서플로 트레이싱은 디스크 공간을 많이 차지할 수 있다. 따라서 일부 데이터 배치에서만 트레이싱할 연산을 실행하는 것이 좋다.

TPU상의 텐서보드에서 전용 **Capture Profile** 버튼을 사용할 수 있다. TPU 이름, IP 및 트레이싱 기록 시간을 지정해야 한다.

실제로 트레이싱 도구는 훨씬 더 큰 모델에서 사용돼 다음을 알아낸다.

- 어느 계층이 가장 많은 컴퓨팅 시간을 쓰고 있는가?

- 아키텍처를 수정한 후에 평소보다 시간이 더 걸리는 이유.

- 텐서플로가 항상 숫자를 계산하는지, 아니면 데이터를 기다리는지 여부. 전처리에 시간이 너무 걸리거나 CPU 사이를 너무 많이 왔다 갔다 하면 데이터를 기다리는 일이 발생할 수 있다.

계산 성능을 더 잘 이해하기 위해 사용 중인 모델을 트레이싱해 볼 것을 권한다.

모델 추론 속도 개선하기

모델 추론 속도를 제대로 측정하는 방법을 알았으니 몇 가지 방식을 사용해 추론 속도를 개선할 수 있다. 일부는 사용하는 하드웨어를 변경하고 다른 일부는 모델 아키텍처 자체를 변경한다.

하드웨어 최적화

앞에서 본 것처럼 추론에 어떤 하드웨어를 사용하는지는 속도에 있어 매우 중요하다. 하드웨어 중 가장 느린 것부터 가장 빠른 것까지 다음을 사용하는 것이 좋다.

- CPU: 속도는 느리지만 대체로 가장 저렴하다.

- GPU: 더 빠르지만 그만큼 더 비싸다. 대부분의 스마트폰에는 실시간 애플리케이션을 사용할 수 있게 GPU가 통합돼 있다.

- **특수 하드웨어**: 예를 들어 구글 'TPU'(서버용), 애플 'Neural Engine'(모바일용), 'NVIDIA Jetson'(휴대용 하드웨어용)
  이 있다. 이것들은 딥러닝 연산을 실행하기 위해 특별히 제작된 칩이다.

애플리케이션에서 속도가 중요한 경우 가능한 하드웨어 중 가장 빠른 것을 사용하고 코드를 그에 맞춰 조정하는 것이 중요하다.

CPU에서 최적화

최신 인텔 CPU는 특수 명령을 통해 행렬 연산을 더 빠르게 계산할 수 있다. **MKL-DNN(Math Kernel Library for Deep Neural Networks)**을 사용하면 된다. 바로 사용할 수 있게 만들어진 텐서플로는 이 명령어를 이용하지 않는다. 이 명령어를 사용하려면 그에 맞는 옵션으로 텐서플로를 컴파일하거나 tensorflow-mkl이라는 텐서플로의 전용 빌드를 설치해야 한다.

MKL-DNN으로 텐서플로를 빌드하는 방법은 https://www.tensorflow.org/에서 확인할 수 있다. 현재 이 툴킷은 리눅스에서만 동작한다.

GPU에서 최적화

NVIDIA GPU에서 모델을 실행하려면 'CUDA'와 'cuDNN'이라는 두 개의 라이브러리가 필수적으로 필요하다. 텐서플로는 기본적으로 해당 라이브러리에서 제공하는 속도 향상 기법을 활용한다.

GPU에서 연산을 적합하게 실행하기 위해서는 tensorflow-gpu 패키지가 설치돼 있어야 한다. 더불어 CUDA 버전의 tensorflow-gpu가 컴퓨터에 설치된 것과 일치해야 한다.

일부 최신 GPU는 'FP16'(부동소수점 16, 'Floating Point 16'의 약자) 명령을 제공한다. 추론 속도를 높이기 위해 출력 품질에 크게 영향을 미치지 않는 범위에서 정밀도를 낮춘 부동소수점(일반적으로 사용되는 32비트 대신 16비트)을 사용한다. 모든 GPU가 FP16과 호환되는 것은 아니다.

특수 하드웨어에서 최적화

칩이 모두 다르기 때문에 추론 속도를 높이는 기술은 제조업체마다 다르다. 모델 실행에 필요한 단계는 제조업체에서 잘 정리된 문서로 제공한다.

경험상 실험적인 연산을 사용하지 않는 것이 좋다. 계층 중 하나가 조건이나 분기를 포함하는 연산을 실행하면 칩이 이를 지원하지 않을 수 있다. 그렇게 되면 연산이 CPU에서 실행돼야 하므로 전체 프로세스가 느려지게 된다. 따라서 합성곱, 풀링, 완전 연결 계층의 '표준 연산만 사용'하는 것이 좋다.

입력 최적화

컴퓨터 비전 모델의 추론 속도는 입력 이미지 크기에 정비례한다. 게다가 이미지의 차원을 반으로 나누면 모델이 처리할 픽셀 수가 4배로 줄어든다. 따라서 '사용하는 이미지 크기가 작아질수록 추론 속도가 향상된다'.

작은 이미지를 사용하면 모델이 얻게 될 정보의 양이 줄어들고 다룰 수 있는 세부 사항이 적어진다. '속도와 정확도 사이에 적절한 균형'을 찾으려면 이미지 크기를 가지고 실험해야 한다.

사후처리 최적화

이 책의 앞에서 봤듯이, 대부분의 모델에는 사후처리 연산이 필요하다. 잘못된 도구를 사용해 구현하면 사후처리에 시간이 많이 걸릴 수 있다. 대부분의 사후처리는 CPU에서 일어나지만 경우에 따라 GPU에서 일부 연산을 실행할 수 있다.

추적 도구를 사용해 사후처리에 소요되는 시간을 분석해 최적화할 수 있다. **비최댓값 억제**(Non-Maximum Suppression, NMS)는 올바르게 구현되지 않으면 시간이 많이 걸릴 수 있는 연산이다(5장 '객체 탐지 모델' 참조).

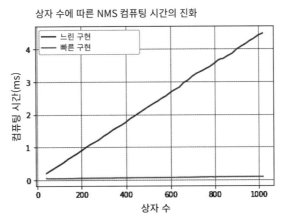

그림 9-3 상자 수에 따른 NMS 컴퓨팅 시간의 진화

앞의 다이어그램을 보면 속도가 느린 구현에서는 컴퓨팅 시간이 선형으로 늘어나지만, 빠른 구현은 거의 일정하다는 점을 알아두자. 4ms는 상당히 낮아 보이지만, 어떤 모델은 훨씬 더 많은 수의 상자를 반환할 수 있고 그 결과로 사후처리 시간이 증가할 수 있다는 점을 명심해야 한다.

모델이 여전히 느린 경우

모델 속도가 최적화됐더라도 경우에 따라 실시간 애플리케이션에서 여전히 매우 느릴 수 있다. 사용자가 실시간으로 느끼도록 하면서 이러한 속도 저하를 해결할 수 있는 몇 가지 기술이 있다.

보간과 추적

객체 탐지 모델은 컴퓨팅 집약적인 것으로 악명이 높다. 동영상의 모든 프레임을 실행하는 것은 때로는 비현실적이다. 일반적으로는 몇 프레임 단위로 한 번씩 모델을 사용한다. 그 사이 프레임에는 추적된 객체를 따라가기 위해 선형 보간법을 사용한다.

이 기술은 실시간 애플리케이션에서 작동하지 않지만, 또 다른 기술인 **객체 추적**(object tracking)은 일반적으로 사용된다. 딥러닝 모델로 객체가 탐지되고 나면 더 단순한 모델을 사용해 객체의 경계를 따라간다.

객체 추적은 배경과 잘 구분되고 그 모양이 과도하게 변경되지 않는 한 거의 모든 종류의 객체에서 작동할 수 있다. 객체 추적 알고리즘은 많다(이 중 일부는 OpenCV의 트래커 모듈을 통해 사용할 수 있다. 이에 대해서는 https://docs.opencv.org/master/d9/df8/group__tracking.html에 자세히 설명돼 있다). 이 중 다수는 모바일 애플리케이션에서 사용할 수 있다.

모델 증류

다른 기술들이 통하지 않을 때 마지막으로 사용할 수 있는 기술이 **모델 증류**(model distillation)다. 일반적인 개념은 더 큰 모델의 출력을 학습하기 위해 작은 모델을 훈련시키는 것이다. 작은 모델은 원시 레이블을 학습하는 대신(이를 위해 데이터를 사용할 수 있다) 더 큰 모델의 출력을 학습하게 훈련된다.

예를 들어보자. 사진에서 동물의 품종을 예측하기 위해 매우 큰 네트워크를 훈련시켰다. 출력은 다음과 같다.

	output	label	output	label	output	label
Golden Retriever:	0.9	1	0.7	0	0.2	0
Husky:	0.7	0	0.9	1	0.1	0
Tabby cat:	0.1	0	0.1	0	0.9	1

그림 9-4 네트워크 예측에 대한 예시

모델이 모바일에서 실행하기에는 너무 크기 때문에 더 작은 모델을 훈련시키기로 결정했다. 우리가 가지고 있는 레이블로 이 모델을 훈련하는 대신 더 큰 네트워크의 지식을 증류하기로 했다. 그러기 위해 더 큰 네트워크의 출력을 타깃으로 사용할 것이다.

첫 번째 그림의 경우 타깃을 [1,0,0]으로 해서 새 모델을 학습시키는 대신 더 큰 네트워크의 출력인 [0.9,0.7,0.1]을 타깃으로 사용한다. 이 새로운 타깃을 **소프트 타깃**(soft target)이라고 한다. 이런 방식으로 작은 네트워크는 첫 번째 사진의 동물이 허스키는 아니지만 더 진화된 모델에 따르면 이 사진의 '허스키' 클래스 점수가 0.7이므로 허스키와 닮았다고 학습할 것이다.

더 큰 모델은 더 많은 컴퓨팅 및 메모리 성능을 갖기 때문에 원래 레이블(이 예에서는 [1, 0, 0])에서 직접 학습할 수 있었다. 훈련하는 동안 이 네트워크는 개 품종이 서로 닮았지만 다른 클래스에 속한다고 추론할 수 있었다. 더 작은 모델은 데이터 자체에서 그러한 추상 관계를 학습할 능력은 없지만 다른 네트워크의 안내를 받을 수 있다. 앞에서 언급한 절차에 따라 첫 번째 모델로부터 추론된 지식이 새 모델로 전달되므로 이를 **지식 증류**(knowledge distillation)라고 부른다.

모델 크기 축소

브라우저나 모바일에서 딥러닝을 사용하는 경우 모델을 해당 기기에 내려받아야 한다. 다음과 같은 이유로 이 모델은 가능한 한 가벼워야 한다.

- 사용자는 종종 사용량에 따라 비용이 부과되는 무선 통신망에서 휴대전화를 사용한다.
- 연결이 느릴 수도 있다.
- 모델이 자주 업데이트될 수 있다.
- 경우에 따라 휴대용 기기의 디스크 공간이 제한적이다.

매개변수가 수억 개인 딥러닝 모델은 디스크 공간을 많이 소모한다. 다행히도 그 크기를 줄일 수 있는 기술이 있다.

양자화

가장 보편적으로 사용되는 기술은 매개변수의 정밀도를 낮추는 것이다. 매개변수를 32비트 부동소수점으로 저장하는 대신 16비트나 8비트 부동소수점으로 저장할 수 있다. 이진 매개변수를 1비트만 사용해 저장하는 실험들이 있었다.

양자화(Quantization)는 훈련이 끝나는 시점에 모델을 기기에서 사용할 수 있게 전환할 때 주로 수행된다. 이렇게 모델을 전환하면 정확도에 영향을 준다. 이 때문에 양자화한 다음 모델을 평가하는 것이 매우 중요하다.

모든 압축 기술 중에서 양자화가 대체로 크기에 미치는 영향은 가장 크고 성능에 미치는 영향은 가장 작다. 또한 구현하기도 매우 쉽다.

채널 가지치기와 가중치 희소화

이 밖에도 사용할 수 있는 기술이 있지만 구현하기가 더 어려울 수 있다. 이 기술들은 대체로 시행착오에 의존하므로 간단하게 적용할 수 있는 방법은 없다.

첫 번째 기술은 **채널 가지치기**(channel pruning)로 일부 합성곱 필터나 일부 채널을 제거하는 과정으로 구성된다. 일반적으로 합성곱 계층은 16개에서 512개 사이의 다양한 필터를 갖는다. 훈련 단계가 끝나면 종종 그중 일부는 쓸모가 없음을 알 수 있다. 그 필터들을 제거함으로써 모델 성능에 도움이 되지 않는 가중치를 저장하는 일을 피할 수 있다.

두 번째 기술은 **가중치 희소화**(weight sparsification)라고 한다. 전체 행렬에 대한 가중치를 저장하는 대신 중요하거나 0에 가깝지 않은 가중치만 저장할 수 있다.

예를 들어, [0.1, 0.9, 0.05, 0.01, 0.7, 0.001]과 같은 가중치 벡터를 저장하는 대신 0에 가깝지 않은 가중치만 유지할 수 있다. 이 기술을 사용하면 (위치,값) 형태의 튜플 리스트를 결과로 얻는다. 예제의 경우 그것은 [(1,0.9),(4,0.7)]이 될 것이다. 0에 가까운 벡터 값이 많으면 저장되는 가중치를 크게 줄일 수 있다.

온디바이스 머신러닝

딥러닝 알고리즘은 계산 요구사항이 높기 때문에 성능이 우수한 서버에서 실행되는 것이 가장 일반적이다. 서버는 이러한 작업에 맞게 특별히 설계된 컴퓨터다. 지연 시간, 개인 정보 보호 또는 비용 문제로 인해, 스마트폰, 연결된 객체, 자동차, 마이크로 컴퓨터 같은 고객 디바이스에서 추론을 실행해야 하는 경우가 더 흥미롭다.

이러한 디바이스들은 모두 계산 능력과 전력 요구사항이 낮다. 이 디바이스들은 데이터 수명주기상에서 끝에 위치하기 때문에 온디바이스 머신러닝(on-device machine learning)을 **에지 컴퓨팅(edge computing)** 또는 **에지에서의 머신러닝(machine learning on the edge)**이라고도 한다.

일반적인 머신러닝을 사용하면 대개 데이터 센터에서 계산이 이뤄진다. 예를 들어 페이스북에 사진을 업로드하면 친구 얼굴을 탐지해서 태그를 지정하기 위해 페이스북 데이터센터에서 딥러닝 모델이 실행된다.

온디바이스 머신러닝을 사용하면 개인 기기에서 추론이 일어난다. 흔히 볼 수 있는 예로 스냅챗(Snapchat) 얼굴 필터가 있다. 얼굴 위치를 탐지하는 모델이 디바이스에서 직접 실행된다. 그렇지만 모델 훈련은 여전히 데이터 센터에서 이뤄지고 디바이스는 서버에서 가져온 훈련된 모델을 사용한다.

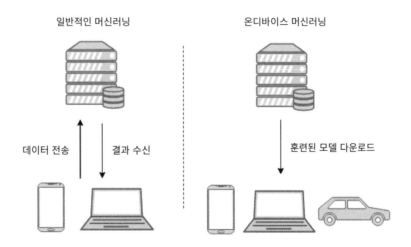

그림 9-5 온디바이스 머신러닝과 전통적인 머신러닝 비교

대부분의 온디바이스 머신러닝은 추론을 위해 쓰인다. 여전히 모델 훈련은 대부분 전용 서버에서 이뤄진다.

온디바이스 머신러닝의 고려사항

온디바이스 머신러닝(온디바이스 ML)은 보통 다양한 이유로 사용하지만 여기에도 한계가 있다.

온디바이스 ML의 이점

다음 단락부터는 머신러닝 알고리즘을 사용자 디바이스에서 직접 실행했을 때 얻을 수 있는 주요 이점에 대해 알아본다.

지연 시간

온디바이스 머신러닝을 사용하는 가장 일반적인 이유는 **지연 시간**(latency)때문이다. 데이터 처리를 위해 서버로 데이터를 전송하려면 시간이 걸리기 때문에 실시간 애플리케이션에서 전통적인 머신러닝을 사용할 수 없다. 가장 인상적인 예를 들자면 자율 주행 자동차가 있다. 자동차가 환경에 빠르게 반응하려면 지연 시간이 가능한 한 짧아야 한다. 따라서 자동차에서 모델을 실행하는 것이 중요하다. 더구나 어떤 디바이스는 인터넷 접속이 불가능한 장소에서 사용된다.

개인 정보 보호

소비자들이 개인 정보 보호에 더 관심을 기울이면서 기업은 이러한 요구를 충족하면서 딥러닝 모델을 실행할 수 있는 기술을 고안하고 있다.

애플에서 제공하는 대규모 예제를 사용해 보자. iOS 기기에서 사진을 탐색해 보면 객체나 사물을 검색할 수 있음을 알 수 있다. 즉, '고양이', '병', '자동차'는 그에 해당하는 이미지를 반환할 것이다. 사진이 클라우드에 전송되지 않더라도 마찬가지다. 애플에서는 사용자의 개인정보를 존중하면서도 해당 기능을 사용할 수 있게 만드는 것이 중요했다. 사용자 동의 없이 사진을 처리하기 위해 서버로 전송하는 것은 불가능했다.

따라서 애플은 온디바이스 ML을 사용하기로 결정했다. 매일 밤 휴대전화가 충전 중일 때 컴퓨터 비전 모델이 iPhone에서 실행되어 이미지에서 객체를 탐지해서 이 기능을 사용할 수 있게 만든다.

비용

사용자 개인 정보 보호를 존중하는 것 외에도 이 기능을 사용하면 고객이 생산하는 수억 개의 이미지를 처리하기 위해 서버 비용을 지불할 필요가 없어 애플 입장에서도 비용이 절감된다.

요즘은 브라우저에서 딥러닝 모델을 훨씬 더 작은 규모로 실행할 수 있다. 이것은 특히 데모용으로 유용하다. 사용자 컴퓨터에서 모델을 실행함으로써 대규모로 추론을 실행하기 위해 GPU가 장착된 비싼 서버의 비용을 지불하는 것을 피할 수 있다. 또한 페이지에 접속하는 사용자가 많아질수록 활용할 수 있는 컴퓨팅 성능이 커지므로 과부하 문제가 발생하지 않는다.

온디바이스 ML의 제약사항

이 개념은 많은 이점을 가지고 있는 반면 몇 가지 제약사항도 있다. 우선 컴퓨팅 성능이 제한되기 때문에 가장 강력한 모델 중 일부는 사용할 수 없다.

또한 많은 온디바이스 딥러닝 프레임워크는 가장 혁신적이거나 가장 복잡한 계층과 호환되지 않는다. 예를 들어 텐서플로 라이트(TensorFlow Lite)는 맞춤형 LSTM 계층과 호환되지 않으므로 이 프레임워크를 사용하는 모바일에 고급 순환 신경망을 이식하기 어렵다.

마지막으로 장치에서 모델을 사용할 수 있게 한다는 것은 모델 아키텍처와 가중치를 사용자와 공유함을 뜻한다. 암호화와 난독화 기법이 존재하지만, 리버스 엔지니어링이나 모델 도용의 위험이 증가한다.

실용적인 온디바이스 컴퓨터 비전

온디바이스 컴퓨터 비전의 실용적인 애플리케이션을 자세히 설명하기 전에 딥러닝 모델을 모바일 기기에서 실행하기 위해 일반적으로 고려해야 할 사항을 살펴보자.

온디바이스 컴퓨터 비전의 특성

모바일 기기에서 컴퓨터 비전 모델을 실행하면 원시 성능 메트릭보다 사용자 경험에 더 중점을 두게 된다. 휴대전화에서 이것은 배터리와 디스크 사용량을 최소화하는 것을 의미한다. 휴대전화 배터리를 몇 분 안에 다 써버리거나 기기의 사용 가능한 디스크 공간을 모두 채워버리면 안 된다. 모바일에서 모델을 실행할 때는 더 작은 모델을 사용하는 것이 좋다. 모델이 작으면 포함하는 매개변수의 수도 작아지므로 디스크 공간도 덜 차지하게 된다. 또한 필요한 연산도 적어지므로 배터리 사용량도 줄어든다.

휴대전화의 또 다른 특수성으로는 방향을 들 수 있다. 훈련 데이터셋에서 대부분의 사진은 제대로 된 방향으로 제공된다. 때로는 데이터를 보강하면서 이 방향을 바꾸기도 하지만 이미지 방향이 거꾸로 향하거나 완전히 옆으로 눕는 경우는 거의 없다. 그렇지만 휴대전화를 잡는 방법은 다양하다. 그렇기 때문에 기기 방향을 모니터링해서 올바른 방향의 이미지를 모델에 공급하고 있는지 확인해야 한다.

SavedModel 생성하기

앞에서 언급했듯이 온디바이스 머신러닝은 일반적으로 추론에 사용된다. 따라서 '훈련된 모델'이 사전에 준비돼 있어야 한다. 이 책에서 네트워크를 구현하고 준비하는 방법을 잘 안내했기를 바란다. 이제 모델을 중간 파일 포맷으로 변환해야 한다. 그런 다음 모바일에서 사용할 수 있게 라이브러리에 의해 변환될 것이다.

텐서플로 2에서는 중간 포맷으로 **SavedModel**을 선택했다. SavedModel에는 모델 아키텍처(그래프)와 함께 가중치도 포함하고 있다.

대부분의 텐서플로 객체는 SavedModel로 내보낼 수 있다. 예를 들어 다음 코드를 사용하면 훈련된 케라스 모델을 내보낼 수 있다.

```
tf.saved_model.save(model, export_dir='./saved_model')
```

frozen graph 생성하기

SavedModel API를 도입하기 전에 텐서플로는 주로 **frozen graph** 형식을 사용했다. 실제로 SavedModel은 frozen graph의 래퍼다. SavedModel은 더 많은 메타 데이터를 포함하고 모델을 제공하는 데 필요한 전처리 함수를 포함할 수 있다. SavedModel의 인기가 높아지고 있지만, 일부 라이브러리에서는 여전히 고정 모델을 필요로 한다.

SavedModel을 frozen graph로 변환하려면 다음 코드를 사용하면 된다.

```
from tensorflow.python.tools import freeze_graph

output_node_names = ['dense/Softmax']
input_saved_model_dir = './saved_model_dir'
input_binary = False
```

```
input_saver_def_path = False
restore_op_name = None
filename_tensor_name = None
clear_devices = True
input_meta_graph = False
checkpoint_path = None
input_graph_filename = None
saved_model_tags = tag_constants.SERVING

freeze_graph.freeze_graph(input_graph_filename, input_saver_def_path,
                          input_binary, checkpoint_path, output_node_names,
                          restore_op_name, filename_tensor_name,
                          'frozen_model.pb', clear_devices, "", "", "",
                          input_meta_graph, input_saved_model_dir,
                          saved_model_tags)
```

입력과 출력을 지정하는 것 외에 output_node_names도 지정해야 한다. 실제로 모델이 출력한 추론이 무엇인지 항상 명확하지는 않다. 예를 들어 이미지 탐지 모델은 상자 좌표, 점수, 클래스처럼 여러 가지를 출력한다. 이 중 어느 것을 사용할지 지정해야 한다.

 이 함수는 여러 다양한 포맷을 받을 수 있고 SavedModel은 그중 하나일 뿐이기 때문에 많은 인수가 False나 None 이다.

전처리의 중요성

3장 '현대 신경망'에서 설명한 대로 입력 이미지는 **전처리돼야** 한다. 가장 보편적인 전처리 기법은 각 채널을 127.5(127.5=255/2=이미지 픽셀의 중간 값)로 나누어 1을 빼는 것이다. 이렇게 이미지를 −1과 1 사이의 값으로 표현한다.

223	135	186		127로 나누기	1.76	1.06	1.46		1 빼기	0.76	0.06	0.46
101	93	110		→	0.80	0.73	0.87		→	-0.20	-0.27	-0.13
129	156	189			1.02	1.23	1.49			0.02	0.23	0.49

그림 9–6 단일 채널을 가진 3x3 이미지의 전처리 예

그러나 다음 요인에 따라 이미지를 표현하는 방법은 여러 가지가 있다.

- 채널 순서: RGB 또는 BGR

- 이미지가 0과 1사이와 −1과 1 사이 값을 갖거나 0과 255 사이의 값을 갖는 경우

- 차원을 나타내는 순서: $[W,H,C]$ 또는 $[C,W,H]$

- 이미지 방향

모델을 이식하는 경우, 기기에서 수행하는 전처리 과정이 훈련할 때 수행했던 '전처리와 정확히 일치'하게 하는 것이 가장 중요하다. 그렇지 않으면 입력 데이터가 훈련 데이터와 너무 달라서 모델이 잘못 추론하거나 경우에 따라서는 추론에 완전히 실패할 수도 있다.

모든 모바일 딥러닝 프레임워크에서는 전처리 설정을 지정하는 몇 가지 옵션을 제공한다. 올바른 매개변수를 설정하는 것은 각자의 몫이다.

이제 SavedModel을 얻었고 전처리의 중요성도 알았으니 모델을 다른 장치에서 사용할 준비가 됐다.

애플리케이션 예제 – 얼굴 표정 인식

이 장에서 설명한 개념을 직접 적용하기 위해 가벼운 컴퓨터 비전 모델을 사용하는 앱을 개발해 다양한 플랫폼에 배포해 보자.

여기에서는 얼굴 표정을 분류하는 앱을 만들 것이다. 이 앱은 사람 얼굴을 가리키면 그 사람의 표정(행복, 슬픔, 놀라움, 혐오, 분노, 무표정 등)을 출력한다. 이 모델을 FER(Facial Expression Recognition) 데이터베이스에서 훈련시킬 것이다. 이 데이터셋은 피에르 루크 캐리어(Pierre-Luc Carrier)와 애런 쿠빌(Aaron Courville)이 수집한 것으로 https://www.kaggle.com/c/challenges-in-representation-learningfacial-expression-recognition-challenge에서 내려받을 수 있다. 이 데이터셋은 크기가 48×48인 흑백 이미지 28,709개로 구성돼 있다.

그림 9-7 FER 데이터셋의 이미지 샘플

순진하게 생각하면, 앱 내부에서 카메라로 이미지를 캡처한 다음 바로 훈련된 모델에 제공하면 된다. 그렇지만 주변 환경에 속한 객체가 예측 품질을 손상시키므로 만족스러운 결과를 낼 수 없다. 사용자에게 이미지를 제공하기 전에 사용자 얼굴을 잘라내야 한다.

그림 9-8 두 단계로 나눠본 얼굴 표정 분류 앱의 흐름

첫 번째 단계(얼굴 탐지)를 위해 자체 모델을 구축할 수 있지만, 기본 API를 사용하는 것이 훨씬 간편하다. 이 API는 iOS에서는 기본으로 사용할 수 있고 안드로이드와 브라우저에서는 라이브러리를 통해 사용할 수 있다. 두 번째 단계인 표정 분류는 맞춤 모델을 사용해 수행된다.

MobileNet 소개

분류에 사용할 아키텍처는 **MobileNet**이다. 이는 모바일에서 실행하도록 설계된 합성곱 모델이다. 2017년 앤드류 G 하워드(Andrew G Howard) 팀이 논문 「MobileNets: Efficient Convolutional Neural Networks for Mobile Vision Applications」에서 소개한 이 모델은 특별한 종류의 합성곱을 사용해 매개변수 개수와 함께 예측을 생성하기 위해 필요한 계산량을 줄인다.

MobileNet은 **깊이별 분리** 합성곱(**depthwise separable** convolutions)을 사용한다. 실제로 이것은 아키텍처가 두 가지 유형의 합성곱을 교대로 배치해 구성돼 있음을 의미한다.

1. **점별 합성곱:** 이 연산은 일반적인 합성곱과 비슷하지만, 1×1 커널을 사용한다. 점별 합성곱은 입력의 서로 다른 채널을 결합하는 것을 목적으로 한다. RGB 이미지에 적용되어 모든 채널의 가중합을 계산한다.

2. **깊이별 합성곱:** 일반 합성곱과 유사하지만, 채널을 결합하지 않는다. 깊이별 합성곱의 역할은 입력 콘텐츠를 필터링(선이나 패턴을 탐지)하는 것이다. RGB 이미지에 적용되어 각 채널의 특징 맵을 계산한다.

이 두 가지 유형의 합성곱을 결합하면 일반 합성곱과 비슷하게 수행된다. 그렇지만 커널 크기가 작아 필요한 매개변수의 수와 계산 성능이 적고 그로 인해 이 아키텍처가 모바일 기기에 적합하게 된다.

모델을 기기에 배포하기

온디바이스 머신러닝을 설명하기 위해 모델을 웹 브라우저뿐만 아니라 iOS 및 안드로이드 기기로 이식할 것이다. 또한 이식 가능한 다른 유형의 기기에 대해서도 설명할 것이다.

Core ML을 사용해 iOS 기기에서 실행하기

최신 기기들이 출시됨에 따라 애플은 머신러닝에 중점을 둔다. 애플은 맞춤형 칩으로 **뉴럴 엔진**(**neural engine**)을 설계했다. 이 칩 덕분에 전력 사용량을 낮게 유지하면서 딥러닝 연산을 빠르게 수행할 수 있게 됐다. 이 칩을 최대한 활용하려면 개발자는 **Core ML**이라는 공식 API를 사용해야 한다(https://developer.apple.com/documentation/coreml의 문서 참조).

Core ML로 기존 모델을 사용하려면 개발자는 기존 모델을 .mlmodel 포맷으로 변환해야 한다. 다행히 애플에서는 케라스나 텐서플로에서 변환할 수 있는 파이썬 도구를 제공한다.

속도 및 에너지 효율성 외에도 Core ML의 장점 중 하나는 다른 iOS API와 통합이 잘 된다는 점이다. 기본적으로 증강 현실, 얼굴 탐지, 객체 추적 등을 위한 강력한 메서드를 제공한다.

 텐서플로 라이트는 iOS를 지원하지만, 현재로서는 Core ML을 사용하는 것이 좋다. 이를 통해 추론 시간이 단축되고 기능 호환성이 향상된다.

텐서플로나 케라스로부터 변환하기

케라스나 텐서플로로 구축한 모델을 변환하기 위해서는 또 다른 도구인 tf.coreml이 필요하다(https://github.com/tf-coreml/tf-coreml).

 이 책을 쓰는 시점에 tf-coreml은 텐서플로 2와 호환되지 않는다. 라이브러리 개발자가 업데이트하는 동안 이 책에서는 수정된 버전을 제공했다. 최신 설치 방법은 이 장의 노트북을 참조하라.

이제 예제 모델을 .mlmodel로 변환할 수 있다.

```
import tfcoreml as tf_converter

tf_converter.convert('frozen_model.pb',
                     'mobilenet.mlmodel',
                     class_labels=EMOTIONS,
                     image_input_names=['input_0:0'],
                     output_feature_names=[output_node_name + ':0'],
                     red_bias=-1,
                     green_bias=-1,
                     blue_bias=-1,
                     image_scale=1/127.5,
                     is_bgr=False)
```

이 중 몇 가지 인수는 중요하다.

- class_labels: 레이블 리스트. 이 인수가 없으면 사람이 읽을 수 있는 텍스트 대신 클래스 ID를 결과로 받게 될 것이다.

- input_names: 입력 계층 이름

- image_input_names: Core ML 프레임워크에 입력이 이미지라고 지정하기 위해 사용된다. 라이브러리가 모든 전처리를 담당하므로 이 인수는 나중에 유용할 것이다.

- output_feature_names: 고정된 모델 변환과 마찬가지로 모델에서 타깃으로 삼는 출력을 지정해야 한다. 이 경우에는 연산이 아니라 출력이다. 따라서 이름 뒤에 :0가 추가돼야 한다.

- image_scale: 전처리에 사용되는 이미지 크기

- bias: 색깔별 전처리의 편향값

- is_bgr: 채널 순서가 BGR이면 True, RGB면 False.

앞서 언급했듯이, scale, bias, is_bgr은 훈련에서 사용했던 값과 일치해야 한다.

모델은 .mlmodel 파일로 변환한 후 Xcode에서 열 수 있다.

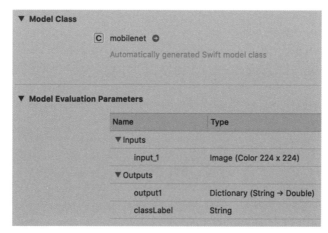

그림 9-9 모델의 세부 사항을 보여주는 Xcode 화면

image_input_names를 지정했기 때문에 입력은 Image로 인식된다. 이 덕분에 CoreML은 이미지를 전처리할 수 있다.

모델 적재하기

전체 앱은 이 장의 저장소에서 확인할 수 있다. 앱을 빌드하고 실행하기 위해서는 맥 컴퓨터와 iOS 기기가 필요하다. 모델로부터 예측을 얻는 단계를 간략하게 살펴보자. 다음 코드는 스위프트(Swift)로 작성됐다. 이 언어는 파이썬과 문법이 비슷하다.

```
private lazy var model: VNCoreMLModel = try! VNCoreMLModel(for:
mobilenet().model)


private lazy var classificationRequest: VNCoreMLRequest = {
    let request = VNCoreMLRequest(model: model, completionHandler: { [weak
self] request, error in
```

```
        self?.processClassifications(for: request, error: error)
    })
    request.imageCropAndScaleOption = .centerCrop
    return request
}()
```

코드는 3단계로 구성된다.

1. 모델 적재: 이와 관련된 모든 정보는 .mlmodel 파일에서 확인할 수 있다.

2. 맞춤형 콜백 설정: 여기서는 이미지가 분류된 후에 processClassifications를 호출할 것이다.

3. imageCropAndScaleOption 설정: 여기에서 사용한 모델은 정사각형 이미지를 받도록 설계됐지만, 입력 이미지의 가로세로 비율이 다른 경우가 많다. 따라서 이 속성을 centerCrop으로 설정해 이미지 중심을 잘라내도록 Core ML을 구성한다.

또한 기본으로 제공되는 VNDetectFaceRectanglesRequest와 VNSequenceRequestHandler 함수를 사용해 얼굴 탐지를 위해 사용될 모델을 적재한다.

```
private let faceDetectionRequest = VNDetectFaceRectanglesRequest()
private let faceDetectionHandler = VNSequenceRequestHandler()
```

모델 사용하기

입력으로 기기의 카메라에서 들어오는 동영상 피드의 픽셀이 포함된 pixelBuffer에 접근한다. 그런 다음 얼굴 탐지 모델을 실행해 faceObservations를 얻는다. 여기에는 탐지 결과가 포함돼 있다. 이 변수가 비어 있으면 탐지된 얼굴이 없다는 것으로 더이상 함수를 수행하지 않는다.

```
try faceDetectionHandler.perform([faceDetectionRequest], on: pixelBuffer,
orientation: exifOrientation)

guard let faceObservations = faceDetectionRequest.results as?
[VNFaceObservation], faceObservations.isEmpty == false else {
    return
}
```

그런 다음 faceObservations의 각 faceObservation마다 얼굴을 포함한 영역을 분류한다.

```
let classificationHandler = VNImageRequestHandler(cvPixelBuffer:
pixelBuffer, orientation: .right, options: [:])

let box = faceObservation.boundingBox
let region = CGRect(x: box.minY, y: 1 - box.maxX, width: box.height,
height:box.width)
self.classificationRequest.regionOfInterest = region

try classificationHandler.perform([self.classificationRequest])
```

그러기 위해 요청의 regionOfInterest를 지정한다. 이것은 입력이 이미지의 특정 영역이라는 것을 Core ML 프레임워크에 알린다. 이렇게 하면 이미지를 따로 자르고 크기를 조정할 필요가 없기 때문에(프레임워크가 알아서 이 작업을 처리한다) 매우 편리하다. 마지막으로 기본 제공 메서드인 classificationHandler.perform을 호출한다.

 여기에서 좌표계를 변경해야 했다는 사실을 알아두자. 얼굴 좌표는 이미지의 왼쪽 상단을 원점으로 해 반환되지만, regionOfInterest는 왼쪽 하단을 원점으로 해 지정돼야 한다.

예측이 생성되면 맞춤형 콜백인 processClassifications이 결과와 함께 호출된다. 그런 다음 이 결과를 사용자에게 표시할 수 있다. 이 부분은 이 책의 깃허브 저장소에서 제공하는 전체 애플리케이션에서 다루고 있다.

텐서플로 라이트를 사용해 안드로이드에서 실행하기

텐서플로 라이트(TensorFlow Lite)는 텐서플로 모델을 모바일과 임베디드 장치에서 실행할 수 있게 해주는 모바일 프레임워크다. 이 프레임워크는 안드로이드, iOS와 라즈베리 파이(Raspberry Pi)를 지원한다. iOS 기기의 Core ML과 달리 기본 라이브러리가 아니라 앱에 추가해야 하는 외부 종속성이다.

Core ML은 iOS 장치 하드웨어에 최적화돼 있지만, 텐서플로 라이트 성능은 기기마다 다를 수 있다. 일부 안드로이드 기기에서는 GPU를 사용해 추론 속도를 향상시킬 수 있다.

여기에서 살펴본 애플리케이션 예제에서 텐서플로 라이트를 사용하기 위해 먼저 텐서플로 라이트 변환기를 사용해 모델을 이 라이브러리의 포맷으로 변환한다.

텐서플로나 케라스의 모델 변환하기

텐서플로는 SavedModel 모델을 TF Lite 포맷으로 변환하는 함수를 갖추고 있다. 이를 위해 먼저 텐서플로 라이트 변환기 객체를 만든다.

```
# 케라스 모델로부터
converter = tf.lite.TFLiteConverter.from_keras_model(model)
## 또는 SavedModel로부터
converter = tf.lite.TFLiteConverter('./saved_model')
```

그런 다음 이 모델은 디스크에 저장된다.

```
tflite_model = converter.convert()
open("result.tflite", "wb").write(tflite_model)
```

 텐서플로 라이트 함수는 애플 Core ML에 비해 제공하는 옵션이 적다. 실제로 텐서플로 라이트는 이미지 전처리나 크기 조정을 자동으로 처리하지 않는다. 이러한 작업은 안드로이드 앱 개발자가 처리해야 한다.

모델 적재하기

모델을 .tflite 포맷으로 변환한 후 안드로이드 앱의 assets 폴더에 추가할 수 있다. 그런 다음 헬퍼 함수인 loadModelFile을 사용해 모델을 적재할 수 있다.

```
tfliteModel = loadModelFile(activity);
```

 모델이 앱의 assets 폴더에 있기 때문에 현재 액티비티를 전달해야 한다. 안드로이드 앱 개발에 익숙하지 않은 사람이라면 액티비티를 앱의 특정 화면으로 이해하면 된다.

그런 다음 Interpreter를 만든다. 텐서플로 라이트에서 모델을 실행하고 예측을 반환하려면 인터프리터가 필요하다. 이 예에서는 기본 Options를 전달한다. Options 생성자는 스레드 수나 모델의 정밀도를 변경하는 데 사용될 수 있다.

```
Interpreter.Options tfliteOptions = new Interpreter.Options();
tflite = new Interpreter(tfliteModel, tfliteOptions);
```

마지막으로 ByteBuffer를 만들 것이다. 이것은 입력 이미지 데이터를 포함한 데이터 구조다.

```
imgData =
    ByteBuffer.allocateDirect(
        DIM_BATCH_SIZE
            * getImageSizeX()
            * getImageSizeY()
            * DIM_PIXEL_SIZE
            * getNumBytesPerChannel());
```

ByteBuffer는 이미지 픽셀을 포함할 배열이다. 그 배열의 크기는 다음 항목에 따라 달라진다.

- 배치 크기 – 이 경우에는 1.

- 입력 이미지의 차원.

- 채널 수(DIM_PIXEL_SIZE) – RGB인 경우 3, 흑백 이미지인 경우 1.

- 마지막으로 채널당 바이트 수. 1바이트=8비트이므로 32비트 입력은 4바이트가 필요하다. 양자화를 사용하면 8비트 입력을 사용하게 되므로 1바이트가 필요할 것이다.

예측을 처리하기 위해 나중에 이 imgData 버퍼를 채워 인터프리터에 전달할 것이다. 이렇게 해서 얼굴 표정 탐지 모델을 사용할 준비가 끝났다. 전체 파이프라인을 사용하기 전에 얼굴 탐지기를 인스턴스화하기만 하면 된다.

```
faceDetector = new FaceDetector.Builder(this.getContext())
        .setMode(FaceDetector.FAST_MODE)
        .setTrackingEnabled(false)
        .setLandmarkType(FaceDetector.NO_LANDMARKS)
        .build();
```

 이 FaceDetector는 구글 비전 프레임워크에서 제공되며 텐서플로 라이트와는 관련이 없다.

모델 사용하기

이 예제 앱의 경우 비트맵 이미지로 작동한다. 비트맵은 원시 픽셀 행렬로 볼 수 있다. 비트맵은 안드로이드의 이미지 라이브러리 대부분과 호환된다. 카메라로부터 들어오는 동영상 피드를 표시하는 뷰(textureView 라고 함)에서 이 비트맵을 얻는다.

```
Bitmap bitmap = textureView.getBitmap(previewSize.getHeight() / 4,
previewSize.getWidth() / 4)
```

 비트맵을 전체 해상도로 캡처하지 않는다. 대신 차원을 4(이 숫자는 시행착오를 거쳐 선택됐다)로 나눈다. 크기가 너무 크면 얼굴 탐지 속도가 매우 느려져 파이프라인의 추론 시간이 줄어든다.

그런 다음 비트맵에서 vision.Frame을 만든다. 이 단계는 이미지를 faceDetector로 전달하는 데 필요하다.

```
Frame frame = new Frame.Builder().setBitmap(bitmap).build();
faces = faceDetector.detect(frame);
```

그러면 faces의 각 face에 대해 비트맵에서 사용자의 얼굴을 잘라낼 수 있다. 깃허브 저장소에서 제공하는 cropFaceInBitmap 헬퍼 함수는 이 작업을 정밀하게 수행한다. 이 함수는 얼굴 좌표를 받아 비트맵에서 그에 해당하는 영역을 잘라낸다.

```
Bitmap faceBitmap = cropFaceInBitmap(face, bitmap);
Bitmap resized = Bitmap.createScaledBitmap(faceBitmap,
classifier.getImageSizeX(), classifier.getImageSizeY(), true)
```

모델 입력에 맞게 비트맵의 크기를 조정한 후, 인터프리터가 받는 ByteBuffer인 imgData를 채운다.

```
imgData.rewind();
resized.getPixels(intValues, 0, resized.getWidth(), 0, 0,
resized.getWidth(), resized.getHeight());

int pixel = 0;
for (int i = 0; i < getImageSizeX(); ++i) {
    for (int j = 0; j < getImageSizeY(); ++j) {
        final int val = intValues[pixel++];
```

```
        addPixelValue(val);
    }
}
```

보다시피 비트맵의 픽셀을 반복해 imgData에 추가한다. 이를 위해 addPixelValue를 사용한다. 이 함수는 각 픽셀의 전처리를 담당한다. 이 전처리 작업은 모델 특성에 따라 달라진다. 여기 예제에서 모델은 흑백 이미지를 사용한다. 따라서 각 픽셀을 컬러에서 흑백으로 변환해야 한다.

```
protected void addPixelValue(int pixelValue) {
    float mean = (((pixelValue >> 16) & 0xFF) + ((pixelValue >> 8) & 0xFF) +
(pixelValue & 0xFF)) / 3.0f;
    imgData.putFloat(mean / 127.5f - 1.0f);
}
```

이 함수에서는 비트 단위 연산을 사용해 각 픽셀의 세 개 색상의 평균을 계산한다. 그런 다음 모델의 전처리 단계로 이 평균값을 127.5로 나누고 1을 뺀다.

이 프로세스가 끝나면 imgData는 입력 정보를 올바른 포맷으로 포함한다. 마지막으로 추론을 실행하면 된다.

```
float[][] labelProbArray = new float[1][getNumLabels()];
tflite.run(imgData, labelProbArray);
```

예측은 labelProbArray 내에 있다. 그런 다음 이 배열을 처리해서 표시하면 된다.

TensorFlow.js를 사용해 브라우저에서 실행하기

웹 브라우저에서 매년 점점 더 많은 기능을 제공함에 따라 브라우저에서 딥러닝 모델을 실행하는 것은 시간 문제일 뿐이었다. 브라우저에서 모델을 실행하면 장점이 많다.

- 사용자는 아무것도 설치할 필요가 없다.
- 컴퓨팅은 사용자 시스템(모바일이나 컴퓨터)에서 수행된다.
- 모델이 경우에 따라 사용자 기기의 GPU를 사용할 수 있다.

브라우저에서 실행되는 라이브러리를 TensorFlow.js라고 한다(https://github.com/tensorflow/tfjs에서 관련 문서 참조). 이 라이브러리를 사용해 얼굴 표정 분류 애플리케이션을 구현해 보자.

 텐서플로는 NVIDIA 이외의 GPU를 사용할 수 없지만, TensorFlow.js는 거의 모든 장치에서 GPU를 사용할 수 있다. 브라우저의 GPU 지원은 WebGL(OpenGL을 기반으로 한 웹 애플리케이션용 컴퓨터 그래픽 API)을 통해 그래픽 애니메이션을 표시하기 위해 처음 구현됐다. 여기에는 행렬 미적분학을 포함하기 때문에 이후에 딥러닝 연산을 실행하기 위한 용도로 변경됐다.

모델을 TensorFlow.js 포맷으로 변환하기

TensorFlow.js를 사용하려면 먼저 tfjs-converter를 사용해 모델을 올바른 포맷으로 변환해야 한다. 이 변환기는 케라스 모델, 고정된 모델, SavedModels을 변환할 수 있다. 설치 안내는 깃허브 저장소에서 확인할 수 있다.

그다음 모델 변환은 텐서플로 라이트에서 했던 프로세스와 매우 비슷하다. 파이썬에서 수행되는 대신 명령줄에서 수행된다.

```
$ tensorflowjs_converter ./saved_model --input_format=tf_saved_model mytfjs
--output_format tfjs_graph_model
```

텐서플로 라이트와 마찬가지로 출력 노드의 이름을 지정해야 한다.

출력은 여러 개의 파일로 구성된다.

- optimize_model.pb: 모델 그래프를 포함한다.

- weights_manifest.json: 가중치 리스트 대한 정보를 포함한다.

- group1-shard1of5, group1-shard2of5, ..., group1-shard5of5: 여러 파일로 분할된 모델의 가중치를 포함한다.

일반적으로 병렬 다운로드가 더 빠르기 때문에 모델은 여러 파일로 분할된다.

모델 사용하기

자바스크립트 앱에서 TensorFlow.js를 임포팅한 후 모델을 로딩할 수 있다. 다음 코드는 자바스크립트로 작성됐다. 자바스크립트는 파이썬과 문법이 비슷하다.

```
import * as tf from '@tensorflow/tfjs';
const model = await tf.loadModel(MOBILENET_MODEL_PATH);
```

또한 얼굴을 추출하기 위해 face-api.js라는 라이브러리도 사용한다.

```
import * as faceapi from 'face-api.js';
await faceapi.loadTinyFaceDetectorModel(DETECTION_MODEL_PATH)
```

두 모델이 로딩되고 나면 사용자로부터 받은 이미지를 처리할 수 있다.

```
const video = document.getElementById('video');
const detection = await faceapi.detectSingleFace(video, new
faceapi.TinyFaceDetectorOptions())

if (detection) {
    const faceCanvases = await faceapi.extractFaces(video, [detection])
    const values = await predict(faceCanvases[0])
}
```

여기서는 사용자의 웹캠을 표시하는 video 요소에서 프레임을 가져온다. face-api.js 라이브러리는 이 프레임에서 얼굴을 탐지하려고 시도한다. 프레임을 탐지하면 해당 프레임을 포함한 이미지의 일부가 추출되어 모델에 공급된다.

predict 함수는 이미지의 전처리와 함께 분류를 수행한다. 그 함수는 다음과 같다.

```
async function predict(imgElement) {
    let img = await tf.browser.fromPixels(imgElement, 3).toFloat();

const logits = tf.tidy(() => {
    // tf.fromPixels()는 이미지 요소에서 Tensor를 반환
    img = tf.image.resizeBilinear(img, [IMAGE_SIZE, IMAGE_SIZE]);
```

```
    img = img.mean(2);

    const offset = tf.scalar(127.5);
    // 이미지를 [0, 255]에서 [-1, 1]로 정규화.
    const normalized = img.sub(offset).div(offset);

    const batched = normalized.reshape([1, IMAGE_SIZE, IMAGE_SIZE, 1]);


    return mobilenet.predict(batched);
  });


  return logits
}
```

먼저 resizeBilinear를 사용해 이미지 크기를 조정하고 mean을 사용해 이미지를 컬러에서 흑백으로 변환한다. 그런 다음 픽셀을 사전 처리하고 −1과 1 사이의 값을 갖게 정규화한다. 마지막으로 model.predict를 통해 데이터를 실행해 예측을 얻는다. 이 파이프라인이 끝나면 사용자에게 표시할 수 있는 예측을 갖게 된다.

tf.tidy를 사용한다는 점에 유의하자. TensorFlow.js가 메모리에서 절대 제거할 수 없는 중간 텐서를 생성하므로 이는 매우 중요하다. 여기서 만든 연산을 tf.tidy 안에 감싸면 메모리에서 중간 요소를 자동으로 제거한다.

지난 몇 년 간 기술 발전으로 브라우저에서 새로운 애플리케이션을 사용할 수 있게 됐다. 이제 이미지 분류, 텍스트 생성, 스타일 전이, 자세 추정은 아무것도 설치하지 않고도 누구나 사용할 수 있다.

다른 기기에서 실행하기

앞에서 브라우저, iOS, 안드로이드 기기에서 모델을 실행하기 위한 모델 변환을 다뤘다. 텐서플로 라이트는 리눅스를 실행하는 포켓 크기 컴퓨터인 '라즈베리 파이'에서도 실행할 수 있다.

게다가 딥러닝 모델을 실행하기 위해 특별히 설계된 장치가 수년에 걸쳐 등장하기 시작했다. 그중 몇 가지만 예를 들어보면 다음과 같다.

- NVIDIA Jetson TX2: 손바닥 크기만 하다. 대체로 로봇 공학 애플리케이션에서 사용된다.

- Google Edge TPU: IoT 애플리케이션을 위해 Google에서 설계한 칩이다. 손톱 크기만 하고 개발자 키트와 함께 제공된다.

- **Intel Neural Compute Stick:** USB 플래시 드라이브 크기만 하다. 머신러닝 능력을 향상시키기 위해 모든 컴퓨터 (라즈베리 파이 포함)에 연결할 수 있다.

이러한 기기들은 모두 전력 소비를 최소화하면서 컴퓨팅 성능을 최대화하는 데 초점을 맞추고 있다. 세대가 지날 때마다 더 강력해짐에 따라 온디바이스 머신러닝 분야는 매우 빠르게 발전하고 있으며 매년 새로운 애플리케이션의 기회가 열리고 있다.

요약

이 장에서는 성능에 관한 몇 가지 주제를 다뤘다. 먼저 모델의 추론 속도를 올바르게 측정하는 방법을 배웠고 추론 시간을 줄이는 기술로 적합한 하드웨어, 적합한 라이브러리, 입력 크기 최적화, 사후 처리 최적화에 대해 살펴봤다. 속도가 느린 모델을 사용자에게는 실시간으로 보이게 할 수 있는 기술과 모델 크기를 줄이는 기술을 다뤘다.

그다음, 온디바이스 머신러닝을 소개했고 그 장점과 한계점에 대해서도 알아봤다. 텐서플로와 케라스 모델을 온디바이스 딥러닝 프레임워크와 호환되는 포맷으로 변환하는 방법을 배웠다. iOS, 안드로이드, 브라우저의 예제를 살펴봄으로써 광범위한 장치를 다뤘다. 또한 기존 임베디드 장치도 일부 소개했다.

이 책에서는 텐서플로 2를 다양한 컴퓨터 비전 작업에 적용해 보면서 자세히 설명했다. 이론적 배경과 함께 실제 구현을 모두 제공하면서 다양한 최신 솔루션을 다뤘다. 이 마지막 장에서 모델을 배포하는 방법까지 다뤘으니, 이제 텐서플로 2의 강력한 기능을 활용하고 각자 필요한 사례에 맞는 컴퓨터 비전 애플리케이션을 개발할 수 있을 것이다!

질문

1. 모델 추론 속도를 측정할 때 단일 이미지에서 측정해야 할까, 아니면 여러 이미지에서 측정해야 할까?

2. 'float32' 가중치를 사용하는 모델이 'flat16' 가중치를 사용하는 모델보다 작을까, 클까?

3. iOS 기기에서는 Core ML과 텐서플로 라이트 중 어느 것을 사용하는 것이 나을까? 안드로이드 기기에서는 어떤가?

4. 브라우저에서 모델을 실행할 때의 이점과 제약 사항은 무엇인가?

5. 딥러닝 알고리즘을 실행하는 임베디드 장치의 가장 중요한 요구사항은 무엇인가?

텐서플로 1.x에서 마이그레이션하기

텐서플로 2가 아주 최근에 출시됐으므로 온라인으로 사용할 수 있는 대부분의 프로젝트는 아직도 텐서 플로 1용으로 빌드된다. 텐서플로 1에는 이미 AutoGraph나 케라스 API 같은 유용한 기능들이 포함돼 있지만, 기술 부채(technical debt)를 피하기 위해서는 텐서플로 최신 버전으로 마이그레이션하는 것이 좋다.

다행히도 텐서플로 2는 대부분의 프로젝트를 최신 버전으로 변환할 수 있는 자동 마이그레이션 도구를 제공한다. 이 도구를 사용하면 많은 노력을 들이지 않고 기능 코드를 얻을 수 있다. 그렇지만 관용적인 텐서플로 2 코드로 마이그레이션하려면 두 버전 모두를 꾸준히 연구하고 잘 알아야 한다. 이 절에서는 마이그레이션 도구를 소개하고 텐서플로 1과 텐서플로 2의 개념을 비교한다.

자동 마이그레이션

텐서플로 2를 설치한 후 명령줄에서 마이그레이션 도구를 사용할 수 있다. 프로젝트 디렉터리를 변환하 려면 다음 명령어를 실행하면 된다.

```
$ tf_upgrade_v2 --intree ./project_directory --outtree
./project_directory_updated
```

다음은 예제 프로젝트에 대한 명령 로그 샘플이다.

```
INFO line 1111:10: Renamed 'tf.placeholder' to 'tf.compat.v1.placeholder'
same transformation as before, use compat.v1.image.resize_bilinear.
Make sure to read the detailed log 'report.txt' INFO line 1112:10: Renamed 'tf.layers.dense'
to
'tf.compat.v1.layers.dense'
TensorFlow 2.0 Upgrade Script
----------------------------
Converted 21 files
Detected 1 issues that require attention
--------------------------------------------------------------------
--------------------------------------------------------------------
File: project_directory/test_tf_converter.py
--------------------------------------------------------------------
project_directory/test_tf_converter.py:806:10: WARNING:
tf.image.resize_bilinear called with align_corners argument requires manual
check: align_corners is not supported by tf.image.resize, the new default
transformation is close to what v1 provided. If you require exactly the
same transformation as before, use compat.v1.image.resize_bilinear.
Make sure to read the detailed log 'report.txt'
```

변환 도구는 파일에 대한 모든 변경 사항을 자세히 설명한다. 드물기는 하지만, 수작업으로 변환해야 하는 코드 행을 탐지하면 업데이트 지시와 함께 경고 메시지를 출력한다.

구 버전의 호출 대부분은 tf.compat.v1로 이동했다. 실제로 많은 개념이 사장됐지만, 텐서플로 2에서는 이 모듈을 통해 여전히 구 버전의 API에 접근할 수 있다. 그렇지만 tf.contrib를 호출하면 변환 도구는 실패하고 오류를 발생시킨다.

```
ERROR: Using member tf.contrib.copy_graph.copy_op_to_graph in deprecated
module tf.contrib. tf.contrib.copy_graph.copy_op_to_graph cannot be
converted automatically. tf.contrib will not be distributed with TensorFlow
2.0, please consider an alternative in non-contrib TensorFlow, a communitymaintained
repository, or fork the required code.
```

텐서플로 1 코드 마이그레이션하기

마이그레이션 도구가 에러 없이 실행되면 코드를 그대로 사용할 수 있다. 그러나 마이그레이션 도구에서 사용하는 tf.compat.v1 모듈은 사장된 것으로 간주된다. 이 모듈을 호출하면 경고 메시지로 사장됐음을 알리며, 해당 모듈은 커뮤니티에서 더이상 업데이트되지 않는다. 이러한 이유로 좀 더 관용적인 코드를 만들려면 코드를 리팩터링(refactoring)하는 것이 좋다. 다음 절에서는 텐서플로 1 개념과 이를 텐서플로 2로 마이그레이션하는 방법을 소개한다. 다음 예제에서는 tf 대신 tf1을 사용해 텐서플로 1.13을 사용한다는 점을 명시적으로 나타낸다.

세션

텐서플로 1은 기본적으로 조급한 실행(eager execution)을 사용하지 않으므로 연산 결과를 직접 확인할 수 없다. 예를 들어, 두 상수를 더하면 출력 객체는 연산이 된다.

```
import tensorflow as tf1 # 텐서플로 1.13
a = tf1.constant([1,2,3])
b = tf1.constant([1,2,3])
c = a + b
print(c) # <tf.Tensor 'add:0' shape=(3,) dtype=int32을 출력
```

결과를 계산하려면 tf1.Session을 수동으로 생성해야 한다. 세션은 다음을 처리한다.

- 메모리 관리

- CPU 또는 GPU에서 연산 실행

- 필요한 경우 여러 머신에서 실행

세션을 사용하는 가장 일반적인 방법은 파이썬에서 with 문을 사용하는 것이다. 관리되지 않는 다른 자원과 마찬가지로 with 문을 사용하면 세션을 사용한 후에 세션이 적절하게 닫힌다. 세션이 닫히지 않으면 메모리를 계속 사용할 수도 있다. 따라서 텐서플로 1에서 세션은 일반적으로 다음과 같이 인스턴스화되고 사용된다.

```
with tf1.Session() as sess:
    result = sess.run(c)
print(result) # array([2, 4, 6], dtype=int32) 출력
```

또한 권장하는 방법은 아니지만 명시적으로 세션을 닫을 수도 있다.

```
sess = tf1.Session()
result = sess.run(c)
sess.close()
```

텐서플로 2에서 세션 관리는 내부적으로 이루어진다. 새 버전에서는 조급한 실행을 사용하기 때문에 결과를 계산하는 데 이 부수적인 코드는 필요 없다. 따라서 tf1.Session()에 대한 호출을 제거할 수 있다.

플레이스홀더

이전 예제에서는 두 벡터의 합을 계산했다. 그렇지만 그래프를 만들 때 이러한 벡터의 값을 정의했다. 그 대신 변수를 사용하려면 tf1.placeholder를 사용하면 된다.

```
a = tf1.placeholder(dtype=tf.int32, shape=(None,))
b = tf1.placeholder(dtype=tf.int32, shape=(None,))
c = a + b

with tf1.Session() as sess:
    result = sess.run(c, feed_dict={
        a: [1, 2, 3],
        b: [1, 1, 1]
    })
```

텐서플로 1에서 플레이스홀더는 주로 입력 데이터를 제공하는 데 사용된다. 플레이스홀더의 타입과 형상을 정의해야 한다. 이 예제에서는 벡터 크기와 상관없이 연산을 실행해야 할 수 있으므로 형상은 (None,)이다. 그래프를 실행하는 경우, 플레이스홀더에 특정 값을 제공해야 한다. 이 때문에 sess.run이 feed_dic 인수를 사용해 플레이스홀더를 키로 하여 변수의 내용을 딕셔너리로 전달한다. 모든 플레이스홀더에 값을 제공하지 못하면 예외가 발생한다.

텐서플로 2 이전에는 플레이스홀더를 사용해 입력 데이터와 계층 매개변수를 제공했다. 입력은 tf.keras.Input으로 대체할 수 있고 계층 매개변수는 tf.keras.layers.Layer 매개변수를 사용해 해결할 수 있다.

변수 관리

텐서플로 1에서 변수는 전역으로 생성됐다. 각 변수는 고유한 이름을 가지며 tf1.get_variable()을 사용해 변수를 생성하는 것이 가장 좋은 방법이었다.

```
weights = tf1.get_variable(name='W', initializer=[3])
```

여기에서 W라는 전역 변수를 생성했다. 파이썬 변수 weights를 삭제해도(파이썬 명령어 del weights를 사용) 텐서플로 메모리에 영향을 미치지 않는다. 실제로 동일한 변수를 다시 생성하려고 하면 오류가 발생한다.

```
Variable W already exists, disallowed. Did you mean to set reuse=True or
reuse=tf.AUTO_REUSE in VarScope?
```

tf1.get_variable()을 사용하면 변수를 재사용할 수 있지만, 기본적으로 선택된 이름의 변수가 이미 존재하는 경우 에러를 발생시켜 실수로 변수를 재정의하지 못하게 한다. 이 에러를 피하기 위해 reuse 인수를 사용하게 tf1.variable_scope(...) 호출을 업데이트할 수 있다.

```
with tf1.variable_scope("conv1", reuse=True):
weights = tf1.get_variable(name='W', initializer=[3])
```

 variable_scope 컨텍스트 관리자는 변수 생성을 관리하기 위해 사용됐다. 변수 재사용을 처리하는 것 외에도 이름에 접두사를 추가해 변수를 그룹화하는 것도 유용하다. 이전 예제에서 변수명은 conv1/W다.

이 경우, reuse를 True로 설정하면 텐서플로가 conv1/W라는 변수를 만나도 이전처럼 에러를 발생시키지 않는다. 대신 기존 변수를 그 내용까지 포함해 재사용한다. 그러나 이전 코드를 호출하려고 하는데 conv1/W라는 변수가 없다면 다음 에러가 발생한다.

```
Variable conv1/W does not exist
```

실제로 기존 변수를 재사용할 때만 reuse=True로 지정할 수 있다. 변수의 존재 여부를 확인해 존재하지 않는 경우에는 변수를 새로 생성하고, 존재하는 경우 재사용하려면 reuse=tf.AUTO_REUSE를 전달하면 된다.

텐서플로 2에서는 다르게 동작한다. 변수의 이름을 지정하거나 디버깅을 쉽게 하기 위해 변수 범위가 여전히 존재하지만, 변수는 더이상 전역 변수로 정의되지 않는다. 변수는 파이썬 레벨에서 처리된다. 파이썬 참조(이 예제의 경우 weights 변수)에 접근할 수 있는 한 변수를 수정할 수 있다. 변수를 삭제하려면 다음과 같은 명령어를 실행해 해당 참조를 삭제해야 한다.

```
del weights
```

이전에는 전역적으로 변수에 접근하고 변수를 수정할 수 있었으며 다른 코드로 대체할 수 있었다. 그렇지만 전역 변수가 사장되면서 텐서플로 코드의 가동성이 향상되고 오류 발생이 줄어 들었다.

계층과 모델

텐서플로 모델은 원래 tf1.layers를 사용해 정의됐다. 이 모듈은 텐서플로 2에서 사장됐으므로 그 대신 tf.keras.layers를 사용해야 한다.

텐서플로 1을 사용해 모델을 훈련시키려면 훈련 연산은 최적화기와 손실을 사용해 정의돼야 한다. 예를 들어 y가 완전 연결 계층의 출력인 경우, 다음 명령어를 사용해 훈련 연산을 정의한다.

```
cross_entropy =
tf.reduce_mean(tf.nn.softmax_cross_entropy_with_logits_v2(labels=output,
logits=y))
train_step = tf.train.AdamOptimizer(1e-3).minimize(cross_entropy)
```

이 연산을 호출할 때마다 이미지 배치가 네트워크에 공급되고 역전파가 한 단계 수행된다. 그런 다음 여러 훈련 단계를 계산하기 위해 루프를 실행한다.

```
num_steps = 10**7

with tf1.Session() as sess:
    sess.run(tf1.global_variables_initializer())
    for i in range(num_steps):
        batch_x, batch_y = next(batch_generator)
        sess.run(train_step, feed_dict={x: batch_x, y: batch_y})
```

세션을 열 때 계층이 정확한 가중치로 초기화되려면 tf1.global_variables_initializer()를 호출해야 한다. 그렇지 않으면 예외가 발생한다. 텐서플로 2에서 변수 초기화는 자동으로 처리된다.

기타 개념

새 버전에서 더이상 사용되지 않는 가장 일반적인 텐서플로 1 개념을 자세히 설명했다. 이보다 작은 모듈과 패러다임도 텐서플로 2에서 재설계된 것들이 많다. 프로젝트를 마이그레이션할 때 두 버전의 문서를 철저하게 검토하는 것이 좋다. 마이그레이션이 제대로 진행돼 텐서플로 2 버전이 예상대로 작동하게 하려면 추론 메트릭(지연 시간, 정확도, 평균 정밀도 같은)과 훈련 메트릭(수렴하기까지 반복 횟수 같은)을 모두 기록하고 이전 버전과 새 버전의 값을 비교하는 것이 좋다.

텐서플로는 오픈 소스이면서 활발한 커뮤니티의 지원을 받고 있어 새로운 기능 통합, 기타 최적화, 개발자 경험 개선 등의 활동을 통해 꾸준히 진화하고 있다. 때로는 추가 작업이 필요할 수 있지만, 가능한 한 빨리 최신 버전으로 업그레이드하면 성능이 뛰어난 애플리케이션을 개발할 수 있는 최상의 환경을 갖출 수 있다.

참조

이 절에서는 이 책에서 언급한 학술 논문과 기타 웹 페이지를 정리했다.

1장 컴퓨터 비전과 신경망

- Angeli, A., Filliat, D., Doncieux, S., Meyer, J.-A., 2008. *A Fast and Incremental Method for Loop-closure Detection Using Bags of Visual Words. IEEE Transactions on Robotics 1027-1037.*

- Bradski, G., Kaehler, A., 2000. OpenCV. *Dr. Dobb's journal of software tools 3.*

- Cortes, C., Vapnik, V., 1995. *Support-Vector Networks. Machine Learning 20, 273-297.*

- Drucker, H., Burges, C.J., Kaufman, L., Smola, A.J., Vapnik, V., 1997. *Support Vector Regression Machines. In: Advances in Neural Information Processing Systems, pp. 155-161.*

- Krizhevsky, A., Sutskever, I., Hinton, G.E., 2012. *Imagenet Classification with Deep Convolutional Neural Networks. In: Advances in Neural Information Processing Systems, pp. 1097-1105.*

- Lawrence, S., Giles, C.L., Tsoi, A.C., Back, A.D., 1997. *Face recognition: A Convolutional Neural-Network Approach. IEEE transactions on neural networks 8, 98–113.*

- LeCun, Y., Boser, B.E., Denker, J.S., Henderson, D., Howard, R.E., Hubbard, W.E., Jackel, L.D., 1990. *Handwritten Digit Recognition with a Back Propagation Network. In: Advances in Neural Information Processing Systems, pp. 396–404.*

- LeCun, Y., Cortes, C., Burges, C., 2010. *MNIST Handwritten Digit Database. AT&T Labs [Online].* Available at http://yann.lecun.com/exdb/mnist 2, 18.

- Lowe, D.G., 2004. *Distinctive Image Features from Scale-Invariant Keypoints. International journal of computer vision 60, 91–110.*

- Minsky, M., 1961. *Steps toward artificial intelligence. Proceedings of the IRE 49, 8–30.*

- Minsky, M., Papert, S.A., 2017. *Perceptrons: An Introduction to Computational Geometry. MIT press.*

- Moravec, H., 1984. *Locomotion, Vision, and Intelligence.*

- Papert, S.A., 1966. *The Summer Vision Project.*

- Plaut, D.C., others, 1986. *Experiments on Learning by Back Propagation.*

- Rosenblatt, F., 1958. *The Perceptron: A Probabilistic Model for Information Storage and Organization in the Brain. Psychological review 65, 386.*

- Turk, M., Pentland, A., 1991. *Eigenfaces for Recognition. Journal of Cognitive Neuroscience 3, 71–86.*

- Wold, S., Esbensen, K., Geladi, P., 1987. *Principal Component Analysis. Chemometrics and Intelligent Laboratory Systems 2, 37–52.*

2장 텐서플로 기초와 모델 훈련

- Abadi, M., Agarwal, A., Barham, P., Brevdo, E., Chen, Z., Citro, C., Corrado, G.S., Davis, A., Dean, et al. *TensorFlow: Large-Scale Machine Learning on Heterogeneous Distributed Systems 19.*

- *API Documentation [WWW Document], n.d. TensorFlow.* URL https://www.tensorflow.org/api_docs/ (accessed December 14, 2018).

- Chollet, F., 2018. TensorFlow is the platform of choice for deep learning in the research community. These are deep learning framework mentions on arXiv over the past three months, *pic.twitter.com/v6ZEi63hzP*. *@fchollet*.

- Goldsborough, P., 2016. *A Tour of TensorFlow. arXiv:1610.01178 [cs]*.

3장 현대 신경망

- Abadi, M., Barham, P., Chen, J., Chen, Z., Davis, A., Dean, J., Devin, M., Ghemawat, S., Irving, G., Isard, M., et al., 2016. *Tensorflow: A System for Large-Scale Machine Learning. In: OSDI, pp. 265–283*.

- *API Documentation [WWW Document], n.d. TensorFlow.* URL https://www.tensorflow.org/api_docs/ (accessed December 14, 2018).

- Bottou, L., 2010. *Large-Scale Machine Learning with Stochastic Gradient Descent. In: Proceedings of COMPSTAT'2010. Springer, pp. 177–186*.

- Bottou, L., Curtis, F.E., Nocedal, J., 2018. *Optimization Methods for Large-Scale Machine Learning. SIAM Review 60, 223–311*.

- Dozat, T., 2016. *Incorporating Nesterov Momentum into Adam.*

- Duchi, J., Hazan, E., Singer, Y., 2011. *Adaptive Subgradient Methods for Online Learning and Stochastic Optimization. Journal of Machine Learning Research 12, 2121–2159*.

- Gardner, W.A., 1984. *Learning characteristics of stochastic gradient descent algorithms: A general study, analysis, and critique. Signal processing 6, 113–133*.

- Girosi, F., Jones, M., Poggio, T., 1995. *Regularization Theory and Neural Networks Architectures. Neural Computation 7, 219–269*.

- Ioffe, S., Szegedy, C., 2015. *Batch Normalization: Accelerating Deep Network Training by Reducing Internal Covariate Shift. arXiv preprint arXiv:1502.03167*.

- Karpathy, A., n.d. *Stanford University CS231n: Convolutional Neural Networks for Visual Recognition [WWW Document].* URL http://cs231n.stanford.edu/ (accessed December 14, 2018).

- Kingma, D.P., Ba, J., 2014. *Adam: A Method for Stochastic Optimization. arXiv preprint arXiv:1412.6980*.

- Krizhevsky, A., Sutskever, I., Hinton, G.E., 2012. *Imagenet Classification with Deep Convolutional Neural Networks. In: Advances in Neural Information Processing Systems, pp. 1097–1105*.

- Lawrence, S., Giles, C.L., Tsoi, A.C., Back, A.D., 1997. *Face Recognition: A Convolutional Neural-Network Approach. IEEE transactions on neural networks 8, 98 – 113.*

- Le and Borji – 2017 – *What are the Receptive, Effective Receptive, and P.pdf, n.d.*

- Le, H., Borji, A., 2017. *What are the Receptive, Effective Receptive, and Projective Fields of Neurons in Convolutional Neural Networks? arXiv:1705.07049 [cs].*

- LeCun, Y., Cortes, C., Burges, C., 2010. MNIST Handwritten Digit Database. AT&T Labs [Online]. Available at http://yann.lecun.com/exdb/mnist 2.

- LeCun, Y., et al., 2015. LeNet-5, *Convolutional Neural Networks*. URL: http://yann.lecun.com/exdb/lenet 20.

- Lenail, A., *n.d. NN SVG [WWW Document].* URL: http://alexlenail.me/NN-SVG/ (accessed December 14, 2018).

- Luo, W., Li, Y., Urtasun, R., Zemel, R., n.d. *Understanding the Effective Receptive Field in Deep Convolutional Neural Networks 9.*

- Nesterov, Y., 1998. *Introductory Lectures on Convex Programming Volume I: Basic Course. Lecture notes.*

- Perkins, E.S., Davson, H., n.d. *Human Eye | Definition, Structure, & Function [WWW Document]. Encyclopedia Britannica.* URL https://www.britannica.com/science/human-eye (accessed December 14, 2018).

- Perone, C.S., n.d. *The effective receptive field on CNNs|Terra Incognita. Terra Incognita.*

- Polyak, B.T., 1964. *Some methods of speeding up the convergence of iteration methods. USSR Computational Mathematics and Mathematical Physics 4, 1 – 17.*

- Raj, D., 2018. *A Short Note on Gradient Descent Optimization Algorithms. Medium.*

- Simard, P.Y., Steinkraus, D., Platt, J.C., 2003. *Best Practices for Convolutional Neural Networks Applied to Visual Document Analysis. In: Null, p. 958.*

- Srivastava, N., Hinton, G., Krizhevsky, A., Sutskever, I., Salakhutdinov, R., 2014. *Dropout: A Simple Way to Prevent Neural Networks from Overfitting. The Journal of Machine Learning Research 15, 1929 – 1958.*

- Sutskever, I., Martens, J., Dahl, G., Hinton, G., 2013. *On the importance of initialization and momentum in deep learning. In: International Conference on Machine Learning, pp. 1139 – 1147.*

- Tieleman, T., Hinton, G., 2012. *Lecture 6.5—rmsprop: Divide the gradient by a running average of its recent magnitude. COURSERA: Neural Networks for Machine Learning 4, 26 – 31.*

- Walia, A.S., 2017. *Types of Optimization Algorithms used in Neural Networks and Ways to Optimize Gradient Descent [WWW Document]. Towards Data Science.* URL: `https://towardsdatascience.com/types-of-optimization-algorithmsused-in-neural-networks-and-ways-to-optimize-gradient-95ae5d39529f` (accessed December 14, 2018).

- Zeiler, M.D., 2012. *ADADELTA: An Adaptive Learning Rate Method. arXiv preprint arXiv:1212.5701.*

- Zhang, T., 2004. *Solving large scale linear prediction problems using stochastic gradient descent algorithms. In: Proceedings of the Twenty—First International Conference on Machine Learning, p. 116.*

4장 유력한 분류 도구

- *API Documentation [WWW Document], n.d. TensorFlow.* URL: `https://www.tensorflow.org/api_docs/` (accessed 12.14.18).

- Goodfellow, I., Bengio, Y., Courville, A., 2016. *Deep Learning. MIT Press.*

- He, K., Zhang, X., Ren, S., Sun, J., 2015. *Deep Residual Learning for Image Recognition. arXiv:1512.03385 [cs].*

- Howard, A.G., Zhu, M., Chen, B., Kalenichenko, D., Wang, W., Weyand, T., Andreetto, M., Adam, H., 2017. *MobileNets: Efficient Convolutional Neural Networks for Mobile Vision Applications. arXiv:1704.04861 [cs].*

- Huang, G., Liu, Z., van der Maaten, L., Weinberger, K.Q., 2016. *Densely Connected Convolutional Networks. arXiv:1608.06993 [cs].*

- Karpathy, A., n.d. *Stanford University CS231n: Convolutional Neural Networks for Visual Recognition [WWW Document].* URL: `http://cs231n.stanford.edu/` (accessed 12.14.18).

- Karpathy, A. *What I learned from competing against a ConvNet on ImageNet [WWW Document], n.d.* URL `http://karpathy.github.io/2014/09/02/what-i-learned-from-competing-against-a-convnet-on-imagenet/` (accessed January 4, 2019).

- Lin, M., Chen, Q., Yan, S., 2013. *Network In Network. arXiv:1312.4400 [cs].*

- Pan, S.J., Yang, Q., 2010. *A Survey on Transfer Learning. IEEE Transactions on Knowledge and Data Engineering 22, 1345 – 1359.*

- Russakovsky, O., Deng, J., Su, H., Krause, J., Satheesh, S., Ma, S., Huang, Z., Karpathy, A., Khosla, A., Bernstein, M., Berg, A.C., Fei–Fei, L., 2014. *ImageNet Large Scale Visual Recognition Challenge. arXiv:1409.0575 [cs]*.

- Sarkar, D. (DJ), 2018. *A Comprehensive Hands–on Guide to Transfer Learning with Real–World Applications in Deep Learning [WWW Document]. Towards Data Science*. URL: https://towardsdatascience.com/a-comprehensive-hands-on-guide-totransfer-learning-with-real-world-applications-in-deep-learning-212bf3b2f27a (accessed January 15, 2019).

- shu–yusa, 2018. *Using Inception–v3 from TensorFlow Hub for Transfer Learning. Medium*.

- Simonyan, K., Zisserman, A., 2014. *Very Deep Convolutional Networks for Large–Scale Image Recognition. arXiv:1409.1556 [cs]*.

- Srivastava, R.K., Greff, K., Schmidhuber, J., 2015. *Highway Networks. arXiv:1505.00387 [cs]*.

- Szegedy, C., Ioffe, S., Vanhoucke, V., Alemi, A., 2016. *Inception–v4, Inception–ResNet and the Impact of Residual Connections on Learning. arXiv:1602.07261 [cs]*.

- Szegedy, C., Liu, W., Jia, Y., Sermanet, P., Reed, S., Anguelov, D., Erhan, D., Vanhoucke, V., Rabinovich, A., 2014. *Going Deeper with Convolutions. arXiv:1409.4842 [cs]*.

- Szegedy, C., Vanhoucke, V., Ioffe, S., Shlens, J., Wojna, Z., 2015. *Rethinking the Inception Architecture for Computer Vision. arXiv:1512.00567 [cs]*.

- Thrun, S., Pratt, L., 1998. *Learning to learn*.

- Zeiler, Matthew D., Fergus, R., 2014. *Visualizing and Understanding Convolutional Networks*. In: Fleet, D., Pajdla, T., Schiele, B., Tuytelaars, T. (Eds.), *Computer Vision – ECCV 2014. Springer International Publishing, Cham, pp. 818–833*.

- Zeiler, Matthew D, Fergus, R., 2014. *Visualizing and Understanding Convolutional Networks*. In: *European Conference on Computer Vision, pp. 818–833*.

5장 객체 탐지 모델

- Everingham, M., Eslami, S.M.A., Van Gool, L., Williams, C.K.I., Winn, J., Zisserman, A., 2015. *The Pascal Visual Object Classes Challenge: A Retrospective.* International Journal of Computer Vision 111, 98 – 136.

- Girshick, R., 2015. *Fast R-CNN. arXiv:1504.08083 [cs].*

- Girshick, R., Donahue, J., Darrell, T., Malik, J., 2013. *Rich feature hierarchies for accurate object detection and semantic segmentation. arXiv:1311.2524 [cs].*

- Redmon, J., Divvala, S., Girshick, R., Farhadi, A., 2015. *You Only Look Once: Unified, Real-Time Object Detection. arXiv:1506.02640 [cs].*

- Redmon, J., Farhadi, A., 2016. YOLO9000: *Better, Faster, Stronger. arXiv:1612.08242 [cs].*

- Redmon, J., Farhadi, A., 2018. YOLOv3: *An Incremental Improvement. arXiv:1804.02767 [cs].*

- Ren, S., He, K., Girshick, R., Sun, J., 2015. *Faster R-CNN: Towards Real-Time Object Detection with Region Proposal Networks. arXiv:1506.01497 [cs].*

6장 이미지 보강 및 분할

- Bai, M., Urtasun, R., 2016. *Deep Watershed Transform for Instance Segmentation. arXiv:1611.08303 [cs].*

- Beyer, L., 2019. *Python wrapper to Philipp Krähenbühl's dense (fully connected) CRFs with gaussian edge potentials: lucasb-eyer/pydensecrf.*

- *Building Autoencoders in Keras [WWW Document],* n.d. URL: `https://blog.keras.io/building-autoencoders-in-keras.html` (accessed 1.18.19).

- Cordts, M., Omran, M., Ramos, S., Rehfeld, T., Enzweiler, M., Benenson, R., Franke, U., Roth, S., Schiele, B., 2016. *The Cityscapes Dataset for Semantic Urban Scene Understanding. In: 2016 IEEE Conference on Computer Vision and Pattern Recognition (CVPR). Presented at the 2016 IEEE Conference on Computer Vision and Pattern Recognition (CVPR), IEEE, Las Vegas, NV, USA, pp. 3213 – 3223.*

- Dice, L.R., 1945. *Measures of the amount of ecologic association between species. Ecology 26, 297 – 302.*

- Drozdzal, M., Vorontsov, E., Chartrand, G., Kadoury, S., Pal, C., 2016. *The Importance of Skip Connections in Biomedical Image Segmentation. arXiv:1608.04117 [cs].*

- Dumoulin, V., Visin, F., 2016. *A Guide to Convolution Arithmetic for Deep Learning. arXiv:1603.07285 [cs, stat]*.

- Guan, S., Khan, A., Sikdar, S., Chitnis, P.V., n.d. *Fully Dense UNet for 2D Sparse Photoacoustic Tomography Artifact Removal 8*.

- He, K., Gkioxari, G., Dollár, P., Girshick, R., 2017. *Mask R-CNN. arXiv:1703.06870 [cs]*.

- *Kaggle. 2018 Data Science Bowl [WWW Document]*, n.d. URL: https://kaggle.com/c/data-science-bowl-2018 (accessed February 8, 2019).

- Krähenbühl, P., Koltun, V., n.d. *Efficient Inference in Fully Connected CRFs with Gaussian Edge Potentials 9*.

- Lan, T., Li, Y., Murugi, J.K., Ding, Y., Qin, Z., 2018. RUN: Residual U-Net for Computer-Aided Detection of Pulmonary Nodules without Candidate Selection. arXiv:1805.11856 [cs].

- Li, X., Chen, H., Qi, X., Dou, Q., Fu, C.-W., Heng, P.A., 2017. *H-DenseUNet: Hybrid Densely Connected UNet for Liver and Tumor Segmentation from CT Volumes. arXiv:1709.07330 [cs]*.

- Lin, T.-Y., Goyal, P., Girshick, R., He, K., Dollar, P., 2017. *Focal Loss for Dense Object Detection. arXiv:1708.02002 [cs]*.

- Milletari, F., Navab, N., Ahmadi, S.-A., 2016. *V-Net: Fully Convolutional Neural Networks for Volumetric Medical Image Segmentation. In: 2016 Fourth International Conference on 3D Vision (3DV). Presented at the 2016 Fourth International Conference on 3D Vision (3DV), IEEE, Stanford, CA, USA, pp. 565 – 571*.

- Noh, H., Hong, S., Han, B., 2015. *Learning Deconvolution Network for Semantic Segmentation. In: 2015 IEEE International Conference on Computer Vision (ICCV). Presented at the 2015 ICCV, IEEE, Santiago, Chile, pp. 1520 – 1528*.

- Odena, A., Dumoulin, V., Olah, C., 2016. *Deconvolution and Checkerboard Artifacts. Distill 1, e3*.

- Ronneberger, O., Fischer, P., Brox, T., 2015. *U-Net: Convolutional Networks for Biomedical Image Segmentation. arXiv:1505.04597 [cs]*.

- Shelhamer, E., Long, J., Darrell, T., 2017. *Fully Convolutional Networks for Semantic Segmentation. IEEE Transactions on Pattern Analysis and Machine Intelligence 39, 640 – 651*.

- Sorensen, T., 1948. *A method of establishing groups of equal amplitude in plant sociology based on similarity of species and its application to analyses of the vegetation on Danish commons. Biol. Skr. 5, 1 – 34*.

- *Unsupervised Feature Learning and Deep Learning Tutorial [WWW Document], n.d.* URL: `http://ufldl.stanford.edu/tutorial/unsupervised/Autoencoders/` (accessed January 17, 2019).

- Zeiler, M.D., Fergus, R., 2013. *Visualizing and Understanding Convolutional Networks. arXiv:1311.2901 [cs].*

- Zhang, Z., Liu, Q., Wang, Y., 2018. *Road Extraction by Deep Residual U–Net. IEEE Geoscience and Remote Sensing Letters 15, 749–753.*

7장 복합적이고 불충분한 데이터셋에서 훈련시키기

- Bousmalis, K., Silberman, N., Dohan, D., Erhan, D., Krishnan, D., 2017a. *Unsupervised Pixel–Level Domain Adaptation with Generative Adversarial Networks. In: 2017 IEEE Conference on Computer Vision and Pattern Recognition (CVPR). Presented at the 2017 IEEE Conference on Computer Vision and Pattern Recognition (CVPR), IEEE, Honolulu, HI, pp. 95–104.*

- Bousmalis, K., Silberman, N., Dohan, D., Erhan, D., Krishnan, D., 2017b. *Unsupervised pixel–level domain adaptation with generative adversarial networks. In: Proceedings of the IEEE Conference on Computer Vision and Pattern Recognition, pp. 3722–3731.*

- Brodeur, S., Perez, E., Anand, A., Golemo, F., Celotti, L., Strub, F., Rouat, J., Larochelle, H., Courville, A., 2017. *HoME: a Household Multimodal Environment. arXiv:1711.11017 [cs, eess].*

- Chang, A.X., Funkhouser, T., Guibas, L., Hanrahan, P., Huang, Q., Li, Z., Savarese, S., Savva, M., Song, S., Su, H., Xiao, J., Yi, L., Yu, F., 2015. *ShapeNet: An Information–Rich 3D Model Repository (No. arXiv:1512.03012 [cs.GR]). Stanford University – Princeton University – Toyota Technological Institute at Chicago.*

- Chen, Y., Li, W., Sakaridis, C., Dai, D., Van Gool, L., 2018. *Domain Adaptive Faster R–CNN for Object Detection in the Wild. In: 2018 IEEE/CVF Conference on Computer Vision and Pattern Recognition. Presented at the 2018 IEEE/CVF Conference on Computer Vision and Pattern Recognition (CVPR), IEEE, Salt Lake City, UT, USA, pp. 3339–3348.*

- Cordts, M., Omran, M., Ramos, S., Rehfeld, T., Enzweiler, M., Benenson, R., Franke, U., Roth, S., Schiele, B., 2016. *The cityscapes dataset for semantic urban scene understanding. In: Proceedings of the IEEE Conference on Computer Vision and Pattern Recognition, pp. 3213–3223.*

- Ganin, Y., Ustinova, E., Ajakan, H., Germain, P., Larochelle, H., Laviolette, F., Marchand, M., Lempitsky, V., 2017. *Domain–Adversarial Training of Neural Networks. In: Csurka, G. (Ed.), Domain Adaptation in Computer Vision Applications. Springer International Publishing, Cham, pp. 189–209.*

- Goodfellow, I., Pouget-Abadie, J., Mirza, M., Xu, B., Warde-Farley, D., Ozair, S., Courville, A., Bengio, Y., 2014. *Generative adversarial nets. In: Advances in Neural Information Processing Systems, pp. 2672–2680.*

- Gschwandtner, M., Kwitt, R., Uhl, A., Pree, W., 2011. *BlenSor: Blender Sensor Simulation Toolbox. In: International Symposium on Visual Computing, pp. 199–208.*

- Hernandez-Juarez, D., Schneider, L., Espinosa, A., Vazquez, D., Lopez, A.M., Franke, U., Pollefeys, M., Moure, J.C., 2017. *Slanted Stixels: Representing San Francisco's Steepest Streets. arXiv:1707.05397 [cs].*

- Hoffman, J., Tzeng, E., Park, T., Zhu, J.-Y., Isola, P., Saenko, K., Efros, A.A., Darrell, T., 2017. *CyCADA: Cycle-Consistent Adversarial Domain Adaptation. arXiv:1711.03213 [cs].*

- Isola, P., Zhu, J.-Y., Zhou, T., Efros, A.A., 2017. *Image-to-Image Translation with Conditional Adversarial Networks. In: Proceedings of the IEEE Conference on Computer Vision and Pattern Recognition, pp. 1125–1134.*

- Kingma, D.P., Welling, M., 2013. *Auto-encoding Variational Bayes. arXiv preprint arXiv:1312.6114.*

- Long, M., Cao, Y., Wang, J., Jordan, M.I., n.d. *Learning Transferable Features with Deep Adaptation Networks 9.*

- Planche, B., Wu, Z., Ma, K., Sun, S., Kluckner, S., Lehmann, O., Chen, T., Hutter, A., Zakharov, S., Kosch, H., others, 2017. *Depthsynth: Real-time Realistic Synthetic Data Generation from CAD Models for 2.5 d recognition. In: 2017 International Conference on 3D Vision (3DV), pp. 1–10.*

- Planche, B., Zakharov, S., Wu, Z., Hutter, A., Kosch, H., Ilic, S., 2018. *Seeing Beyond Appearance-Mapping Real Images into Geometrical Domains for Unsupervised CAD-based Recognition. arXiv preprint arXiv:1810.04158.*

- *Protocol Buffers [WWW Document], n.d. Google Developers.* URL: https://developers.google.com/protocol-buffers/ (accessed February 23, 2019).

- Radford, A., Metz, L., Chintala, S., 2015. *Unsupervised Representation Learning with Deep Convolutional Generative Adversarial Networks. arXiv:1511.06434 [cs].*

- Richter, S.R., Vineet, V., Roth, S., Koltun, V., 2016. *Playing for data: Ground truth from computer games. In: European Conference on Computer Vision, pp. 102–118.*

- Ros, G., Sellart, L., Materzynska, J., Vazquez, D., Lopez, A.M., 2016. *The SYNTHIA Dataset: A Large Collection of Synthetic Images for Semantic Segmentation of Urban Scenes. In: 2016 IEEE Conference* on *Computer Vision and Pattern Recognition (CVPR)*. Presented at the 2016 IEEE Conference on **Computer Vision and Pattern Recognition (CVPR)**, IEEE, Las Vegas, NV, USA, pp. 3234–3243.

- Rozantsev, A., Lepetit, V., Fua, P., 2015. *On Rendering Synthetic Images for Training an Object Detector.* Computer Vision and Image Understanding 137, 24–37.

- Tremblay, J., Prakash, A., Acuna, D., Brophy, M., Jampani, V., Anil, C., To, T., Cameracci, E., Boochoon, S., Birchfield, S., 2018. *Training Deep Networks with Synthetic Data: Bridging the Reality Gap by Domain Randomization.* In: 2018 IEEE/CVF Conference on **Computer Vision and Pattern Recognition Workshops (CVPRW)**. Presented at the 2018 IEEE/CVF CVPRW, IEEE, Salt Lake City, UT, pp. 1082–10828.

- Tzeng, E., Hoffman, J., Saenko, K., Darrell, T., 2017. *Adversarial Discriminative Domain Adaptation.* In: 2017 IEEE Conference on **Computer Vision and Pattern Recognition (CVPR)**. Presented at the 2017 IEEE CVPR, IEEE, Honolulu, HI, pp. 2962–2971.

- Zhu, J.-Y., Park, T., Isola, P., Efros, A.A., 2017. *Unpaired Image-to-Image Translation Using Cycle-Consistent Adversarial Networks.* In: Proceedings of the IEEE International Conference on Computer Vision, pp. 2223–2232.

8장 동영상과 순환 신경망

- Britz, D., 2015. *Recurrent Neural Networks Tutorial, Part 3 – Backpropagation Through Time and Vanishing Gradients.* WildML.

- Brown, C., 2019. *repo for learning neural nets and related material: go2carter/nn-learn.*

- Chung, J., Gulcehre, C., Cho, K., Bengio, Y., 2014. *Empirical Evaluation of Gated Recurrent Neural Networks on Sequence Modeling.* arXiv:1412.3555 [cs].

- Hochreiter, S., Schmidhuber, J., 1997. *Long short-term memory.* Neural Computation 9, 1735–1780.

- Lipton, Z.C., Berkowitz, J., Elkan, C., 2015. *A Critical Review of Recurrent Neural Networks for Sequence Learning.* arXiv:1506.00019 [cs].

- Soomro, K., Zamir, A.R., Shah, M., 2012. *UCF101: A Dataset of 101 Human Actions Classes From Videos in The Wild.* arXiv:1212.0402 [cs].

9장 모델 최적화 및 모바일 기기 배포

- Goodfellow, I.J., Erhan, D., Carrier, P.L., Courville, A., Mirza, M., Hamner, B., Cukierski, W., Tang, Y., Thaler, D., Lee, D.-H., Zhou, Y., Ramaiah, C., Feng, F., Li, R., Wang, X., Athanasakis, D., Shawe-Taylor, J., Milakov, M., Park, J., Ionescu, R., Popescu, M., Grozea, C., Bergstra, J., Xie, J., Romaszko, L., Xu, B., Chuang, Z., Bengio, Y., 2013. *Challenges in Representation Learning: A Report on Three Machine Learning Contests. arXiv:1307.0414 [cs, stat].*

- Hinton, G., Vinyals, O., Dean, J., 2015. *Distilling the Knowledge in a Neural Network. arXiv:1503.02531 [cs, stat].*

- Hoff, T., n.d. *The Technology Behind Apple Photos and the Future of Deep Learning and Privacy – High Scalability.*

- *Tencent, n.d. Tencent/PocketFlow: An **Automatic Model Compression (AutoMC)** framework for developing smaller and faster AI applications.*

답안

각 장의 마지막에 제시한 평가 문제의 답안은 다음과 같다.

1장

1. 다음 과제 중 컴퓨터 비전에 속하지 않는 것은?

   - 웹에서 조회 조건과 비슷한 이미지 검색

   - 이미지 시퀀스를 가지고 3D 장면 재구성

   - 동영상 캐릭터로 동영상 제작

   마지막 작업은 **컴퓨터 그래픽** 분야에 속한다. 그렇지만 아티스트가 컴퓨터 비전 알고리즘을 통해 콘텐츠를 더 효율적으로 생성하거나 애니메이션으로 만드는 일이 많아지고 있다(예를 들어 어떤 동작을 수행하는 배우를 기록해서 가상 캐릭터로 해당 동작을 전이하는 '모션 캡처' 기법 같은).

2. 초기 퍼셉트론이 사용한 활성화 함수는 무엇인가?

   계단 함수(step function)

3. 손으로 쓴 숫자가 4인지 아닌지를 탐지하기 위해 신경망을 훈련시키려고 한다 가정하자. 이 과제를 위해 이 장에서 구현한 네트워크를 어떻게 조정해야 할까?

   이 장에서는 0부터 9까지 숫자 그림을 식별하기 위한 분류 네트워크를 훈련시켰다. 따라서 이 네트워크는 10개 중 적절한 클래스를 예측해야 한다. 즉, 10개의 값(값 하나가 각 클래스의 점수 또는 확률을 뜻한다)으로 구성된 출력 벡터를 생성해야 한다.

   이 질문에서는 다양한 분류 작업을 정의한다. 여기서는 네트워크가 이미지가 4를 포함하는지 아닌지를 식별해야 한다. 이는 이진 분류이므로 네트워크는 두 값만 출력하도록 수정돼야 한다.

2장

1. 텐서플로와 비교했을 때 케라스는 무엇이며 그 목적은 무엇인가?

   케라스는 개발을 쉽게 하기 위해 다른 딥러닝 라이브러리를 감싼 래퍼로 설계됐다. 이제 텐서플로는 tf.keras를 통해 케라스와 완전히 통합됐다. 이 모듈을 사용해 텐서플로 2에서 모델을 생성하는 것이 가장 좋다.

2. 텐서플로가 그래프를 사용하는 이유와 수동으로 그래프를 생성하는 방법은 무엇인가?

   텐서플로는 모델 성능과 이식성을 보장하기 위해 그래프를 사용한다. 텐서플로 2에서 수동으로 그래프를 생성하는 가장 좋은 방법은 tf.function 데코레이터를 사용하는 것이다.

3. 조급한 실행 모드와 느긋한 실행 모드의 차이점은 무엇인가?

   느긋한 모드에서는 사용자가 구체적으로 결과를 요청하기 전에는 계산이 수행되지 않는다. 조급한 실행 모드의 경우 모든 연산은 정의되는 시점에 실행된다. 전자는 그래프 최적화 덕분에 더 빠를 수 있지만, 후자는 사용하고 디버깅하기 더 쉽다. 텐서플로 2에서 느긋한 실행 모드는 더이상 사용하지 않고 조급한 실행 모드를 사용한다.

4. 텐서보드에 정보를 기록하고 그것을 표시하는 방법은 무엇인가?

   텐서보드에 정보를 기록하려면 tf.keras.callbacks.TensorBoard 콜백을 사용하고, 모델을 훈련시킬 때 이 콜백을 .fit 메서드에 전달하면 된다. 정보를 수동으로 로깅하기 위해 tf.summary 모듈을 사용할 수 있다. 정보를 표시하려면 다음 명령을 실행하라.

   ```
   $ tensorboard --logdir ./model_logs
   ```

   model_logs는 텐서보드 로그가 저장되는 디렉터리다. 이 명령은 URL을 출력한다. 훈련을 모니터링하려면 이 URL로 이동하면 된다.

5. 텐서플로 1과 텐서플로 2 사이의 주요 차이점은 무엇인가?

텐서플로 2는 사용자가 단순성에 중점을 두어 직접 그래프 관리하는 일을 제거했다. 또한 기본적으로 조급한 실행을 사용해 모델을 디버깅하기 쉬워졌다. 그럼에도 불구하고 AutoGraph와 `tf.function` 덕분에 여전히 성능을 유지한다. 또한 케라스와 긴밀하게 통합돼 어느 때보다 쉽게 모델을 만들 수 있다.

3장

1. 합성곱 계층의 출력이 패딩을 추가하지 않으면 입력보다 너비와 높이가 작은 이유는 무엇인가?

합성곱 계층 출력의 공간 차원은 입력 텐서에 수직/수평으로 움직이면서 커널이 취할 수 있는 유효한 위치 수를 나타낸다. 커널이 $k \times k$ 픽셀에 걸쳐 있기 때문에(정사각형이면) 입력 이미지를 부분적으로 벗어나지 않고 차지할 수 있는 위치 수는 이미지 크기와 같거나($k=1$인 경우) 작을 수 있다.

이것은 이 장에서 계층의 초매개변수를 기반으로 출력 차원을 계산하기 위해 제시한 공식으로 표현된다.

2. 그림 3-6의 입력 행렬에서 수용 영역이 (2, 2)이고 보폭이 2일 때 최대 풀링의 출력은 무엇인가?

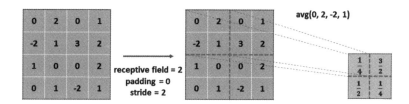

3. 비 객체지향 방식으로 케라스 함수형 API를 사용해 LeNet-5를 구현하는 방법은 무엇인가?

```python
from tensorflow.keras import Model
from tensorflow.keras.layers import Inputs, Conv2D,
MaxPooling2D, Flatten, Dense

# "Layer": 네트워크 입력을 나타냄
inputs = Input(shape=input_shape)
# 첫 번째 블록: 합성곱 + 최대-풀링
conv1 = Conv2D(6, kernel_size=5, padding='same',
activation='relu')(inputs)
max_pool1 = MaxPooling2D(pool_size=(2, 2))(conv1)
# 두 번째 블록:
conv2 = Conv2D(16, kernel_size=5, activation='relu')(max_pool1)
max_pool2 = MaxPooling2D(pool_size=(2, 2))(conv2)
```

```
# 밀집 계층
flatten = Flatten()(max_pool2)
dense1 = Dense(120, activation='relu')(flatten)
dense2 = Dense(84, activation='relu')(dense1)
dense3 = Dense(num_classes, activation='softmax')(dense2)

lenet5_model = Model(inputs=inputs, outputs=dense3)
```

4. L1/L2 정규화는 네트워크에 어떤 영향을 주는가?

L1 정규화는 계층에 적용돼 덜 중요한 기능에 연결된 매개변수의 값을 0으로 만든다. 즉, 데이터셋 노이즈와 연결된 특징처럼 의미가 덜한 특징을 무시한다.

L2 정규화는 계층의 변수를 낮게 유지해 더 균일하게 분포되게 한다. 이 정규화를 사용하면 네트워크가 값이 커서 예측에 큰 영향을 미치는 소수의 매개변수 집합을 개발하지 않게 해준다.

4장

1. ImageNet을 위한 인셉션 분류기를 인스턴스화하기 위해 어떤 텐서플로 허브 모듈을 사용할 수 있는가?

https://tfhub.dev/google/tf2-preview/inception_v3/classification/2에서 제공하는 모델은 ImageNet 데이터셋에서 사전에 훈련됐기 때문에 ImageNet 같은 이미지를 분류하기 위해 바로 사용될 수 있다.

2. 어떻게 케라스 애플리케이션(Keras Applications)의 ResNet-50 모델의 첫 세 개의 잔차 매크로 블록을 고정시킬 수 있을까?

```
freeze_num = 3
# `resnet50.summary()`를 보면 4번째 매크로 블록의 첫 번째 레이어 이름이 "res5 [...]"인 것을 알
수 있다:
break_layer_name = 'res{}'.format(freeze_num + 2)
for layer in resnet50_finetune.layers:
    if break_layer_name in layer.name:
        break
    if isinstance(layer, tf.keras.layers.Conv2D):
        # 합성곱 계층이 첫 번째 계층 다음에 오지 않는다면, 훈련하지 않는다:
        layer.trainable = False
```

3. 어떤 경우에 전이학습을 사용하는 것이 바람직하지 않은가?

도메인이 너무 다르고 타깃 데이터가 소스 데이터 구조와 완전히 다른 구조를 갖는 경우 전이학습은 도움이 되지 않을 수 있다. 이 장에서 언급했듯이 CNN은 이미지, 텍스트, 오디오 파일에 적용할 수 있지만, 하나의 형식에 대해 훈련된 가중치를 다른 형식으로 전이하는 것은 바람직하지 않다.

5장

1. **경계 상자, 앵커 박스, 실측 상자 사이의 차이점은 무엇인가?**

   경계 상자는 객체를 둘러싼 가장 작은 사각형이다. 앵커 박스는 특정 크기의 경계 상자다. 이미지 그리드의 각 위치마다 일반적으로 가로 세로 비율이 다른(정사각형, 세로로 긴 사각형, 가로로 긴 사각형) 여러 앵커 박스가 있다. 객체 탐지 모델은 이 앵커 박스의 크기와 위치를 조정함으로써 예측을 생성한다.

   실측 상자는 훈련 세트의 특정 객체에 해당하는 경계 상자다. 모델이 완벽하게 훈련된 경우, 모델은 실측 상자에 매우 가까운 예측을 생성한다.

2. **특징 추출기의 역할은 무엇인가?**

   특징 추출기는 이미지를 특징 볼륨으로 변환하는 CNN이다. 특징 볼륨은 일반적으로 입력 이미지보다 차원이 더 작으며 예측을 생성하기 위해 네트워크의 나머지 부분에 전달될 수 있는 의미 있는 특징을 포함한다.

3. **YOLO와 Faster R-CNN 사이에서 어느 모델을 선호하는가?**

   속도가 중요하다면 가장 빠른 아키텍처인 YOLO를 선택해야 한다. 정확성이 가장 중요하다면 가장 정확한 예측을 생성하므로 Faster R-CNN을 선택해야 한다.

4. **앵커 박스를 사용하려면 무엇이 필요한가?**

   앵커 박스 이전에 박스 예측 차원이 네트워크 출력을 사용해 생성됐다. 객체 크기가 다양하기 때문에(일반적으로 사람은 세로로 긴 사각형에 맞고, 자동차는 가로로 긴 사각형에 맞다) 앵커 박스가 도입됐다. 이 기술을 사용해 각 앵커 박스는 하나의 객체 비율에 특화될 수 있으므로 더 정확한 예측이 가능하다.

6장

1. **오토인코더의 독특한 특징은 무엇인가?**

   오토인코더는 입력과 타깃이 동일한 인코더-디코더다. 오토인코더의 목표는 병목 계층(차원이 더 낮은 잠재 공간)이 있어도 품질에 영향을 주지 않고 이미지를 적절히 인코딩한 다음 디코딩하는 것이다.

2. **FCN은 어느 분류 아키텍처에 기반하고 있는가?**

   FCN은 특징 추출기로 **VGG-16**을 사용한다.

3. **의미론적 분할 모델에서 작은 클래스를 무시하지 않기 위해 어떤 방식으로 훈련하는가?**

   클래스별 측정값이 교차 엔트로피 손실에 적용될 수 있어 잘못 분류된 더 작은 클래스의 픽셀에 더 큰 불이익을 준다. 다이스 계수(Dice)처럼 클래스 비율에 의해 영향을 받지 않는 손실이 대신 사용될 수도 있다.

7장

1. 텐서 a = [1,2,3]과 텐서 b = [4,5,6]이 주어졌을 때, 1부터 6까지 각 값을 개별적으로 출력하는 tf.data 파이프라인을 어떻게 구성할 것인가?

```
dataset_a = tf.data.Dataset.from_tensor_slices(a)
dataset_b = tf.data.Dataset.from_tensor_slices(b)
dataset_ab = dataset_a.concatenate(dataset_b)
for element in dataset_ab:
    print(element) # 1, 그다음 2, 그렇게 반복해서 6까지 출력
```

2. tf.data.Options의 문서에 따르면, 어떻게 하면 실행할 때마다 항상 동일한 순서로 샘플을 반환할 수 있을까?

   tf.data.Options의 .experimental_deterministic 특성이 데이터세트에 전달되기 전에 True로 설정돼야 한다.

3. 훈련을 위해 타깃 주석을 사용할 수 없다면 이 장에서 소개했던 도메인 적응 기법 중 어떤 것을 사용할 수 있을까?

   중국 청화대학교 밍성 롱(Mingsheng Long) 팀이 제안한 'Learning Transferable Features with Deep Adaptation Networks'나 러시아 스콜텍(Skoltech)의 야로슬라프 가닌(Yaroslav Ganin)이 제안한 'Domain-Adversarial Neural Networks (DANN)'처럼 비지도 방식의 도메인 적응 기법을 고려해야 한다.

4. GAN에서 판별기의 역할은 무엇인가?

   판별기는 생성기와 대결하는 역할로 가짜와 실제 이미지를 구별하려고 한다. 판별기는 생성기를 가이드하기 위한 **훈련 가능한 손실 함수**로 생각할 수 있다. 훈련이 진행됨에 따라 두 네트워크가 모두 자신의 작업에 능숙해지면서 생성기는 판별기의 '정확도'를 최소화하려고 한다.

8장

1. 간단한 RNN 아키텍처에 비해 LSTM의 주요 장점은 무엇인가?

   LSTM은 반복되는 데이터의 장기적인 관계를 저장할 수 있어 경사 소실로 인한 문제를 겪을 일이 드물다. LSTM에서는 더 많은 컴퓨팅 성능이 필요하지만 일반적으로 예측 정확도는 향상된다.

2. CNN을 LSTM 이전에 적용할 때 CNN의 용도는 무엇인가?

   CNN은 특징 추출기 역할을 해 입력 데이터의 차원을 줄인다. 사전 훈련된 CNN을 적용함으로써 입력 이미지에서 의미 있는 특징을 추출한다. 이 특징들은 입력 이미지보다 작은 차원을 가지기 때문에 LSTM은 훈련 속도가 빠르다.

3. 경사 소실이란 무엇이며 왜 발생하는 것인가? 이것이 문제인 이유는 무엇인가?

   RNN에서 오차를 역전파할 때 시간 단계도 거슬러 가야 한다. 시간 단계가 많으면 경사가 계산되는 거리 때문에 정보가 천천히 사라진다. 네트워크가 정확한 예측을 생성하는 방법을 학습하기 어렵게 만들기 때문에 문제가 된다.

4. 경사 소실을 해결할 수 있는 방법에는 어떤 것들이 있는가?

   한 가지 해결 방법은 이 장에서 설명한 기술인 부분 역전파(truncated backpropagation)를 사용하는 것이다. 또 다른 방법으로는 단순한 RNN 대신 경사 소실 문제가 적은 LSTM을 사용하는 것이다.

9장

1. 모델 추론 속도를 측정할 때 단일 이미지에서 측정해야 할까, 아니면 여러 이미지에서 측정해야 할까?

   측정 편향을 피하기 위해 여러 이미지를 측정해야 한다.

2. float32 가중치를 사용하는 모델이 float16 가중치를 사용하는 모델보다 작을까, 클까?

   float16 가중치는 float32 가중치보다 공간을 반만 사용한다. 호환이 가능한 기기라면 float16이 더 빠를 수도 있다.

3. iOS 기기에서는 Core ML과 텐서플로 라이트 중 어느 것을 사용하는 것이 나을까? 안드로이드 기기에서는 어떤가?

   iOS 기기에서는 기본 제공돼 하드웨어와 밀접하게 통합돼 있는 Core ML을 사용하는 것이 좋다. 안드로이드 기기의 경우 다른 대안이 없으므로 텐서플로 라이트를 사용해야 한다.

4. 브라우저에서 모델을 실행할 때의 이점과 제약 사항은 무엇인가?

   브라우저에서 모델을 실행할 때는 사용자 단에 별도의 소프트웨어를 설치할 필요가 없고 서버 단에서도 컴퓨팅 성능이 필요하지 않으므로 애플리케이션이 거의 무한대로 확장될 수 있다.

5. 딥러닝 알고리즘을 실행하는 임베디드 장치의 가장 중요한 요구사항은 무엇인가?

   대부분의 임베디드 장치는 배터리로 작동하기 때문에 컴퓨팅 성능 외에 가장 중요한 요구사항은 전력 소비다.

ㄱ - ㄷ

ㄹ - ㅇ

ㅈ ― ㅎ